教育部哲学社会科学发展报告建设（培育）项目
山东大学、文化部民族民间文艺发展中心资助

Report on Development
of China's Folk Culture 2012

中国民俗文化发展报告

2012

张士闪　主编

北京大学出版社
PEKING UNIVERSITY PRESS

图书在版编目(CIP)数据

中国民俗文化发展报告.2012/张士闪主编.—北京:北京大学出版社,2013.7
ISBN 978-7-301-22703-9

Ⅰ.①中… Ⅱ.①张… Ⅲ.①风俗习惯-研究报告-中国-2012
Ⅳ.①K892

中国版本图书馆 CIP 数据核字(2013)第 139519 号

书　　　　名:	中国民俗文化发展报告 2012
著作责任者:	张士闪　主编
责 任 编 辑:	闵艳芸
标 准 书 号:	ISBN 978-7-301-22703-9/G·3637
出 版 发 行:	北京大学出版社
地　　　　址:	北京市海淀区成府路 205 号　100871
网　　　　址:	http://www.pup.cn
新 浪 微 博:	@北京大学出版社
电 子 信 箱:	minyanyun@163.com
电　　　　话:	邮购部 62752015　发行部 62750672　编辑部 62750673
	出版部 62754962
印 　刷 　者:	北京鑫海金澳胶印有限公司
经 　销 　者:	新华书店
	730 毫米×980 毫米　16 开本　17 印张　320 千字
	2013 年 7 月第 1 版　2013 年 7 月第 1 次印刷
定　　　　价:	42.00 元

未经许可,不得以任何方式复制或抄袭本书之部分或全部内容。
版权所有,侵权必究
举报电话:010-62752024　电子信箱:fd@pup.pku.edu.cn

学术委员会

主　任：
　　李　松　文化部民族民间文艺发展中心主任
委　员：
　　赵世瑜　北京大学历史系教授、博士生导师
　　刘铁梁　山东大学文化遗产研究院教授、博士生导师
　　李文亮　国务院中国国学研究与交流中心副主任
　　张　刚　文化部民族民间文艺发展中心副主任
　　刘德龙　山东省社会科学界联合会副主席
　　周　星　日本爱知大学教授

编辑委员会

主　编：
　　张士闪
作　者：
　　邓　苗　高向华　耿　波　韩朝建　李生柱
　　李向振　刘铁梁　龙　圣　施爱东　王学文
　　温莹蕾　张士闪　张兴宇　张　域　赵世瑜

目 录

总报告

2011年度中国民俗文化发展总报告 …………………………………………………… 3
    一、2011年度中国民俗文化发展考察的理论基点与方法 …………………… 3
    二、2011年度中国民俗文化发展的创界特征 ………………………………… 5
    三、2011年度中国民俗发展考察的九个发现 ………………………………… 8
    四、2011年度中国民俗文化发展六项建议 …………………………………… 16

分报告

2011年度中国民俗文化发展研究综述 ………………………………………………… 19
    一、理论探讨 ……………………………………………………………………… 19
    二、田野研究 ……………………………………………………………………… 36
    三、当今民俗文化发展策略 ……………………………………………………… 55

2011年度国家主导的民俗文化保护与发展事业 …………………………………… 68
    一、国家主导的民俗文化保护与发展事业的历史回顾 ……………………… 68
    二、十七届六中全会精神对于民俗文化保护与发展事业的引领 …………… 79
    三、2011年度中国公益文化建设中的民俗文化 ……………………………… 83
    四、2011年度中国文化产业发展中的民俗文化 ……………………………… 91
    五、2011年度国际文化交流中的民俗文化 …………………………………… 96
    六、问题与建议:走向普遍与深层次的文化保护 …………………………… 104

专题报告

    重新发现传统节日:2011年度中国传统节日发展报告 …………………… 115

一、传统节日的界定 …………………………………………………… 116
　　二、报告说明 …………………………………………………………… 117
　　三、重新发现传统节日 ………………………………………………… 117
　　四、当下对传统节日的多维认知 ……………………………………… 132
　　五、2011年度中国传统节日发展趋向与问题 ……………………… 134
　　六、2011年度中国传统节日发展对策与建议 ……………………… 137

觉醒与期待：2011年度中国民间文艺知识产权保护研究报告 ………… 151
　　一、2011年度中国民间文艺知识产权保护的现状 ………………… 151
　　二、2011年度中国民间文艺知识产权保护的问题 ………………… 165
　　三、2011年度中国民间文艺知识产权保护的对策 ………………… 167

2011年度中国网络谣言与民间话语研究报告 ……………………………… 169
　　一、微博激活谣言生产 ………………………………………………… 170
　　二、"谣言倒逼真相" …………………………………………………… 172
　　三、谣言的社会心理 …………………………………………………… 173
　　四、警惕谣言是对谣言权利的保护 …………………………………… 176
　　五、关于谣言的讨论 …………………………………………………… 230

2011年度中国民俗旅游发展报告 …………………………………………… 237
　　一、民俗文化与民俗旅游 ……………………………………………… 238
　　二、民俗旅游的整体发展状况综述 …………………………………… 242
　　三、2011年度中国民俗旅游发展特点与问题分析 ………………… 246
　　四、2011年度中国民俗旅游发展对策研究 ………………………… 253
　　五、2011年度中国民俗旅游十大热点话题 ………………………… 262

总报告

2012

2011年度中国民俗文化发展总报告

张士闪　耿　波[*]

一、2011年度中国民俗文化发展考察的理论基点与方法

民俗文化传统的"活态传承",是本报告考察2011年度中国民俗文化发展的逻辑起点。在当代中国民俗文化的发展中,中国民俗文化传承观念发生了极大创新,体现在两个方面:一是知识界对国家政治强行干预民俗传承的检讨;二是对近30年来经济主体将民俗文化传统单纯视作产业资源的反思。以这种检讨与反思为基础,当代中国知识分子从20世纪80年代初眼光向下关注民间、重新"发现"民俗文化开始,持续到21世纪初,明确提出民俗传统的文化自足、民俗传承的文化自觉的主张,确认民俗文化的"活态传承"观念,从而与国家政府自上而下推行的非物质文化遗产保护运动、日益增长的民众文化自觉汇成一道波澜壮阔的河流,成为中华民族实现伟大复兴的重要支撑。特别是关于民俗文化传统的"活态传承"观念,将民俗文化理解为中华文化传统的根性所系与生活支撑,将发生在民俗行为中的文化自觉认定为中华文化传统的核心内涵与传承机制。事实上,中华民族正是凭借独特的文化传统与民俗生活方式,彪炳于世界之林,并在当今世界显示出强大的文化软实力与文化增长潜力。因此,民俗文化传统的当代传承,并非是僵化的跨时空搬运,而是从古到今一脉相承的民俗文化传统在当代全球化语境下遭遇挑战、积极调适、创化新生的动态过程。民俗文化"活态传承"的观念,以活生生的民众生活现实为基础,在知识精英的有力推动下,对国家政府的非物质文化遗产保护与发展决策,对产业主体的开发实践与社会大众遗产舆论观念的改变,产生了深刻影响,这是近30年来中国民俗传统实现当代传承的真正实绩。

不容回避的是,新世纪以来,中国民俗文化传统的"活态传承"观念影响渐大,并与"以经济建设为中心"的强势话语形成对冲磋磨之势,最终在实现中华民族伟大复兴与提升民众幸福指数的意义上谋求互补。以此为背景,在落实与深化中国民俗文化传统"活态传承"的现实要求下,民俗传统当代传承的"宏大格局"问题被

---

[*] 张士闪,山东大学文化遗产研究院副院长,教授,博士生导师;耿波,中国传媒大学文学院副教授,审美文化研究所副所长。

提上日程,并努力在现实推行中突破惯性思维的瓶颈。

当然,知识精英对民俗文化传统的"活态传承"的体认,往往过多强调民俗文化的自觉自足特征,却忽视了在中国社会传统中,民俗文化自觉的发生、文化自足的维持都需要在既定社会的宏大格局中才能实现。在古典社会中,民俗文化的"宏大格局"建基于以"礼"为中心的宗法制度,以"礼俗互动"的形式建立了民俗与宏大格局的共生关系;近现代以来,以"公法"为中心的现代价值体系逐渐成为中心,而作为"习惯法"的传统礼俗逐渐凋零。大约在新中国成立前后,中国民俗传统与国家宏大价值实现了全部的疏离,这种疏离导致了民俗文化的自觉与自足渐次朴散。

20世纪80年代以来,在以现代产业为基本结构的宏大格局中,按照"文化搭台,经济唱戏"的现实逻辑,民俗文化在产业行为所设定的生产流程中更多地被视为"生产资源",这其实是民俗文化在国家宏大格局中持续旁落的极端形式。新世纪以来,民俗传统的"生态传承"被适时地提了出来,认为应以文化传统的自足自觉为前提,呼吁将民俗传统的民众主体提高到与国家政府、产业主体同等的位置,这的确是民俗文化传承的重大实绩。但这一观念偏守民俗文化传承的"民本立场",止步于民俗文化传承"自足自觉"的幻想,而缺乏在国家施政、民族进步与国际化接轨等"宏大格局"中探索民俗传承的现实实践问题,忽视了民俗传统的"生态传承"在"宏大格局"中的嵌入问题,在"大传统"与"小传统"的不同层次中舍大取小,陷于偏执,其实是体现了知识分子群体一以贯之的浪漫传统。

民俗传统的"活态传承",亟需在当代中国由各种宏大问题所构成的"宏大格局"中实现再嵌入,通过"宏大格局"的现实接引,使"活态传承"在当代中国民俗文化的发展与保护实践中展现实效。基于此理论反思,本年度报告对民俗文化发展进行考察的宗旨,在于强调年度民俗文化发展的"活态性"与"宏大性"双重视角并重。所谓"活态性"视角,是指强调对民俗传统在当代中国现代性语境中的积极调适与创生活力。其中又包含两个层面:一是传统民俗在现代性语境中的衍变与创生,二是现代性文化活动中内在的民俗层面;前者可称之为"传统民俗的新生",后者则是"新生的民俗传统"。所谓"宏大性"视角,是指本报告不仅关注民俗传统在现代性语境中活态创生的问题,同时也关注民俗文化传统在国家决策、政府施政、法制建设、区域发展及全球化问题中的"再嵌入"问题,希望在充分把握民俗传统在当代中国"宏大框架"中实现"再嵌入"的契机与途径的前提下,积极探索"活态传承"在中国民俗文化遗产保护中的实践落地问题。

基于上述考察宗旨,本年度报告将着意突出以下三个方面:

一是注重考察年度民俗活动的现场性与创生性特征;

二是注重把握年度民俗活动的"节点"事件,通过对"节点"事件的深入阐释,

连"点"成"线"、连"线"成"片",呈现年度民俗发展的内在"纹理"与发展"脉络";

三是注重树立"宏大民俗"观念,不仅考察年度民俗发展中传统民俗在当代文化语境中的创生,以及现代性活动中的新生民俗,更要关注民俗传统在当代中国"宏大框架"中的"再嵌入"问题。

二、2011年度中国民俗文化发展的创界特征

年度民俗文化发展的创界特征,即在中国民俗文化发展的总体历程中,本年度所体现出的最突出特征。2011年,民俗文化发展的"政府主导型"模式向"社会主导型"模式的转向,构成了本年度民俗文化发展的创界特征。

新中国成立以来的当代中国民俗发展可划分为三个阶段:第一阶段,从1949年新中国成立到"文革"结束,表现为在国家规制格局中的民俗发展。新中国建立,对中国民俗文化产生了不可估量的影响。新中国成立前,传统民俗文化在地域、血缘、伦理、信仰仪式等多样规制格局中存身;新中国成立后,以现代性民族国家的体制格局,将传统社会的多样规制格局予以覆盖、收编,统摄在以"国家—民族"为中心的政治认同模式之中。在此格局中,民俗文化成为"国家—民族"的历史传统及其连续性的想象载体;对于民俗主体即民众而言,唯有舍弃其习以为常的民俗文化传统,才能被纳入"国家—民族"的大格局,获得新的政治与文化身份。20世纪五六十年代,由政府部门组织专家学者开展的民间"采风"活动,即是促使民俗文化实现"国家认同"转向的重要节点事件;20世纪80年代以来,文化部、国家民委、中国文联共同发起被誉为"文化长城"的"十部中国民俗民间文艺集成志书"的编纂、抢救、保存工程,影响巨大,同样可视为"国家认同"机制对民俗文化的吸纳行为。即使逢遭"文革"乱局,民俗采风活动其实依然在进行,并在多种夸张、极端化的"忠诚仪式"中获得了有效转化和利用。

第二阶段,20世纪80年代中叶到新世纪初,表现为在经济规制格局中的民俗发展。"文革"结束后的十年,出于对历史教训的反思,在中国知识界出现了"发现民间"的舆论热潮,"民间"及民俗文化被描述为比国家传统更久远的中华民族文化传统,1984年左右风行一时的"寻根热"即是其典型表现。但来自知识分子阵营的对"民间"及民俗文化自足性的推崇,并不能代表广大民俗主体的现实意愿。1978年十一届三中全会之后,"以经济建设为中心"逐渐成为中国社会主潮,广大民俗主体对知识分子所发出的"发现民间"毫无回应,但对席卷而来的经济大潮却充满热情。在经过长期的物质缺乏之后,解决温饱问题、过上高质量的物质生活,是广大民众也是绝大多数民俗主体的基本欲望。在此欲求之下,对广大民众而言,民俗文化传统首先是一种有可能转换为经济效益的文化资源。因此,将之纳入现行的市场经济体制,实现产业转化,其实不能说是地方政府单方面的想法,更

确切地说,其实质是对民众真实欲望的导引和放大。从"文革"结束一直到新世纪初,"以经济建设为中心"一直作为中国社会发展的主调而波及大江南北,而民俗文化在所谓"文化搭台,经济唱戏"的模式中持续地以产业资源的身份登台。经济建设,或者说谋求与经济利益挂钩,成为民俗文化发展的规制形式。

近年来,学界对民俗发展"文化搭台,经济唱戏"的经济规制模式提出了大量批评,这是对民俗文化过度产业化而失去自身文化传统的批评,具有积极意义,但并不能因此否认民俗产业化中所包含的合理层次。首先,对民俗主体而言,民俗产业化是对其现实物质欲望的合理满足;其次,同样是对民俗主体而言,民俗产业化不是单纯的产业化行为,在民俗文化的经济规制中包含着深层的文化认同。在当代中国,与西方市场经济发展不同,起自1978年的经济体制改革并不是单纯的经济改制,而始终伴随着国家的集中干预,因此,新时期以来中国经济体制改革其实是"国家仪式"行为的重要象征载体。对于民俗主体而言,民俗产业化其实是借助经济渠道而实现的国家认同,正是这种认同的存在使得"国家"与"民众"之间保持着良好的互动关系。

"民众"与"国家"通过民俗产业化而保持的认同关系,构成了"文革"后当代中国民俗发展的基调,但总体呈现出从高度认同到认同弱化的演变趋势。20世纪90年代之前,农村联产承包责任制以农村土地流转的形式,实现了新中国建立以来最大的社会公平,而与此同时发生的民俗产业化,主要形式是民俗旅游及相关产业,它们塑造了"盛世歌舞"式的民俗展演,展示出在民俗产业化中"民众"与"国家"之间的和谐关系。到了90年代中期,随着经济体制改革的深入,市场经济全面铺展开来,社会贫富差距日益扩大,民俗产业在其组织形式上也逐渐发生了从"民俗主体为主,政府协办"到"政府主办,商人协办"的转向,经济分配不公所产生的社会怨怼逐渐扩大,并最终扩大为"民众"对"国家"规制的疏离。这种疏离从90年代中期以来一直在缓慢发生,而显现其全部内涵的高潮则是在21世纪初,其中,2004年又是特别值得关注的时间节点。

第三阶段,2004年至今,表现为城市地方主义背景下的民俗自我规制。2004年是当代中国民俗文化发展值得关注的节点时刻。进入21世纪,当代中国经济增速依然强劲,而由经济发展所产生的社会不公也在持续发酵,民俗产业化进程中所包含的"国家认同"也在加速剥离。规制缺席,认同缺乏,成为21世纪初叶中国民俗发展的主要问题;在"国家认同"规制逐渐失效的前提下,当代中国民俗发展的规制模式逐渐转向"地方主义",其典型节点事件是非物质文化遗产运动在中国的全面展开。

2003年10月,联合国教科文组织第32届大会通过了《保护非物质文化遗产公约》。2004年8月,全国十届人大第十一次会议批准我国加入该公约。按照国际通行定义,"非物质文化遗产"并不等同于"民俗文化",但在我国非遗实践中,民俗文化的主体内容却构成了非物质文化遗产的核心。起初,"非遗"运动进入我国属于典型的国家政府行为,是国家推动自身"国际化"、彰显对保护文化多样性负责任的大国形象的举措。2005年12月,在国务院颁发的《关于加强文化遗产保护工作的通知》中,更是明确了非遗保护的核心原则是"政府保护,社会参与",政府的主导地位被明确提出。

然而,非遗运动在保护实践中的展开,却并没有从"政府主导"形成"国家认同",相反却促生了民俗文化的"地方认同"。原因并不复杂,"政治主导"的非遗保护运动所形成的文化框架,虽然体现着"国家在场",但其实质是"国家在场"下的地方文化竞争与经济博弈,"非物质文化遗产"名号的获得为地方民俗传统带来了文化认同和经济利益上的双重收获,因此,非遗运动引发了本已与"国家认同"剥离的民俗文化向自身在传统上所归属的地方社会落实,而这种"地方主义"的回归又在国际非遗运动框架中获得各个渠道的肯定。于是自2004年起,民俗文化渐行渐下,回到民俗文化的地方传统之中。

自2004年开始,当代民俗文化的"地方主义"持续深化,并在2011年达到新节点。2011年之所以能成为当代民俗发展的节点,关键在于政策引导、经济转向与社会自组织高潮的到来,这使得本年度成为中国民俗文化发展从"政府主导型"向"社会主导型"转型得以明确呈现的时刻点。

在政策引导上,中央决策开始向以"社会自我管理"为核心的国家管理体制转变。2010年10月,在党的十七届五中全会上,在涉及我国"十二五"整体管理体制问题上,就已提出要"加强社会管理能力建设,创新社会管理机制,切实维护社会和谐稳定"。2011年,胡锦涛主席在省部级主要领导干部社会管理及其创新专题研讨班开班式上的讲话,再次强调要加强"社会管理"。反观新中国成立以来中央各个时期的社会管理决策,可以看出,2010年度至2011年度中央决策的特殊性:此前中央对"社会管理"的决策指向,通常是指施政部门自上而下地加强社会管理;而本轮"社会管理"决策的要点,则在于向社会放权,强调以社会本位的社会自我管理能力的释放,比如前所未有地强调了"社区认同""社会生活共同体""公共完全体系""非公有制经济"等社会性要素。2011年5月,广东省委书记汪洋就提出,珠三角地区要突出加强社会组织建设,逐步向社会组织放权。

在经济转向上,从"经济中心论"向"文化大发展"转向。2011年10月,中国共产党十七届六中全会召开,提出并通过"文化大发展大繁荣"的决议。外界解读普遍认为,文化建设首次提升到为政治、经济与社会发展提供引导方向的国家战略的高度,这在中国共产党和中国社会发展的决策历史上还是第一次。之所以如此,是因为中国改革开发30年"以经济建设为中心"的国策带来了经济的高速发展,但也因此产生了社会不公和价值观的失落、幸福感的丧失等社会现象,亟需以文化来润化补正。

就社会自身发展而言,2011年度是社会自组织活力喷发的高潮年度。本年度有两大社会自组织平台得以极大凸显。一是城镇社区发展获得政策保障。2011年12月,国务院办公厅印发《国务院办公厅关于印发社区服务体系建设规划(2011—2015年)的通知》,这是第一份中央级的社区发展指导文件,在当下社区维权高潮迭起的大背景下,文件明确社区发展机制为"党委统一领导、政府主导支持、社会多元参与",这其实是对城镇社区社会自组织特征的间接肯定,也为当下以城镇社区为单位的多样社会自组织活动提供了保障。二是新媒体逐渐演化为民意运动的主导平台。2010年,以微博为代表的新媒体迅速崛起;2011年,新媒体的发展不仅体现在参与人数的急剧扩张上,更体现在因大量敏感民生话题与所谓"民意领袖"的出现而使得新媒体逐渐变成了民意运动的平台。

综上所论,可见2011年在新时期中国社会发展中的节点意义——"政府主导型"向"社会主导型"的转型在本年度正式获得自上而下的确认。这对当代中国民俗的发展所产生的意义是多层次的:一方面,从民俗"约定俗成"的角度来看,社会自组织力量的增强是民俗文化繁荣、民俗文化传统凸显的关键前提,为当代民俗发展中早已出现的"地方主义"提供了合法框架,预示着当代民俗的发展将从"转向"地方主义进入向地方主义"落实"的关键阶段;另一方面,在"国家导向"日益弱化的"地方主义"转向中,当代中国民俗的基本功能属性也在发生质的转变。在规制性框架稳定的社会传统中,民俗活动就其社会功能而言基本属于缘规制而附生的生活文化,是在规制性约束中因被动而衍生主动的人文体现。但在规制框架缺席的民俗"地方主义"框架中,民俗文化作为地方资源和传统而进入区域竞争格局,民俗文化体系中的人文特征因缺乏显见的竞争能力而遭遮掩,而其中具有显见竞争力的部分则被放大,民俗文化成为一种地方文化政治。这将是2011年度当代中国民俗实现"地方主义"转向后的必然趋向。

三、2011年度中国民俗发展考察的九个发现

(一)民俗文化在中国现代化进程中所产生的影响力日益扩大。在经历了长时期的冷落之后,民俗文化在中国社会各种合力的共同作用下,在辅助政府施政与参与构建国家主流价值的道路上快速推进,民俗文化传承本身也成为当代国家建设与民族复兴的核心问题。

辅助政府施政。在中国传统社会结构中,民俗是国家实现集权管理向基层落实的引导机制,即所谓"上以风化下"、"彰好以示民俗"。中国封建集权传统之所以能维持几千年,关键在于有效培育并维护了能与集权施政有效互动、人人参与

的民俗文化传统。新中国建立初期，出于建设现代国家的需要，国家管理体制倾向于取消民俗传统的施政引导功能，将封建宗族、地方乡绅、乡土礼仪等视为"封建余孽"而清除殆尽。改革开放以来，经济管理体制转型使经济自主权力下放，大众获得了更大的经济自主权，却让渡出了更多的社会参与权，而这种个体的经济主动性也最终被吸纳在城市化逻辑中。借助对区域城市化进程的直接指导，国家实现了对社会的垂直管理。新世纪以来，国家管理体制开始发生渐变。官方管理决策逐渐改变其垂直管理模式，而大量借助"生活社区""社会舆论""中产阶级"等处于决策层与被管理层的"中间层次"行使管理职能。这种"中间决策"的社会管理模式，必将使中国社会的中间决策领域膨大，从而为中国民俗传统的复兴与新民俗传统的诞生提供重要基础。

参与构建国家主流价值。目前，社会主义核心价值体系正走向完善，而作为民众奉行与认可的民俗文化，在参与构建社会主义核心价值体系中已发挥出显见的影响。社会主义核心价值体系，说到底就是人民普遍接受的一种价值观，人民在遴选自己认同的价值观时，不能不考虑到自己在日常生活中习以为常的行动逻辑，这一行动逻辑恰是民俗文化的重要组成部分。因此，新世纪以来，民俗文化传统与国家主流价值呈现出多方面的相互融合、彼此借助迹象。基于民俗文化传统的当代传承而建构起来的国家主流价值，因为有着广大民间社会的生活支撑，无疑将显示越来越大的影响力。

（二）民俗文化在中国区域发展格局中的影响力空前重要。民俗文化从作为地方区域发展的产业资源，逐渐向作为实现地方认同的象征载体转型，民俗传统成为当代中国"地方性知识"形成的关键。

新中国建立以来，一直到20世纪90年代后半叶，民俗文化传统在国家体制建构中日益淡出中心。在地方发展格局中，民俗文化通常被视为一种特殊的"文化资源"，被收纳到"文化搭台，经济唱戏"的区域产业结构中。新世纪以来，随着国家管理格局的改变，基于区域利益增加的地方社会发展成为新的发展导向，而民俗文化在地方社会发展中也逐渐从"文化产业资源"向"文化认同资源"升华，成为地方社会实现"地方认同"、构建"地方性知识"的重要路径。民俗活动的知识建构，从其核心要素划分，可表述为"空间（在何地）""时间（在何时）""主体（是谁）""仪式与符号（如何进行）""传播与传承"这五个要素。以此检讨当代中国民俗的"地方性知识"建构，主要体现为以下五个方面：

一是在民俗知识建构的空间方面，传统村落的城市化进程加速，"社区运动"为民俗知识建构提供了新的空间载体，也提出了挑战。在不断加速的城市化进程中，当代中国传统村落的衰落持续进行，这是民俗文化传统的知识建构得以展开的空间节点，比如庙宇、村社、空地等渐次消失，使民俗知识建构失去了"在地"依凭;与传统村落消失同步进行的,是村镇"社区"的大量出现,"社区"树立了自己的地标节点,为民俗知识建构的创生提供了可能,但社区地标本身的模式化和可变性特征,使社区民俗知识建构的空间凝集极其困难。

二是在民俗知识建构的时间方面,"节日运动"的勃兴体现出人们回归民俗传统时序的强烈需求与现实努力,但传统民俗时序与现代生产时间的冲突仍将继续。以经济建设为中心的全民经济运动,塑造了改革开放以来国民时间结构的生产性特征。2007年,国务院公布《关于修改〈全国年节及纪念日放假办法〉的决定》,自2008年1月1日起将清明、端午、中秋三个传统节日增设为国家法定假日,将长期以来人们回归传统节日的渴望列入国家制度予以保障,引发全民关注。从传统节日作为民俗传统时序的典型形式而言,传统节日的引发关注与回归热潮,其实反映了人们回归民俗传统时序的努力。然而,在强大的生产性时间体制中,传统节日自然时序时间结构与生产性时间结构之间的冲突将持续进行。

三是在民俗知识建构的主体方面,"新生代"人群的崛起为民俗主体的身份自觉提供了契机。新时期以来,民工进城潮使得传统民俗的主体人群大量散失;21世纪以来,"新生代"农民工已成为当代民工主流人群,他们身处城市与乡村的夹缝困境中,这也为他们选择回归村落生活提供了动力与可能;包括"新生代"农民工在内,20世纪八九十年代出生的"新生代"群体,倾向于在社会多样展演中获取多重身份,这为"新生代"建构自我民俗主体提供了可能性。

四是在民俗知识建构的仪式与符号方面,仪式神圣性与符号深度内涵的失落已成当代民俗知识建构趋向失败的根本原因。民俗仪式与符号是民俗知识建构的主体内容。当代中国民俗仪式与符号的发展,先是经历了仪式与符号的"失落",然后经历了符号与仪式的"伪造",相比而言,后者比前者所造成的危害更甚。20世纪90年代中期以来,民俗产业的畸形发展使得民俗文化资源成为市场紧缺的"物资",在此前提下,大量伪饰"民俗仪式符号"被制造出来,由此造成的恶劣后果是真正的民俗仪式与符号被冲击甚至湮没,仪式神圣性与符号深度内涵被削平,造成中国民俗知识建构在当代的整体失落。

五是在民俗知识建构的传播与传承方面,媒介时代的到来使民俗知识的传播与传承本身成为文化再创造以及其他文化传统之间的相互博弈。在媒介时代,"媒介即讯息",媒介传播即是媒介将自身的文化倾向植入传播对象的过程。21世纪以来,随着民俗文化传统的复兴,民俗成为媒介传播的热点。在媒介推广传播之下,"民俗热"再次到来,但媒介对民俗文化的改写同步进行,其中最为显著的是民俗传统在现代传媒语境中被塑造成了包含政治意蕴的"草根"阶层的文化。同时,在现代传播强大的拼接、并置机制中,民俗传统被置放于与其他文化传统的对话与博弈中,推动民俗知识在新的文本语境中被不断重构。

（三）民俗文化在非物质文化遗产运动框架中的发展被集中检讨，在充分肯定民俗文化发展从非物质文化遗产运动中获取了难得的现代转型契机的同时，也对非遗运动对民俗文化的整体性所造成的支离化局限有了明确认识，在经受了非遗运动洗礼后，民俗文化传统的当代价值也被细分为"内价值"与"外价值"。

自20世纪90年代以来，随着中国加入非遗"公约"，民俗文化传统的当代传承获得了难得的契机，非物质文化遗产运动以国际"公约"的形式将民俗文化传承纳入到新的发展框架中，但经过近十年的发展，民俗遗产化的局限日益凸显，并因此引发了新世纪以来的广泛反思。较为深入的反思指出，非物质文化遗产作为一个关于文化分类和价值判断的概念，主要指的就是那些行将消失或者发生根本改变的民俗文化。这一概念的提出本是为了明确这些需要特别保护的文化的范围，强调保护它们的理由。但是，民俗文化究竟具有怎样的价值？民俗文化的价值怎样才能在现实生活中实现？这样两个重要问题的讨论，既被非物质文化遗产概念所激活，又被这个概念所搅乱。事实上，学者们都忙于按"遗产"的价值标准对民俗进行评估和打分，未能对各个地方变化着的民俗进行更多的调查和研究，对于民俗文化价值如何发生的情况难免有模糊的认识。

在此反思前提下，学界对民俗文化当代价值的研究日益深入，民俗"内价值"与"外价值"的提出是民俗在经历了非遗运动洗礼后的反思成果。研究指出，民俗文化的价值，不妨从"内价值"与"外价值"这样两个方面进行理解。内价值是指民俗文化在其存在的社会与历史的时空中所发生的作用，也就是局内的民众所认可和在生活中实际使用的价值。外价值是指作为局外人的学者、社会活动家、文化产业人士等附加给这些文化的观念、评论，或者商品化包装所获得的经济效益等价值。提出民俗文化内价值与外价值的相对区分，事关民俗文化保护实践中所面临的根本矛盾。民俗文化两种价值的实现，应该是相辅相成的关系，尤其是其内价值的实现需要呵护。目前"保护"民俗文化的做法与结果，多重在其外价值的实现，而不是其内价值的实现。由于许多保护的方案是按照局外人的价值观来制订的，而且由于他们获得了某种引领民俗文化传承的权力，所以可能会造成对于民俗文化原有内价值的伤害。民俗文化的根本价值是它具有生活特征的内价值，而不是把它作为欣赏对象和商品包装的外价值。内价值是"本"，外价值是"末"，如果是本末倒置地去实现民俗文化的价值，民俗文化的自然传承与正常更新过程就可能被遏止。

（四）民俗文化的田野调查方法重新趋热，民俗研究中注重地域语境、现场意识成为当代民俗文化研究的主流方法论，而对于民众而言，强调在民俗活动中的身体在场、亲身参与也成为当代民俗文化发展的显著诉求，从民俗研究到民众诉求的"在场"趋向折射出了民俗文化在当代社会中日益凸显的社会干预倾向。

"田野调查"是民俗文化研究的典型方法论。新世纪初,建立在对"田野调查"深刻学理反思基础上的"告别田野"论调获得了很多研究者的认同。然而,在"告别田野"提出后不到十年的当下,"田野调查"仍作为民俗学研究的主流范式被广泛施行。不仅如此,当下民俗学的"田野调查"已产生了重要的自我更新,从近年来发表的各类有关民俗事象的学术论文来看,在田野调查的基础上进行理论探讨和深入分析的研究越来越多,人们开始逐渐摆脱过去那种重民俗事象的记录与描述而轻学理分析的倾向,开始偏重对民俗事象进行主位的深描,同时一些研究开始将研究者的调查过程纳入考察的范畴,这就使我们对知识生产的过程获得了一种鲜活而真切的认知。而这种将主位深描和客位分析结合起来的研究,绝大部分都是在特定的"问题意识"引导下进行的知识生产。这种"问题意识"不但表现为通过对现象和有关事物的知识的完整把握,找出隐藏在其中的知识谜团,而且表现为对现象或事件发生、形成和变化背后的本质及其社会动因的探求和分析。更具体地说,就是关注民俗事象发生的历史和现实语境,其产生与发展的影响因素,人们对民俗事象的不同看法等隐藏在表象之后的、过去的、人们内心的、无形的东西,正是这些在根本上导致了这种民俗事象的发生与变化。根据不同研究所表现出来的"问题意识",当下民俗学田野调查大体可分为四类:习俗的变迁及其原因探讨、民俗事象的符号构成与意义阐释、民俗与地方社会关系研究和如何更好地保护与传承文化遗产。与民俗研究的"返回田野"同时发生的,是新世纪以来,作为民俗文化传承主体的民众对民俗活动的诉求日益趋向现场参与,注重身体"在场"经验的民俗活动往往是实现成功传承的个案。

民俗研究的"返回田野"与民众本身的"现场诉求",共同描画出了当前民俗文化发展的共同趋向,即民俗文化向现实干预和社会承担的锲入日益深刻。

(五)民俗文化的产业化在经过了近三十年的发展后,人们对"民俗产业化"的辩证效应认识日益明确,单纯的"文化搭台,经济唱戏"已遭到各界的批判,而借助产业化进程来实现民俗传统传承的现代转型,发挥其积极的社会效应,并在现代权益法律体系框架中确认民俗文化产业的权益分配,以知识产权法来实现民俗产业化的最优发展,这已成为当代民俗发展的最新动向。

民俗文化的产业化,是当代中国民俗发展的关键问题。自20世纪80年代初以来,"民俗产业化"从开始的"文化搭台,经济唱戏"到当下的非遗资源竞争,民俗产业化成为各方聚讼的焦点。自"民俗产业化"展开,就遭到知识分子群体的强烈抨击,而政府与产业主体联盟的另一方面则在业界实践中大力推进。新世纪以来,随着民俗产业化发展深入,人们逐渐明确,对"民俗产业化"单纯的批判和肯定都失之偏颇,确认民俗产业化的辩证效应,借助产业化进程来实现民俗传统传承的现代转型,发挥其积极的社会效应,才是正确选择。新世纪以来,《中国非物质文化遗产保护法》的颁布，对民俗产业化的良性发展给出了良性启示，民俗产业的发展应在现代权益法律体系框架中确认民俗文化产业的权益分配，以知识产权法来实现民俗产业化的最优发展。

在中国非遗保护的近十年发展中，中国非遗保护最突出的标志成果应体现在两个方面：一是在非遗保护观念上，"活态传承"保护观念成为非遗保护的主流观念；二是在非遗保护体制建设上，《中华人民共和国非物质文化遗产法》（2011年2月25日第十一届全国人民代表大会常务委员会第十九次会议通过，以下简称"非遗法"）通过并进入实施。事实上，就中国非遗保护的整体历程而言，两大标志成果之间虽无必然关联，但却以合题的形式引导出了新的命题。"活态传承"成为非遗保护的主流观念，是对遗产持有者文化主体性身份的确认，而"非遗法"的主要内容之一，即是对非遗传承人法律身份的确认，因此，两大非遗成果的合题，必然引向非遗传承人的主体性应是"文化主体性与法律主体性融合"的判断，即非遗传承人的文化身份应有法律框架给以保障，而其法律身份又应在其文化传承的意义上给予确定。遗产文化，主要是民俗化传统的法律保护，是实现民俗文化传统的"活态传承"走向实践的必经之途。

（六）民俗文化传统对当代社会的影响，已从相对抽象的文化传承深入到对现代生活世界构建的层次上，在以全球化、城市化、信息化为典型特征的现代生活世界的构筑中，民俗文化作为承载丰富文化认同的符号体系，对人们生活世界中的身份认同与信息环境的建构产生了越来越深刻的影响。

文化对时代的深入影响，最终的归宿体现于文化对人们生活世界的构建。20世纪80年代以来，民俗文化先是作为中国传统文化的符号载体，然后是作为产业发展的资源载体，两者拢聚于相对抽象的"文化传承"的命题下得以表达。自新世纪以来，民俗文化传统在中国现代化进程中渐行渐深，突出表现在民俗于当代中国人而言，已从抽象的"文化传承"对象而成为构建自身生活世界的主要资源。

民俗传统对现代中国生活世界的构建意义，主要体现在自我身份认同和信息环境构建导向两个方面：

在身份认同的构建上，20世纪90年代以来，农村经济改革逐步深化，小农经济遭遇现代产业巨大冲击，大量闲散农村劳动力进城务工，产生了中国改革开放中最大的流动人群——民工群体。新世纪以来，随着中国经济转型的展开，自由市场经济网络逐渐丧失其霸权威力，以各种形式复兴的民俗传统为民工群体回归自我提供了多样选择。不仅如此，经济霸权在社会生活中的去势，也使城市多元人群找寻"约定俗成"的现代民俗生活、为实现多样角色扮演创造了可能契机。

在信息环境的构建上，20世纪80年代以来，当代中国的现代传播体系飞速发展，而中国的信息环境生态也在发生急剧改变。在以报纸杂志、广播电视为主导媒介的媒介环境中,缺乏人与人之间互动的信息环境,信息传递遵循单向传播方向。新世纪以来,随着网络的发展,博客、微博、微信等新媒介形式的兴起,使人们可以自由互动,信息的双向与多向传播凸显了传播活动中"约定俗成"的民俗文化,以"谣言"为代表形式的民俗传播行为在网络世界逐渐成为主流传播方式,而由此构建的信息环境也处在巨大的动荡之中。民俗文化对未来人们信息环境的构建将发挥越来越重要的作用。

(七)民俗文化传统中的节日民俗成为民俗当代传承中的焦点问题,由"国家法定节假日"的制定,"节日经济"的社会舆论及种种节日事件所引发的广泛争论,展现出节日民俗在当代社会中的意义已不仅仅是传统传承的问题,而是与社会公平和价值信仰密切关联。

2007年,作为民俗文化重要形式的传统节日,在众多学者的提议下纳入国家法定节假日。这一举措无疑具有积极意义,但经过将近五年的实践,人们却发现问题颇多。研究者指出,传统节日被纳入国家法定节假日,表面上是对传统节日的尊重,但因为节日的内涵与形式已被抽空,致使传统节日丧失了自身特征,变成了单纯的"吃吃喝喝节""旅游节";如果以"时间实践"作为节日的本质特征的话,传统节日发展到今天,其特有的仪式时间已被现代生产时间所取代。传统节日之争,演变成了"时间政治"的平台。而围绕传统节日的"时间政治",社会各个阶层之间的利益竞争与权益商谈,形成了当代中国社会公平建设的重要内容。

更加深刻的反思指出,传统节日的当代复兴,节日仪式的神圣性传统应当是复兴的重要内容。在围绕节日传承的当代纷争中,节日的休闲娱乐功能是争执各方对节日发展的共同定位,而当代中国近十年的传统节日复兴之路,则是以其种种失败证明了节日的休闲娱乐定位存在根本问题。事实上,中国传统节日应是民众实现神圣认同的重要载体,在中国文化传统中,宗教、道德、艺术与节日可视为神圣价值的四大泉源,随着宗教、道德在世俗化进程中的黜落,艺术日益变成享乐化的形式,传统节日可说是中国文化传统中的神圣价值实现当代传承的仅存硕果,将传统节日传承从休闲娱乐的定位中解放出来,彰显其神圣传承意义,是当下节日发展的突出论调。

(八)旅游进入日常生活、在旅游中生活等说法,意味着全民旅游时代的到来,民俗旅游遍地开花。民俗旅游,关系到在全球化、现代化、城市化的大背景下,中华民族的文化之根能否保存、延续的大问题,这是走向现代化、走向世界的中华民族所必须面对的。民俗旅游的重要意义已经成为社会共识:在产业开发的层面,通过发展民俗旅游为农民创造发家致富的机会,促进城乡一体化发展;在文化传承的意义上,留住中华民族的文化之根,为中华民族的伟大复兴奠定坚实的生活根基。

经过三十多年的发展,我国民俗旅游业的产业规模、结构与内容已获得极大发展。不可忽视的是,民俗本是一种生活文化,具有生态性原则,当代民俗旅游越来越脱离其原生的文化生存语境,已经渐成仪式化,各种民俗旅游节庆活动的大量举办以及非物质文化遗产的开发即是明证。民俗旅游产业的发展被注入意识形态与商业资本的因素,其原本具有独特民俗文化意蕴与价值的符号系统,也成为承载原有意义的形式外壳。显然,过于强调其产业属性的"产业本位"观所造成的负面性也日益显现。在此背景之下,凸显民俗旅游社会权益属性的"社会本位"发展观,实现从"产业本位"向"社会本位"的转向,已成为当前我国民俗旅游发展的必然选择。

中国博大精深的文明,辽阔的地域差异和为数众多的少数民族等造就了中国色彩纷呈的民俗文化,为中国民俗旅游业的发展提供了优质的条件,形成了中国民俗旅游丰富多样的发展特点,在以后的发展中,中国民俗文化将会被更多地开发挖掘,形成类型更加丰富的民俗旅游。中国民俗旅游要想实现良性发展,必须在整体发展上坚持"一个战略",在规划设计上强化"四大原则",在具体运作层面抓好"六个措施"。"一个战略"即"产业反哺战略",树立生态发展意识,建立反哺敦促与监控机制,促使民俗文化资源开发的产业受益群体对民俗文化生态给予涵养,应是建立本区域民俗旅游发展生态格局的真正出路。"四大原则"包括:坚持以人为本,活态民俗优先;坚持可控性、全局性原则;坚持公共本位,社会效益优先;坚持创意发展,格局思维优先。

我们还要注意到,当代社会中的民俗文化应该覆盖所有空间,跨越乡村和城市,因此应将民俗文化作为一种存量资源,对现有的旅游产品予以升级或刷新,并将民俗旅游与已有的自然旅游、文物旅游相对接。在民俗旅游已经形成一定规模的地区,就要在系统梳理、合理归纳、整体把握当地民俗资源的基础上,对散处各地的民俗文化产业予以规划整合,在格局规划、体制建设、市场营销和产品开发方面采取有效措施,以富有前瞻性的眼光阐明民俗文化产业中长期发展趋势与潜在增长点,真正使包括民俗旅游在内的民俗文化产业发展壮大,真正成为区域经济新的增长点。民俗旅游,通过区域民俗文化产业的可持续发展,形成对于自身民俗文化的一种积极性保护。

(九) 民俗文化传统的当代传承,在实践层面上日益多样而深化,以"活态传承"为基本导向,调动政府决策、产业扶持、民众主导与学者监督多方参与的成功民俗传承个案越来越多,民俗文化传统的当代传承在实践落实层面上取得重要突破。

新世纪以来,民俗传统的当代传承是曲折发展中坚定不移地走向了正确的归宿,这是对当代中国民俗发展的总体判断。当代中国民俗传统的当代传承遭遇各种曲折,其中最突出的是政府与国家集权的强势介入,支离了民俗文化传统本身的规律,而使民俗文化传统在其现代性境遇中以碎片化形式长期存在;民俗产业化的不良发展,从某种意义而言,其实是政府与国家强势介入的另一种后果。

20世纪90年代以来,民俗文化传统"活态传承"观念的提出,可视为当代中国民俗文化发展的最大实绩,而新世纪以来,"活态传承"的实践问题则凸显出这一观念到实践还有相当的距离。然而,当代中国民俗文化发展如同中国其他问题的当代发展一样,有自己的"中国特色",即在现实实践中不断升华与深化。新世纪以来,与知识界提出"活态传承"相对照,来自民俗文化传承业界的鲜活实践贡献了丰富鲜活的成功个案,这些个案以"活态传承"为基本导向,调动政府决策、产业扶持、民众主导与学者监督多方参与,成为推进民俗文化传统当代传承的重要实践依据。

四、2011年度中国民俗文化发展六项建议

(一)确立民俗文化发展在当代中国"宏大格局"中的可嵌入性,明确其在国家重大现实问题中的独特意义,使民俗传统的当代传承在国家主流价值构建、政府决策施政、民族文化的世界崛起及经济产业结构转型等重大建设领域中发挥效益。

(二)确认当代中国民俗文化发展模式从"政府主导型"向"社会主导型"的范式转型,明确民俗文化传统在"地方认同"与"地方性知识"构建中的独特意义,在坚持文化发展正确导向的前提下,适当实现地方民俗文化发展的地方放权,以实现"中国传统节日的地方弹性放假制度"为先试先行项目,赋予民俗文化发展更大的文化自治空间。

(三)明确在当代中国社会中民俗文化的社会润通作用,重视民俗发展与社会管理的关系,防止民俗文化向"草根"定位的滑落,使民俗文化在当前社会管理中起正向推动作用。

(四)明确民俗产业化的辩证关系,摆脱民俗产业化的经济单向思维,以文化公益的发展思路使民俗产业化成为民众借助产业发展平台实现自身民俗文化权益、提升自身生活幸福感的重要资源,在公民权益的发展框架中、以知识产权法为基本法权依据确立民俗产业化中的权益公平,使民俗产业化在知识经济体系中实现经济盈利与遗产保护的双赢。

(五)正视当代中国民俗发展的文化全球化背景,把握民俗文化传统与文化现代性之间的冲突关系,以维护民俗传统"地方性知识"完整性为前提,以构建包含丰富认同内涵的现代生活世界为目的,探索民俗传统与现代性文化融合的创新形式。

(六)重视对民俗文化传统中神圣价值观与公共文化特征的发掘与当代传承,使民俗文化传统在引导当代价值观树立方面凸显其重要价值。

2012 分报告

2011年度中国民俗文化发展研究综述

赵世瑜 韩朝建 邓 苗 龙 圣[*]

一、理论探讨

随着中国现代化进程的加速,中国人的社会生活发生了巨大的变化,引发了学界持续的兴趣和研究。同时,这样的变化又没有完全脱离历史和文化传统,使学界对于变化中的社会与生活同传统的关系关注有加。随着学者们田野实践的积累以及在实务方面的不断参与,学理上的讨论亦随之不断深入,讨论的对象变得更多,民俗研究的范围更广、对问题的反思也愈来愈深入,无论是传统的研究题目还是新题目,都有不少新理论或新观点的提出。2011年,在大的问题意识的层面,理论探讨大体可以分为以下几个方面:传统民俗学课题、尤其是文艺民俗研究的新进展、对转型时期民俗事象的反思,以及关于民俗学本身何以安身立命的讨论。[①]

(一) 文艺民俗研究的进展

民俗事象是在不断发展变化的。中国长期的文明史对这些变化留下了很多记述,从新文化运动中的"歌谣研究会"开始,学者们就在搜集和解读资料方面积累了大量的经验,同时把文本解读与田野经验相结合,开创了以具有悠久传统的历史学、文学、语言文字学为重要内容,同时引进域外社会学、人类学、民俗学理论与方法的现代中国民俗学研究。在这一过程中,中国民俗学虽历经坎坷,但也逐渐形成了许多宝贵的理论和经验,使今天的学者能够持续地就传统学术问题提出新见解。2011年的民俗学界也展现了这方面的成果。

在神话的研究方面,历史维度的研究再次显现其强大的阐释能力。施爱东用顾颉刚"层累造史"理论分析西王母形象的变迁。其研究发现,随着西王母政治地位的不断攀升,其居住条件、仪仗规格、座驾档次、侍从人数等各项生活待遇也得

---

[*] 赵世瑜,北京大学历史系教授、博士生导师;韩朝建,山东大学历史文化学院讲师;邓苗,北京师范大学文学院民俗学博士研究生;龙圣,山东大学儒学高等研究院讲师。

[①] 首先需要说明,本综述所涉及的研究成果,不可能面面俱到;相关论说的繁简,与作者体会的深度有关,不存在厚此薄彼的区分。其次,由于综述的成果主要集中于2011年发表的作品,因此凡属此年度发表的作品,不逐一注出年份,非2011年发表的作品则注明年份。

到大幅度提升,甚至连自身的音色、相貌等,也发生了由老变少、由野入文的巨大变化。可是,我们同样看到了层累造史的另一面:当西王母戴上"太真晨婴之冠"之时,也是"胜"被摘下之时;当身边站满美貌侍女之时,也是三足乌下岗之时。"层累造史"的过程中,虽然加法是主要方面,可减法也不可忽视。在历史的维度上,我们正是通过对各个局部"弃胜加冠"结果的有序排比,来完成对于整体"层累造史"的叙述。① 在重点分析文本之余,也许我们应该进一步追问语境的问题:这些情节单元的加减变化究竟是在怎样的时代背景下完成的?导致这些变化的动因是什么?是谁推动了这些变化——民众的集体无意识?精英的有意介入?还是更为复杂的共谋或者合力?

在研究中,口述的非一致性和多元化的特点得到进一步的确认。林继富在对"枣核"故事的研究中发现,"枣核"的叙事由两个系统构成:一个是生活在社会基层的民众建构的民间文化系统,另一个是代表社会主流思潮的精英文化系统。民间文化系统主要取喻枣核所具有的生育意象和生命精神,在此基础上寄托老百姓的现实愿望和生活畅想;主流文化的《枣核》叙事则着重渲染由枣核与社会生活的密切关系而激发出来的象征意义。这种意义被积淀在民族的记忆里,它时常外化为一种民族情感,成为民族精神的表征和民族文化的象征,以超越时空的震撼力量激励着一代又一代的华夏子孙,凝聚起心灵的长城,构筑成精神的家园。② 同样,假如"主流文化"可以这样表述的话,那么这种"主流"话语是否现代民族国家的产物?

民俗学研究的"当下"转向对神话理论的发展同样意义重大。通过对四个汉族社区的神话考察,杨利慧对中国现代口承神话的传承和变迁状况进行了较全面的梳理和总结。该项研究的目的,是"想通过对特定社区和传承主体的民族志考察,弄清楚一些中国神话学安身立命的基本事实(facts),例如在当代中国,神话是怎样在一个个特定的社区中生存的?它们担负着何种功能?是哪些人依然在讲述神话?他们是如何看待和理解神话的?神话如何在具体的讲述情境中发生变化?中国现代以来的巨大社会变迁给神话传承造成了怎样的影响?"等。③ 她发现,现代口承神话的功能和意义复杂多样,那些在仪式场合被讲述的神话,依然扮演着信仰的社会宪章的功用。此外,它们还是构成世界观的重要基础,是人们进行社会交流、建构社会生活的有效途径,是教育后代和消闲娱乐的方式,是凝

---

① 施爱东:《"弃胜加冠"西王母——兼论顾颉刚"层累造史说"的加法与减法》,《民俗研究》2011年第3期。
② 林继富:《民族记忆与文化根结——"枣核"的叙事魅力》,《玉溪师范学院学报》2011年第5期。
③ 杨利慧:《现代口承神话的传承与变迁——对四个汉民族社区民族志研究的总结》,《青海社会科学》2011年第1期。

聚群体、建构身份认同的重要力量，还是获取政治资本和商业利益的策略性资源。神话传统的变迁受到社会文化语境的诸多影响，但其影响是有限度的。神话的讲述者普遍地涉及了几乎所有的人群，其中积极承载者和消极承载者都起着重要作用，而导游和教师则日益担负起新时代职业讲述人的角色。讲述人的神话观也多种多样，神话并不一定被视为神圣的叙事。口头传承依然是主要传播方式，但其传播途径正日益多样化：书面阅读、面对面的口头交流以及观看电影电视等越来越成为青年人知晓神话传统的主要方式。我们有兴趣对后续的研究加以持续关注：如果神话不一定被视为神圣的叙事，它会不会被削弱作为"神话"的本质？更为重要的是，当传承方式日益多样化之时，口头传承是否会逐渐退居次要地位？进而，此类文本不再成为"口头叙事"，而成为借助新的传承方式的新民俗？

在回顾了20世纪中国民间故事学的发展史之后，万建中批评了民间故事研究者们对后现代主义思潮视若罔闻，始终难以突破传统研究范式的重重积层。在他看来，在20世纪故事学的体系中，民间故事被等同于民间故事文本和"文学"。即便关注了讲述人和语境，那也是以讲述的故事文本为出发点的。在以往的故事学研究中，故事文本始终主宰着研究的导向。他认为，21世纪的故事学应该在以下几方面获得突破：1）正视传统故事的变化；2）构建声音故事学；3）反思表演理论实践上的困境；4）重新理解民间故事；5）"行为视角"的故事学；6）关注故事文本的制造过程。[①] 这样的提醒是十分及时和必要的，指出了故事学领域的研究困境，把着眼点放在了语境之上。但仍需思考的是，如果90年前顾颉刚的孟姜女故事研究已经开始注意故事文本的制造过程的话，在方法论上，我们应该怎样超越前贤？

（二）关于社会转型与民俗变迁的讨论

当代中国社会处于急速的变革中，城市在迅速扩大，城市常住人口超越了乡村人口，大量乡村被纳入到了以城市为中心的生产和消费活动之中。在城市化、商品经济、消费主义的扩展之下，加之非物质文化遗产活动如火如荼的开展，乡村社会民俗的发展越来越多地受到这些外部变化和国家政策的影响。在这个背景之下，许多的民俗事象体现出了许多新特点和新趋势。学者们很敏锐地捕捉到社会和民俗的转变，可以说，转型社会中的民俗变迁是2011年民俗研究中的一个最重要的课题。

1. 城市化和消费主义下的乡村民俗

那些原本被认为是"民间的"、"民俗的"事象，可能不过是时代环境下被塑造的结果。周星追溯了陕西户县农民画的形成和演变，他采用了"全球在地化"这一

[①] 万建中：《20世纪中国故事学的不足与出路》，《山东社会科学》2011年第11期。

概念,指出此概念原是日本跨国企业在20世纪80年代,为适应其迅速的海外扩张,要求企业组织及其产品的开发、生产和销售体制均应符合或适应各所在国家当地具体情况时创造的一个合成词,意思是说企业在实现全球化扩张的同时,也必须实现在地化。1992年,英国学者劳兰德·罗伯荪将这一企业经营用语加以引申后作为学术概念引入到社会人类学领域,指出全球化进程在世界各地均同时面临着在地化、土著化的过程,全球化和在地化同时进行,并行不悖,并相互刺激而展开。实际上,这一概念已被广泛运用于社会文化的研究领域。

借助这个概念,周星指出,户县农民画是20世纪50—70年代在中国农村的社会主义教育运动、"文化大革命"和阶级斗争意识形态的背景下应运而生的一种旨在图解党和政府的方针政策、教育农民和体现农村文化革命成就的政治宣传画。改革开放以来,农民画在继续作为政府中心工作的宣传辅助手段的同时,还逐渐演变成为一种新型的旅游商品,并以各种途径不断地被重新解说或定义为当代中国农民的一种"民间绘画"或"民俗艺术"。从对户县农民画的上述分析看,最终成为地方文化名片的农民画,实际上是在民族国家的历史进程中,通过在全球化背景的旅游产业和国内外艺术品市场、艺术品评价机制以及和中国民间文化复兴运动之间复杂纠葛的相互关联中不断强化建构的产物。① 在地化和全球化在当代的关系的确是个饶有兴味的话题。事实上,在任何时代,"在地"与更大范围的地域之间就在不断发生互动,假如我们把明清帝国的文化扩展视为某种意义上的"全球化"的话,云南、西藏或者任一边陲小村的"在地化"过程就不可避免地受到前者的影响并发生变化。也许早在秦帝国将驰道修得四通八达的时候,这种现象就已出现。

陈映婕、张虎生采用了"身份认同"的概念,去探讨浙江北部某村的民俗变迁。他们指出,该村村民通过对中心城镇居民"衣食住行"的生活方式进行消费象征意义上的想象与模仿,从而实现地方性的现代认知并达成自我认同。建立在现代消费基础之上的新认同方式,既有着建构自信与明晰自我的积极方面,也潜伏着助长非理性物欲的消极倾向。随着人们进入工厂谋生,脱离了农业生活,基于土地与血缘的传统认同模式日渐式微。乡村工业化带来的部分结果是,收入水平大幅度提高了,但同时伴随着归属感的模糊以及由此产生的认同焦虑。消费认同是较快达成自我与身份认同的途径。人们以中心城镇的消费生活为想象参照物,用消费物品的方式来"武装"与表现自我,赋予了衣食住行更丰富的文化符号与理念,

---

① 周星:《从政治宣传画到旅游商品——户县农民画:一种艺术"传统"的创造与再生产》,《民俗研究》2011年第4期。

创造了对现代性的地方理解与认知。①

与此同时亦有学者指出,乡村社会的演变其实并未触及最根本的"民俗",正是民俗使得农村社会"以不变应万变",其中的"不变"就是民俗,"万变"指各种形式的、各种程度的外在于农村社会的力量和动力,其中包括现代化进程、工业化的扩张、市场经济的冲击、全球化的影响等。这些社会变迁只是触及农村社会的表层,从未真正完整地破坏过农村社会的核心。而这正是为什么小农经济会"不死"、传统亲缘关系会与现代社会组织"交织"、非正式社会关系会穿越制度、熟人社会会蔓延到组织领域的真正原因。②

变与不变亦部分地取决于乡村卷入城市化和消费文化的程度。在城市迅速扩张的态势下,城市周边的乡村正在一步步被城市吞没,乡村民俗的变迁路径不仅取决于乡民本身的选择,有时亦取决于城市建设者的态度和策略。比如在城中村现象比较普遍的广州,城中村的完整性愈来愈被不断高级化、士绅化的城市建设所破坏,但是近年来,这种城市建设的理念发生了变化。即从"追求高大全的所谓国际化大都市转向对城市传统特色的关注和发扬"。广州媒体曾经做过的"广州地理"、"新广州人"等系列节目就是以传统的乡土文化作为广州都市文化特色而构建起新的都市想象和都市认同。这种新的都市文化建设理念为城中村所保存的民俗活动遗产提供了生存和传承的空间。像划龙舟这样的民俗活动,虽然主体仍然是留在城中村里生活的数量有限的村民,然而活动的影响氛围空间却很大。③ 可以说,乡村民俗在被肢解的同时,它也正在被融合进城市,从而转变为城市文化建设的重要资源。

以上研究,虽然着眼点不同,结论也不同,但都切入了民俗在当前急剧变化的社会之境遇这一复杂但却极为重大的问题。其实,民俗只是传统文化的一个方面,由于它的主体深深植根于乡土,具有顽强的生命力,但却在一定程度上说又颇为脆弱,不同于传统文化中的精英文化。关键在于这一文化的传承者,当传承者逐渐消失或者改变了身份时,他们所承载的文化自然烟消云散;而文化的土壤日渐消失之时,传承者也无法立足。因此,我们的研究不应再重复叙述眼前的危机,而应探讨民俗或者民众传统的"水土保持"的机制何在,进而讨论使民俗传承者不再限于"非遗"的传承人,而回复到所有生活中的所有人群的机制和原动力。

---

① 陈映婕、张虎生:《对城镇生活的想象与认同——浙北 C 村的日常消费研究》,《民俗研究》2011 年第 3 期。
② 吉国秀、李丽媛:《作为生存策略的农村民俗:变迁、回应与中国社会转型》,《民俗研究》2011 年第 2 期。
③ 高小康:《非物质文化遗产与都市文化的包容性》,《山东社会科学》2011 年第 1 期。

2. 民俗主义的反思

民俗本身受到了现代城市化和消费文化的各种冲击,辗转以新的面貌出现,由此产生了"民俗主义"(folklorism)。据学者的研究,民俗主义的概念产生于20世纪初的德国。它主要是指一种现象,即某种民俗脱离了其原先的语境,为了新的目的,以乔装打扮后的面目重新展示。20世纪60年代,德国民俗学家Hans Moser开始使用这个概念。经过Hermann Bausinger等人的阐发,到70—80年代,民俗主义引起德国民俗学界的讨论热潮。1990年,民俗主义正式传入日本,日本民俗学家开始将其作为研究本国民俗事象的重要概念工具。近年来,随着非物质文化遗产保护活动的开展,民俗主义也受到越来越多的关注。

民俗主义对保存和发展民俗具有重要的功能。黄涛等学者在对温州天一角小吃市场成立和运作的研究中,指出天一角将散落民间的温州小吃集大成,用现代化的手段对之进行包装推销,既使得地方民俗资源为我所用,又在一定程度上保护了这些地方资源。他发现现代商业活动对民俗的借用并不只是商家受益,或者说民俗主义并不只是对商家而言具有经济价值,它往往还能带来社会效益,就是对民俗本身而言也是具有积极意义的。他引用Ulrike Bodemann的话总结了民俗主义存在的规律性:1. 一种文化现象正处在消逝的过程中。2. 为了防止它预期中的彻底消亡而重新接受它。3. 在此同时它的对外展示的表演性格得以加强。4. 通过重新接受使得这一文化形式获得了新的社会功能。① 像温州小吃市场这样的个案研究数量非常多,也表明了民俗主义的确渗透到了社会的方方面面,对于保护和发展物质和非物质文化遗产的作用的确非常大。

同时,有学者指出,民俗主义往往是各种力量"共谋"的结果。比如陈映婕、张虎生等人对西藏面具的研究后发现,一方面,消费者存有理想主义、浪漫主义、传统主义、地方情结和怀旧情结,偏好追忆前现代社会的自然生态与生活方式,这些大众心理成为炮制民俗商品的重要根源。另一方面,官员、地方精英、商人、媒体,共同参与了对"民俗"的发明与再造,他们"开发"出了一个消费民俗的市场。尤其是大众媒体和广告商,不仅迎合大众的心理需求,还进一步催生出更加令人眼花缭乱的消费符号,将文化产品与时尚、品味、个性化、现代感、性别美感等直接联系在一起,刺激人们持续不断地进行消费实践,使之形成一类模式化的消费惯习。"民俗主义"是应对快速变迁中大众特定心理需求的重要对策,是时代语境下的综合产物。②

---

① 陈超颖、黄涛:《民俗主义视角下的"天一角"温州小吃营销策略分析》,《温州大学学报》2011年第2期。
② 陈映婕、张虎生:《异化与共享的"传统"——走进市场的西藏面具》,《西藏大学学报(社会科学版)》2011年第3期。

因此那些受到追求的"古老的"、"传统的"文化,其实是在城市化和消费文化扩张的影响下,不断被塑造和利用的产物。比如周星在对古村镇热潮的研究中发现,古村镇以种种不同的路径在当代中国社会被"再发现"出来的意义,首先应该在不可逆转的都市化进程的大背景之下,亦即在包括古村镇在内的整个中国社会与文化变迁的大格局之中去理解。古村镇之被赋予的诸多价值和魅力,也必须是在这样的背景和格局中才能够愈益显得突出。周星同时亦指出,由于古村镇的价值和意义,在一定程度上取决于外部世界对它的定义、需求和期待,因此,它似乎就应该保持传统的生活方式,并成为一个在外部的人们看来是非日常的生活世界;而当它无法保持或具备那种非日常性之时,它的社区居民就得学会以表演的方式展示那样的生活方式。[①] 可以说,这种塑造同样是各方面共谋的结果。

民俗主义的"共谋"并不总是快乐的,它的运用可能对乡村社会本身的政治、经济产生冲击。王学文用一个水族村寨卯村的民俗旅游实践为考察对象,探讨了一个面对政府、市场、新型农民组织等多方参与之下的民俗旅游村的起步、发展和运行状态。他发现,在自上而下的旅游开发的热潮之下,地方社会自己并没有发展出足够成熟的应对机制,当政府支持减弱,村民要进行市场化的运作的时候,摆在村民们面前的困难重重:无法发展出有威望的组织,以协调内部失衡的局面,卯村的旅游实践面临着解体的危险。作者因此提出这样的问题:依赖传统技能、民间组织和乡土知识的村寨文化生态体系,是否能够以其内在的文化逻辑应对来自外界多方面的输入性压力和新生事物(包括扶贫、文化遗产保护、商业化和市场化的冲击,城市化的进程,以及政府、学者和 NGO 的乡村发展模式设计)?抑或在这样的压力中他们将丧失自己的文化,变成受外力摆布的"被文化"群体?[②] 这些问题,可以说是开发旅游的乡村面临的普遍困境,政府的插手和退出,对乡村社会造成深远影响。

民俗主义同样给个体的命运带来变化。比如林继富用宜昌市夷陵区民间故事讲述家、歌师和薅草锣鼓鼓手刘德方的例子说明,非物质文化遗产传承人的杰出成就得到政府的肯定,政府出台了一系列保护措施,改善他们的生活条件,给予一定的待遇,安排相应的社会职务,给予一系列优惠条件,等等。这些举措既是对传承人传承文化功绩的褒奖,又是激励传承人继续传承文化、培育新人的动力。于是,在传承人身上附加了许多先前没有的社会的、政治的等元素。在民俗传承人的身份经历了从农民到城市人、从乡村故事讲述人到政府命名的故事家这样的

[①] 周星:《古村镇在当代中国社会的"再发现"》,《神州民俗(学术版)》2011 年第 6 期。
[②] 王学文:《发展的欢歌与实践的悲唱——一个水族村寨的民俗旅游研究》,《原生态民族文化学刊》2011 年第 3 期。

转变之后,他们习以为常的生活被打乱了,也干扰了乡民对他们的再认识和他们的自我认识。他们与乡土、乡亲、宗亲和村民之间的纽带被削弱、被阻隔,他们不再拥有恒定不变的文化身份。尽管城市生活和现代观念把他们的乡村生活吸纳其中,然而,他们却不能成为真正的城市人,也不能像先前那样做地地道道的农民,在他们身上出现了文化转型的明显倾向,于是,身份焦虑的苦恼也就不可避免了。① 可以说,这是非物质文化遗产的个人史。

学者的研究从理论介绍和经验研究方面对民俗主义进行了卓有成效的探讨。其实,大量的个案研究都已表明,无论是对民俗的利用也罢,改造也罢,如果民间文化不能适应现代化的转变,必然难免走向衰落的命运。② 至少从非物质文化遗产保护的角度上说,民俗主义适应了时代的需求,有其积极的一面,是民俗"真实性"的另外一种表现。③

但是,姑且不论用"民俗主义"来翻译 floklorism 是否容易引起误解,这种现象是否已改变了原有民俗的本质,倒是值得探究的。说得好听点,此鸭头已非彼丫头;说得难听点,也许是挂羊头卖狗肉。比如各地的小吃市场或小吃街,已大多成为适应旅游需要的手段,失去了本土的生活环境;古村镇的商业化、媚俗和模仿导致名"古"而实新,失去了地方文化的特性。正如上述学者所描述的水族村寨和故事传承人的困境那样,民俗主义真的可以成为挽救乡土传统的救命稻草吗?

3. 城市新民俗

中国在由农业社会向工业社会转变的过程中,工业文明带来的是城市文化的兴起、媒体的日益发达、消费文化无处不在。在此情形之下,乡村民俗得到重新阐释和利用,民俗主义有泛滥之势,用上文周星的观点来看,它们的背景其实都是城市化的开展。以往的民俗研究关注乡村比较多,而对城市的新民俗关注的不够,近年来随着社会的急剧变迁和"面向当下"的学术思潮的影响,城市新民俗受到越来越多的重视。

由于西方国家的工业化和城市化的过程完成得比较早,他们在城市新民俗的探讨方面亦走在中国的前面,此一研究取向也被介绍到了中国学界。在 2011 年译介的一篇文章中,德国民俗学家卡舒巴对学科若干关键性问题的重新界定与回答,其实也指出了都市化下民俗的转变,这些问题包括:第一,"民"今天意味着什

---

① 林继富:《"非遗"项目代表性传承人的文化身份——基于刘德方的分析》,《中央民族大学学报(哲学社会科学版)》2011 年第 4 期。

② 如山东惠民县胡集书会,由于不能在传统曲艺的体裁和内容的转变上下工夫,从而面临消亡之虞,见王加华、张玉:《集市与表演:乡村市集与胡集书会关系探析——兼及胡集书会的保护与传承之道》,《山东社会科学》2011 年第 9 期。

③ 吴芙蓉:《民俗旅游语境中的民族节日表演艺术——以大理白族节日表演艺术为例》,《云南社会科学》2011 年第 6 期。

么？第二,"民"今天生活在哪里？第三,"民"今天是如何生活的？第四,"民俗"的个人,即"我"而非"我们",意味着什么？他指出,今天大部分的人口生活在城市,从事着工商业;通俗文化是指日常文化,指生活的全部方式,而不再仅仅是指传统。今天,生活方式和偶像是社会和文化身份重要的表达形式。我们越来越通过消费、闲暇时间、品位和美学趣味来呈现与界定我们自己。新的关系模式与新的社会性在发展,特别是在城市中。在城市里,通过音乐和音乐会、城市节日和聚会、体育和艺术活动、邻里社区和宗教团体,涌现出新的群体和社区。老式的民俗研究只知道复数,很少知道单数;而现在不那么极端的新个人主义形式是很有吸引力的,它已成为通俗文化的一个组成部分。这一方面反映在消费模式和审美实践上,反映在自我形象和生活观上;另一方面,在群体和大众的阴影下,重新欣赏个人的趋势变得明显。所以,在从文献和当代文化实践中搜寻传统的同时,我们用批评性的视角审视我们自己和我们的社会。在重构和解构这两方面,我们应找到合适的平衡点,从而避免浪漫化和本质化的传统与集体记忆。①

从民俗的角度直面当下城市的新民俗与流行文化的具体研究并不占主流,但是这些方面受到越来越多的重视。比如有学者用表演理论研究了郭德纲的相声,认为郭德纲继承与改造了相声的传统表演模式,其表演具有释放都市观众压力、接续断裂传统的作用,同时也存在民粹主义与民族主义的弊端。"钢丝"是一个数目庞大的非均质团体,但他们的言论、表达方式与欣赏口味,首先是都市化,多数"钢丝"是城市人;其次是年轻化与时尚化。郭德纲的相声遵循了传统的程式,包含了大量传统元素,而为了适应当代人的欣赏口味,也进行了必要的改造与发明。具体表现在,第一,小剧场:表演场景的回归;第二,互动与"现挂":表演的交流与新生性;第三,老段子与基本功:传统的炫技;第四,传统的发明。由于"钢丝"的欣赏口味与知识储备不同于百年前的老北京,郭德纲就需做出相应调适:郭氏相声的笑料与网络笑话、短信段子的更新是同步的,比如他加入了"躲猫猫"、"超女"等社会热点和时尚元素。②

此一研究趋势亦部分地得到学者的回应,比如岳永逸即对北京的天桥文化进行了研究,并认为民俗学应该关怀伴随工业发展、城市发展和城乡一体化而生发的群体性生活方式、价值观念、伦理道德等,呼吁重视与都市文明及其生产生活相应的"新"民俗。③ 从总的趋势看,研究城市人的生活习惯、精神状态,关注城市的流行文化,应该会受到越来越多的重视。但是,什么是城市民俗？什么是城市新

---

① 〔德〕沃尔夫冈·卡舒巴(Wolfgang Kaschuba)著,彭牧译,《民俗学在今天应该意味着什么？——欧洲经验与视角》,《民俗研究》2011年第2期。
② 祝鹏程:《表演理论视角下的郭德纲相声:个案研究与理论反思》,《民俗研究》2011年第1期。
③ 如岳永逸:《说与写:杂吧地北京——天桥的叙事学》,《民俗研究》2011年第2期。

民俗?相声及其他曲艺形式过去被称为俗文学,不是群体传承的文化,可以算是民俗吗?城市中的庙会本来是民俗的,但现在大多是政府组织的,而不是民间自发组织的;过去多在神诞日举行,现在往往集中在春节,这还是民俗吗?传统的都市民俗,如行业习俗,在当今的城市行业群体中,究竟是什么?诸如此类的问题,需要重新界定,需要加大力度进行研究。

(三)学科反思

由于社会的剧烈变迁和新理论的引入,民俗学的研究范围的大大扩充,以及它与其他学科在方法上越来越多的重叠,民俗学的学科边界变得日益模糊,因此对学科本位、学科方法论的讨论也变得更加必要。

1. 民俗学的本体论

民俗学者在学术研究的同时,不断反思本学科的学科定位。为纪念《民俗研究》杂志创刊 25 周年,学界以山东大学民俗学研究所为主举办了一系列的活动,其中一个名为"民俗学:人文学术抑或社会科学?"的学术座谈会,邀集了民俗学界的一些著名学者进行讨论,其宗旨是反思中国民俗学的发展历史尤其是近年来建立起来的学术范式,并商讨中国民俗学学术发展和学科建设的问题。部分的讨论文章发表在《民俗研究》上,张士闪在"主持人语"中概括了当下民俗学研究的三个主要路向:一是以深度田野访谈的方式,获得第一手田野资料,形成从实证出发的田野研究;二是以近年新拓的研究视角,从多种角度梳理中国民俗及学术史的历史面貌,试图以"他山之石可以攻玉"的方式,由外及内地为民俗学本体理论提供新的认知和思考,如应用民俗学、比较民俗学、文艺民俗学、艺术民俗学等,以及近年来新出的"非物质文化遗产学"等;三是关注民俗学术与当代社会发展的关系,以建构中华民族共有精神家园为旗号,试图给民俗学研究灌注新的生机和活力。①

赵世瑜在讨论"民俗学何以安身立命"的问题时,提出民俗学、人类学、历史学在方法和趋向上有很多共同之处,无论是研究的对象还是方法都不足以把这些人文学科的不同分支区分开来,他认为与历史学关注过去、过程以及人类学关注过程结束后的结果和现状不同,民俗学的核心概念是"传承",也就是说,"它关注的核心在于此时此刻存在的东西从何而来,为何得以存在,其得以存在的深层机制是什么"。强调传承的民俗学,就要强调作为方法的"记忆",即民俗学方法的记忆是要服务于"传承"的,在这个意义上说,民俗学的田野工作及建立在其上的民族志书写,就是对民众生活文化传承机制和记忆机制的观察、理解和解释。同时他亦指出,传承不是因袭和因循,因为民俗会变,所谓传统也经常断断续续,"变"是

---

① 张士闪:《中国民俗学的当下危机与发展机遇(代主持人语)》,《民俗研究》2011 年第 4 期。

传承的题中应有之意。①

东京大学的菅丰从民俗学者的行动方面,提倡学者积极参与公共政策和社会实践的公共民俗学。其论点从两个方向展开:一方面,他认为言论的批判行为,不能只是封闭于学界之内,封闭带来的结果是作为其批判的实效性、变革性不能够在现实的社会中得到反映。同时,从政策的外部展开批判却对政策采取不干预的姿态,注定难以到达行政部门实施政策的现场。另一方面,学者虽致力于批判民俗主义,但实际上民俗学者自身已经成为引起民俗主义现象的相关者了,而作为相关者会不可避免地对民俗带来影响。一直以来很多民俗学者常把自己作为客观的第三者,进行民俗的采集、解说和诠释,但是从建构主义的观点来说,民俗学者自身已经跻身于行政组织、企业等营利性团体以及宣传媒体,毫不逊色地成为建构民俗的相关者,这使民俗发生变质。因此,他建议学者以民俗学的知识和见解为基础,直接参与现实社会的实践。② 菅丰对公共民俗学的提倡,让学者更自觉地意识到本学科的现实性质和学者在民俗建构上自身难以抽离的角色,对于此前学者一直试图保持客观、中立、超然的方法取向无疑是一个提醒。

在本年《民俗研究》第4期,同样有一组文章继续讨论民俗学科的本位问题。刘铁梁在论述非物质遗产保护问题的时候,认为应该摒弃那种将民俗文化分解出来,作为"遗留物"来展示,而忽略文化持有者的角色的传统做法,认为只有将民俗置于实际的生活中,才能完整呈现其意义和功能。为此他提倡要重视个人生活史的书写,要求写出"感受的民俗志"。③ 在另一篇文章中,他提出民俗文化的价值包括"内价值"与"外价值"。内价值是指民俗文化在其存在的社会与历史的时空中所发生的作用,也就是局内的民众所认可和在生活中实际使用的价值。外价值是指作为局外人的学者、社会活动家、文化产业人士等附加给这些文化的观念、评论,或者商品化包装所获得的经济效益等价值。这种对于民俗文化内价值与外价值的相对区分,事关民俗文化保护实践中所面临的根本矛盾。④ 在他看来,回归生活的民俗学,其实更应该重视民俗的内价值。

王建民比较了人类学和民俗学的区别,他认为比较起民族志而言,民俗志由于更侧重于借助精细的过程性材料或者民俗分类的材料来叙述民俗事象,而不是关注普遍性、普适性的理论总结,也不太去做过于抽象的概括,所以民俗学可能

---

① 赵世瑜:《传承与记忆:民俗学的学科本位——关于"民俗学何以安身立命"问题的对话》,《民俗研究》2011年第2期。
② 〔日〕菅丰著、陈志勤译:《日本现代民俗学的"第三条路"——文化保护政策、民俗学主义及公共民俗学》,《民俗研究》2011年第2期。
③ 刘铁梁:《感受生活的民俗学》,《民俗研究》2011年第2期。
④ 刘铁梁:《民俗文化的内价值与外价值》,《民俗研究》2011年第4期。

更倾向于人文学科一些。但由于人文学科正处于重建的过程中,因此特别需要规范学科的理论和方法,向社会科学靠拢,旨在通过学科的专门化,来提升学术的解释力和影响力,以弥补人文学科在理论探讨方面的疏忽。①

赵世瑜认为关于民俗学是人文学术抑或社会科学的话题,其实关系到民俗学研究在中国兴起百年来的学科地位和与其他学科的关系问题。事实上,科学与人文之间的主要差别在于方法。人文学并不排斥科学精神,如果将科学精神归纳为实事求是和不断创新的话。一般所谓真、善、美,求真的精神是双方共享的,求善和求美似乎主要为人文学所强调,但科学精神也应有此追求。民俗学无论是关于民间文化、民众生活的学问,还是关于整个生活世界的学问,其旨趣显然是关心人的生存状态,重点并不在于探索或总结规律。民俗学和历史学、文学等一样,关心的是具体的人(或人群),而不是被抽象化了的"社会"。民俗学的核心问题即生活的传承、文化的传承,实际上都是以人为主体的。②

周大鸣在回顾了从新文化运动到近年民俗学成为国家二级学科的过程,重点讨论了民俗学发展中的变和不变。他指出民俗学一直都有多元化的方法取向,一直都是以人的生活为研究对象,同时提醒民俗学者应该利用文化遗产研究的热潮,做好基础性的工作,并注意全球化的新媒体和新民俗。③ 卞利也认为民俗学是人文科学,虽然同时具有明显的社会科学化的趋势。④ 可以说,学者们普遍认为民俗学尽管在不断的吸取社会科学的研究方法,但它本质上属于人文学科,因此学界才不断反思其自视客观的研究立场,而更注意研究对象的情感因素,以及研究者自身的立场。

万建中在一篇讨论民俗学的学术指向的文章中,把实践当地人的生活、以同情心理解当地人提升到学科本位的高度。他认为民俗学学者所要做的工作,也是听和看的,而不是思和想的。也就是说要尽量抛弃时髦的理论和学术概念,而进入当地人的语言系统,理解当地人的知识体系和情感态度,把握当地人的民俗生活逻辑。在实践上,应尽可能和当地人住在一起,真正去理解他们的生活。比如说他们所使用的生活用具,他们每天都要用到什么,他们每天都在说什么话,他们每天都做什么。而这种实践还包括在情感上,要理解当地人的喜怒哀乐,认为"民俗学是一门有情感的学问"。在写作上,提出应该尽量地使用当地人的具象语言,而不是学者的语言。在研究取向上,认为民俗的民作为一个想象的共同体,它的边界的确立并不是问题的实质,问题的实质是要给正统、官方、精英、上层树立一

---

① 王建民:《处于人文与社科之间的人类学和民俗学》,《民俗研究》2011年第4期。
② 赵世瑜:《民俗学的人文学学科特征》,《民俗研究》2011年第4期。
③ 周大鸣:《中国民俗学研究梳理下的思考》,《民俗研究》2011年第4期。
④ 卞利:《从民俗、民俗学到非物质文化遗产保护》,《民俗研究》2011年第4期。

个对立面,这才是民俗学的目标,而并不是真的要解决什么是民俗的问题。①

此外,在温州大学黄涛和北京师范大学董晓萍的主持下,2011年11月的《温州大学学报》刊登了8篇文章,专门讨论了国内民俗学学科建设的历程和现存的问题。对民俗学及相关学科如民间文学、少数民族文学艺术、民间文化等相互之间在学科建设上的关系进行了讨论,也提出了学科建设的若干建议,对于民俗学如何在学科体系中获得应有的地位和资源具有相当启发,由于这些属于操作层面的问题,这里不拟赘述。②

2. 方法与理论

在关注生活、以人为本、朝向当下的学术关怀之下,学界对民俗学的研究进路与方法也进行了许多探讨。正如黄永林所提倡的,民俗学的重构,要注重以下几个方面的转变:从"历史学"转向"当代学",将民俗研究导入当代社会,直面当下社会的变迁;从追溯历史、重构原型、回归传统,转向关注现实、关心人生、阐释社会、服务当今社会;让以研究"古代遗留物"为开端的学问转向以研究当下现实社会习俗为主的与时俱进的学问;让以"民间文学"、"口头传承"为主体和"历史考据"、"原型重构"为主要研究方法的民俗研究传统,转向以"当代民俗"、"现代传媒"为主体,以"整体研究"、"综合研究"为主要方法的新民俗研究。③ 他在另一篇文章中也同样主张:学者应更重视当下的人的研究,在方法上应该"从过去各学派注重强调本学科方法的孤立研究转向兼收并蓄多学科的综合研究"。④

在面对"生活世界"的时候,张翠霞提倡采取"常人方法学(Ethnomethodology)"。据其定义,常人方法学是一种针对社会群体的研究方法,社会群体中的普通人是常人方法学关注的对象。常人方法学所关注的根本问题,是某一社会群体的成员在其日常生活中为完成他们的实践性行为所使用的策略及方法。由此,常人方法学在研究中主张采用"破坏性试验"、"会话分析"及"陌生化"等策略对日常生活中"普通人"加以研究。⑤

在对研究方法的讨论中,关注比较多的是表演理论。杨利慧在一篇谈论表演理论的文章中说,由于表演理论的直接推动和间接推动,中国民俗学在近30年间,尤其是自1990年代中期以后,逐步发生了诸多转向。表演理论为中国民俗学研究范式向下列维度的转型提供了重大助益:(一)重视语境;(二)重视过程;

---

① 万建中:《民俗学的学术指向和前沿问题》,《神州民俗》2011年第5期。
② 董晓萍:《在民俗学(民间文艺学)学科规划中理性求变》、朝戈金:《民俗学学科建设的"少数民族"维度》,《温州大学学报(社会科学版)》2011年第6期。
③ 黄永林、韩成艳:《民俗学的当代性建构》,《华中师范大学学报(人文社会科学版)》2011年第2期。
④ 黄永林:《新时期民俗学研究范围与方法的探索》,《民俗研究》2011年第4期。
⑤ 张翠霞:《民俗学"生活世界"研究策略——从研究范式转化及常人方法学的启示谈起》,《民俗研究》2011年第3期。

(三)重视表演者;(四)朝向当下。①

彭牧在回顾美国民俗学的宗教研究方面,同样提到了表演理论的贡献。文中提到20世纪60年代末70年代初,美国民俗学开始从口头传统的文本分析转向关注日常生活中表现性文化传统的当下实践。作为学科整体实践取向范式转型的一条主要路径,鲍曼等人提出的表演理论,着力于口头传统这一民俗研究的核心领域,无疑是最突出的代表。与之相应,从约德开始的理论探索则在民间信仰领域发展出一条平行的相似路径。在这里,以往零碎片段的民众观念被重新还原于民俗生活与日常生活经验的背景之下,其丰富多彩的意蕴和价值得以彰显。虽因研究对象领域的差别,这两条路径在对待文类、表演等问题和概念上有所差异,但本质上体现的都是民俗学学科整体从文本到过程,从静态的历史构建到关注当下动态实践,以及从宏观把握民族精神与民众整体到微观审视具体情境与个人的根本转向。②

王杰文的一篇文章,在回顾了表演理论的发展历程后,分析了表演理论的几大不足之处。在他看来:第一,"表演理论"忽视了对于"物质民俗"与"女性民俗"的研究;第二,"表演理论"没有提供成功的研究案例;第三,"表演理论"对于"自反性"这一概念的理论潜力的认识不够深入;第四,从知识哲学与性别主体的建构两个方面来说,"表演理论"都显得缺乏关注观众、艺术经验、情绪维度,从而模糊了性别的维度。③

其次,国内民俗学界关注比较多的是记忆理论。王晓葵连续发表了两篇文章,介绍这种方法的特点和它对当下民俗研究的有效性。他在其中一篇文章中提到,"记忆"作为人文社会科学的一个重要概念,在历史学、人类学、社会学等领域都得到关注。在民俗学研究中,记忆论也有广泛的应用前景。民俗学以口头传承和身体传承为主要研究对象,以访谈记录为主要方法,这些特点都和记忆论有关。将记忆概念引入民俗学研究,不但可以为我们分析民间传承的本质提供新的方法,而且能够将民俗学研究与当下的社会文化现象结合起来,如战争记忆、灾害记忆的研究等,而这些现象是以往民俗研究较少涉及的。除此之外,在现代社会,有很多已经消失但是还存在于人们记忆之中的"潜在民俗"。这些潜在民俗并非全都是当事人直接体验的事象,还包括他们听到的传闻。因此,记忆理论不仅能够大大扩展民俗学的研究范围,而且为民俗学重新成为"当下之学"提供了一个可

---

① 杨利慧:《语境、过程、表演者与朝向当下的民俗学——表演理论与中国民俗学的当代转型》,《民俗研究》2011年第1期。
② 彭牧:《从信仰到信:美国民俗学的民间宗教研究》,《民俗研究》2011年第1期。
③ 王杰文:《"表演理论"之后的民俗学——"文化研究"或"后民俗学"》,《民俗研究》2011年第1期。

能性。①

此前,王晓葵还翻译了日本民俗学者岩本通弥的文章,与上文具有关联性。在文章中,岩本认为人们对文化遗产历史意识的提高,是记忆能力弱化的反动,它起因于记忆方式的根本性改变。在此情况下,他认为有两点需要加以考虑。1. 历史和记忆的关系的变化,民俗主义和再记忆化的问题;2. 在上述社会状况下,记忆的多层性(复数性)及其政治问题。民俗主义表述出来的对传统形式的强调,以连续性为根据,为了追求更古老的、更历史性的事物,否定昨天,捏造过去。晚近的过去和变化过程或被无视,或被予以起源性或古老性修正,最终表现为一幅图画般的景致,并且起到了掩盖村落共同体内部的对立和紧张的作用,妨碍了共同体本来具备的依照自身规律的发展能力。特别是最近的日本文化政策,通过民俗主义来建构民族主义。文化论通过大众传媒,被中央权威、期望共同体团结一心的地方议员、希望促进地方经济的观光业者和一部分掌握地方权力者所利用。在实践层面,过激的保存优先主义以都市人的视线来进行价值判断,而忽略当地人的感受。历史学对口述史的关注,是源自对被压制的那部分人的声音的意义的关注。而民俗学的出发点,也是对非中心、非文字、被支配等社会边缘的人们的关心。因此,民俗学内部隐含了使共同体内部被压制的记忆表象化的原始动力。作为最接近生活底层的记忆观察者,民俗学不应该为了都市人,为了掩盖战后农业政策的失败和现实的矛盾而推波助澜,而应该去积极寻找解决的方法。这才是民俗学应该寻找的方向。②

彭牧则以自己在田野经历中对现代记录技术的反思为切入点,回顾了民俗学在欧美的兴起与现代化过程,特别是现代科技和机械复制技术的内在联系。一方面,现代机器和技术取代了手工制作与技艺,印刷术普及了书面文字,这使传统生活方式在冲击中成为留恋与怀旧的对象,成为现代性的他者,催生了民俗学学科的诞生;另一方面,现代录音、照相、录像技术克服了视觉和听觉的瞬间性,使稍纵即逝的声音和场景得以固定为可捕捉之物,成为反思的对象,使民俗学研究得以深入展开。技术进入乡村,同样会影响到村民的自我认识。她注意到,村人在谈论自己拍摄的仪式时,会将平时不去思考的或没有机会见到的仪式放大,进行相互比较,从而不断反观着自我,反思着自我和他人的区别与界限。③

可以说,不论是提倡多学科的研究方法,还是具体表演理论、记忆理论的介绍,抑或是对技术手段的思考,学者们对自己所进行的工作有了越来越多的反思,

---

① 王晓葵:《记忆论与民俗学》,《民俗研究》2011年第2期。
② 岩本通弥著,王晓葵译:《作为方法的记忆——民俗学研究中"记忆"概念的有效性》,《文化遗产》2010年第4期。
③ 彭牧:《技术、民俗学与现代性的他者》,《西北民族研究》2011年第1期。

民俗学的学科自觉变得越来越明显。

3. 民俗志的书写

在研究范围不断扩大,各种阐释性的工具和理论不断被引入的同时,不少学者提倡要更加重视民俗志的书写。而民俗志的书写与民俗理论的发展是相互影响的,民俗志的书写同样需要方法论的指导。

刘晓春强调了民俗学应该重视资料之学。他认为从学术史看,民俗学在资料、实践与阐释等三个维度都形成了自己的学科边界。当前中国民俗学危机的根源与出路在于:作为资料之学的民俗学学科优势亟待强化。资料之学是民俗学学科的安身立命之本,否则,所谓的民俗学概念、范畴、理论、方法论都是无源之水、无本之木。只有依靠大量现代意义上的民俗志材料,才能建构出中国民俗学的概念、范畴,形成自己的理论和研究方法,才有可能形成中国民俗学的阐释体系,才有可能在学术的社会实践层面,为国家建设和社会发展提供符合民俗自身发展规律的文化发展对策。①

庞建春则从时代语境、学术语境和学者问题意识的角度出发,探讨了资料之学如何在传统理论和新理论的框架下进行。她认为今日中国民俗学的研究趋向可以归纳为传承经典和知识创新两大主题。其中传承经典有两个表现,一是传承传统理论;二是立足于传统理论框架完成新时代的资料研究体系工作,比如中国古代民间故事类型研究、中国民俗史的当代撰写等。而知识创新方面,一是在理论框架和研究范式上的新主张、新学说,二是重新从书写与口传双重性的角度,还原民间文献的流传原生态,建构分析活态性的民间文献的研究模式等,创造当代书写民俗的模式。②

新方法、跨学科的学术发展,同样影响到民俗志书写范式的建立。王建民比较了人类学家和民俗学家"写文化"的不同,认为人类学家以前"写文化"的时候容易把文化写得比较死,因为要急着追求文化里面倾向理性的那套东西,而民俗学家"写民俗"则比较生动。另外一方面,民俗学者又必须有一种跨学科的视野,接受其他学科的影响,比如刘铁梁的"标志性文化统领模式民俗志"的理论,显然是受到了人类学方法论的影响。③

赵世瑜同样注意到,刘铁梁等强调的"民俗志"方法,或者是民俗学的田野工作及其"民俗志书写",在方法论的意义上是一种体验之学,"标志性文化"需要人的认定,也可以由人来再认定——其实就是我们常说的"传统的发明"和再发明。

---

① 刘晓春:《资料、阐释与实践——从学术史看当前中国民俗学的危机》,《民俗研究》2011年第4期。
② 庞建春:《近年来中国民俗学研究趋向的新观察——从两个语境和一个意识切入》,《温州大学学报(社会科学版)》2011年第3期。
③ 王建民:《处于人文与社科之间的人类学和民俗学》,《民俗研究》2011年第4期。

已有学者指出,这一概念的提出,"在于它抛开了习以为常的抽象概括的思维,转而寻求更为贴近主位视角和人文科学研究旨趣的具象概括"(蔡磊)。①

张士闪在论述艺术民族志书写的时候,提出乡民艺术知识并不具有结构的永久稳固性,乡民艺术不是凝固的而是流动的,是多样的、多元的,相应的民族志研究就应寻求一种"流动化"的书写范式。他认为,这一书写范式的建立需要以下条件:首先,以田野作业为生命线的民族志研究,应透过乡民艺术活动的表层现象去认知其深层结构,研究者应该深入观察艺人在艺术活动、日常生活与应对访谈者等各种场合中的表现,以及他们与所处乡土社会的共生关系。其次,应充分注重乡民艺术的交流性特征,从交流发生的语境入手,着力阐释乡民艺术活动中的交流意义及其开放性的叙事结构。再次,应注重区域社会的维度。这其中又有3点值得注意:其一,在乡民艺术民族志书写中引入文化地理学的理念;其二,特别关注区域社会中别具特色、影响较大的乡民艺术活动,探究它在一方水土能够成为标志性文化的原因所在;其三,应充分注意到当代学者在乡民艺术民族志的书写过程中,对乡民艺术知识由最初的选择、关注,到调查时与艺人、乡民之间因交流而发生的互动现象,直至最后借助文本书写而完成的理解、阐释等全部环节。②

可以说,学界对民俗学的书写的探讨,包括了理论与实践的各个方面,但基本上已达成这样的共识:在搜集、整理资料的过程中,同样需要有方法的自觉;文本整理之外,需要更加重视各种语境;需要更重视主位观点,以书写标志性文化为目标等。需要指出的是,尽管有这样的一些探讨,但中国民俗学科的理论、方法建设仍然比较薄弱,在有关民俗志书写的相关讨论与实践中,人类学民族志书写的影响依然很强大,甚至有时无法区分二者的根本区别。在涉及"表演理论"的引介和批评时,明显看到中国民俗学者对国外理论的依赖,虽然我们做了大量"本土化"或"在地化"的研究工作,但一旦上升到某个理论层次上,便大多到国外理论那里去寻求支持。于是,中国民俗学的田野实践,往往成为国外理论的试验场。改革开放30多年来的民俗学实践并没有升华出自己的理论和方法,而这一迫在眉睫的任务,近年来又被"非遗"工作热潮中某些功利性的趋势所干扰,这是值得民俗学同行深思的。

对此,我们可能需要对一些更深层的原因进行分析和解决。比如,民俗学人才培养过程中的问题:民俗学课程中是否极大地强调了国外理论与方法的重要性?民俗学教师是否不能以身作则,做出将自己的本土实践上升至理论、方法层面的努力?由于民俗学学科没有本科培养,也因此没有一套成熟的课程体系,导

---

① 赵世瑜:《民俗学的人文学学科特征》,《民俗研究》2011年第4期。
② 张士闪:《乡民艺术民族志书写中主体意识的现代转变》,《思想战线》2011年第2期。

致我们不清楚民俗学学生应该具有怎样的知识结构,作为将自己的田野实践上升到理论层次的基础?

二、田野研究

尽管有学者提出"告别田野"的看法,①并进而认为田野是检验观点的实验室而非日常生活本身,②但是,无论从现代中国民俗学的学科发展史,还是从近年来学界的研究动态来看,"田野"仍然是民俗学知识生产的重要场所。当然,田野不一定局限于乡村,而应该泛指所有与人们日常生活密切联系在一起的当前正在发生的现象、事件和关系。这种注重田野调查的趋势的出现,不但与民俗学作为社会科学的学科属性紧密相关,而且使人们的研究视野和学术理路得以扩展和延伸。

从近年来发表的各类有关民俗事象的学术论文来看,在田野调查的基础上进行理论探讨和深入分析的研究越来越多,人们开始逐渐摆脱过去那种重民俗事象的记录与描述而轻学理分析的倾向,开始偏重对民俗事象进行主位的深描,并且一些研究开始将研究者的调查过程纳入考察的范畴,这就使我们对知识生产的过程获得了一种鲜活而真切的认知。而这种将主位深描和客位分析结合起来的研究,绝大部分都是在特定的"问题意识"引导下进行的知识生产。这种"问题意识"不但表现为通过对现象和有关事物的知识的完整把握,找出隐藏在其中的知识谜团,而且表现为对现象或事件发生、形成和变化背后的本质及其社会动因的探求和分析③。更具体地说,就是关注民俗事象发生的历史和现实语境,其产生与发展的影响因素,人们对民俗事象的不同看法等隐藏在表象之后的、过去的、人们内心的、无形的东西,而这才在根本上导致了这种民俗事象的发生及变化。

根据不同研究所表现出来的"问题意识",我们可以大体上将各类在田野调查基础上进行的研究分为四类:习俗的变迁及其原因探讨,民俗事象的符号构成与意义阐释,民俗与地方社会关系研究和如何更好地保护与传承文化遗产。需要指出的是,有的研究并不单纯就某一问题的一个面向展开讨论,而是涉及了这一问题的方方面面,因此这种分类难免有重合的地方,但是相对于文章的主要着力点来看仍然略有偏重,故我们仍然可以对其进行归类。

(一)习俗的变迁及其原因探讨

近现代中国是一个传统性因素不断减少、现代性因素不断增多的社会,同时

---

① 施爱东:《告别田野》,《民俗研究》2003年第1期。
② 刘宗迪等:《两种文化:田野是"试验场"还是"我们的生活本身"》,《民间文化论坛》2005年第6期。
③ 邓苗:《"民俗意识"与中国民俗学》,《民间文化论坛》2010年第5期。

也是一个社会结构剧烈变迁和阶级阶层不断分化瓦解的社会。在中国社会走向现代化社会的过程中,传统文化始终处于舆论的风口浪尖上,成为人们批判历史的靶子和迎击西方文化的工具,代表社会主流的文化精英对待传统文化的态度始终引导着整个社会的舆论走向。在这漫长的一百年当中,有两个时间点是尤为重要的,那就是新文化运动和改革开放。新文化运动宣告了传统文化之死,而改革开放宣告了传统文化在新形势下的复兴。

从新文化运动以来,国家和知识界对于传统文化倾向于采取打击的态度,不断将其"污名化",从而使"封建迷信"的观念深入人心。[①] 改革开放的实行,使得政府开始将工作重心转向经济,对民间文化采取一种"不反对、不干涉、不支持"的态度,从而使某些地区的民间文化获得了复苏和再生的契机。但是,毕竟现代化的观念已经深入人心,市场经济的发展使全社会的人们都卷进了一种实用主义的潮流中,前些年甚至现在仍在实行的"文化搭台,经济唱戏"的口号就是一个明显的例证。而这,就是习俗变迁的历史和现实语境。

虽然不同的学者对习俗变迁进行研究或多或少都会涉及这种变迁的原因,但是不同的研究其侧重点却是有所偏颇的,我们可以按照文章的倾向将其分为偏重变迁过程的研究和偏重对习俗变迁的原因的研究。

1. 习俗的变迁

在对习俗变迁的研究中,人们主要从习俗构成要素的变化、习俗变迁对人们生活与社会发展的影响和习俗变迁的过程三个方面来展开。

对习俗的构成要素的变迁的考察方面,袁松通过考察"接太公"习俗的社会基础——房头——的形成和变化,[②]指出了现代化对于"接太公"这种习俗的影响;作者紧紧抓住这种习俗的社会基础"房头",指出"房头"的式微对于这种习俗所造成的决定性影响。但较少关注"房头"的微观基础——家庭和个人,没有对家庭意义上的"接太公"习俗进行深入的微观民族志考察,也没有对人们的观念变迁史进行历时性考察,而这些对于我们深入理解"接太公"习俗的变迁具有重要的意义。

邓苗对宗族时代变迁的特点、功能和与村落社会的关系进行了研究。[③] 作者将宗族变迁的特点概括为由崇高到世俗,功能的变化概括为由实体到象征。在文章的最后,作者将这些变迁归结为由传统社会的弥散型宗族变为当代社会的点缀

[①] 尽管近年来政府对民间文化采取某种程度上的支持和保护,但是"封建迷信"的观念却在人们头脑中扎下了根,尤其是青少年,而政府的这种支持和保护也只是局限于符合主流文化要求的民间文化。

[②] 袁松:《"房头"的凝聚与消散——鄂东南"接太公"习俗的社会基础及其当代变迁》,《民俗研究》2010年第4期。

[③] 邓苗:《从弥散型宗族到点缀型宗族——以浙江省福佑村鲍氏宗族为例》,《民俗研究》2011年第3期。

型宗族,然而,用单个村落得出的认识来概括所有同类型的宗族变迁,是否允当,还需要更多的个案支持。

有三篇论文集中于对城市化进程中的习俗变迁进行探讨。王建平、吴思远通过采用访谈和问卷相结合的方法,从各社对神灵供奉的分配、民众对神灵来历与事迹等信息的认知、游神仪式对传统的沿袭与变迁、社区居民的参与和投入等方面入手,使我们对 W 社区"三山国王"信仰与"游神赛会"习俗的变迁与其在当地社会的影响获得全方位的理解。① 但我们还渴望知道现代都市文化与传统习俗的碰撞与调适,即关注"游神赛会"的城市和城市化语境。而城市中民间信仰研究的关键,就在于考察传统民间信仰在现代城市何以继续存在。

储冬爱从竞渡前的祭祀与竞渡中不同龙船之间的关系出发,分析了传统时期和当代社会的差异。作者指出,当代社会中"扒龙舟"之前的祭祀,既有对传统的坚守,又有新的意义发明,而竞渡过程则从传统社会的宗族博弈变为密切社区关系的一种手段,人们希望用"扒龙舟"这种活动来重构自己的族群身份。② 同样,本文也未能就"城市"这一维度展开深入的研究,没有对人们经历"乡村—城市"转换的民俗心理展开深入的探讨,从而也就不能深刻地说明传统民俗在现代城市何以存在的问题。

李翠玲从生计方式重构、社区边界重构、社区认同重构等几个方面详细考察了新近城市化地区的民间信仰的变迁对人们日常生活的影响。③ 文章紧密围绕社神崇拜的变迁与人们的生活方式的变化展开,也许作者还应考虑到生活方式的转变对当今社神崇拜所造成的影响,而这种影响不但说明了民间信仰何以能够继续存在,而且能够折射出特定地域内的民众所具有的人文特质。

曹贵雄、何绍明对啰们人婚俗中女性的婚姻选择从传统社会的"女性通婚圈"到当代社会的大量外婚现象进行了历时的考察,并对遏制外婚的增长提出了几点建议。④ 黎洁仪则从瑶绣图案纹样中的现代气息、瑶绣色彩组合的多元表达、瑶绣材料与针法的探索尝试和瑶绣应用载体的时尚转换等四个方面,对当代瑶绣的嬗变进行了艺术解析。⑤ 杨民康首先研究了傣族佛教信众吟诵所采用的经文、经腔

---

① 王建平、吴思远:《城市化进程中传统社区民间信仰活动的变迁与适应——以广东省潮州市枫溪区"游神赛会"活动为例》,《韩山师范学院学报》2011年第1期。
② 储冬爱:《社会变迁中的节庆、信仰与族群传统重构——以广州珠村端午"扒龙舟"习俗为个案》,《广西民族研究》2011年第4期。
③ 李翠玲:《社神崇拜与社区重构——对中山市小榄镇永宁社区的个案考察》,《民俗研究》2011年第1期。
④ 曹贵雄、何绍明:《哈尼族婚俗与女性婚姻变迁——以金平县马鞍底乡哈尼族啰们人为例》,《红河学院学报》2011年第3期。
⑤ 黎洁仪:《旅游场域下乳源过山瑶刺绣艺术的文化嬗变》,《民族艺术》2011年第2期。

及其历史文化背景,然后对安居节中所体现出来的德宏傣族佛教吟诵的艺术化、文人化特点进行了探讨,分析了佛教吟诵的寺院式传承方式及其城市文化特点,并对不同地区诵经艺术的差异进行了比较。① 但作者没有研究德宏傣族佛教信众吟诵的地方性语境,也没有研究这种变迁对于当地民众信仰生活的影响,这就使我们无法了解这种变迁的全部情况。研究说唱艺术必须考虑到文本和实际演唱之间的张力,以及演唱者在对实际情景的适应基础上所产生的演唱变异问题,这是作者应有所考虑的。

也有一些研究考察了习俗变迁的社会影响。段友文、张雄艳考察了走西口移民对迁入地村落建构的影响、这一运动对祖籍地民俗文化的影响和迁入地与祖籍地民俗文化的双向互动,使我们对"走西口"这一特定历史进程对所关涉的不同地域造成的历史影响与当代影响获得深入的了解。② 但作者对这些影响和互动的考察只是从和谐的一面出发,而忽视了"走西口"运动所造成的不同地域之间的民俗碰撞,以及不同特质的民俗文化相互调适和磨合的过程,而这在研究具有不同文化传统的两个地域之间的关系方面是十分重要的。

岳永逸对民国时期文人笔下的"旧天桥"、新中国成立初期人们话语中的天桥和当代民众生活中的天桥进行了文献和口述史的梳理,尤为难能可贵的是作者将自己的研究过程纳入对天桥研究的过程当中,将研究者自己也当做审视的对象,从而使我们对天桥的理解更加全面和深入,同时使作者的论述也更加有说服力。③ 然而,需要指出的是,作者在着墨于天桥的地方性语境的时候,却或多或少忽视了天桥所代表的"小历史"与北京所代表的"大历史"之间的对话,因为任何一种事物都是在不同话语交融中形成的,其自身不可避免地要与外界联系在一起;天桥是自足的,它也是流动的,它的存在更与天桥之外的无尽空间紧密联系在一起,时刻和更加广泛的区域社会发生着千丝万缕的关系。同时,它也是现代"民族—国家"的一分子,它在有着自身运作的逻辑的同时,也与特定的北京文化、现代文化、市场主义、绝对主义国家的体制特点联系在一起。

有两篇文章对民族艺术或习俗的变迁对人们的生活或社会发展的影响进行了研究。刘冬梅对人们在不同时代的服饰爱好进行了探讨,④作者指出,人们由对柳洪彝族服饰的喜爱到对汉族服饰的认同,导致柳洪服饰制作工艺成为一种正在

---

① 杨民康:《德宏傣族佛教寺院的信众吟诵及其文化变迁》,《民族艺术》2011年第3期。
② 段友文、张雄艳:《走西口移民运动带来的祖籍地与迁入地民俗文化变迁——以山西河曲、保德、偏关三县和内蒙古中西部村落为个案》,《民俗研究》2011年第3期。
③ 岳永逸:《说与写:杂吧地北京——天桥的叙事学》,《民俗研究》2011年第2期。
④ 刘冬梅:《文化变迁与衣着选择——大凉山美姑县柳洪乡彝族服饰考察》,《民族艺术研究》2011年第2期。

消失的传统,这体现了当地人审美文化的变化。基于此,作者指出"保护文化多样性"不能停留于概念,如何保护同一文化场景的多样形态更值得我们思考。但文章未能深入探讨人们服饰爱好变化的地方语境,忽视了考察服饰所代表的意义与人们日常生活的关系。彭德乔在考察了鲍家屯村招赘婚的特征与时代变迁之后,对这种现象的社会影响进行了探索,作者既指出了招赘婚的积极意义也指出了其所存在的问题。[①] 文章大体属于概述性质,缺乏对个案的深入研究和对招赘婚对当事方男女及其家庭产生的实际影响的探讨。

  对习俗变迁过程进行探讨的文章相对较多。苗大雷在考察传统社会中秉心圣会的组织结构、仪式活动和活动理念的基础上,对2004年以来的秉心圣会复兴与衰败的历程进行了研究,[②]使我们看到城市化运动所带来的村落变迁对于传统习俗的决定性影响。李向振通过考察"香头"得道、获得神性和被人们边缘化的过程,说明了民众的感受对于民间信仰中灵异人士权威的保持与消减的重要性。[③]文章未能深入考察香头灵异权威的获得与消减同特定地域范围内民间信仰变迁之间的关系,也没有将香头灵异权威的获得纳入村落的发展历程中进行历时性的考察,从而使读者对这类非常事件对于村落日常生活的影响获得更加深入的理解。

  冯莉从大王庙的历史变迁、大王庙庙会的复兴与民众排斥政府修建的新大王庙而重新设立祭祀空间等几个方面,探讨了民众对祭祀空间的认同与选择问题。[④]张琪亚发现,黔东北松桃县城的"世昌广场"和"七星广场"的祭祀形式,已经由具有实际祭祀对象的祠祀变成了面对标志性象征符号的"场祀"。环境的变化,祭祀空间的抽象化和民族图腾、民间信仰的标志化,使得该地区民众在新的社区中重新整合。[⑤]唐白晶考察了花腰傣传统舞蹈失传的历史原因、外界影响下产生的三种舞蹈、20世纪以来不同时代花腰傣舞台艺术的发展情况及其艺术特征,最后作者对这些舞台舞蹈通过向民间传播而实现了民间化的过程进行了研究。[⑥]

[①] 彭德乔:《屯堡人招赘婚俗的变迁及其社会影响——以安顺市西秀区鲍家屯村为例》,《安顺学院学报》2010年第3期。
[②] 苗大雷:《村落变迁与妙峰山香会浮沉——京西古城村秉心圣会研究与反思》,《民俗研究》2011年第3期。
[③] 李向振:《村民信仰与村落里有权威的"边缘人"——以河北高村的"香头"为例》,《民俗研究》2011年第3期。
[④] 冯莉:《民众对再造文化空间的认同和选择——廿八都镇大王庙修缮后的文化传统变迁》,《山东社会科学》2011年第11期。
[⑤] 张琪亚:《黔东北城镇化建设民间信仰变迁调查报告》,《贵州民族学院学报(哲学社会科学版)》2011年第6期。
[⑥] 唐白晶:《从舞台回归田野——云南花腰傣舞蹈发展寻踪》,《民族艺术研究》2011年第6期。

2. 习俗变迁的原因探讨

虽然一般研究习俗变迁的文章都会或多或少涉及对其变迁原因的探讨，但还是有学者着重对习俗变迁的原因进行分析。张青通过考察 H 村婚前生育的历史形成过程和当代表现，对这一现象的原因进行了深入的分析。① 作者指出，婚前生育和男孩偏好这种情况的出现不但与国家的一胎化政策直接相关，而且有各种现实的、历史的、传统（习惯）的原因。文章将这一现象与乡土规范的灵活性联系起来，使我们对于国家在乡土社会的存在，或者说国家政策与民众生活的碰撞获得了更加丰满的理解。如果进一步探究，民众对婚前生育现象的观念转变的过程，即由排斥到默许甚至支持的变化是十分有意思的。贺璋瑢对中山民间信仰的现状、复兴原因和民间信仰与当代社会的关系进行了探讨。② 作者对其复兴原因的探讨，主要是从"神灵"的存在、安身之处、物质条件、历史渊源和现实需要和现代化进程不均衡等方面进行的。

还有一些文章比较注重对少数民族民俗文化的变迁原因进行综合探讨。姜爱首先从对环境的适应性方面对土家族招赘婚盛行的自然、经济和政治因素进行了考察，然后分别从男方和女方出发分析了屏山土家族招赘婚延续的直接缘由，最后对其历史文化根源做出了说明。③ 张犇关于羌族"泰山石敢当"的研究，虽然不是讲习俗变迁的原因，却是对汉族民间信仰向少数民族的迁移或者传播进行的探讨。④ 作者在考察了我国的石敢当文化现象之后，对羌族石敢当信仰在不同地区传播的地域特征进行了分析，最后作者将其成因归结为四个方面，分别是白石崇拜传统、多神崇拜心理、住宅文化需要和族群意识的体现。

关于民俗变迁及其原因的讨论，是民俗学研究中的重要内容，因为民俗是民众不断传承之文化，但传承中又不断发生变化，变化中又在不同的层面上延续不绝。以往较多讨论的是传承问题，这自然是学科的题中应有之意，但对变迁及其与传承的关系问题却讨论不多。近年来社会变化加速，传统农业社会日渐解体，讨论变迁问题的研究迅速增多，应是加强这一方面研究的重要契机。虽然欧美学者对此早有言说，但我们面对的是一个数千年延绵不绝的文明，变与不变的问题与前者所经历的完全不同，与他们所研究的迅速变化的无文字社会更不同。以上研究，都正确地通过田野个案切入，但需要锤炼适用于中国社会文化实际的分析

---

① 张青：《变异中的延续——苏北 H 村婚前生育现象考察》，《民俗研究》2011 年第 4 期。
② 贺璋瑢：《民间信仰与当代社会的关系之探略——关于广东中山民间信仰的田野调查之思考》，《学术研究》2010 年第 3 期。
③ 姜爱：《鄂西南土家族招赘婚长期延续的原因探析——鹤峰县屏山村的个案研究》，《长江师范学院学报》2011 年第 6 期。
④ 张犇：《羌族"泰山石敢当"现象的文化成因》，《民族艺术研究》2011 年第 1 期。

工具,而不是简单套用域外学者的经验。同时,希望民俗史研究的同行也加入到探讨这个问题的行列中来,因为这类变迁或者传承在不同的历史时期是反复发生的,发生变迁的动因和导致传承的机制也各不相同,了解这些,对于把握当今民俗之变迁具有重要的意义。

(二)民俗事象的符号构成与意义阐释

民俗研究的一个重要方面就是对民俗事象的记录,但是这种记录不应该是一种"何时何地何人发生了何事"式的流水账记录法,而应该是一种格尔兹所谓的"深描"。尽管对于什么样的描写能够称得上"深"可以见仁见智,但是从所研究的民俗事象的符号构成方面进行详尽的考察,却至少称得上是走向"深描"的第一步。在将事实弄清楚的基础上,从当地人的主位观点出发,考察这种习俗的地方性意义,或许能够使读者更加深刻地理解我们所研究的民俗事象。

1. 民俗事象的符号构成

经过田野调查对民俗事象的符号构成进行的研究,主要从以下三个方面着手:构成要素、空间和文化特质。

何文钜、黄芳萍对安金村汉族和甲江村瑶族的民间信仰特点和组织性进行了归纳。基于这种归纳,作者从同质和异质两个方面对这两个村落不同的民间信仰管理策略进行了讨论。[①] 邢海珍从文化语境、起源与发展变迁、民间组织、仪式过程、文化特征和民俗文化功能六个方面,对大通县老爷山的"朝山会"进行了考察。[②] 王霄冰对清明节期间曲阜的祭孔活动和祭祖活动的仪式与全过程进行了详细的描述。通过这种描述,作者指出,代表大传统的公祭活动应该从代表小传统的民间祭礼和过去的传统祭礼中吸取养分,这样才能获得人们更多的认同。[③] 张君梅对晋东南民间祠祀的类型与特点、殿堂格局与祀神、社会功能和三教合一文化传统普化民间的方式与途径进行了较全面的考察。[④]

有的文章专门就民俗事象的空间构成进行探讨。郑衡泌首先从自然地理和祭祀空间两个方面,对泉州东海镇的基层行政区划型神祠的祭祀空间结构进行了分析,然后探讨了神祠祭祀空间的结构特征,最后作者对神祠祭祀空间对地方历

---

① 何文钜、黄芳萍:《民族文化场域视角下的民间信仰管理——基于广西灵山汉族、金秀瑶族社区的考察与比较》,《广西社会主义学院学报》2011年第2期。
② 邢海珍:《神圣的民俗化与民间信仰的多元性——青海省大通县老爷山"朝山会"调研》,《青海社会科学》2011年第6期。
③ 王霄冰:《仪式的建构与表演——2011清明节曲阜祭孔与祭祖活动的人类学考察》,《文化遗产》2011年第3期。
④ 张君梅:《从民间祠祀的变迁看三教融合的文化影响——以晋东南村庙为考察中心》,《文化遗产》2011年第3期。

史基层行政区划空间概念的继承进行了三个方面的论述。① 李萍对靖西木偶戏演出的仪式空间——禳解仪式、祭土地庙仪式和送偶人服饰仪式——进行了详细的分析,认为靖西木偶戏宗教仪式演出的旨归是实行社会控制,这些社会控制主要有社会秩序的控制、社会关系的控制和社会伦理的控制。②

对民俗事象的文化特质进行分析的论文也为数不少。尚莲霞对惠山泥人的由来、内容题材和风格特质进行了多方面研究;对其特质的研究,作者从传承性、"大胆取舍"的造型手法和对市场需求的迎合三个方面进行了论述。③ 吴凡在完成了她对山西北部地区的音乐人类学研究之后,转而进行湖南地区的研究。④ 她通过对抛牌仪式的详细描述,对仪式过程中所使用的法器和响器、师公诵唱链系进行了详细的分析,作者认为抛牌这一仪式行为是音声环境建构起来的集体记忆,并对所涵盖的集体记忆、集体情感和记忆与遗忘特质进行了深刻的阐述。杨晓玲主要就沂蒙民间彩印花布的制作工艺流程、图案纹样、题材内容及用途和这种工艺的生存现状、传承情况与出路进行了探讨。⑤ 党劲主要对粤西单人木偶戏的剧目、唱腔和伴奏问题进行了考察。⑥ 孙伟则对丹徒田歌的地域特征、生存现状、文学特征和音乐特征进行了研究。⑦

在某种意义上说,类似研究是从不同学科的角度对民俗事象进行的探讨,民俗只是他们各自阐述不同学科问题的切入点,因此不能说是"民俗学"的研究。但是,这些研究还是提出了一个非常严肃的学术问题,值得我们反躬自问:民俗可以是任何人文学研究的对象,那么民俗学有必要或有可能独立存在吗?

安普雨、郭晨虽然对民间信仰的概念、源起和内容的论述都较为浅显,但作者指出的民间信仰对农村绿化面积的保持、对生态系统中食物链的保持和农民生态意识的维持,却使人有一种耳目一新的感觉。⑧ 其他还有莫幼政对壮族师公教经书的文化内涵、师公教的神灵关系、师公教与道教的关系和师公教与麽教的关系

---

① 郑衡泌:《基层行政区划型民间信仰祭祀空间结构及其特征——以泉州东海镇典型村落为例的研究》,《世界宗教研究》2011 年第 6 期。
② 李萍:《宗教:广西靖西县木偶戏展演的仪式空间——以靖西山近屯的木偶戏演出为例》,《广西民族研究》2011 年第 1 期。
③ 尚莲霞:《中国民间雕塑的风格特质研究——以惠山泥人为例》,《民族艺术》2011 年第 2 期。
④ 吴凡:《音声中的集体记忆——湘中冷水江抛牌仪式音乐研究(下)》,《中国音乐学》2011 年第 1 期。
⑤ 杨晓玲:《沂蒙民间彩印花布研究》,《民族艺术》2011 年第 2 期。
⑥ 党劲:《粤西单人木偶戏考述》,《民族艺术》2011 年第 2 期。
⑦ 孙伟:《吴头楚尾,田歌悠悠——江苏丹徒田歌艺术特征研究》,《民族艺术研究》第 6 期。
⑧ 安普雨、郭晨:《民间信仰的生态功能分析——以鲁埠村为例》,《法制与社会》2011 年第 14 期。

进行了多方面的分析,①段晓昀、王英莉对绣花鞋的种类与工艺造型、纹饰与色彩和地扪绣鞋的文化内涵的阐述,②等等。

2. 对民俗事象的意义阐释

民俗是与地域文化传统的独特性密切联系在一起的,只有从当地人的主位观点出发,才能获得对于民俗事象深刻内涵的真正理解。在这种情况下,对民俗事象进行深入的解读和阐释,不但能够使人们了解民俗事象本身所包含的丰富含义和各种错综复杂的社会关系,也能使人们理解民俗得以产生的社会运作机制与人们的行为逻辑和态度。

杨帆在对鲁西南"过三年"仪式的历史与现状、仪式的参与者、准备、仪式过程进行了详细的考察之后,借用范·吉纳普的"阈限"理论对仪式中的悲与喜、亲与疏、关系的展演和整合进行了深入的讨论。③陈安强、贡波扎西首先考察了高原民居所营造的神圣空间,从房屋构造、仪式和民间叙事等方面对房屋修建过程表达的神圣性和民居结构表征的神圣性进行了详细的阐述,然后对各种仪式中所体现的时间的神圣性进行了叙述。④作者指出,羌族人对民居的感受糅和着多种文化象征,建筑与宗教、房屋与家、形式与内容的关系密切融合在一起。韩同春主要就京西庄户—千军台幡会的主要展演内容、走会序列的历史变迁及其当下状态和走会序列的象征意义进行了探讨。⑤作者指出,幡旗的构成、幡会表演内容和位置安排体现了两村的分与合的统一,象征并强化着两村和谐共处的关系。走会序列体现了主客之间的礼让关系,有助于促进和巩固两村的亲戚关系,同时这种序列与仪式表演也是现实社会中某种等级秩序的表达,体现了乡土社会注重等级秩序的意识。

以下研究特别强调民俗事象的意义与记忆的关系,这其中又可分为对文化记忆和历史记忆的侧重。就前者而言,魏国彬在对德昂女人的藤篾腰箍习俗进行了田野考察和文献梳理之后,从主位的角度对这一习俗进行了阐释,并对这种阐释进一步作了文化的分析。作者指出,关于藤篾腰箍的美丽传说中蕴涵着德昂民族丰富的集体记忆。⑥李菲在考察了嘉绒跳锅庄的旋转模式之后,对藏彝走廊"圈

---

① 莫幼政:《略论壮族师公教经书的价值——以广西马山县白山镇新汉村国兴屯师公教经书为例》,《广西师范学院学报(哲学社会科学版)》2010年第2期。
② 段晓昀、王英莉:《贵州地扪侗家绣花鞋考察研究》,《民族艺术研究》2011年第5期。
③ 杨帆:《"慎终追远"的背后:鲁西南"过三年"丧葬仪式的文化解读》,《文化遗产》2011年第4期。
④ 陈安强、贡波扎西:《高原居民的神圣叙事——对中国羌族民居宗教文化象征意义的解读》,《民族艺术研究》2011年第2期。
⑤ 韩同春:《庄户—千军台幡会走会序列及其象征意义》,《民族艺术》2011年第1期。
⑥ 魏国彬:《德昂女人藤篾腰箍的考察与文化阐释——以云南保山市潞江坝德昂族村寨为例》,《民族艺术研究》2011年第2期。

舞"的旋转模式进行了比较。① 作者指出,嘉绒人对旋转模式的选择传达出族群表述行为背后特定的历史记忆与基本文化语法,对右旋模式所体现出的嘉绒文化记忆与身体表述进行了详细的阐释。嘉绒锅庄右旋不但与其古老的苯教信仰有关,也体现出嘉绒人遥远的族源记忆。最后,作者对右旋的表述中的对抗与选择问题、强化与削弱问题和表述的挪用与改造问题进行了探讨。

就后者而言,白俊奎、毛远明对酉水流域"螺丝揭顶"葬俗的人类学含义进行了归纳,并对这种风俗的形成与地方民众的迁移史的关系、与先代闽浙赣生活的记忆的关系进行了深入的探讨和分析。② 袁晓文、陈东首先对四种形式的"送魂"在不同民族中的存在情况进行了考察,然后对"送魂"仪式与西南少数民族迁徙史的关系进行了分析。③ 作者指出,"送魂"实际就是在葬礼中重演本族从族源地至现居地的逆向迁徙历史,该习俗的产生与西南民族对北方祖地及南迁历史的记忆密切关联,最后作者从二次葬的定义和原因两个方面对学界关于二次葬的研究进行了比较。李虎在回顾了哈布瓦赫和康纳顿的集体记忆理论之后,对南田村的"会期"仪式进行了全面的描述。④ 作者认为,"会期"仪式作为村落集体记忆的重要形式是客家人传承自身文化的重要载体,是村落内部增强凝聚力和向心力的重要方式,是区分村落之"我者"与"他者"之间关系的重要标识,还是村落对外展示"我"存在的重要手段。最后,作者考察了有关"会期"仪式的集体记忆和结构性失忆所表现出来的他者在仪式前后的不同表述。宁文忠在对洮州新城龙神祭祀活动的现状进行了简单描述之后,对有关洮州龙神的历史文献进行了初步分析,作者指出洮州民间的娱神习俗反映了特定历史过程中移民对明代开国功臣们的怀念,继而对江南故乡的怀念,同时这种习俗也反映了人们对风调雨顺、五谷丰登的憧憬。⑤

从以上叙述中可以感到,无论研究者的侧重点如何,他们所采用的分析工具大多来自西方学术界。在这个意义上说,无论是证实、证伪还是修正,所有个案都成为了欧美学者理论假设的注脚,从而丧失了它们本来具有的活力。当然此种现象并非上述研究所独有,但仍说明中国人文及社会科学界的理论和方法的长期

---

① 李菲:《文化记忆与身体表述——嘉绒跳锅庄"右旋"模式的人类学阐释》,《民族艺术》2011 年第 1 期。
② 白俊奎、毛远明:《"螺丝揭顶"坟墓葬俗的民俗学研究——以武陵文化区渝东南酉水流域瓦乡话、土家语、苗语为例》,《重庆大学学报(社会科学版)》2011 年第 3 期。
③ 袁晓文、陈东:《送魂:民族学视野中的"二次葬"习俗——从民族志材料看"二次葬"的定义及原因》,《广西民族大学学报(哲学社会科学版)》2011 年第 5 期。
④ 李虎:《仪式展演·集体记忆·他者表述——基于一个客家村落"会期"仪式之思考》,《民俗研究》2011 年第 4 期。
⑤ 宁文忠:《民俗事象中的历史记忆——甘肃洮州端午节娱神文化的非民俗意义》,《民俗研究》2011 年第 2 期。

困境。

（三）民俗与地方社会的关系研究

民俗的本质是日常生活，是民众在日积月累的社会实践中所形成的生活经验的浓缩和凝聚，是地方社会文化传统的现实积淀。民俗的发生不但将古人和今人密切联系在一起，也使同时代的人们获得感情的共鸣和精神的沟通。从这个意义上来说，我们研究民俗与地方社会的关系，就无可避免地涉及如下几个问题：民俗的影响、民俗与特定社会群体的关系、民俗与人们日常生活的关系以及民俗与其生存环境的关系。

1. 民俗的影响

民俗事象无可避免地会对接触到它的人们产生影响，对这种影响进行探讨不但有助于我们更加深刻地理解民俗的本质，也有助于我们更加深刻地认识民间社会的运作方式和行为逻辑。

以下研究体现了民俗的现实境遇。翟风俭通过问卷对农民工的非遗认同问题进行了调查，对调查中所反映出的问题从七个方面进行了阐述，并对这些问题的产生原因和解决途径进行了探讨。[①] 在对学界以往有关彩礼的研究进行回顾之后，陶自祥探讨了高额彩礼存在的社会基础。通过几个典型案例，作者指出，彩礼功能的异化与代内剥削密切联系在一起，彩礼的功能已经从表达性向工具性异化，成为人们索取巨额财产的一种便捷手段，女儿成为高彩礼婚姻压力下最大的受害者。作者在文章的最后也指出独生子女家庭的增多和子女在家庭中地位的提高，使高额彩礼婚姻下的代内剥削即将终结。[②] 吴效群从王屋山区的自然和人文环境入手，对巫医得道过程和地方民众对邪病的态度进行了民俗志式的描述，然后对巫术治疗的过程进行了生动的描写，对香会组织的成员、结构、活动及经费等问题进行了叙述；作者对邪病及其治疗进行了深入的探讨，指出邪病实为理解当地文化的钥匙，邪病反映了民众对世界的认知，香会组织既有稳定性又有流动性，而邪病病人的不断出现使香会能够继续存在下去。[③]

在民间信仰这个常见的研究主题上，论述这些地方信仰对信众的影响自然是题中应有之意。滕兰花通过文献梳理的方法，考证了广西龙州的班夫人从民女到功臣的转变过程。《太平府志》和《广西府志》等国家正统文献对班夫人信仰的记

---

① 翟风俭：《城市里的农村移民对非物质文化遗产的认同危机——北京城区进城务工农民与农村社区非物质文化遗产传承调查》，《内蒙古大学艺术学院学报》2011年第2期。

② 陶自祥：《高额彩礼：理解农村代内剥削现象的一种视角——性别视角下农村女性早婚的思考》，《民俗研究》2011年第3期。

③ 吴效群：《邪病及其与社会文化的关系——河南王屋山区民间香会组织巫术治疗的社会人类学研究》，《民俗研究》2011年第2期。

载,说明了国家对民间班夫人信仰的承认和肯定,但作者认为班夫人信仰体现了左江流域民众对国家的认同和汉越一家亲的民族感情,却未必识破了特定时代文本的遮蔽。① 邓苗研究了在洋县正月"社火"这样一个特殊的民俗场中,儿童受到社会习俗的多方面影响而发生的习俗化的过程。② 彭燕霞对桂林平山"娘娘节"的起源与仪式活动进行了简单描述,然后对游神与地方身份认同的关系进行了阐述,作者认为祭祀圈是一种有凝聚力的社会团体,游神强化了村落的身份认同。③

以下两篇论文涉及的问题值得引起讨论。王立阳首先简单回顾了学界已有的同类研究,然后对妙峰山香会的发展历史进行了考察。作者从庙会和香会中的社会、香会中的个体、香会合法性的自我表述三个方面对"香会何以构成公民社会"的问题进行了详细的解答,最后作者指出,庙会组织是一种经典的中国地方社会形式,经由庙会这种形式,个体更加公民化,并形成了一种独特的社会。④ 这就再度提出那个经典的问题:中国的传统社会组织是否可以转变为现代社会的基本单元? 这个问题王斯福讨论过,罗威廉也讨论过,但多数学者采取了否定的态度。刘涛重点探讨了豫中沟村民间信仰的复苏、圈层结构的形成、日常生活中的情感形塑与村庄功能系统的整合问题。作者发现沟村民间信仰的复苏与国家治理技术的变迁联系在一起,沟村的民间信仰体系形成了以民间精英为中心的、富有弹性的差序格局。日常生活中的情感形塑与村庄功能系统的整合联系在一起,民间信仰的重建不但使人们的情感得到整合,而且重构着村庄社会的文化网络关系。⑤ 本研究虽然是北方地区的个案,但结论却可以在世界许多地区适用,究竟这体现了人类文明进程的统一性,或具体来说民间信仰功能的一致性,还是体现了我们认识上的困境?

2. 民俗与周边环境的关系

民俗与周边环境的关系直接决定了民俗自身的发展状况。侯杰、段文艳、李从娜对大义店村冰雹会的祭祀空间、传统社会的组织与仪式和时代变迁进行了考察。⑥ 作者指出,民间信仰的包容性和村落之间的和谐关系,是大义店冰雹会得以

---

① 滕兰花:《从广西龙州班夫人信仰看壮族民众的国家认同——广西民间信仰研究之三》,《广西民族研究》2011年第3期。
② 邓苗:《特定民俗场种儿童的习俗化——以洋县正月耍社火为例》,《当代青年研究》2011年第7期。
③ 彭燕霞:《论民俗节庆中的"游神"与地方身份认同——以桂林平山的"娘娘节"为个案》,《神州民俗(学术版)》2011年第2期。
④ 王立阳:《庙会组织与民族国家的地方社会——妙峰山庙会的公民结社》,《民俗研究》2011年第1期。
⑤ 刘涛:《民间信仰的圈层体系与村庄社会功能整合——基于豫中沟村的田野调查》,《周口师范学院学报》2011年第4期。
⑥ 侯杰、段文艳、李从娜:《民间信仰与村落和谐空间的建构:对大义店村冰雹会的考察》,《宗教学研究》2011年第2期。

保存并发展下来的主要原因。陈彬、陈德强通过湖南省江华上伍堡民众以"盘王大庙"的名义获得地方政府对于重修庙宇的认可，从而得以在一座"盘王大庙"中祭祀仁王的案例，讨论了民间信仰生存的另一种策略——共名制。这一研究充实了人们对民间信仰生存策略的认识，与高丙中的"双名制"和王志清的"借名制"共同成为民间信仰生存策略研究的三大经典案例。[①]

3. 民俗与特定社会群体的关系

某些民俗事象的发生是与特定的社会群体紧密联系在一起的，这成为人们关注的一个焦点。张佩国、周建军通过考察一个地方政府与民争利的案件——地方政府欲将原属民众集体共享共用的山林拍卖给私人，从而赚取承包费，却遭到当地民众的激烈反抗，而民众通过巧用规则使政府的计划付诸东流——对西方经济学界流行的"公地"困境理论做出了中国化的解读。[②] 文章对这一纠纷的详细考察，使我们对传统习俗（习惯）在当代所遭遇的困境获得一种感性的认识，从而更加深刻地理解了现代化过程中地方政府与民众的关系，而民众利用现代规则成功地保护了自己的传统习俗（习惯）则使我们看到了民众智慧的另类应用。

安静以民间信仰关系为主线，叙述了布朗族老曼峨村与周边傣族、哈尼族和拉祜族村寨的关系，认为布朗族的民间信仰在构建差异化的族群关系中发挥了重要的作用。[③] 滕兰花通过考察广西来宾良塘的妈祖信仰，发现参与游神的民众大多数是粤籍移民，进而对粤人入桂的历史进行考证。[④] 作者指出广东对广西的经济辐射使其在两广地缘关系中处于主导地位，妈祖信仰的出现与大量粤籍商业移民迁居广西的移民浪潮密切相关，折射出自明清以来两广日益加强的经济联系与文化交流。就后者而言，虽然研究为读者提供了新鲜的个案，但所得结论却是早已被历史学者所论述过的陈说。

农村出外务工人员是值得关注的群体，王蓓蓓运用问卷调查的方法，分析了济南市济阳县仁风镇未婚打工青年恋爱择偶观的变化及婚育行为的现代化现象，并对产生这种变化的原因及其途径进行了分析。[⑤] 但这类研究的问题意识与其说是民俗学的，不如说是社会学的。在这里提及，只是为了提示民俗学者如何面对

---

① 陈彬、陈德强：《共名制：民间信仰的另一种生存策略——对湖南省江华瑶族自治县一个"盘王大庙"的个案研究》，《井冈山大学学报（社会科学版）》2011年第4期。

② 张佩国、周建军：《"公地"困境的中国经验——安徽省绩溪县仙人庵纠纷个案的在地化解读》，《民俗研究》2011年第3期。

③ 安静：《布朗族民间信仰与差异化族群关系的建构——以老曼峨村为个案》，《湖北民族学院学报（哲学社会科学版）》2011年第4期。

④ 滕兰花：《从广西来宾市兴宾区良塘乡妈祖游神看两广地缘经济联系——广西民间信仰研究之一》，《广西民族师范学院学报》2011年第1期。

⑤ 王蓓蓓：《关于农村打工青年婚姻观念和婚育行为现代化的研究——来自济南市济阳县仁风镇的调查发现》，《山东省农业管理干部学院学报》2011年第1期。

这个群体身上的民俗问题。

许多研究具有不同的角度或者切入点,但或多或少都可以帮助我们去理解这个群体的传统。宋小飞对那日苏牧民日常生活的时间建构与自然节律变化之间的一致性关系进行了研究。① 作者指出,牧民的时间观念与实践是这样一种过程,即在自然时间基础上赋予相应的时序,并进行相应的活动。马丹丹首先讨论了艺人之间的拟亲属关系,然后对父子传承中的文化传递、艺人卖艺生活的流动性和艺人手艺的多样性进行了讨论,最后作者指出"流动的艺人"有助于消弭边界的固化与流动之间潜在的张力,从而促进对社会边界的重新认知。② 吕俊彪研究了一个京族村庄的认同建构问题。作者首先考察了传统社会中的哈节,然后对哈节复兴进程中所体现出来的京族人族群认同的建构进行了探讨,作者还考察了哈节仪式中的国家权力因素,探讨了国家在场与族群认同建构的关系问题,最后作者指出国家对京族地区的扶持政策对于京族人族群认同的建构起到了巨大的促进作用。③ 佘康乐、刘星在详细考察了微山湖渔民祭祖的神灵与宗族背景和祭祖的仪式过程之后,对那里的祭祖仪式的作用进行了探讨,作者指出春节祭祖仪式凸显并深化了渔民的宗族观念。④

我们必须重申研究如何深入这一严肃问题。尽管学者们面临着各种各样的生存困境,但一旦成果发表,就必须面对整个国际学术界的考量。比如关于草原民族的时间观及其与传统的关系问题、京族三岛及哈节的问题,都早有学者论及,如何在前人基础上向前推进,我们每个人都必须慎重考虑。关于渔民的祖先祭祀问题,学界就更大地域范围内的水上人做过许多探讨。到今天,昔日的许多水上人登岸定居,这使他们的生活发生巨大变化,经历了一个获取土地的过程,从祭神到祭祖,正是这一过程中的重要内容。他们的所谓"宗族"观念,实际上是一种后起的文化因素。

刘壮、李玲对秀山花灯的研究对象当然是民俗事象,但正如前述,他们的问题是人类学的,这已由其题目所表明。⑤ 他们关心文本建构中的主语错位问题、表述结构中的人称问题和表述中的命名问题等。作者指出,秀山花灯文本建构中的主

---

① 宋小飞:《建构传统:牧民社会时间的释义——以内蒙古那日苏嘎查蒙古族牧民为中心》,《民俗研究》2011年第1期。
② 马丹丹:《流动的艺人:豫西大鼓与河洛社会》,《文化遗产》2011年第1期。
③ 吕俊彪:《仪式、权力与族群认同的建构——中国西南部一个京族村庄的个案研究》,《广西民族研究》2011年第2期。
④ 佘康乐、刘星:《渔民春节祭祖与宗族聚合——以鲁南微山湖区为中心》,《民俗研究》2011年第1期。
⑤ 刘壮、李玲:《文本构建中的他观与自观——关于秀山花灯文献的人类学研究》,《民族艺术研究》2011年第2期。

语,应该是秀山人而非脱离主体的"秀山花灯";秀山花灯的文本生成,受到地方性史志材料特殊的文体和写作者自身的双重限制,但无论文本建构的目的如何,对秀山花灯而言,其主体都应指向对传承人群的关注。"秀山花灯"的命名也是建立在对国家宏大的文化总体格局认知基础之上,其命名的过程不仅有行政力量的参与,学术力量也是影响因素之一。最后作者指出,"秀山花灯"作为一个"他者"通过文本逐步建立的过程,充满着国家、学界和民间的多元互动,这种互动形成了秀山花灯存在的复杂语境。本文虽然意在论证秀山花灯传承人这一群体在民俗复兴中的话语无力,但着眼点还在对这一群体的重视,当然,对这一群体的系统研究还应在今后的研究中加以展现。

4. 民俗与民众日常生活的关系

虽然我们将民俗的本质归结于民众的日常生活,但是这种本质意义上的日常生活与民众生活的其他方面仍然能够区分开来,并且,这种日常生活和生活的其他方面是紧密结合在一起的。陈辉在回顾了有关"家"和"过日子"的相关文献后,从"家"与过日子的关系和如何过日子两个方面对农民的生活逻辑进行了研究。① 在探讨"家"与过日子的关系上,作者主要从顾家与恋家和男主外女主内两个方面展开;在对如何过日子这个问题的探讨上,作者主要从家庭再生产,熟人关系的建立和再生产,以及生活意义的再生产三个方面对这个问题进行了说明;最后作者指出,对于关中Z村的农民来说,"过日子"不仅指代饮食男女、衣食住行等日常生活状态,还是一套生存伦理,特指他们强烈的家庭观念,重视现实生活。陈映婕、张虎生关注了城市化或者说农村工业化过程中农民日常生活的变迁问题,更具体地说是农民日常生活受市民影响的问题。② 作者在探讨了浙江北部的村落工业化和人们的日常消费的关系之后,从衣、食、住、行四个方面对农民认同城市生活的情况进行了研究,具体来说,作者将乡村女装与小城镇时尚联系起来,对乡村饮水机不同于城镇的用途、村民住房中的炫耀性消费和代步工具与性别气质的关系等方面进行了详细的考察。熊昌锟主要是从历史的角度对桂北大圩及其周边地区以关帝、汉高祖为核心的"祭祀圈"进行了研究。③ 作者发现,这个"祭祀圈"不仅使大圩成为周边村镇的商业中心,同时也成为该区域的信仰中心,同时,这一祭祀圈也对大圩的商业活动起到了积极的推动作用;作者将民间信仰对商业的促进归纳为四个方面,即规范市场秩序约束交易行为、促进商业贸易、聚合人群带来机遇

---

① 陈辉:《"过日子"与农民的生活逻辑——基于陕西关中Z村的考察》,《民俗研究》2011年第4期。
② 陈映婕、张虎生:《对城镇生活的想象与认同——浙北C村的日常消费研究》,《民俗研究》2011年第3期。
③ 熊昌锟:《论桂北地区商业发展和民间信仰的互动关系——基于大圩祭祀圈的考察》,《广西民族研究》2011年第4期。

和庙宇自身的商业化;作者还考察了桂北圩镇信仰的推动因素,指出商人、官府与地方士绅、移民是三种主要的力量,而关帝、汉高祖信仰祭祀圈归根结底是移民的产物。

通过以上及许多未及在此综述的研究,我们对许多地方的不同民俗事象及与当地历史与环境的关系有了更为丰富的认识。这当然有助于我们认识不同地方的文化特质。如果我们深入考察,还有许多鲜活生动的事象等待我们去挖掘和解释。但是,我们也许应该进一步去发现这些五光十色、千差万别的地方文化传统之间的关联性,使我们在讨论中不致自说自话,别人也不致因缺乏对该地区的了解而无从置喙。这样的努力不仅可以体现在理论的探讨中,也可以体现在更大的时空范围内的文化联系和文化一致性上。

(四)保护与传承文化遗产问题上的田野经验

自从 2006 年国务院发布《关于公布第一批国家级非物质文化遗产名录的通知》以来,非物质文化遗产的保护和传承问题就一直是学术界的一个热门话题,相关的研究多如牛毛。对此,我们希望在田野经验基础上对中国的"非遗"保护与传承提出自己的意见,而不是空言误国。因此,尽管这方面的讨论很多,我们只选取其中具有调查基础的成果略做叙述。

就 2011 年而言,在田野调查基础上进行"非遗"保护与传承探讨的论文主要是从以下几个方面展开:

1. 非物质文化遗产传承的机制问题

对传承机制问题的探讨,有的研究是集中关注某一种方式的传承,有的则是将目光投向综合性的机制研究。吕慧敏对学习班式的二人转传承方式进行了深入研究。[①] 作者以刘芳班为个案,对该学习班的创办和发展过程,入班与出班的仪式,学习费用,传承内容与方式,学员的特征、学习情况、存在的问题进行了全面的考察,并对解决学习过程中存在的问题从三个方面进行了探讨。最后,作者对二人转传承方式在传统社会和当代社会的差异进行了比较。谢菲对非物质文化遗产场域的构建和再生产问题进行了集中探讨。[②] 在对"非遗"传承场域的再生产的讨论中,作者主要从国家、地方政府和传承人与地方民众三个方面进行展开。最后作者指出,非物质文化遗产传承场域的再生产是场域中各主体围绕生产所阐发的持续不断的行动。刘馨集中对安顺蜡染艺术传承面临的问题和建立传承基地

---

① 吕慧敏:《学习班:当代"二人转"的一种传承方式》,《文化遗产》2011 年第 1 期。
② 谢菲:《非物质文化遗产传承场域的再生产——基于花瑶民歌、呜哇山歌的保护实践所引发的思考》,《湖南社会科学》2011 年第 5 期。

的意义进行了简单的介绍。① 作者认为,建立安顺蜡染艺术传承基地是最理想的"活态"传承方式,有利于形成整体价值和资源的转化。徐赣丽就苗族坡会的价值与功能、延续至今的原因和非遗社区保护的理由等几个方面的问题进行了研究。② 作者认为,社区保护可以保证社区民众的幸福和利益,促进社区进步,可以依靠地方民众的力量以民俗的方式进行,更有可能保证遗产的本真性,可以使文化遗产在原生地继续生长,还可以唤醒和复兴与非物质文化遗产相关的其他文化元素。

刘爱华、艾亚玮首先阐述了传统文化生态的变迁问题,然后对社会转型过程中所产生的评价体系分裂问题进行了探讨。③ 作者认为,权威机构的评价体系建构于意识形态基础之上,具有公开、正式和强制的特点,而缺乏民众生活的土壤,而民众的社会评价体系却是在个体评价活动传播的互动中形成的,更加隐性、世俗和温情,影响范围也更广泛。最后作者还就制笔工艺的可能发展路径问题进行了讨论,认为毛笔制作技艺未来的发展仍会遵循民众工艺的方向。韩成艳介绍了非遗保护的长阳经验,④ 认为长阳实践中资料整理、立法保护、确立名录、设立文化生态保护区和校园传承是几个重要的环节。进而认为,从长阳实践中,可以得出文化自觉应该从社区延伸到国家,要重视"县"作为非遗项目实施公共政策保护平台的重要性。

以上研究都显示出作者对一种"自下而上"的保护机制的呼吁,这应该是本学科学者们的共识。

2. "非遗"保护与传承中的市场化与产业化

关于这个问题,各界均有许多不同看法。在探讨了夹江年画发展所面临的尴尬处境之后,刘芙蓉对夹江非物质文化遗产的历史传承与发展战略问题进行了研究。⑤ 作者提出,借助夹江丰厚的旅游资源发展非遗文化,启动人才集合机制推动夹江年画发展,广泛吸收社会资金以破解非遗文化发展瓶颈等,都是集合市场资源振兴文化遗产发展的方法。作者还就非遗文化走向市场的途径进行了探讨,指出秉承传统做精老式年画,着力开发新式年画,打造夹江年画村、年画基地,大量开发以年画为素材的陶瓷艺术品、发挥纸类制品的优势开发现代产品、催生时尚

---

① 刘馨:《非物质文化遗产传承基地建设的思考——安顺民间蜡染开发与保护的思考》,《安顺学院学报》2011年第6期。
② 徐赣丽:《非物质文化遗产社区保护的经验——以融水苗族坡会群为例》,《河南社会科学》2011年第2期。
③ 刘爱华、艾亚玮:《被捆绑的手艺:制笔技艺的当下境遇与发展路径——以文港毛笔为例》,《文化遗产》2011年第1期。
④ 韩成艳:《非物质文化遗产作为公共文化的保护——基于对湖北长阳县域实践的考察》,《思想战线》2011年第3期。
⑤ 刘芙蓉:《民间非遗文化市场化道路的探索——夹江年画拓展开发的思考》,《西南民族大学学报(人文社科版)》2011年第12期。

类工艺产品和完善夹江非遗文化环境等方式,可以促进夹江年画的市场化发展。田阡从五个方面对自贡灯会的发展进行了考察。① 作者首先就自贡灯会的历史与民俗特色进行了介绍,对其四个阶段的发展和战略转型分别予以叙述,然后对不同时代的发展模式进行概括,作者还就自贡灯会与学术研究的结合问题、自贡灯会的多元化宣传问题进行了研究,使我们对自贡灯会的发展有了较全面的了解。季诚迁、金媛媛集中关注手工艺类非物质文化遗产保护的困境及其解决之道。② 作者将其困境概括为传承人的减少、"山寨"产品的侵蚀、西方文化的冲击和保护制度的缺失。作者认为,以产业化的方式推动非物质文化遗产的保护可以解决这些问题,具体来说主要通过以下几个方面来实现:政府协调多方力量制定保护规则,培养人才开拓创新,创新利用与产业化经营,课题研究与理论指导,居民积极参与从中受益。刘敏、刘爱利、袁梦运用营销学的方法对地坛庙会成功运营的过程要素和具体运营要素进行分析,然后根据分析的结论提出了改进地坛庙会运营方式的建议。在对地坛庙会具体运营要素的分析中,作者认为,有鲜明特色的主题是成功的关键,营销推广是成功的助力,摊位销售保障了盈利,形式创新带了持续发展,有序的现场执行是根本保障。③

以上研究多从正面讨论市场化、产业化对"非遗"保护的积极作用,涉及的"非遗"类别以民间工艺品为主,但对其可能造成的负面作用还应给予充分估计,同时还应将讨论的文化与社会的覆盖面进一步扩大,以求获得更为稳妥的结论。

3. 对传承人的研究

在对铜梁扎龙世家传承人的个人基本情况进行归纳和分析的基础上,戚序、王海明认为,改善非物质文化遗产传承人的生存环境要从以下几个方面着手:建立和完善地方政府非物质文化遗产保护责任机制,对传承人的社会地位和技能提供较完善的法律保护、尝试建立中国铜梁龙舞民间艺术数据库、建立民间文化生态保护机制和完善年轻一代与创新型艺术人才的培养机制。④ 刘锡诚首先论述了非遗保护的两种传承模式:群体传承和个人传承,然后结合非遗名录中的各种非遗项目和非遗保护的相关法律法规阐述了传承人和项目代表性传承人的传承问题,并对传承人的荣誉与责任和权利与义务问题进行了探讨,最后作者介绍了传

---

① 田阡:《民俗节庆与文化产业发展——以自贡灯会与彩灯文化产业的发展为例》,《文化遗产》2011年第4期。
② 季诚迁、金媛媛:《以产业化促进手工艺类非物质文化遗产保护——以天津杨柳青木版年画为例》,《城市》2011年第1期。
③ 刘敏、刘爱利、袁梦:《非物质文化遗产之传统庙会的传承与运营——以北京地坛庙会为例》,《企业经济》2011年第11期。
④ 戚序、王海明:《对非物质文化遗产传承人生存环境的思考——以重庆铜梁扎龙世家为例》,《西南大学学报(社会科学版)》2011年第3期。

承人的认定程序和相关的权益问题。①

上述文章尽管从国家政策、政府支持等外部条件的完善强调了对传承人的保护,但对传承人的传承环境、文化土壤以及个人、家庭等传承动力的关注,尚嫌不足。

4. 其他相关研究

闪兰靖在对兰州太平歌的渊源与发展、演唱形式、主要演唱作品、传承现状进行阐述之后,提出了传承和发展的建议:加强本土非遗项目宣传,加深群众认知基础,加强制度保障,提供充足的物质保障。② 万义从彝族阿细跳月起源学说的田野考据、村落社会结构变迁中的彝族阿细跳月、村落阿细跳月的演进逻辑出发,深入探讨了传统体育非物质文化遗产保护的启示、村落社会结构变迁中传统体育非物质文化遗产保护的生态系统建设等问题,对可邑村阿细跳月进行了深入的研究。③ 作者在对村落社会结构变迁中的彝族阿细跳月进行分析时,主要从村落经济结构的变迁、组织结构的变迁、政治结构的变迁和文化结构的变迁几个方面出发,全面地对阿细跳月的社会语境进行了详细研究。周启萌、田艳考察了石头寨布依族蜡染技艺的现状、特色、传承情况和生存状况,并提出了保护的建议。④ 在对传承情况的介绍中,作者从家族内部和外部两个方面展开:内部传承主要是传女不传男和传内不传外,外部传承主要是布依村寨的文化熏陶和中小学的蜡染教育。周红才、胡希军分析了张谷英村的传统礼俗及特征,提出了传统礼俗的保护与传承对策。⑤ 作者提出的对策主要包括:以"村"养俗,注重对村落建筑原貌的保护;以"境"护俗,注重对人居环境的利用;以"风"扬俗,注重对家风内蕴的弘扬;以"情"怡俗,注重对礼仪习俗的承载。韩超、张犇考察了邳州"原生态"纸塑狮子头的产生背景、艺术特色与制作工艺,最后对其"新生态"发展的注意事项进行了分析。⑥ 作者指出,"新生态"的发展须以"原生态"为基础和前提,"新生态"的发展须适应新的文化环境;"新生态"的发展与市场的联系必须"高端市场"和"低端市场"并举,注重相关市场的开拓;对"新生态"发展的相关投入上,官方的保存与保护是关键,政府优惠政策应适度偏斜。

---

① 刘锡诚:《论"非遗"传承人的保护方式》,《河南教育学院学报(哲学社会科学版)》2011 年第 1 期。
② 闪兰靖:《人亡歌息 人去艺绝——兰州太平歌现状分析与思考》,《民族艺术研究》2011 年第 2 期。
③ 万义:《村落社会结构变迁中传统体育的非物质文化遗产保护——以弥勒县可邑村阿细跳月为例》,《体育科学》2011 年第 2 期。
④ 周启萌、田艳:《非物质文化遗产视角下的布依族蜡染记忆的传承和保护——基于贵州省镇宁县石头寨的调研分析》,《原生态民族文化学刊》2011 年第 4 期。
⑤ 周红才、胡希军:《非物质文化遗产视野下传统礼俗的保护与传承——以湖南张谷英村为例》,《经济地理》2011 年第 11 期。
⑥ 韩超、张犇:《走向"新生态"——邳州纸塑狮子头研究及保护刍议》,《民族艺术研究》2011 年第 3 期。

还有一些研究从比较一般的意义上对"非遗"保护问题加以讨论,虽未必基于深入的田野个案,但也能体现出在此问题上的一些共识。林凤群通过对崖口飘色的发展历史进行回顾,指出民俗活动大多起源于当地百姓的神灵祭祀和信仰。作者对崖口飘色具体活动过程的考察说明,民间艺术的注入大大丰富了民俗活动的内涵,活态流变则使民俗活动得以升华发展,活态传承使民俗活动更具生命力。① 龙红、姜贤俊指出,朱仙镇年画开源导流的核心是打造"年文化",举措是重视传承人的境遇,动力是培育艺术情感。② 黄竹三集中于山西地方小戏的生存危机及其解决之道。③ 作者认为,通过申遗获得政府支持,大力扶持民营剧团的组建与演出,采取多种形式组织演出、录音、整理资料编撰剧种志书等途径,可以促进山西地方小戏的发展。毛海莹首先阐述了对海洋民俗的认识与文化生态理论所表现的社会价值取向对于海洋民俗传承的意义,然后从海洋民俗传承与保护的生态智慧和生态内核方面对海洋民俗传承创和谐与重品格的特点进行了阐述。④

"非遗"保护问题是近年来民俗学领域中的新课题,既具实践性,也具理论性。可喜的一面是,有不少研究具有田野实践的基础,使观点更具说服力,建议更具操作性;可改进的一面是,仍有不少研究虽然以具体的"非遗"项目为出发点,但结论千人一面,大同小异,特别是少有就具体的项目提出具有理论深度、生活实践基础和符合未来保护趋势的行动方案,可引发学界和政府管理部门的集中讨论。这种状况,使得相关论说大多停留在空中楼阁的层面。

三、当今民俗文化发展策略

民俗作为一种长期形成、并在当下仍然存在的生活文化现象,无疑具有顽强的生命力,迎接新机遇、吸收新因素而不断变异、传承是其重要特性。尽管如此,在社会快速发展和转型的今日,民俗文化的发展也面临着多方面的危机。因此,如何更好地使民俗文化在当下生存和发展,便成为政府和社会广泛关注、参与探讨的一项重要课题。

(一)我国民俗文化发展的现状

当今学术界首先需要面对的,是民俗传统的大量消失。民俗是人民大众在日

---

① 林凤群:《活态流变,赋予民俗更持久生命力——从过家家非物质文化遗产名录"崖口飘色"说起》,《文化遗产》2011 年第 3 期。
② 龙红、姜贤俊:《老树着花无丑枝——朱仙镇年画"源"与"流"的认识与思考》,《民族艺术研究》2011 年第 1 期。
③ 黄竹三:《特色濒危剧种生存对策之我见——以山西地方小戏为案例探讨》,《文化遗产》2011 年第 2 期。
④ 毛海莹:《文化生态学视角下的海洋民俗传承与保护——以宁波象山县石浦渔港为例》,《文化遗产》2011 年第 2 期。

常生活当中形成和传承的风俗习惯,经过千百年的发展而变得丰富多彩。尽管如此,随着现代化进程加速、环境变迁、价值观念的改变,民间文化赖以生存的乡土环境变得越来越脆弱,大量民俗民风逐渐没落和消失。这一现象逐步席卷整个中国大地,在发展缓慢和快速的地区都有发生。例如,贵州是全国发展较落后的省份,居住着苗、瑶、侗等十几个少数民族,但他们较好保存下来的民俗文化也只占到总数的30%左右,大部分传统民俗都消失于时间的滚滚洪流之中。而作为中原文明代表的河南省,据统计有近八成在历史上出现过的故事、节日、歌曲、礼仪风尚没有流传下来。可见,我国传统民俗文化消失的速度和数量是惊人的。

这种状况的原因之一,是民俗传承人的匮乏。民俗文化由人民大众所创造,民俗的延续、发展亦离不开人们的代代相传。现今民俗传承出现十分窘迫的局面:首先是在社会发展和经济利益的诱惑下,一些民俗艺人的改行换业致使民俗技艺逐渐被搁置和荒废,甚至有些人不愿意收徒传艺,最终导致民俗传承不畅的现象;其次,许多民俗技艺随着一批老艺人的去世而面临消失;最后,年轻人对民俗技艺不感兴趣,宁愿选择出去打工,也不愿意学习这些既费事又不挣钱的技艺。这一情况使民俗传承在新旧之间出现了较为严重的断裂,大有后继无人、人去艺绝之势。可以说,民间艺人稀缺、民俗技艺传承困难的现象已经直接影响到我国民俗文化的持续发展。

其结果是,整体上的民俗文化发展受到限制。对此,有学者总结了三个方面的表现:[①]第一,长期以来,民俗文化领域受到计划体制的影响,使人们的世界观、价值观、知识结构、工作思路等方面以及运作方式,仍具有明显的计划经济色彩,从而导致文化单位较多地强调民俗文化意识形态的功能,重视民俗文化的事业属性,忽视民俗文化的产业属性,特别是对事业单位企业化运作心存疑虑,放不开手脚;第二,从文化消费的角度来看,也不同程度地存在着被动接受状态,文化消费结构单一,以消费促生产的氛围始终没有形成,导致民俗文化发展迟缓;第三,有利于民俗文化发展的有关政策不配套,整个文化体制不健全,机制不顺畅,民俗文化必然受到影响,缺乏强有力的发展民俗文化的驱动力。

在此前提下,各界人士就民俗文化保护和发展的主要对策问题发表了各种意见和建议。

(二)关于民俗文化如何发展的一些具体讨论及实践

1. 关于《"非遗"法》的意义

民俗活动虽形成、成长于民间,但因在发展过程中不断遭到破坏,因此国家给予一定的保护是民俗文化得以保存和发展的一个重要保障。在这方面,以往主要

---

① 杨玫芳:《我国民俗文化发展存在的问题及对策》,《宁夏师范学院学报》2011年第1期。

是运用行政力量制定相应的行政保护文件加以实现,就全国而言,并没有形成一个统一的法律保障体系,而行政手段当中存在的临时性、地域性、不确定性等因素又极大制约着民俗活动保护、发展工作的进行。因此,为更好地促进包括民俗文化在内的中国非物质文化的发展,制定相应的法律加以保护一直以来成为人们翘首期待的一件大事。

在多方呼吁之下,我国很早便开始酝酿制定关于非物质文化遗产保护的法律,经过多年努力,2011年终于在这方面取得重要成绩。2011年2月25日,《中华人民共和国非物质文化遗产法》(以下简称《"非遗"法》)的正式颁布便是其重要标志,而作为非物质文化一部分的民俗文化也囊括其中,受益匪浅。可以说,《"非遗"法》的出台对包括民俗文化在内的中国非物质文化的发展都有着重大意义。

首先,《"非遗"法》正式颁布使民俗文化保存、保护工作的展开有了法律依据,有利于民俗文化的持续发展。例如,在《"非遗"法》颁布之前,包括民俗活动在内的一些非遗活动的定性、操作等方面存在不确定性和争议,一些现存民俗活动甚至被视为迷信。可以说,行政手段在保护民俗活动的同时,也极大限制了部分民俗活动的展开,更遑论使其在当下获得进一步发展。然而,新法的出台对解决上述问题有重大的影响。《"非遗"法》并非对现存的民俗等活动设定一个单一的标准,以确定其加以保护的范围,而是提出"保存"和"保护"两个不同的概念、不同的层次。这一认识使得一些难以分类但又长期存在的民俗活动先得以生存,从而起到保护乃至促进民俗文化发展的作用。这一理念是比较科学的,事实上许多民俗活动难以简单地用糟粕、精华等来衡量,必须先将有疑义、难以确定的民俗活动保存下来,而不是简单、粗暴地对待,这样可以避免因认识不清导致一些民俗活动的消亡,而一种民俗文化消失后再来恢复是极为困难的。由此而言,《"非遗"法》的出台对保存、保护民俗等活动,从而促使其发展,提供了法律上的依据和保障。

其次,《"非遗"法》规定了对破坏非物质文化遗产行为的处罚,在保障其顺利传承和发展方面具有重要的意义。民俗作为在民间长期形成的文化活动,凝聚了劳动人民的智慧和心血,部分技艺不但具有深刻的文化价值,而且具有重要的经济意义,因此也成为犯罪组织或个人盗取、破坏的对象。以前通过行政手段对这类非物质文化的保护多是事后之举,难以起到预防破坏和打击犯罪的效果,而《"非遗"法》的出台将保护提高到法律的高度,有利于预防破坏和打击破坏工作的展开,从而起到保护和保障民俗等文化发展的重要作用。

此外,《"非遗"法》还积极鼓励社会组织和个人参与保护工作,例如第九条"国家鼓励和支持公民、法人和其他组织参与非物质文化遗产保护工作",对提高全民保护意识,促进"非遗"保护活动普遍开展具有积极引导作用,从而有利于推动民俗等文化的不断发展。最后,《"非遗"法》在经费上的支持对民俗文化生存和传承具有重大意义,如第三十条便规定"提供必要的经费资助其开展授徒、传艺、交流等活动"。收徒与授艺是文化传承的重要环节,如果这一环节断裂,那么民俗文化便会人亡艺绝,无法延续。《"非遗"法》规定的经费支持无疑对民俗文化的生存和发展起到更为直接和现实的影响。

2011年颁布的《"非遗"法》是长期以来"非遗"保护工作的一项重要成绩,因此受到广泛的关注,出台后还一度引起广泛的学术讨论。① 例如,在2011年3月3日召开的《"非遗"法》座谈会上,与会者就《"非遗"法》进行了认真的讨论,肯定了其对非遗工作的积极作用,但同时也提出了《"非遗"法》存在的一些不完善之处。例如,在保护方面,用历史、文学、艺术、科学四个精确概念来规定"非遗"工作的价值似有疏漏之嫌;在承担非遗保护职责方面,没有把大专院校和科研单位纳入其中,不利于"非遗"保护工作的展开,因为没有很好的研究,就谈不上很好的保护,乃至推动"非遗"文化的发展;在国外人士参与"非遗"活动方面存在一些限制,执行起来比较困难;某些规定过于笼统,应该更为细化以便于明确责任关系等;该法虽然对"非遗"工作进行了多方面的规定,但较少关注"非遗"本身的一些特性等。尽管《"非遗"法》存在各种不足,但确如有论者所言,它的颁布标志着中国非物质文化遗产保护进入法制化、常态化、科学化的阶段。② 可见,法制化作为推动包括民俗在内的非物质文化遗产保护和发展的一种重要策略,得到了政府和社会的高度重视以及积极讨论。

2. 关于产业化对推动民俗文化发展的影响

《"非遗"法》的正式颁布虽然对民俗文化的发展具有重大意义,但更多地是提供了一种外部的保障体系、一种理论架构,或者说是一个总体的规定,还需要进一步去发掘具体的发展策略加以实践,否则无异于一纸空文。所以,要实现民俗文化的实际发展,实践性的发展策略不可或缺。产业化便是其中之一。

民俗文化产业化发展的策略并非是新鲜事物。至少从20世纪90年代以来,随着中国文化旅游的兴起,将民俗与旅游等产业相结合便一直是探索旅游开发的重要思路。不过,长期以来讨论的重点在于如何促进旅游业的开发,而不是如何

---

① 2011年围绕《"非遗"法》进行讨论的文章主要有,刘锡诚:《读"法"心解:"保存"和"保护"》,《西北民族研究》第2期;乌丙安:《对贯彻实施〈中华人民共和国非物质文化遗产法〉的两点建议》,《西北民族研究》第2期;河山:《非物质文化遗产立法的点滴回顾》,《中国版权》第3期;赵方:《非物质文化遗产法律保护的理论困境及其对策探究》,《甘肃理论学刊》第3期;詹瑜璞:《依法保护非物质文化遗产》,《民主》第4期;周林:《落实保护 弥补缺憾——〈中华人民共和国非物质文化遗产法〉解读》,《文化月刊》第4期;刘敏、马靖等:《关于非物质文化遗产保护的法律思考》,《法制与经济》第6期;吕品田:《文化大法 意义深远——〈中华人民共和国非物质文化遗产法〉意义解读》,《文化月刊》第6期;田芙蓉:《我国〈非物质文化遗产法〉评介》,《中国工商管理研究》第6期;廖春梅:《〈非物质文化遗产法〉的四大亮点》,《江淮法制》第11期;等等。

② 王娜整理:《〈中华人民共和国非物质文化遗产法〉座谈会会议纪要》,《文化遗产》2011年第2期。

促进文化的保护,同时还有人担心文化产业化会破坏民俗文化的发展;近年来,随着非物质文化保护工作的开展,文化产业化再度成为一个重要话题,尽管对其作用的认识依然不统一,[1]但视产业化和民俗文化相互对立的看法呈现减少的趋势,讨论的重点逐步转向产业化和民俗文化如何互动,产业化如何推动文化发展上来。人们越来越认识到文化产业化对推动民俗文化发展具有积极的意义。[2] 具体来说,民俗产业化的方式主要分为两种:

一是以旅游等其他产业为依托,将民俗融入其中,形成民俗文化旅游产业形式,从而推动民俗文化的保存和发展。之所以如此,一方面是因为旅游业可以优化民俗文化的生存环境。许多民俗文化消失的主要原因是其原有的生存环境发生巨大改变,比如农民外出打工挣钱使一些传统活动参加者越来越少,民俗活动面临濒危的境地,而旅游业的发展可以吸引更多观众来参与民俗活动,从而优化其生存环境而赋予其新的生命力。另一方面,旅游发展带来的经济效益可以鼓励老艺人和年轻人继续从事民俗技艺的传授与学习,为民俗文化的薪火相传提供一定的经济保障。一些地区通过上述办法已取得了较好的效果,比如陕西户县年画、广东揭西山歌等。通过与旅游产业相结合,不但使得这些民俗活动得到复兴和发展,而且促进了本地经济的发展,出现了民俗文化和区域经济双赢的结局。[3]

二是直接将民俗文化商品化,形成较为单纯的民俗产业。民俗文化涉及面广,内容丰富,具有相当多可以开发利用的部分,但过去由于资金、市场等问题,民俗文化长期没有朝着商品化的方向发展,甚至是因为缺少经济效益而逐步衰退。为解决这一难题,应该充分依靠政府进行引导和推动。民俗文化产业化发展需要良好环境的支持,而政府在培育政策、平台打造、环境塑造等方面扮演着重要的角色。例如,在培育政策方面,目前就已出台《文化产业振兴规划》、《关于金融支持文化产业振兴和发展繁荣的指导意见》等文件,对推动文化产业的发展产生了积极影响。在文化产业化实践方面,四川自贡灯会首先经历了政府包办完全控制式的经营模式、市场化的运作经营模式,结果均以失败告终;2007 年至 2011 年,自贡发挥政府平台打造、积极推动的作用,形成政府牵头、全民参与、彩灯企业参展的

---

[1] 文化产业化对与错的问题一直到 2011 年依然争论不休。朱大可支持文化产业化,认为其是历史的选择;相反,冯骥才则认为文化产业化是一条歧途。关于这场争论,可参看许莹:《"文化产业化"正道还是歧途?》,《时代人物》第 5 期;朱大可:《"文化产业化"是历史的选择》,《时代人物》第 5 期;冯骥才:《"文化产业化"是一条歧途》,《时代人物》第 5 期。

[2] 刘国强:《非物质文化遗产保护与文化产业发展的思考》,《神州民俗》2011 年第 4 期。

[3] 参见周星:《从政治宣传画到旅游商品——户县农民画:一种艺术"传统"的创造与再生产》,《民俗研究》2011 年第 4 期;贝舒莉:《揭西县客家山歌文化旅游开发价值研究》,《神州民俗》2011 年第 3 期。

运作方式,使自贡灯会这一历史悠久的民俗文化得到新的发展。① 重视政府在民俗文化产业中的作用,视其为文化产业化第一推手的观念已为部分学者所提倡。② 民俗文化依靠政府引导和推动转化为商品,可以刺激民俗技艺的保存和不断创新,是解决民俗文化的生存和发展的一种有效途径。

2011 年包括民俗在内的文化产业化保护发展问题讨论颇多。在理论探讨方面,有一批理论性的文章,就国内外产业化对民俗等文化保护、传承和发展的理论、措施、局限性等问题进行了总体式的讨论。③ 在个案讨论方面,结合地区、民族特点来探索民俗等文化产业化保护、发展,也有不少成果。④ 以上研究或繁或简,认识或深或浅,学术性或强或弱,既体现了对此问题展开讨论的初期特点,也体现了不同领域的人们对此问题的共同关注。

诚然,文化产业化对民俗文化具有发掘和推动的作用,但有论者也清醒地认识到这种作用不全是正面的,它犹如一把双刃剑,开发和利用不当就可能带来负面的影响,应当加以警惕。⑤ 因此,在开发民间民俗文化资源时要注意以下一些问题:不可急功近利,简单机械、一味模仿前人,以至于民间文化丧失掉创造力而显得没有价值和品位;不可竭泽而渔、掠夺性经营,以免民俗文化遭到粗暴的破坏甚至毁灭;要正确处理好民俗文化特色与产业化批量生产之间的关系,保证民俗艺

---

① 田阡:《民俗节庆与文化产业发展——以自贡灯会与彩灯文化产业的发展为例》,《文化遗产》2011年第3期。
② 唐亚玲:《政府应成为文化产业发展的第一推手》,《神州民俗》2011年第3期。
③ 高斯:《关于文化产业化的理论思考》,《企业技术开发》2011年第1期;吴艳丽:《浅谈文化产业化理论》,《青春岁月》2011年第10期;黄萍萍:《非物质文化遗产的产业化保护》,《商品与质量》2011年第2月刊;高建忠:《浅谈产业化视野下非物质文化遗产保护措施》,《神州》2011年第26期;黄静:《产业化开发保护与非物质文化遗产的传承》,《四川戏剧》2011年第4期;李琳:《浅议中华传统文化的产业化发展》,《江苏省社会主义学院学报》2011年第4期;马云江、朱启才:《中国传统文化的产业化发展探究》,《现代物业》2011年第10期;刘国强:《非物质文化遗产保护与文化产业发展的思考》,《神州民俗》2011年第4期;佟玉权、赵玲:《非物质文化遗产保护利用的产业化途径及评价体系》,《学术交流》2011年第11期;陶捷:《地域文化资源产业化发展中的"短板"》,《新闻爱好者》2011年第4期。
④ 季诚迁、金媛媛:《以产业化促进手工艺类非物质文化遗产保护——以天津杨柳青木版年画为例》,《城市》2011年第1期;李巧伟、张天慧:《文化产业化发展背景下衢州花鼓戏的传承与保护》,《海歌》第5期;丁永祥:《产业化语境中的非物质文化遗产保护——以豫北地区民间歌舞小戏〈哼小车〉为例》,《徐州工程学院学报》2011年第4期;张竹岩:《秦皇岛市民间文化艺术产业化发展研究》,《大家》2011年第5期;吴俪蓉、韦真:《广西融水苗族服饰文化产业化探析》,《广西民族师范学院学报》2011年第2期;张艳明:《河北民间文化资源产业化研究》,《职业时空》2011年第2期;阎新新:《论蒙古族非物质文化遗产的特色产业化发展道路》,《前沿》2011年第1期;段学红、廖梦云:《石家庄市民俗文化产业化探索》,《石家庄职业技术学院学报》2011年第1期;张玲潇、王晓阳等:《唐山王田泥塑民间文化资源产业化发展探析》,《商业文化》2011年第10期;刘继平:《彝族毕摩文化的开发和产业化应用》,《中国市场》2011年第52期。除上述文章以外,一些研究也涉及文化产业化问题,但讨论的重点是文化产业化如何促进地区经济发展,而不是如何保护发展民俗文化,在此不列举说明。
⑤ 范玉刚:《警惕"产业化"埋葬"文化"》,《人民论坛》2011年第30期。

术性和地区经济效益相统一。①

3. 群众文化模式——扎根乡土的民俗文化发展策略

与商品化、产业化路线不同,群众文化模式是一种扎根乡土的民俗文化发展策略。所谓群众文化模式是指营造氛围、打造基础设施,为地方群众开展民俗活动提供一系列帮助的发展策略,它不同于民俗产业化之处正在于其参与者的广泛性。中国素有"十里不同风,百里不同俗"的民俗文化特点,不同地区民俗文化的发展更多地还是要依靠当地群众的广泛参与,而产业化虽可以在民俗技艺的传承上得到一定的保障,但并不一定能吸引当地群众参与,以至于民俗文化失去其原有的活性,而群众文化模式在吸引群众参与、激发创造力和保持民俗活性方面起到了较好的作用。根据2011年的经验总结,群众文化活动开展主要有以下几种方式:

1) 广场文化

广场文化主要是指城乡地区利用文化广场组织开展各种群众文化演出活动而形成的一种地方文化形式。② 文化广场是集地区民众聚会、休闲娱乐、文化艺术等为一体的重要场所,也是地方各种民俗活动得以展演的场域,对丰富民众文化生活、保持民俗文化活性方面具有积极作用。一些地区已经通过建设文化广场来开展群众文化活动,并取得了较好的效果。例如广东省揭东县地都镇从2009年国庆至2011年为止,已经举办了18场名为"月起金都"的群众广场文化活动,观看人数超过10万人次,参演人员达3500多人,成为地方农村文化建设的新亮点。③ 广东佛山市三水区各乡镇对文化广场基础建设投入大量资金,形成了覆盖城乡、布局合理、功能健全的公共文化服务网络,因此文化活动越来越多,气氛越发浓厚,一些民间文化纷纷扎堆广场,曾经沉寂的民俗活动如今在广场文化活动热潮中又再次焕发出勃勃生机。④

2) 社区文化

除广场文化外,开展社区文化活动也是群众文化活动的重要形式。广场文化活动是跨社区、综合性的群众文化活动,而社区文化是主要以社区为基本单位展开的文化活动。以社区为单位的文化活动不仅仅局限于城市社区,农村社区同样可以开展,而且应当是民俗文化发展的重镇。在发展社区文化方面,社区群众文化艺术馆、社区文化活动室、乡镇文化站、农家书屋等都是开展群众文化活动的重

---

① 参看刘国强:《非物质文化遗产保护与文化产业发展的思考》,《神州民俗》2011年第4期。
② 参看聂婧:《浅析广场文化在现代社区建设的作用》,《神州民俗》2011年第3期。
③ 参看黄烈明:《打造"月起金都"文化品牌的启发》,《神州民俗》2011年第3期。
④ 刘佳:《搭建平台构和谐 传承文化出精品——论三水广场文化特点》,《神州民俗》2011年第3期。

要场所。① 可以说,多种方式开展社区文化活动也越来越成为探索民俗文化发展的一种策略。尽管如此,社区文化活动的开展因地而异,条件好坏不一,尤其是一些山区乡镇文化站的建设和利用还处于摸索和起步阶段,如何实施文化惠民工程,开展公共文化服务,增加山区文化站的设施,吸引群众参与等方面都还需要进一步的探索。②

3) 文化户(联合体)现象

除开展固定场域的群众文化活动以外,对文化户(联合体)的培育、引导也成为发展民俗文化的一种重要方式。文化户(联合体)现象是指一批具有文艺演出和文化经营特长的农户,利用农闲时节、茶余饭后、传统节日、村户大事等机会,组成以自家为主、联合多家文艺爱好者加盟的演出队伍,走村串寨开展文艺表演的一种文化活动。以此为依托,种类繁多的农村文化现象迅速发展,这些群体被当地文化部门称为农村文化户(联合体)。③ 以云南曲靖为例,经过多年对"文化户"(联合体)的培育、引导和发展,至2011年,当地文化户(联合体)已发展成为一支在地方有影响的文化力量,除了愉悦生活、教化人心、培养认同等方面外,也对民俗文化的传承产生了重要的影响。

在当今市场经济繁荣发展时期,产业化不可避免地成为民俗文化保存和发展的趋势之一,但处理不当便会演变为一种脱离了民众主导的商业化节目,使其原有的文化意蕴丧失殆尽,因此批评的声音不少,"例如在旅游景区,把民俗仪式改编成娱乐项目,把传统表演项目改编成现代商业节目,虽然在某种程度上宣传了非遗,但在更深层次上对传统造成了破坏与误导"。④ 而相对于商业性意味浓厚的产业化发展策略,扎根于乡土的群众文化活动更能激发公众的文化自觉意识,尊重公众的文化主人地位,唤醒那些曾经被尘封的民俗记忆,使民俗文化在民众生活当中自然地传承。也只有当"俗"与"民"有机结合的时候,民俗文化才有可能得到持续的保护和发展。

4. 新旧结合——民俗文化数字化保护发展策略

随着现代科学技术的迅速发展,以科技手段,尤其是数字化技术促进民俗文化保护、发展日益成为人们努力探索的一项重要课题。将数字化技术运用于文化遗产的保护在国内外已有一定的经验。20世纪90年代初,联合国教科文组织

---

① 参看龙旭娟:《广东社区群众文化建设的思考》,《神州民俗》2011年第2期;谢红虹:《论山区乡镇文化站的设施规划和建设》,《神州民俗》2011年第2期。冯小明:《东升镇农家书屋管理》,《神州民俗》2011年第2期。
② 谢红虹:《论山区乡镇文化站的设施规划和建设》,《神州民俗》2011年第2期。
③ 参看李玉学:《充分发挥文化户(联合体)的社会功能 加快新农村文化品牌建设》,《民族艺术研究》2011年第6期。
④ 黄燕:《打造群文品牌与非遗活态传承》,《神州民俗》2011年第4期。

(UNESCO)以"世界的记忆"(Memory of the world)为题开始在世界范围内推动文化遗产的数字化保护,以此为标志,迄今已有芬兰、日本、美国、英国、梵蒂冈等许多国家采用数字化技术对本国文化遗产进行保护和研究。中国自20世纪90年代中叶以来,文化遗产数字化建设也取得了一定的成绩,主要表现为一些大型项目的开展,例如国家图书馆进行的数字图书馆工程,故宫博物院的数字故宫项目,爱如生等古籍数字化工程等等。① 随着中国非物质文化遗产保护工作的开展,在借鉴文化遗产数字化经验基础上,民俗文化数字化保护日益受到人们的关注,各种探索和尝试也日渐兴起,成为2011年度的一个重要话题。

为保护日渐消失的民俗文化,自20世纪五六十年代民族、社会调查开始,国内便运用胶片摄像、胶卷拍照、磁带录音等方式来记录、保存民族地区的各种民俗民风,在此基础上建立的民俗博物馆也成为保护民俗文化的重地。尽管如此,上述方式具有很大的局限性:首先,传统的记录手段日益显得落后,已经不能满足现实需求,如图像不清晰、声音失真、磁带老化、照片褪色等,使资料难以长久保存。其次,由于传统摄像录音成本高昂,难以广泛推广并全面对民俗文化进行记录和保存。此外,民俗活动是一种动态的过程,而民俗博物馆往往重视实物,并将其加以静态展示,而轻视民俗存在的文化环境,因此难以活灵活现地保存、保护民俗文化,更遑论对其传承起到促进作用。正是这些缺陷使得寻求一种新的技术手段成为文化保护的需要,而数字化技术由于其较为独特的功能满足了上述需求。数字化技术主要是运用数字摄像、拍照、扫描、录音等方式将采集到的资料输入计算机进行保存、统计、建模和分析的一种技术,相对于传统的方式在民俗文化保护发展方面具有较大的优势,这主要体现在以下几个方面:

第一,数字化技术手段先进,能更加清晰、准确地记录保存各种民俗文化。高清摄像、录音等数字技术的发展已经远远超越传统的摄像、录音技术能力,能获取更加细微和逼真的图像、音像资料,对保存、还原民俗文化具有很大的帮助。

第二,数字技术信息存储量更大,成本更低,能更多、更全面地对民俗文化进行记录,而且资料保存时间更为长久。面对海量的民俗文化,利用传统的技术手段需要高昂的费用,并且消耗体积庞大的记录载体,要全面、广泛收集资料并不现实,往往是选择典型加以保存记录,使民俗文化的多样性、系统性受到影响,而数字技术成本低、存储空间小、易于保存的特性使其在民俗文化记录保存方面更具优势。

第三,数字资源库的建立可以让我们从整体上了解民俗文化的保存状态以及

---

① 参看林毅红:《基于数字化技术视角下的非物质文化遗产保护研究——以黎族传统纺染织绣工艺为例》,《民族艺术研究》2011年第5期。

适时地制定出保护发展对策。数字信息具有可删除、添加、排列、统计等特性,便于对民俗文化进行全面的分析,从而制定出相应的保护发展策略。

第四,民俗文化数据库的建立还能使我们掌握民俗艺人的分布、传承情况,增强对其跟踪保护的能力;数字技术播放的便利、民俗技艺环节记录的细致化,也能在客观上促进技艺的教授和学习,对民俗文化的传承产生直接影响。

正因为民俗数字化具有上述优点,利用数字化技术保护民俗文化的呼声也日益高涨。2011年,在民俗数字化理论探讨方面,谭必勇等从技术维度、文化维度、制度维度三个方面对国内外非物质文化遗产数字化研究体系进行了解读,为将来我国包括民俗在内的非物质文化遗产保护、研究提供建议。① 周锦章在总结传统民俗文化保护模式基础上,提出以数字信息理念和技术手段建构数字民俗文化生态,把传统的民俗生活和人文环境转化成数字程序、数字典藏和数字研究,从技术手段上解决传统民俗保护、传承和分类整合的难题。② 在个案讨论方面,杨绍恭提出利用数字化技术促进大理白族聚落民居艺术的传承。他首先分析了目前的大理白族聚落民居传承的困境和数字技术在白族民居传承上的优势,认为数字化技术对优化白族聚落民居、古建及传承人的保护发展有重大帮助,可实现白族聚落民居艺术的可持续发展。③ 与此相似,向杰亦针对云南民居建筑文化合理开发与有效保护问题,提出数字化技术研究与运用的开发解决方案,对图和保护民俗古建具有学术意义和参考价值。④ 林毅红建议运用数字化技术来保护海南黎族传统纺染织绣工艺,并就数字化技术对该工艺保护的优越性与局限性、数字化传承黎族传统工艺的必然性、数字化技术对黎族传统工艺保护的技术线路等问题进行了深入的分析。⑤ 侯君奕对陕西华县皮影的历史和现状进行了分析,在此基础上提出坚持数字化创新以实现皮影艺术持续发展的策略。⑥

(三)关于民俗文化发展策略得失的总结及建议

2011年度民俗文化发展策略在讨论和实践当中有得亦有失。得主要表现为经过长期努力,至本年度在民俗文化保护发展方面已经制度出一些相应的政策并取得初步成效,这主要体现在以下几个方面:

---

① 谭必勇、徐拥军、张莹:《技术·文化·制度:非物质文化遗产数字化研究述评》,《浙江档案》2011年第6期。谭必勇、张莹:《中外非物质文化遗产数字化保护研究》,《图书与情报》2011年第4期。
② 周锦章:《数字化平台与传统民俗文化的保护》,《红旗文稿》2011年第5期。
③ 杨绍恭:《白族聚落民居的数字化传承》,《民族艺术研究》2011年第1期。
④ 向杰:《数字化背景下的云南民族建筑文化保护》,《华章》2011年第23期。
⑤ 林毅红:《基于数字化技术视角下的非物质文化遗产保护研究——以黎族传统纺染织绣工艺为例》,《民族艺术研究》2011年第5期。
⑥ 侯君奕:《数字技术在非物质文化遗产保护中的应用——论陕西化县皮影的数字化保护》,《价值工程》2011年第28期。

1. 政策法律的及时制定使各种保护发展工作得到初步保障

为促进民俗等文化的保护发展,我国自 2004 年至 2011 年制定、批准了一批相关政策法律,包括《保护非物质文化遗产公约》《国务院办公厅关于加强我国非物质文化遗产保护工作的意见》《国务院关于加强文化遗产保护的通知》《国家非物质文化遗产保护专项资金管理暂行规定》《国家级非物质文化遗产保护与管理暂行办法》《国家级非物质文化遗产项目代表性传承人认定与管理暂行办法》、《中华人民共和国非物质文化遗产法》,大大推动了民俗等非物质文化遗产保护发展工作在全国范围内开展。

2. 普查工作全面展开、名录体系建设确立起重点保护对象

普查工作是文化保护的基础工作之一,是国家行政部门了解和掌握民俗等文化分布、传承现状的必须环节。在普查基础上,我国开展了包括民俗文化在内的非物质文化遗产名录建设。至 2011 年 5 月,国务院公布了第三批国家级非物质文化遗产名录,包括民间文学、传统音乐、传统舞蹈、传统戏剧、曲艺、传统美术、传统技艺、传统医药、民俗以及传统体育、游艺与杂技等共计 164 项,对一批重要的民俗文化项目的保护、传承及发展具有重大意义。①

3. 一批文化生态保护区得以建立完成

为有重点地保护优秀传统文化,我国从 20 世纪 90 年代开始就积极兴建民族文化生态保护区,计划在"十一五"期间建立 10 个国家级民族民间文化生态保护区,包括福建闽南文化生态保护实验区,安徽、江西徽州文化生态保护实验区,青海热贡文化生态保护实验区,四川、陕西羌族文化生态保护实验区,广东客家文化(梅州)保护实验区,湖南武陵山区(湘西)土家族苗族文化生态实验保护区,浙江海洋渔文化(象山)生态保护实验区,山西晋中文化生态保护实验区,山东潍水文化生态保护实验区,云南迪庆文化生态保护实验区。此后,2011 年 1 月云南大理文化生态保护实验区的建成和 2012 年 5 月陕北文化生态实验保护区的建成,标志着国家级生态保护区的建立基本完成,推动了我国非物质文化保护事业从单一保护到全面保护、从静态保护到动态保护的转变,在探索我国非物质文化遗产可持续发展方面迈出了一大步。

综上所述,至 2011 年,我国民俗文化的保护、发展工作已取得相当的成绩。尽管如此,民俗文化的保护和发展在讨论和实践当中依然存在一些问题,这主要表现在以下几个方面:

1. 保护和发展的理念尚存误区

有些地方名义上是在保护发展民俗文化,实际上则有悖其方向,导致民俗文

---

① 吴平:《第三批国家级非物质文化遗产名录公布》,《原生态民族文化学刊》2011 年第 2 期。

化非但不能保护,而且遭到进一步的破坏。有人将这一现象归纳为三种情况:"保护性"破坏;"开发性"破坏;"创新性"破坏。① "保护性"破坏即指有些地方名义上进行保护,实际目的在于搞地方政绩、拉资助款项,并不以非物质文化遗产保护为出发点和最终目的。比如,很多学者通过调查研究后都提到地方普遍存在着"重申报、重开发"、"轻保护、轻管理"的情况。② "开发性"破坏是指有些地方在经济目的的诱导下,将民俗等文化遗产当成"标签"和"摇钱树",进行过度开发利用,导致民俗文化遭到严重破坏。"文化搭台、经济唱戏"的现象在地方上较为普遍。③ "创新性"破坏是指有些地方为了提升非物质文化遗产的价值,假借继承、创新等名义,随意篡改民俗文化的内容、风格以及形式等,极大损害了其原有的文化价值和意义。④ 为应对上述问题,一方面要进一步健全非遗保护的评价和监督体系;另一方面,要想办法调动地方的积极性,培养自觉保护民俗等非物质文化遗产的意识。

2. 缺乏对民俗与非物质文化遗产保护发展的评估体系

虽然我们在保护、发展民俗等文化方面做出了很大的努力,但这些努力的效果如何,目前尚未形成有效的评估体系。例如在普查方面,对普查工作的过程与结果、广度与深度、数量与质量、经验与不足等进行考评的国家级标准尚未出台;在长期保存方面,非物质文化遗产音像保存的格式、载体类型等也缺乏相应的规定;在开发方面,目前亦未出台相关标准和规范。⑤ 有效评价体系的缺乏使得一些问题比较突出,如重项目申报,轻实际保护;重前期论证,轻后期评估;重理论界定,轻效果评价;重呼吁倡导,轻管理监督;重经济效益,轻社会效益等。为此,有论者呼吁从政策、法规、制度建设及落实的情况,理论、学术研究情况,保护非物质文化遗产组织、机构建设情况,非物质文化遗产保护基金设立与使用情况等几个方面建立相关的评价体系,以确保民俗文化保护工作更为有效地进行。⑥

3. 经费短缺导致民俗文化保护发展工作难以持续有效进行

经费短缺是目前民俗文化保护和发展问题上的一个共识,相当多的论者在谈

---

① 周耀林、李姗姗:《我国非物质文化遗产保护的现状与对策》,《忻州师范学院学报》2011年第5期。
② 罗静荣:《加强农村非物质文化遗产保护和利用的对策》,《文学教育》2011年第1期;申小红:《对非物质文化遗产保护的几点认识》,《原生态民族文化学刊》2011年第1期;王小块:《我国非物质文化遗产保护的对策研究》,《商丘师范学院学报》2011年第2期。
③ 申小红:《对非物质文化遗产保护的几点认识》,《原生态民族文化学刊》2011年第1期。
④ 王小块:《我国非物质文化遗产保护的对策研究》,《商丘师范学院学报》2011年第2期。《画刊》编辑部:《民俗该如何保护——2011北京·中国民俗艺术国际论坛纪实》,《画刊》2011年第12期。
⑤ 周耀林、李姗姗:《我国非物质文化遗产保护的现状与对策》,《忻州师范学院学报》2011年第5期。
⑥ 陈兴贵、李虎:《试论非物质文化遗产保护效果的评价》,《重庆三峡学院学报》2011年第1期。

及非物质文化遗产保护存在的问题时都有提及。① 经费短缺直接影响到保护发展工作的进行,比如在普查阶段,由于经费不足,基层政府不愿投入;一些普查员下乡自带茶水干粮、所需费用常常先行垫付,积极性受到挫伤,结果往往导致普查工作不完整、不全面、不彻底。在申报方面,也存在经费不足导致地方重申报、轻保护的问题。② 可以说,经费不足一方面导致保护工作的开展缺乏动力,另一方面导致非物质文化遗产保护和开发方向不明、规模不够、持续性无法实现。③ 因此,加大资金投入的力度是民俗等文化保护和发展的必要举措,尤其是保障一些基础的经费需求,才能充分调动基层力量为保护和发展民俗等文化做出努力。

4. 对民俗文化保护发展的研究相对滞后

一些学者指出,我国早已掀起非物质文化遗产保护的热潮,但对其进行研究的工作却相对滞后,导致工作过程中出现一些错误的做法,比如对非物质文化遗产的概念、内容和分类方法认识不清,有些地方为了宣扬地方文化,盲目泛化其保护范畴,造成人力、物力和时间上的浪费;由于缺乏对保护、开发方法的深入研究,导致保护和利用上出现问题。④ 上述情况也引起了学者的自我反思,认为有关文化遗产的保护及开发利用必须研究先行,在没有任何记录研究或者保护措施之前,一定不能开发和利用。⑤ 这些都说明要推动民俗等文化可持续的发展,理论性和实践性的研究都必须跟进,没有很好的研究,就谈不上很好的保护、利用和发展。

总之,2011年在如何促进民俗文化保护发展方面,既有法律政策的出台,亦有各种建议的提出以及实践的进行,取得一定成绩,至少体现了较大范围的关注,使对民俗文化保护的关注不仅限于民俗学界内部,而扩展到全社会。与此同时,各种建议和实践也存在不少问题。希望通过全社会进一步的努力,使这些问题能够得到尽快的、较好的解决。

---

① 罗静荣:《加强农村非物质文化遗产保护和利用的对策》,《文学教育》2011年第1期;王振艳、高玉霞:《对非物质文化遗产保护开发问题的思考》,《河北青年管理干部学院学报》2011年第1期;陈兴贵、李虎:《试论非物质文化遗产保护效果的评价》,《重庆三峡学院学报》2011年第1期;鲁欣:《浅谈非物质文化保护工作中存在的问题》,《经营管理者》2011年第2期。
② 鲁欣:《浅谈非物质文化保护工作中存在的问题》,《经营管理者》2011年第2期。
③ 王振艳、高玉霞:《对非物质文化遗产保护开发问题的思考》,《河北青年管理干部学院学报》2011年第1期。
④ 周耀林、李姗姗:《我国非物质文化遗产保护的现状与对策》,《忻州师范学院学报》2011年第5期。
⑤ 吴效群:《对近年我国非物质文化遗产研究几个重要问题的看法》,《文化遗产》第1期。

2011年度国家主导的民俗文化保护与发展事业

刘铁梁　李向振[*]

本篇报告的内容,是将民俗文化保护与发展作为国家主导的社会主义文化建设中一项重要事业,总结它在2011年度中所取得的主要进展。这些进展包括在有关指导思想、政策及其理论方面的提出与表述,也包括所开展的各方面工作、活动,及其动员、组织、检验等过程的经验。

我们认为,21世纪以来开展的非物质文化遗产保护工作,是整个民俗文化保护与发展事业中一项具有广泛影响和牵动全局意义的国家行为与社会行为,同时还与国家主导与社会参与的其他文化工作、文化行动相互促进、相互渗透,从而表现为超出非物质文化遗产保护工作的整体性质。国家和各级政府在民俗文化保护与发展事业上的积极作为,体现在尊重广大城乡居民的文化主体地位,将民俗文化作为我国文化建设的深厚基础与丰富资源,把民俗文化的保护与发展纳入文化大发展大繁荣的战略中,通过扶持和组织各种民俗文化活动来加快各地方文化建设等方面。这是我们观察民俗文化保护与发展事业如何在国家主导下取得进展的基本方法。

鉴于本报告2011年是发轫之作,所以有必要对新中国成立以来国家在主导民俗文化保护与发展过程中所做出的努力做一个简单的回顾。同时,本报告本着"厚今不薄古"的理念,在简要的分析以往历史的基础上着重分析2011年度国家在民俗文化发展方面所出台的政策与政府行为[①]。

一、国家主导的民俗文化保护与发展事业的历史回顾

文化,尤其是作为民众具有模式性的生活文化,一经被创造出来就只能处于

---

[*] 刘铁梁,山东大学文化遗产研究院教授,博士生导师;李向振,山东大学儒学高等研究院民俗学研究所博士生。

[①] 政府权力对民俗文化的保护与发展的主导和引领,从参与过程来看,主要包括两个方面,一是政府政策,二是政府行为;从地域管辖上来看,主要分为两个层次,一是国家层面的宏观政策,二是地方政府的相对微观政策;从民俗文化的实践主体及地域来看,可以笼统地划分为城市和乡村。本报告主要就是以以上的结构性分类为主,围绕着在民俗文化的保护与发展过程中政府与民众之间的互动进行分析整理。

一种向前变动的过程中,换句话说,民俗文化永远不能从根本上被消灭掉,而其表现形式则会随着其寄寓的整个语境的变化而发生变化,在某些情况下,一些具体的民俗文化形式甚至面临着灭绝的境地。加上近些年来市场等因素的影响,某些具体的民俗文化形式大有加速消亡的趋势。也许,这其中有一部分是相对落后的,顺应生活发展状况而自然消亡的,但更多的是由于社会经济的快速转型,一些优秀的民俗文化形式跟不上时代步伐而被人为地淘汰。优秀的民俗文化是社会主义文化体系中很重要的组成部分,对其进行保护与重视对于实现社会主义文化的大发展大繁荣大有裨益。所以,在优秀的民俗文化形式行将消亡时,我们不能坐视不管,而应从民俗文化的外部予以扶持。

国家政治权力作为这些外部力量中最为强劲的一支,从新中国成立以来一直发挥着强有力的作用。纵观新中国成立60多年的历史,受到各时段整个社会背景的影响,国家在对待民俗文化的态度上呈现出明显的差异,笼统地划分大致可以分为三个时段:第一个是新中国成立以来,至"文革"结束以后,这一个时段我们或许可以称之为新中国成立以来的前30年,是民俗文化保护的曲折时期;第二时段是1978年改革开放以来到2000年前后,这一时段可以称之为民俗文化保护的复苏和初步成熟期;第三个时段是新世纪以来至2010年,这一时段是民俗文化保护与发展的成熟期,尤其是"非遗"运动的兴起,更是推动了全国范围内的"民俗文化热"的浪潮。接下来,本部分即从这三个时段对过去的60多年国家对民俗文化保护与发展的主导做一个简单的回顾。

(一) 20世纪后半叶的民俗文化保护与发展事业

作为民众在日常生活中生成的民俗文化,从来都是基层社会运行的最有效的文化机制,这里面深深地蕴涵着民众最真实的集体智慧。现代民族国家观念在中国兴起以来,民族认同、国家认同就一直是比较凸显的问题。清末民初至新中国成立以前的近半个世纪里,无论是国家政权层面还是民间学者团体层面围绕着这个问题都进行了积极的探索,尤其是在革命战争年代,寻找全体华人的国家认同更成为各层各界的重要使命。其中,在民俗文化发展方面,首先是20世纪初在北京大学等高校兴起了"歌谣学"、"民俗学"等热潮,这在学术层面为搜集、保护民俗文化奠定了基础。抗日战争时期(1937—1945)至解放战争时期(1946—1949),中国共产党充分意识到普通民众的智慧和力量,同时在实践层面从民俗文化中寻找民族认同、国家认同的资源和养料。尤其是在延安时期,许多民俗文化资源被调动起来,发挥了积极的宣传作用,民俗文化也得到了空前的发展。从共产党政府层面对民俗文化的主导,最重要的标志是1942年5月毛泽东同志发表《在延安文艺座谈会上的讲话》,这一个带有纲领性的文件,对于挖掘、保护、发展民俗文化,尤其是民间口头叙事方面发挥了重要的作用。直到新中国成立以后,该《讲话》在很长一个时段内都影响着国家对民俗文化(尤其是民间文学)发展与保护而制定的政策与政府行为。

1. 民俗文化保护与发展事业的曲折历程(1949—1978)

"中华人民共和国的建立,结束了长达22年的内外战争和分裂局面,给全国人民带来了渴望已久的和平环境,也给民间文学的搜集与研究开辟了前所未有的坦途。"①然而当我们分析这一段历程时,民俗文化的发展与保护并不是一帆风顺的,相反随着"左"的思潮愈演愈烈,民俗文化保护的行动一度遭到停滞。我们可以大致将这一时期分为两个时段,即1949—1966年,在新中国成立以后的前17年里,民俗文化保护虽然遇到过挫折,但在一定程度上还是取得了许多成果,尤其表现在民间文艺的保护与发展方面;第二个时段是"文革"十年,这一个时段民俗文化保护几乎处于停滞甚至倒退状态,许多民俗文化被当做"四旧"破除掉了,虽是如此,这一时段也不是完全没有成果,许多少数民族的民俗文化的调查在这一时段内并未完全被取缔。

(1) 新中国成立以后的前17年的民俗文化保护与发展事业

上文已经介绍,早期新中国成立前,毛泽东同志的《在延安文艺座谈会上的讲话》就已经在解放区的文艺发展方面发挥了重大的作用。1949年7月,在北京举行的全国文学艺术工作者代表大会对1942年以来的文艺创作上的成果作了一个初步的总结。"毛泽东的文艺思想,取得了各个不同部门、不同倾向的文艺工作者的一致拥护。《在延安文艺座谈会上的讲话》成了新中国文艺运动的战斗的共同纲领。"②

在这个背景下,新中国成立以后各项文化事业得到了重视,其中从民俗文化方面来看,主要体现在对民间文学的重视,1950年3月29日成立了"中国民间文艺研究会",该会的第一届理事长为郭沫若,副理事长为老舍、钟敬文,常务理事有周扬等11人。该研究会在1950年编辑出版了《民间文艺集刊》,从1951年起,主编出版了《民间文学丛书》,1955年创刊《民间文学》杂志,从1958年起,在副主席马学良、毛星、冯元蔚、刘锡诚、蓝鸿恩等主持下,开始收集民歌运动,并于同年召开第二次代表大会,修改了研究会的宗旨,指出该研究会的目的是为促进中国社会主义和共产主义的民族的新文化的发展而努力。从1959年开始陆续编辑出版《中国各地歌谣集》、《中国各地民间故事集》和《中国民间叙事诗丛书》等丛书。应该说,该研究会的成立,在很大程度上对民俗文化尤其是民间文学的保护起到

---

① 刘锡诚:《新中国民间文学理论研究和学科建设(1949—1966)》,《广西民族学院学报》2003年第1期。

② 周扬:《坚决贯彻毛泽东文艺路线:一九五一年五月十二日在中央文学研究所的讲演》,《人民日报》1951年6月27日第3版。

了积极的作用。然而就当时"研究会"中的文化官员和学者的著述来看,他们对待民俗文化尤其是民间文学,比较偏重于从社会政治的或从社会学的层面上谈论民间文艺的价值、作用。"显然新中国刚刚成立,百业待兴,整个文艺工作也在创建时期,因而还不具备提出以新观点和新方法建立中国民间文艺学的时机和条件。"①与此同时,各地方的"民间研究会"也纷纷成立,一时间在全国范围内如雨后春笋般出现,为更广泛的搜集民间文学资料作出了很大的贡献。

1956年中央提出"双百"方针不久,很快就被1957年早春的"反右"斗争所打断,"左"的气氛越来越浓,民间文学理论研究也被纳入"文艺为政治服务"的总框架内。虽是如此,一些民间文学毕竟是被搜集整理并保存了下来。对于当时关于民间文学的讨论,刘锡诚先生在《新中国民间文学理论研究和学科建设(1949—1966)》一文中有较为详细的梳理,在这里不再一一赘述。

(2)"文革"十年:民俗文化保护基本处于停滞

"文革"期间,受极"左"思潮的影响,许多老一辈的学者被打倒,"阶级斗争,一抓就灵"的论调甚嚣尘上,开展了十几年的民间文学搜集工作基本停滞下来,许多优秀的民俗文化被当作"四旧"破除。许多倡导民俗文化保护与发展的学者、政府官员被打倒。"中国民间文艺研究会"以及各地方的民俗文化研究会等社会组织也都停止了工作。虽然并不是所有的民俗文化都是"反动"的,比如一些地方曲艺诸如相声、各地方小戏等就被用来当作政治宣传的工具加以改造而曲折地保留下来,但从整体上来看,"文革"十年中政府主导民俗文化的保护与发展的作用是比较消极的。

2. 民俗文化保护与发展事业的恢复与初步成熟历程(1978—2000)

长达十年的"文革"结束后,各项事业在探索中徘徊了两年。之后,1978年5月11日,《光明日报》发表了"实践是检验真理的唯一标准"的文章,可谓一石激起千层浪。不久之后,各行各界都进行了"真理标准的大讨论"。尤其值得一提的是文艺界的真理标准大讨论。在同一年6月份,沉寂了多年的中国文联恢复了其工作,在大讨论中,张光年、魏巍、冰心、袁鹰等老一辈作家、文学家、民间文艺学家分别反思了"文革"期间文艺界的种种问题,并提出了新时期文艺界的走向等问题。这些讨论为以后在50年代后期"反右斗争扩大化"和"文革"中遭到不公正待遇的民间文学家、文艺工作者的"平反"起到了积极的意义。从1978年到2000年前后,这一段时期内,在包括民间文学等民俗文化保护与发展方面,国家直接主导或间接主导政策和行为主要表现在以下几个方面:

---

① 刘锡诚:《新中国民间文学理论研究和学科建设(1949—1966)》,《广西民族学院学报》2003年第1期。

（1）中国民间文艺家协会（原名是"中国民间文艺研究会"）和各地方"民协"重新恢复工作

随着文艺学者和主管文化的政府官员纷纷获得平反，一些在"文革"时期停滞的文艺机构也得以恢复。在这个背景下，停滞工作近十年的"中国民间文艺研究会"于1979年11月在北京召开第三次全国代表大会，标志着其开始恢复工作，会议通过了"中国民间文艺研究会章程"，选举周扬担任主席，钟敬文等担任副主席。1980年建立中国民间文艺出版社。1984年11月在石家庄召开第四次全国代表大会，选举钟敬文先生为研究会主席。1987年改名为"中国民间文艺家协会"直至今日。现任主席为冯骥才先生。

（2）中国民俗学会和各地方民俗学会成立

1978年夏天，由钟敬文教授起草，联合顾颉刚、白寿彝、容肇祖、杨堃、杨成志、罗致平等人，致函中国社会科学院，随后发表了《建立民俗学及有关研究机构的倡议书》，得到有关领导同志的高度重视和全国广大民俗学工作者的积极响应。1982年6月，中国民俗学会筹备会在京成立，钟敬文教授任主任委员。1983年5月，中国民俗学会成立大会在北京隆重召开，推选周扬为名誉理事长，钟敬文为理事长，刘魁立为秘书长。中国民俗学会的宗旨是，贯彻"百花齐放，百家争鸣"的方针，团结全国广大民俗学工作者，调查、搜集、整理、研究我国各民族的民俗，为建立具有中国特色的民俗学，为促进社会主义物质文明和精神文明建设，加强对外文化交流和丰富世界文化宝库做出贡献。

与此同时，各地方的民间文艺家协会、民俗学会纷纷成立。直到现在这两个群众性组织仍是国家主导民俗文化保护本身的重要途径。

（3）由中国民研会（即后来的中国民协）牵头，国家文化部、民族事务委员会支持的《中国民间文学三套集成》的搜集和整理工作开展起来。

早在1981年，中国民研会常务理事扩大会议就决定编辑《中国民间故事集成》、《中国民歌、歌谣集成》和《中国谚语大观》。在1983年4月召开的中国民研会第二届学术讨论年会及1983年工作会议上，提出了编辑《中国民间故事集成》、《中国歌谣集成》和《中国谚语集成》三套丛书的意见草案，并得到文化部和国家民委的支持。1984年，由文化部、国家民委和中国民研会联合签发了《关于编辑出版〈中国民间故事集成〉、〈中国歌谣集成〉、〈中国谚语集成〉的通知》（文民字〔84〕808号），简称"808号文件"，该文件和同时发出的《关于编辑出版民间文学三套"集成"的意见》，1985年11月中宣部《转发民研会〈关于编辑出版中国民间文学集成第二次工作会议纪要〉的通知》（中宣办发文〔1985〕1号），以及1986年5月第三次集成工作会议制定的《中国民间文学三套集成编纂总方案》成为民间文学三套集成工作的总的指导性文件。该项工作历时20多年，已经于2009年10月全部出齐。

(4) 以民间文化为研究对象的民俗学和民间文学学科建设得到发展

1978—1979年间,高等学校恢复了"文革"期间被扼杀的民间文学课程,到1998年教育部公布的大专院校开设的科目表中,将民俗学(含民间文学)正式列入为社会学下的四个二级学科之一(其余三个分别为社会学、人类学和人口学),而后在全国高等院校中引起了强烈的反响,许多高校纷纷设立了民间文学或民俗学硕士点、博士点,民俗研究的队伍得以扩大。其实早在之前的1970年代末,辽宁大学、山东大学、北京师范大学等高校就已经开始招收民俗学硕士研究生,到1980年代后期北京师范大学在钟敬文先生的主持下又率先招收民俗学和民间文学博士研究生,这些早期的研究生大都成为了现在民俗文化学界的骨干力量。

(5) 文化部民族民间文艺发展中心成立

为弘扬中华民族的优秀文化传统,抢救民族民间文艺遗产,发掘民族民间优秀文艺资源,文化部决定并经中央机构编制委员会办公室批准,于1998年成立文化部民族民间文艺发展中心(以下简称为"中心"),为部属全民所有制科研事业单位。"中心"的主要任务是全面承担中国民族民间文艺的搜集、整理、保护、研究、开发工作;继续负责十部中国民族民间文艺集成志书编纂出版工作;开展多方位的民族民间文化艺术交流;利用文艺资源优势及现代科技手段,建立系统的中国民族民间文艺基础资源数据库,宣传保护中华民族丰富的文化传统。"中心"内设四个中层机构:办公室、综合业务处、规划研究处、数据中心。办公室负责"中心"的人事工作、行政工作、财务管理工作、政府采购工作;负责"中心"的文件、公文、函件的接收、登记、传递、归档工作;负责"中心"规章制度的建设工作以及安保、计生工作。规划研究处负责协调"十部文艺集成志书"的编纂工作,研究、规划其他集成志书编纂工作;对有关民族民间文化方面的问题进行进一步研究,规划、申报科研项目,制定"中心"科研工作规划;统筹管理"中心"承担的重要科研项目;编制"中心"年度项目规划及预算工作;负责全国文化艺术资源标准化技术委员会秘书处工作;承担全国艺术科学规划领导小组办公室委托的工作。综合业务处负责管理、协调"十部文艺集成志书"的出版、发行工作;承担"中心"对外文化交流(含外事)工作;设计、管理、实施各类与"中心"工作相关的活动、比赛、展览、调研、对外协作等工作;承担"中心"科研成果的成果推介(含出版、发行)工作。数据中心负责含民族民间文艺集成志书在内的文化艺术图文音像等专业资料档案的建设与管理;负责全国艺术学科规划的课题申报、评审、成果管理等数据库建设和维护;负责民族民间文化艺术资源综合数据库及各类专业数据库建设,提供各类民族民间文化艺术资源数据的信息化服务;负责民族民间文化艺术数字资源的开发及网络传播;负责专业数据标准与规范的研究与编制工作,推动民族民间文化艺术资源专业数据网络共享的技术集成和平台建设。①

当然,需要指出的是,虽然在1976年"四人帮"倒台的时候,思想界在禁锢了长达十年之后,重新走上正轨,但受一些因素的影响,许多具体事务并没有完全摆脱"文革"思维,从学术上来看,直到20世纪80年代早期,还摆脱不了"阶级"分析方法,同时受到一个长时段的国家话语体系的影响,许多民间信仰还被当作"迷信"来对待。与此同时,国家在对待民俗文化的态度上,基本上是以"移风易俗"为指导思想的,这种倾向一直到20世纪90年代中期才有所改变。到了新世纪,尤其是党中央十六大以来,民俗文化的价值才真正得以被认识到,尤其是"非遗"保护事业开展以来,越来越多的民俗文化得到了比较公正的认识,接下来我们将对新世纪以来头十年里国家主导的民俗文化发展事业做一个简要回顾。

(二)本世纪以来民俗文化保护与发展事业的新进展

进入新世纪以来,我国民俗文化保护与发展也进入一个新纪元。虽然自改革开放以来过去的二十年,国家在民俗文化的保护与发展方面做出了极大的努力,一些群众性组织也应运而生,但是那时候的保护并不十分全面甚至可以说是浅层次的。进入2000年以后,尤其是2001年昆曲入选首批联合国教科文组织的"人类口头和非物质遗产代表作"以来,以"抢救"民间文化为重要目标的"非遗"在随后几年里在我国开展起来,标志着我国民俗文化保护与发展工作进入一个新阶段。在这一时期,政府在主导民俗文化保护与发展方面,表现出中央与地方双结合的特点,在中央继续制定相关政策和举办相关活动的同时,各地方政府也充分发挥了极大热情和积极性,纷纷制定符合本地具体情况的政策规定和举办各种意在促进民俗文化发展的活动。下面将从中央和地方两个方面,简要地回顾一下政府在新世纪头十年的民俗文化发展中的主导情况。

1. 中央主导的民俗文化发展事业

这一部分的事业,主要包含两个方面,一方面是国家制定通行全国的政策法规,另一方面是具体举办各种活动。

(1) 中国民间文化遗产抢救工程与"非遗"保护运动

2001年,中国昆曲被列入联合国宣布首批人类口头和非物质遗产代表作名录,2003年联合国教科文组织通过了《保护非物质文化遗产公约》,同时公布了第二批"人类口头和非物质遗产代表作"名录,中国古琴艺术入选。在这个背景下,冯骥才等学者从2001年起就开始倡导呼吁对中国民间文化遗产实施抢救,2003年中国民间文艺家协会正式启动了中国民间文化遗产抢救工程,该工程获得国家

---

① 摘自文化部民族民间文艺发展中心官方网站,http://www.ccnt.gov.cn/xxfb/jgsz/zsdw/mzmjys/,2012年10月23日。

社科基金委特别委托,目的在于对全国重点的濒危民间文化遗产展开全面、系统、科学的普查、记录、整理、出版和保护。①

2003 年 2 月,文化部下属的中国艺术研究院成立"中国民族民间文化保护工程国家中心";同年 4 月,文化部发布《关于实施中国民间文化保护工程的通知》,并制定了《中国民族民间文化保护工程实施方案》,成立了工程领导小组和专家委员会,宣布中国民族民间文化遗产保护工程正式启动。2004 年中国政府签署联合国教科文组织《保护非物质文化遗产公约》,标志着中国正式进入到联合国教科文组织非遗保护工作体系中,同时意味着非遗保护运动正式得到官方认可与支持,随后全国范围内的非遗保护运动全面开展开来。同年,中山大学中国非物质文化研究中心被教育部列入重点研究基地;2004 年 7 月以西北民族大学社会人类学·民俗学学院教研人员为构成主体的西北民族民间文化遗产(含物质、口头与非物质)保护研究中心正式成立;这些事件标志着中国从国家层面上对高校研究非遗保护进行认可,此后,许多高校纷纷设立非遗研究机构,召开研讨会,举办论坛等,一时间在国内掀起一股"民俗热"和"非遗热"。2005 年国务院办公厅发布《关于加强我国非物质文化遗产保护工作的意见》(简称《意见》),同时下发《国家级非物质文化遗产代表作申报评定暂行办法》和《非物质文化遗产保护工作部际联席会议制度》两个附件。为贯彻《意见》的顺利实施,2005 年 5 月 18 日至 20 日,受文化部委托,中国艺术研究院中国民族民间文化保护工程国家中心举办了国家级非物质文化遗产代表作申报工作培训班,并颁发了《中国民族民间文化保护工程普查工作手册》。2005 年 6 月 10 日至 11 日,全国非物质文化遗产保护工作会议在北京召开。2005 年 12 月 22 日,国务院向各省、自治区、直辖市人民政府,国务院各部委、各直属机构下发了《关于加强文化遗产保护的通知》(以下简称《通知》),对物质文化遗产与非物质文化遗产的保护提出了具体要求,并将每年六月的第二个星期六确定为"文化遗产日"。"2006 年和 2008 年国务院批准公布两批国家级非遗代表作名录 1028 项。与此同时,各省、市、县的名录申报工作也相继启动。"②从这以后,涵盖从中央到地方包括国家级、省级、市级、县级等在内的四个层面的"非遗"名录申报与保护运动轰轰烈烈地开展起来。

2007 年,文化部办公厅下发了《关于开展非物质文化遗产专题博物馆、民俗博物馆和传习所调查工作的通知》。在这个文件的指导下,各省市自治区纷纷成立相关博物馆,极大地促进了对于民俗文化的保护。2009 年 3 月,国务院办公厅《关

---

① 主要参考华夏收藏网,http://news.mycollect.net/info/2023.html。
② 康宝成主编:《中国非物质文化遗产保护发展报告(2011)》,社会科学文献出版社 2011 年版,第 6 页。

于印发文化部主要职责内设机构和人员编制规定的通知》,决定在文化部成立非物质文化遗产司,将非遗保护运动彻底纳入到国家政府体系中去。随后,各地方也纷纷设立非物质文化遗产处(室)。除西藏自治区外,全国30个省(区、市)已经批准设立省级非物质文化遗产保护中心,其中河北、山西、内蒙古、四川、浙江、广西6个省区成立了独立的省级非物质文化遗产保护中心,落实了人员编制,配备了专门的工作人员。大部分地(市)、县(州)级的非物质文化遗产保护工作机构也已基本建立,非物质文化遗产保护机构建设正在逐步加强。① 到2009年年底,已经公布了两批共1028项国家级名录和4315项省级名录;评定公布了3批共1488名国家级"非遗"项目代表性传承人,5590名省级传承人;相继设立了闽南、徽州、热贡、羌族4个文化生态保护实验区,兴建了一批非物质文化遗产博物馆、传习所。② 截至2010年,进入到国家级"非物质文化遗产名录"的项目已经达到1319项。

与此同时,相关的指导性文件也相继出台,除了上面提到的《通知》、《意见》和批准加入联合国《保护非物质文化遗产公约》以外,文化部、财政部、商务部和国家民委等各部级单位制定了一些相关的政策和管理条例,大体如下:

2006年7月,财政部、文化部联合颁布《国家非物质文化遗产保护专项资金管理暂行办法》;2006年11月,文化部颁发《国家级非物质文化遗产保护与管理暂行办法》;2007年2月,商务部和文化部联合颁布《关于加强老字号非物质文化遗产保护工作的通知》;2007年7月,文化部颁发《关于印发中国非物质文化遗产标识管理办法的通知》;2008年5月,文化部颁发《国家级非物质文化遗产项目代表性传承人认定与管理暂行办法》等;2011年《中华人民共和国非物质文化遗产法》出台,标志着我国的"非遗"保护运动进入到制度化、规范化操作阶段。与之相应的是各地方也针对相关问题出台了各项保护条例、法规文件等。

(2)中国民间艺术之乡的评定

"中国民间文化艺术之乡"是1987年文化部为推动民间文化艺术事业的繁荣发展、丰富活跃基层群众文化生活而设立的一个文化品牌项目。"中国民间文化艺术之乡"是指在当地广泛开展的特色鲜明的某种群众性文化艺术活动,并对当地群众文化生活及经济发展产生较大影响的县(市、区)、乡镇(街道)和社区。1987年至2002年,文化部通过命名挂牌的方式,共在全国命名了486个"中国民间艺术之乡"和"中国特色艺术之乡"。从2007年起,文化部在全国范围内组织开

---

① 《我国"非遗"保护工作不断推进》,中华人民共和国文化部网站:http://www.ccnt.gov.cn/preview/special/3425/3433/3451/201202/t20120228_231558.html。

② 同上。

展评审命名工作,每3年命名一次。2007年至2008年,文化部在总结以往经验的基础上,为规范"中国民间文化艺术之乡"的命名和管理,制定并颁布了《中国民间文化艺术之乡命名办法》,将名称统一为"中国民间文化艺术之乡",并在全国范围内重新组织开展了命名工作,共有963个县(市、区)、乡镇(街道)和社区被命名为"中国民间文化艺术之乡"。《办法》共15条,对"中国民间文化艺术之乡"的范围、基本条件、申报程序以及管理进行了规定。文化部评定的"中国民间文化艺术之乡"几乎涵盖了民俗文化的各个主要门类,以北京地区为例,截止到2010年该市有20个村落被授予该称号,其涵盖的领域主要包括手工艺、书画、戏曲、武吵子、龙狮舞、京剧、鼓曲、满足花会、音乐、太平鼓、竹马、石雕等,而其他省份的民俗文化村、民间文化门类就更是异彩纷呈,不一而足。

(3)《全国年节及纪念日放假办法》及其修订

《全国年节及纪念日放假办法》最初是在1949年12月23日由当时的政务院颁布实施的,后来在1999年9月18日进行了第一次修订,根据本修订版规定,我国现行国家法定节假日中,一年中全体公民放假的节日共10天,其中,新年放假1天,春节放假3天,劳动节放假3天,国庆节放假3天。全年法定节假日总天数增加了3天,使人民群众有了更多的休息时间。2007年12月14日国务院对该规定进行了第二次修订,本次调整最大的特点就是将假期分散开来,增添了清明节、端午节、中秋节等中国传统节日,这在一定程度上,有利于传承民族传统文化,与之相伴随的是,许多与这些节日相关的民俗文化得以恢复和发展。当然,本规定还涉及了一些特定群体(比如妇女、军人、儿童、青年和少数民族)的节日放假制度,这些有区别的对待也在某些方面促进了民俗文化的保护与发展。

(4)国家直接或间接主导民俗文化保护与发展的其他表现

中国文学艺术界联合会和中国民间文艺家协会联合主办的综合性民间文艺奖"中国民间文艺山花奖",自1999年举办第一届,迄今已经成功举办8届。目前该奖项包括6大类,分别是民间文艺终身成就奖、民间文艺成就奖、民间文艺学术著作奖、民间工艺美术作品奖、民间艺术表演作品奖、民间文学作品奖等。

2. 各级地方政府在民俗文化保护与发展事业中的工作

从2000年前后到2010年,十余年的时间里,各地方政府除了积极响应国家的"非遗"保护运动之外,在主导民俗文化保护与发展方面还广泛地开展了一系列的活动,并出台了一系列相关的地方政策性法规。

(1)开展活动方面

地方各级政府[①]在保护和发展地方民俗文化方面发挥了主导作用。各级政府

---

① 本报告中所指地方政府主要限定在省市级及其附属部门。

的主要活动主要表现在：

积极举办民俗文化节。这些民俗文化节大都有一个比较明确的主题,或依托"非遗"产品。比如2009年11月,由安徽省文化厅、铜陵市人民政府主办的安徽省"首届民俗文化节"在铜陵市江南文化园成功举办,2009年6月12日,"板城烧锅酒"杯第二届河北省民俗文化节在石家庄隆重开幕等,在这些民俗文化节上主要展示各省的入选国家级、省级、市级、县级的"非遗"名录的民俗文化。还有一些是依托某些传统节日举办民俗文化节,比如2007年7月,内蒙古举办"相约天堂草原西乌旗民俗节";2009年5月,山西省举办端午龙舟民俗文化节公祭屈原;2010年,山西沁县举办"第二届端午民俗文化节暨龙舟邀请赛";2004年2月,广西壮族自治区南丹县成功举办首届"白裤瑶民俗文化节";2005年3月,广西田阳县举办百色市第二届布洛陀民俗文化旅游节;还有各地在春节、元宵节、端午节等传统节日上举办的民俗文化节等。另一种是依托"文化遗产日"举办民俗文化节,比如各省在每年的五六月份"文化遗产日"期间非物质文化遗产宣传展示活动等。

各地政府主持的古村落保护。古村落是中国数千年来农耕文化的结晶,既包括村落的规划和各类建筑、桥梁、庙宇、名木古树等物质文化遗产,也蕴涵各类民风习俗、传统节日、民间信仰、传统技艺等各种非物质文化,可以说是物质文化和非物质文化的综合体。中国乡村社会在现代化、城市化大潮的冲击下,正在急剧转型,除了生活方式发生了变化以外,生活空间也发生了极大的变化,尤其是近十几年来,在各种因素作用下,古村落几乎全面濒危。据中国民间文艺家协会普查结果显示,我国230万个村庄中,目前依旧保存与自然相融合的村落规划、代表性民居、经典建筑、民俗和非物质文化遗产的古村落已经由2005年的约5000个,锐减至目前两三千个。近年来,随着民俗旅游的展开,各地方政府部门越来越意识到古村落保护的价值,纷纷举办古村落评比保护活动以及出台地方性法规予以保障。比如1997年9月21日安徽省第八届人民代表大会常务委员会第三十三次会议通过《安徽省皖南古民居保护条例》,根据2004年6月26日安徽省第十届人民代表大会常务委员会第十次会议《关于修改〈安徽省皖南古民居保护条例〉的决定》进行修正;2008年4月22日,福建省颁发《国家历史文化名城名镇名村保护条例》;2008年12月,河北省鸡鸣驿城抢修保护工程全面启动;2007年6月,广东省文联、广东省民间文艺家协会在全国率先正式启动"广东省古村落"普查、认定工作等。截止到目前为止全国比较著名的古村落有安徽西递村、宏村、呈坎村,江西婺源古村落群、理坑村、流坑村,浙江诸葛八卦村,广东梅县围龙屋群落、南社村、大旗头村,广西阳八寨,四川中路村,贵州西江寨,山西李家山村、郭峪村,福建永定土楼群落、螺坑村,河南郭亮村等等,基本上都已经得到了保护,各地方政府并设有专项资金用于村落建筑的修缮活动。虽是如此,仍有一大批具有很高价值的古村落亟待保护。

各地积极利用丰富的民俗文化资源,开展民俗旅游活动,对当地民俗文化实行开发性保护。比如2008年,陕西省决定在西安建设100个旅游特色村,以发展乡村旅游;2008年山西省也推出民俗文化游活动,涵盖了古建筑、民间艺术、民间小吃等数十个民俗文化门类等。目前,全国各省在每年都会举办大量的民俗文化旅游活动,并且在部分省区已经出台了相关的"民俗文化村"的评定机制和管理办法。民俗文化旅游已逐渐成为人们节假日旅游的热门选择。但是在这一过程中,我们不能忽视旅游给这些民俗文化带来的负面影响,比如对古村落建筑的破坏等。

各地政府建设民俗文化博物馆和"非遗普查传习所"等。比如2008年1月,福建省文化厅下发《关于开展非物质文化遗产专题博物馆、民俗博物馆和传习所调查工作的通知》[1],以响应文化部办公厅《关于开展非物质文化遗产专题博物馆、民俗博物馆和传习所调查工作的通知》(文明电字[2007]50号)精神,进一步推动非物质文化遗产保护工作。2009年8月,河北省文化厅颁发《河北省文化厅关于开展非物质文化遗产专题博物馆、民俗博物馆、传习所情况调查的通知》[2]等。

当然,地方政府在主导民俗文化发展与保护过程中举办的各项活动还有许多,并且呈现出较为明显的地方性特色和阶段性特征,以上只是对其中比较有共性的活动予以简单呈现。在其他活动方面,比如许多省份还纷纷评定省、市级"民俗文化之乡",开展一些相关的民俗文化表演评比活动,尤其是在"非遗"方面,各级政府部门积极主动地对自己辖区进行文化普查,遴选符合进入"非遗"名录的民俗文化项目,评定了若干省级、市级、县级"非遗"项目,这在一定程度上调动了民俗文化主体的积极性,对民俗文化的保护与发展起到了积极的作用。

(2)各地其他相关政策性规定方面

地方政府参与民俗文化的保护与发展,除了以上各种行动以外,还从相关法律法规方面予以支持和规范整个民俗文化的发展。这些相关的政策性规定,大都是在解读中央文件的基础上,结合自己辖区的具体情况制定而成。由于在实际操作中,这些政策往往和前述保护行动难以剥离开来,在此不再赘述。

二、十七届六中全会精神对于民俗文化保护与发展事业的引领

2011年10月15日到18日,中国共产党十七届六中全会在北京召开,本次会议审议通过了《中共中央关于深化文化体制改革、推动社会主义文化大发展大繁

---

[1] 福建省文化厅网站:http://www.fjwh.gov.cn/html/8/183/17508_2009824516.html。
[2] 河北省文化厅文化信息公共服务网:http://www.hebwh.gov.cn/index.shtml。

荣若干重大问题的决定》（以下简称《决定》）。《决定》中指出，当今世界正处在大发展大变革大调整时期，世界多极化、经济全球化深入发展，科学技术日新月异，各种思想文化交流交融交锋更加频繁，文化在综合国力竞争中的地位和作用更加凸显，维护国家文化安全任务更加艰巨，增强国家文化软实力、中华文化国际影响力的要求更加紧迫。我们知道，民俗文化作为社会主义文化体系中重要的有机组成部分，其健康有益的发展，对于提升我国整体的文化软实力有着至关重要的意义。

中国共产党的十七届六中全会首次正式提出了实现社会主义文化大发展大繁荣的号召，为我国的文化事业注入了一股新鲜的血脉。文化是一个民族的灵魂，是一个国家精神的根基。"三个代表"中有一条即是"代表最先进文化的发展方向"。可以说重视文化就是重视党自身的发展，同时也是重视国家的整体繁荣。本部分将从民俗文化与社会主义核心价值体系、文化事业中的民俗文化、文化产业与民俗文化以及社会主义民俗文化中民众的主体性四个层面，简要解读《决定》对于民俗文化发展的重要指导意义。

（一）民俗文化与社会主义核心价值体系

十七届六中全会指出，社会主义核心价值体系主要包括四个方面：一是马克思主义的指导思想，二是中国特色社会主义共同理想，三是以爱国主义为核心的民族精神和以改革创新为核心的时代精神，四是社会主义荣辱观。社会主义核心价值体系具有以下特点：一是引导性，坚持用发展的马克思主义指导新的实践，引领各种社会思潮；二是整合性，既包括优秀的文化传统，又体现鲜明的时代特色；三是包容性，即不断吸取中国优秀传统文化，不断吸收世界优秀文明成果，不断在实践中创新发展；四是适用性，体现了先进性与广泛性的统一，既是人民大众的思想引领，又可以成为普通民众的日常规范和行动自觉。①

何为民俗文化？我们认为民俗文化要从其时空体系、主体及其行为体系、价值功能体系等三个大的方面来界定。所谓时空体系下的民俗文化，就是具有一定的时间性和空间性的民俗文化。具体说来，所谓时间性，就是在历史性和传统性的基础上有一定的过程性的民俗文化，比如节日；所谓空间性，就是在民俗文化的展演过程中所具有的地域空间性，比如庙会等。确定民俗文化的时空性可以更好地建立民俗文化的指标体系和框架体系，尤其是在时间上我们可以对某一种民俗文化做过去、现在、未来的总体性分析，看该民俗事象过去如何，现在发生了哪些变化，未来会发展成什么，基本也能够遵循专家学者提出的既有风险意识又有一

---

① 郭建宁：《近十年文化建设战略构想：当代中国的文化自觉》，人民网：http://news.sohu.com/20110927/n320723913.shtml。

定的前瞻性的要求。

所谓主体及其行为体系的民俗文化,主要是关注民俗文化的承载主体的日常生活与行动体系,我们要区分这些主体在日常生活中哪些行动是主动运用民俗文化,哪些是被动运用民俗文化,哪些是改造创新后重新运用的民俗文化。通过这个层面的分析,我们能够把握民俗文化发展变化的真正原因和内在逻辑。

所谓民俗文化的价值功能体系,主要是民俗文化在民众日常生活、社会发展和整个社会主义文化发展过程中所发挥的价值意义。民众日常生活中民俗文化发挥的价值,可以分为内价值和外价值,这一点的实际操作与"主体及其行为体系"相似,民俗文化对于社会发展的最主要的功能应该是其在整个和谐社会的构建过程中所发挥的作用,比如对于提高民众幸福感、促进民众生活质量的提高,甚至在提高公众公共道德方面等。民俗文化对整个社会主义文化的发展所承载的意义主要应该包括两个方面:一是对国内而言,在社会主义文化大发展、大繁荣的时代背景下,成为实现社会主义核心价值体系与中华民族传统文化对接的桥梁,通过发展民俗文化促进民众对于社会主义核心价值观的认可,民俗文化应该成为精英文化与普通民众生活文化进行交流的途径;二是对国际而言,民俗文化的发展是增强中国社会主义文化软实力的重要推动力量。所以相对而言,民俗文化的"价值及功能体系"更强调的是民俗文化发展的合理合法性。

在当前,社会主义核心价值体系正在完善。文化,尤其是民俗文化应该被发掘出来,为此增砖添瓦贡献力量。我们知道,民俗文化是植根于民众生活中最为内核的文化体系,在这些文化中,我们能够感受到普通民众所思所想所行。民俗文化是民众辈辈传承又在实践中得以创新的文化,在这些文化中,我们能够看到民众的精神追求与生活行动逻辑。作为民众奉行与认可的民俗文化,应该在完善社会主义核心价值体系中发挥更大的作用。

社会主义核心价值体系,说到底就是人民普遍接受的一种价值观,人民在遴选自己认同的价值观时,不能不考虑到自己日常生活中的行动逻辑,而他们日常生活中的这个行动逻辑恰是民俗文化的一部分。所以,社会主义核心价值体系的完善,不仅要靠专家学者的冥思苦想,更要深入到普通民众的生活中去,发掘他们的民俗文化,然后在这些民俗文化中发现规律性的内涵,再在此基础上实现社会主义文化的大发展、大繁荣。

社会主义文化大发展、大繁荣,首先就是要把实惠给予老百姓,使普通老百姓能够共享其利。所以,无论发展社会主义文化还是完善社会主义核心价值体系,我们都不能脱离老百姓,如果脱离了老百姓,我们即使总结出了社会主义核心价值体系,也还是不能得到人民大众的拥护和支持,而没有普通民众的支持,就没有核心价值体系的完善。那么如何发掘民俗文化的核心价值呢?最重要的一点就是改变过去由专家学者垄断文化研究的局面,让普通民众参加进来共同探讨。一改过去自上而下地推行某种主义,变成自下而上地提出某种核心价值。整个社会主义文化的发展,归根到底还是要看各个区域的文化发展,各个区域的文化发展归根到底还是要看民俗文化的发展。民俗文化要发展,终究还是要发动其主体——普通民众来进行。相信在这种思路的主导下,民众参与文化发展的积极性一定会被调动起来,人民是历史的创造者,人民也是唯一合法的民俗文化继承人和发扬人,他们在具体的社会实践中,是最有资格也是最有能力对民俗文化进行选择和保护的主体。在这样的民俗文化中发掘其核心价值内涵,一定会促进整个社会主义核心价值体系的健全和完善。

在发展和繁荣社会主义文化时,民俗文化是其中的重头戏,它不仅关乎民众的精神及物质需求,更关乎社会主义核心价值体系的完善。

(二)社会主义民俗文化发展中民众的主体性

2003年11月召开的十六届三中全会上,确立了"以人为本"的基本思想,并提出以人为本是科学发展观的核心。坚持以人为本,与我们党全心全意为人民服务的根本宗旨和代表中国最广大人民的根本利益的要求,是一脉相承的。新发展观明确把以人为本作为发展的最高价值取向,就是要尊重人、理解人、关心人,就是要把不断满足人的全面需求、促进人的全面发展,作为发展的根本出发点。2011年党的十七届六中全会正式提出文化体制改革,充分肯定了人民群众在文化创造中的主体地位,并提出人民是推动社会主义文化大发展、大繁荣最深厚的力量源泉。要牢固树立马克思主义群众观点,自觉贯彻党的群众路线,为广大群众成为社会主义文化建设者提供广阔舞台。广泛开展群众性文化活动,提高社区文化、村镇文化、企业文化、校园文化等建设水平,引导群众在文化建设中自我表现、自我教育、自我服务。积极搭建公益性文化活动平台,依托重大节庆和民族民间文化资源,组织开展群众乐于参与、便于参与的文化活动。支持群众依法兴办文化团体,精心培育植根群众、服务群众的文化载体和文化样式。及时总结来自群众、生动鲜活的文化创新经验,推广大众文化优秀成果,在全社会营造鼓励文化创造的良好氛围,让蕴藏于人民中的文化创造活力得到充分发挥。

在文化体制改革中提出人民群众的主体地位,就是在文化领域贯彻以人为本的科学发展观的具体体现。落实到民俗文化方面,人民群众既是民俗文化的创造者,又是民俗文化的主要享用和传承者。人民群众根据自身的需要创造性地传承传统文化并在生活实践中不断地发展出新的民俗文化,这些都为社会主义文化大发展、大繁荣提供本源。

无论是社会主义公益性文化事业还是盈利性文化产业还是文化强国战略,归根到底都是依靠群众、为了群众。依靠群众,一方面指的是充分发挥人民群众的主体作用,激发鼓励他们的文化创造力,另一方面是人才的建设。《决定》指出,推动社会主义文化大发展、大繁荣,队伍是基础,人才是关键。要坚持尊重劳动、尊重知识、尊重人才、尊重创造,深入实施人才强国战略,牢固树立人才是第一资源思想,全面贯彻党管人才原则,加快培养造就德才兼备、锐意创新、结构合理、规模宏大的文化人才队伍。

文化改革中为了群众,就是要把群众的需要放在第一位,这首先表现在文化工作者要契合人民群众的需要,创出老百姓喜闻乐见的文化。《决定》指出,加强公共文化服务是实现人民基本文化权益的主要途径。要以公共财政为支撑,以公益性文化单位为骨干,以全体人民为服务对象,以保障人民群众看电视、听广播、读书看报、进行公共文化鉴赏、参与公共文化活动等基本文化权益为主要内容,完善覆盖城乡、结构合理、功能健全、实用高效的公共文化服务体系。另一方面,是要增加文化消费总量,提高文化消费水平,这是文化产业发展的内生动力。要创新商业模式,拓展大众文化消费市场,开发特色文化消费,扩大文化服务消费,提供个性化、分众化的文化产品和服务,培育新的文化消费增长点。提高基层文化消费水平,引导文化企业投资兴建更多适合群众需求的文化消费场所,鼓励出版适应群众购买能力的图书报刊,鼓励在商业演出和电影放映中安排一定数量的低价场次或门票,鼓励网络文化运营商开发更多低收费业务,有条件的地方要为困难群众和农民工文化消费提供适当补贴。积极发展文化旅游,促进非物质文化遗产保护传承与旅游相结合,发挥旅游对文化消费的促进作用。

总之,在实现社会主义文化大发展、大繁荣,尤其是在民俗文化持续健康的发展过程中,人民群众的主体地位必须予以重视和肯定,只有将人民群众放在文化发展的首位,文化体制改革才会更好更有效率地进行。

三、2011年度中国公益文化建设中的民俗文化

十七届六中全会通过的《决定》指出,满足人民基本文化需求是社会主义文化建设的基本任务。必须坚持政府主导,按照公益性、基本性、均等性、便利性的要求,加强文化基础设施建设,完善公共文化服务网络,让群众广泛享有免费或优惠的基本公共文化服务。加强文化馆、博物馆、图书馆、美术馆、科技馆、纪念馆、工人文化宫、青少年宫等公共文化服务设施和爱国主义教育示范基地建设并完善向社会免费开放服务,鼓励其他国有文化单位、教育机构等开展公益性文化活动,各类公共场所要为群众性文化活动提供便利。加强社区公共文化设施建设,把社区文化中心建设纳入城乡规划和设计,拓展投资渠道。完善面向妇女、未成年人、老年人、残疾人的公共文化服务设施。加强国家重大文化和自然遗产地、重点文物保护单位、历史文化名城名镇名村保护建设,抓好非物质文化遗产保护传承。

2011年各地通过举办各种活动,积极参与到建设公益性文化体系和健全公共文化服务体系中,在民俗文化发展方面也积极开展一系列活动,下面将从民俗艺术文化节、社区文化建设中的民俗文化、"文化遗产日"与"非遗"保护工作、民俗博物馆建设等几个方面举例说明。

(一)民俗艺术文化节

在本报告中,民俗艺术文化节主要是指依托当地民俗文化资源,举办各种节日活动,主要包括依托某个传统节日举办的民俗文化活动和依托某个民俗文化事象举办的民俗文化活动两个方面。

1. 传统节日中的民俗文化活动

根据目前通行的、于2007年颁布的《国务院关于修改〈全国年节及纪念日放假办法〉的决定》中之规定,全国范围内放假的传统节日主要包括春节、清明节、端午节、中秋节等,另外还有五一劳动节、国庆节等,各少数民族也在相应的民族节日到来之际举办各种庆祝活动。根据各地在以上节点上举办的活动情况,本部分主要选择春节、端午节、中秋节以及少数民族的节日等几个方面,进行简要梳理。

(1)春节

在春节期间,汉族和很多少数民族都要举行各种活动以示庆祝。这些活动均以祭祀神佛、祭奠祖先、除旧布新、迎禧接福、祈求丰年为主要内容。活动丰富多彩,带有浓郁的民族特色。例如:

2011年1月22日,由河北省旅游局、张家口市人民政府主办,蔚县人民政府、张家口市文广新局、张家口市旅游局承办的"2011中华文化游"启动仪式暨张家口市"蔚县民俗文化节"开幕式在蔚县隆重开启。23家中央及北京媒体、10家北京旅行社、11家自驾车俱乐部和车友会,10家省、市媒体,3家张家口市内旅行社及当地旅游企业、相关单位、媒体近100人以及众多游客参加了开幕式。①

2011年2月3—8日(农历辛卯年正月初一至正月初六),第十届北京民俗文化节暨第十三届北京东岳庙春节文化庙会在北京东岳庙隆重举行。②

2011年2月17日到20日,上海昆剧团的"传统·中国"民俗节系列演出元宵专场在逸夫舞台亮相,一连三天围绕"浪漫、团圆、怀旧"的主题将推出三台轻松诙谐的爱情戏。③

---

① 《"2011中华文化游"暨"蔚县民俗文化节"开启》,http://difang.cri.cn/310/2011/01/30/143s5346.htm。
② 《第十届北京民俗文化节暨第十三届东岳庙春节文化庙会圆满落幕》,http://www.bjwh.gov.cn/64/2011_2_11/3_64_57126_0_0_1297387106062.html。
③ 《昆曲民俗节庆元宵系列开演》,http://wgj.sh.gov.cn/wgj/node751/node870/userobject1ai67624.html。

2011年3月20日,北京市朝阳区孙河乡举办了一场传统盛会——孙河乡上辛堡村第二十届春季文化庙会。据了解,上辛堡村文化庙会是孙河地区的传统盛会,已有300余年的历史。自1992年恢复起至今已连续举办20届,每年农历二月十八日在上辛堡村举办,因举办历史长、表演水平高、临近涉外别墅区,每年都可吸引近百名中外来宾前来观看,在孙河乡及周边地区具有一定的影响力和知名度。①

2011年11月2日,由山东省人民政府、国务院参事室、中央文史研究馆、光明日报社共同主办,山东省旅游局、山东省政府参事室、山东省文史馆承办的"第二届春节文化论坛"在济南山东大厦举办。在论坛中,专家们一致认为,已经在山东地区推行两年的"好客山东贺年会"活动,是按照经济发展和文化发展的客观规律,以文化与旅游融合为途径而形成的系列的节日文化旅游活动。其显著特点便是地方政府在统合专家建议后,积极发动社会各阶层参与,以春节活动的设计为特征,志在改善民生。在其操作过程中,表现出政府部门对于当代社会生活的高调主导与全程推进。贺年会创新了春节民俗文化、传承了历史文化遗产,是旅游文化融合发展的具体实践。②

(2)端午节

端午节为每年农历五月初五,又称端阳节、午日节、五月节等;端午节是中国汉族人民纪念屈原的传统节日,更有吃粽子,赛龙舟,挂菖蒲、蒿草、艾叶,薰苍术、白芷,喝雄黄酒的习俗。"端午节"为国家法定节假日之一,并于2006年9月30日被列入世界非物质文化遗产名录。2011年6月6日是汉民族传统的端午节,各地在这一天前后纷纷举办民俗文化活动,庆祝佳节。

2011年6月2日上午,黑龙江省博物馆举办了《粽飘香 舞端阳——黑龙江省博物馆端午民俗展览和系列活动》的开幕式,与开幕式一同进行的还有"迎端午手工包粽子比赛"和黑龙江省博物馆与和兴社区共同编排表演的"粽飘香舞端阳——传统旱船秧歌表演"。端午节期间,黑龙江省博物馆本部及群力分馆坚持免费开放。③

2011年6月3日,由中国文化部和浙江省人民政府主办,浙江省文化厅和中国嘉兴市委、市人民政府共同承办的"2011中国·嘉兴端午民俗文化节"于当天

---

① 《朝阳区孙河乡上辛堡村举办第20届春季文化庙会》,http://www.bjwh.gov.cn/64/2011_3_23/3_64_57984_0_0_1300843531046.html。

② 《第二届春节文化论坛在济举行好客山东贺年会成样本》,http://news.iqilu.com/shandong/yaowen/2011/1119/1051247.shtml。

③ 《黑龙江省博物馆举办端午民俗展系列活动》,http://news.163.com/11/0603/15/75KSH2FH00014JB5.html。

晚上在"七一"广场上盛大开节。文化节自6月3日开幕到7日结束,活动期间,龙舟赛、伍相祭等几十个丰富多彩的活动吸引了众多市民参加。①

2011年6月5日,北京市昌平区"端午情浓"专场文艺演出在北七家镇隆重举行。②

2011年6月6日,哈尔滨市第十八届端午节龙舟赛在松花江上举行,来自全市各行业的15支龙舟队将参赛。龙舟赛期间,还举行了锣鼓队表演、军乐队表演、房艇、龙凤船载腰鼓队巡游表演和滑水表演。③

(3)中秋节

2011年9月5日晚,由海淀区委区政府主办,海淀区文化委、海淀园管委会承办的第二届"海之月"——海淀中秋艺术节交响音诗画综艺晚会在海淀剧院隆重举行。④

2011年9月12日,北京市委宣传部、首都文明办、市旅游委、市文化局、市文联、北京广播电视台、丰台区委区政府共同主办的"'卢沟晓月 乐动中秋'——2011年北京月亮歌会"在丰台区卢沟桥广场举行。据悉,此次歌会是2011北京"卢沟晓月"中秋文化旅游节的核心活动。⑤

2011年9月12日,由中共北京市昌平区委宣传部主办、昌平区文化委员会、回龙观人民政府承办的昌平区"庆中秋"专场演出在回龙观地区北店嘉园文化广场隆重举行,演出中将国家非物质文化遗产保护项目小汤山镇的"花钹大鼓"(国家级)、"漆园龙鼓"(市级)与现代文艺形式有机地结合在一起,使非物质文化遗产项目进一步得到推广、宣传、和传承。

(4)少数民族节日

2011年7月23日晚,以"琴乡水韵草原情"为主题的"2011中国·吉林查干湖蒙古族民俗旅游节"在查干湖旅游度假区引松广场盛装启幕。据悉,本次旅游节由迎宾酒会、开幕式和系列活动三部分组成。⑥

---

① 《2011中国·嘉兴端午民俗文化节今晚盛大开节》,http://www.jiaxing.gov.cn/art/2011/6/3/art_21_60926.html。

② 《昌平区"端午情浓"专场文艺演出隆重举行》,http://www.bjwh.gov.cn/64/2011_6_9/3_64_59643_0_0_1307573681375.html)。

③ 《哈尔滨端午节龙舟赛将在松花江上演 15支龙舟队参赛》,http://www.ljwhxx.cn/whxx/201105310001.htm。

④ 《第二届"海之月"——海淀中秋艺术节隆重举行》,http://www.bjwh.gov.cn/64/2011_9_9/3_64_61783_0_0_1315558104953.html。

⑤ 《"卢沟晓月 乐动中秋"——2011年北京月亮歌会顺利举行》,http://www.bjwh.gov.cn/64/2011_9_16/3_64_61907_0_0_1316129184515.html。

⑥ 《2011中国·吉林查干湖蒙古族民俗旅游节》,http://www.zhjqw.org/zhuanti/cghmsj/wangjiehuigu/2011-12-14/8009.html。

2011年9月25日,"阿拉底朝鲜族民俗村首届辣椒文化节"在吉林市龙潭区乌拉街镇开幕。在文化节期间,购销洽谈、观光旅游、文化交流、体育竞技等一系列围绕朝鲜族民俗文化的活动将相继开展,客商和游客可以在这里体验到热辣辣的朝鲜族民俗风情。文化节期间,游客可以在这里欣赏到具有朝鲜族特色的传统歌舞,品尝到特色美食。①

2011年9月27日,由沈阳市文广局、市民委、市教育局主办的沈阳市"第12届朝鲜族民俗文化节"在朝鲜族第一中学举行。副市长王玲,韩国驻沈阳总领事馆总领事赵百相,以及全市60个单位的4200余人参加了开幕式。②

2011年10月22日上午,邕宁壮族八音文化艺术节开幕式暨2011南宁国际民歌艺术节"绿城歌台"邕宁歌台在南宁市邕宁区新兴广场隆重举行,近万名众观看演出。③

2. 其他民俗文化节

2011年1月23日,天津市西青区杨柳青镇举办"中国·杨柳青木版年画节"。天津市人大常委会副主任、西青区委书记王宝弟和副市长张俊芳出席。20多个国家驻华使馆大使及其夫人、驻华使馆文化参赞,国内知名民间艺术家、民俗学家,从事中国木版年画研究的专家、学者,国内20家年画产地代表、年画传承人和50多家杨柳青年画作坊代表、年画传承人共计200余人参加盛会。④

2011年2月16日(农历正月十四)下午,由福州市委宣传部主办,福州市文化新闻出版局承办,福州各县(市)区宣传部协办的两岸重大文化交流项目"2011(福州)海峡两岸民俗文化节"开幕展演活动在福州大戏院举行。据悉本次文化节宗旨是为挖掘古老民俗风情,增强海峡两岸民族认同感,赋予民俗文化新的时代气息和内涵,也是为深化闽台文化交流与合作,打造海峡两岸文化交流的重要基地。⑤

2011年4月6日上午,由安徽省旅游局、安徽省文化厅、宿州市人民政府共同主办,宿州市旅游局、文广新局、广播电视台协办,中共砀山县委、砀山县人民政府承办的"2011中国砀山梨花旅游暨民俗文化节"在碧清庄园古黄驿站景区隆重开幕,安徽省人大副主任文海英宣布梨花旅游暨民俗文化节开幕,省政协副主席赵韩等嘉宾出席开幕式。省旅游局局长胡学凡、宿州市委书记李宏鸣、砀山县委书

---

① http://www.gojl.com.cn/a/lvyoukuaixun/2011/0924/3234.html。
② http://www.sytour.gov.cn/Html/20119/20119289519-1.html。
③ 《2011年南宁邕宁壮族八音文化节万名观众捧场》,http://www.yongning.gov.cn/contents/12/31819.html。
④ 《中国·杨柳青木版年画节开幕》,http://www.tjwh.gov.cn/whxw/bendi/1101/110124-zgyl.html。
⑤ 《2011(福州)海峡两岸民俗文化节在福州成功举办》,http://www.fjfyw.net/news/xinwenxinxi/2011-02-24/844.html。

记张祥根分别致辞,县长朱学亮主持开幕式。①

2011年5月10日,中央戏剧学院实验剧场举办"第二届北京南锣鼓巷戏剧节",北京市东城区区长牛青山致开幕辞,介绍了新东城区戏剧文化建设的计划、政策以及文化资源对于新东城区建设的重要作用和意义。市文联党组书记朱明德,艺术家代表蓝天野、王晓鹰、卡萝琳等分别致辞,表达了对本届戏剧节和"戏剧东城"建设的祝福。最后,中宣部文艺局副局长梁鸿鹰、文化部产业司司长刘玉珠、市委宣传部常务副部长陈启刚、市文化局局长降巩民、区委书记杨柳荫共同触摸激光球,启动了本届北京南锣鼓巷戏剧节。区人大常委会主任冯熙、区政协主席徐鸿达等区四套班子其他成员,驻区艺术院团领导,我国及来自法国、英国、以色列、荷兰等国的艺术家等200余位嘉宾出席开幕式。②

2011年5月18日,是昆曲被联合国教科文组织列入首批"人类口头和非物质遗产代表作"十周年和"国际博物馆日","水磨传馨——海上昆曲文化展"在三山会馆举行。据悉,50余名昆曲传承人、昆曲表演艺术家及专家学者参加了开幕式。③

2011年6月14日,辽宁海城山西会馆民俗文化庙会在海城举办,在海城庙会期间上演了大量的民间民俗文化娱乐活动,如传统的二人转、高跷、扭秧歌等等。庙会期间,许多民间艺人也纷纷前来献艺,无论是街头还是巷角,总能看到团团围观的人群,中间的艺人各自舞弄着自己的"绝活",如民间杂技、捏泥人、皮影戏等等,可谓音乐百戏,诸般杂耍,热闹非凡。④

2011年8月30日至9月1日"第三届中国道情皮影民俗文化节"在甘肃环县举行。31日,受邀而来的北京、陕西、湖北等12个地方皮影戏班底进行了展演。环县的道情皮影目前是国内保存较完整的原生态艺术群体,被称为"东方民间文化的活化石",该县还被中国民俗学会命名为"中国皮影之乡"。⑤

(二)社区文化建设中的民俗文化

一般来说,社区文化是指一定区域、一定条件下社区成员共同创造的精神财富及其物质形态,它包括文化观念、价值观念、社区精神、道德规范、行为准则、公

---

① 《2011中国砀山梨花旅游暨民俗文化节隆重开幕》,http://expo.people.com.cn/GB/58536/14321962.html。
② 《第二届北京南锣鼓巷戏剧节隆重开幕》,http://www.bjwh.gov.cn/64/2011_5_12/3_64_59046_0_0_1305162305937.html。
③ 《水磨传馨·海上昆曲文化展开幕》,http://wgj.sh.gov.cn/wgj/node751/node870/userobject1ai70627.html。
④ 《辽宁晋商会会长梁文珍出席2011年海城山西会馆民俗文化庙会开幕式》,http://www.shanxishangren.com/space/html/51/n-3451.html。
⑤ 《"中国皮影之乡"举办道情皮影民俗文化节》,http://www.chinanews.com/tp/2011/08-31/3297190.shtml。

众制度、文化环境等等,其中,价值观是社区文化的核心。社区文化不可能离开一定的形态而存在,这种形态既可以是物质的、精神的,也可以是物质与精神的结合。本报告中的社区既包括城市社区也包括农村社区。我们认为考察社区文化建设,可以从以下四个方面来进行,即群体的行动文化、群体的观念文化、社区环境文化以及制度性文化。社区文化是社区共同的文化认同,是社区的重要组成部分,是增强社区活力、提高社区居民生活水平和生活质量的重要内容。可以说,社区文化建设是社区建设的灵魂所在。

在社区文化建设中,民俗文化既是可资利用的文化资源,同时也是其重要的有机组成部分。无论民众的行动、观念,还是整个社区的环境和制度建设中,民俗文化始终是一个不可忽视的部分。2011年全国各地在社区文化建设方面取得了丰硕的成果。

2011年7月12日,北京海淀区八里庄街道徐庄社区文化广场上开展了别开生面的"非遗项目进社区——抖空竹表演"活动,受到观众好评。①

2011年8月29日,由天津市文明办、市文化广播影视局、河北区人民政府联合主办,市群众艺术馆、市内六区文化和旅游局承办的天津市"第四届社区文化艺术节"闭幕式在这里隆重举行。闭幕式对艺术节各项活动进行了总结和表彰,并举行了获奖节目汇报演出。②

2011年12月,北京平谷区文化馆成功举办"戏曲之星"票友大赛,据了解,继"激情乐谷"舞蹈大赛、村镇两级文艺调演之后的"戏曲之星"戏曲票友大赛,是平谷区文化馆2011年元旦系列文化活动的重要活动。③

2011年12月27日,广东省惠州客家文化广场启动暨白马批发城营业庆典在惠州市白马批发城南门广场举行,惠州市副市长李敏、惠州市文广新局局长罗川山、梅州市侨联主席邓锐等领导出席。据了解,近年来惠州市委市政府非常重视文化建设,提出创建文化惠州战略目标。惠州客家文化广场正是在此背景下应运而生的大型公益性群众文化项目,旨在大力弘扬客家文化,传承客家精神,同时让广大市民业余时间有一个欣赏群众艺术或自编自娱自乐展现自我的舞台。④

(三)"文化遗产日"与"非遗"保护工作

2011年2月25日,十一届全国人大常委会第十九次会议审议通过了《中华人

---

① 《非遗项目"空竹"走进海淀区社区表演》,http://www.bjwh.gov.cn/64/2011_7_29/3_64_60845_0_0_1311893827234.html。
② 《共享文化成果共建和谐社区:第四届社区文化艺术节圆满闭幕》,http://www.tjwh.gov.cn/whxw/bendi/1108/110831-dsjs.html。
③ http://www.bjwh.gov.cn/64/turnpage8.htm。
④ 《惠州客家文化广场24日正式启动》,http://www.gd.chinanews.com/2011/2011-12-24/2/169650.shtml。

民共和国非物质文化遗产法》，6月1日正式实施。预示着文化遗产保护的方针政策将上升为国家意志，非遗保护的有效经验将上升为法律制度，各级政府部门保护非遗的职责将上升为法律责任。

2011年3月15日，黑龙江哈尔滨市非物质文化遗产保护中心在哈尔滨市群众艺术馆正式挂牌。据了解，哈尔滨市非物质文化遗产保护中心于2010年12月经哈尔滨市机构编制委员会批准成立，挂牌后增设非物质文化遗产保护科，承担拟定哈市非物质文化遗产保护规划，组织全市非物质文化遗产项目的挖掘、抢救、研究、保护、管理和成果编纂出版等具体工作；具体承担省级、市级非物质文化遗产名录的申报，负责代表性传承人的管理，专项资金的监管；对全市基层非物质文化遗产工作人员进行指导和业务培训，对全市非物质文化遗产资料档案进行指导和管理等。①

2011年6月11日是我国第六个"文化遗产日"，也是《中华人民共和国非物质文化遗产法》（以下简称《非物质文化遗产法》）正式实施后的第一个"文化遗产日"，内地多个地区开展了与此相关的丰富活动。

2011年6月1日，由吉林省文化厅主办、省非物质文化遗产保护中心和省博物院承办的《吉林省非物质文化遗产保护工作成果图片展》在吉林省博物院隆重开幕。省委常委、副省长马俊清，省人大常委会副主任车秀兰，省政协副主席任凤霞出席开幕式。吉林省文化厅厅长林君、副厅长张宝宗陪同省领导参观了展览。博物院院长赵瑞军介绍了展览情况。②

2011年6月10日至15日，为了贯彻落实《非物质文化遗产法》，配合"依法保护，重在传承"的活动主题，文化部在北京中华世纪坛展览馆举行"文化遗产日"主题活动。③

2011年6月，在第六个"文化遗产日"到来之际，河南省非物质文化遗产中心举办"品味中原——河南省非物质文化遗产（皮影戏）专场展演"活动。④

2011年6月9日，文化部举行了宣传贯彻《中华人民共和国非物质文化遗产法》的座谈会，部长蔡武表示，文化部将抓紧研究起草非物质文化遗产法实施细则，对法律设立的主要制度进行细化，增强其操作性和有效性，逐步形成以非物质文化遗产法为统领，以行政法规、地方性法规和部门规章为支撑的非物质文化遗

---

① 《哈尔滨市非物质文化遗产保护中心挂牌》，http://www.ljwhxx.cn/whxx/201103180001.htm。
② 《吉林省举办非物质文化遗产保护工作成果图片展》，http://www.jlmuseum.org/ArticleView.aspx?id=350&cid=4。
③ 《2011年"文化遗产日"主题活动在京开幕》，http://news.artron.net/20110612/n171815.html。
④ 《2011年"文化遗产日"河南省活动安排一览》，http://www.hawh.cn/gywh/2011-05/30/content_90437.htm。

产保护法律体系。①

2011年7月8日,上海市建立非物质文化遗产保护工作局际联席会议制度,意在贯彻落实党的十七大关于"重视文物和非物质文化遗产保护"的精神,加强该市非物质文化遗产保护工作,统一协调解决全市非物质文化遗产保护工作中的重大问题。②

(四) 民俗文化博物馆、展览馆、民俗文化站等建设

2011年5月30日,以展示三峡库区民情风俗沿革发展的湖北省兴山县民俗博物馆日前正式开馆并免费向公众开放。据介绍,兴山县民俗博物馆也是三峡坝区目前唯一的公立民俗博物馆。③

2011年6月11日,河北省民俗博物馆推出《河北陶瓷艺术展》、《村里的日子——马若特泥塑作品展》、《武强年画展》、《清代家居陈设展》、《明清瓷器珍品展》以及《中华魂 民族情——品味传统节俗文化》。④

2011年7月29日,为期一个月的"上海宜兴紫砂文化展"在上海民族民俗民间文化推广中心展馆开展。与一般紫砂展只单纯展示成品不同,本次展览把紫砂制作的全过程搬进了展厅,展品中既有紫砂原矿石、成品泥料、制作工具,也有紫砂文史资料、书刊,现场还有工艺师演示工艺绝活,告诉人们真正的宜兴紫砂是怎么制作的。⑤

四、2011年度中国文化产业发展中的民俗文化

《决定》中提出,要加快发展文化产业,推动文化产业成为国民经济支柱性产业。并指出,发展文化产业是社会主义市场经济条件下满足人民多样化精神文化需求的重要途径。必须坚持社会主义先进文化前进方向,坚持把社会效益放在首位、社会效益和经济效益相统一,按照全面协调可持续的要求,推动文化产业跨越式发展,使之成为新的经济增长点、经济结构战略性调整的重要支点、转变经济发展方式的重要着力点,为推动科学发展提供重要支撑。在此前后,许多城市和地区也陆续提出要做大做强文化产业,使文化产业成为城市和地区的支柱产业。

可以说,十七届六中全会开启了中国文化产业发展的全新时代,确立了文化产业在整个文化建设乃至在全面建设小康社会目标中的战略性地位。自2011年

---

① 《文化部:抓紧起草非物质文化遗产法实施细则》,http://www.tjwh.gov.cn/whxw/bendi/1106/110610-whbz.html。
② 《上海市非物质文化遗产保护工作局际联席会议制度》,http://wgj.sh.gov.cn/wgj/node746/node846/u1a30050.html。
③ http://www.hljtv.com/2011/0530/23294.shtml。
④ http://www.hbmsg.com/xwdt/xwdt_view.action? id = 93。
⑤ http://www.artvip.net/show.php? contentid = 960。

10月18日党的十七届五中全会通过《中共中央关于制定国民经济和社会发展第十二个五年规划的建议》和2012年3月14日十一届全国人大四次会议通过《国民经济和社会发展第十二个五年规划纲要》之后,文化产业的发展进一步得到地方政府的重视,在今年上半年各地召开的两会中,文化产业都成为重点和热点话题,我国大部分省区市都召开了由地方最高级别领导主持或参加的推动文化产业发展的专门会议,对各自区域的文化产业发展进行了资源梳理、特点总结和发展规划,体现出东部地区以大城市为中心、以新兴产业门类为主的文化产业发展特点,中西部地区以区域文化资源为基础、以特色为主导的跨越式文化产业发展路径。

2011年文化产业进一步发展,在这一过程中,各地民俗文化被当作文化资源也得以进一步发展,主要表现在以下几个方面:

(一)古村落、遗址保护性开发

2011年9月6日,温家宝总理参加中央文史馆成立六十周年座谈会。在会上,温总理同国务院参事冯骥才先生就古村落保护问题进行了对话,冯骥才先生大声疾呼"五千年历史留给我们的千姿万态的古村落的存亡,已经到了紧急关头"。其实早在2003年,冯骥才先生就已经为古村落的保护问题奔走呼号,国家文物局局长单霁翔也曾公开表示非常反对"旧城改造",他说这个词没有文化含量。普查资料显示,截至2009年年底,我国共有230万个村庄,具有文化保护价值的古村庄仅存不足3000个,只占0.13%,可见弥足珍贵。

对于古村落标准,冯骥才先生表示,至少得满足以下四个方面:第一,它应是一个整体,有一个比较清晰完整的面貌,不能是支离破碎;第二,要有丰富的历史,这包括有代表性的物质文化遗产和非物质文化遗产,如果已有项目进入了国家非遗文物名录,就尤其需要保护;第三,必须要保存一些有特点的地域性建筑;第四,必须仍然有人居住,而不是空巢。虽然就目前整体来看,古村落保护并不乐观,但经过学者和相关政府部门几年的努力,一些地区的古村落保护已经初见成效。例如:

2011年8月,为进一步推动四川古村落保护,中国古村落保护与发展专业委员会特别授权,"中国古村落保护与评选四川申报工作站"21日揭牌。专业委员会工作人员及专家学者将不定期到四川工作站开展工作,四川省内的优秀古村落,也可通过工作站申报,参与中国古村落保护与发展专业委员会在全国各地举办的相关活动,赢得保护与发展的良机。①

---

① 《中国古村落保护与评选四川申报工作站昨揭牌》,《华西都市报》:http://www.wccdaily.com.cn/epaper/hxdsb/html/2011-08/22/content_369948.htm.

2011年11月,台儿庄古城被确定为国家首个海峡两岸交流基地,荣膺新世纪"十大齐鲁文化新地标"榜首、2010年山东旅游十佳景区。据悉2011年"十一"期间接待游客近17万人次,创造了2000多万元的利润。目前,古城已吸纳商户1005家、就业人员1.2万人,全部建成后,能够吸纳5000家商户、8万人就业。在以古城为龙头的文化产业带动下,2010年,全市文化及相关产业综合收入83亿元,3年多增长了3.6倍;从业人员达到10万余人,3年多增长了2倍;三产增加值高于全国10.5个百分点;城乡居民收入增幅分别高于全国4.8个百分点和2.7个百分点,有力地推动了城市转型。①

2011年12月19日,浙江省龙游县推出"古时民居聚城东"项目。据悉,龙游民居有着不少的石雕、砖雕,工艺精湛,艺术性极强。如"龚氏民居"、"滋树堂"等的石雕,"余氏民居"的木雕,"瑞森堂"的壁画等,都是不可多得的艺术瑰宝。古建筑在发挥文物功能之外,又能满足当地百姓的文化需求,一举两得。②

2011年12月23日,为"挖掘历史文化,打造旅游古镇",实现文化产业发展和繁荣历史文化的新结合,山东省沾化县强化措施,加大力度,全面推进"文化古城"项目建设。沾化县委、县政府立足区位优势和资源优势,确定了"以开发保护历史文化遗产为主线、突出历史文化古迹修复和非物质文化遗产保护为重点,致力打造特色旅游景区,重塑千年古城"的文化产业发展新思路。③

（二）民俗文化旅游产业

近些年来,民俗旅游逐渐成为旅游活动的一个热门选择,有学者指出,民俗旅游是一种高层次的文化旅游,由于它满足了游客"求新、求异、求乐、求知"的心理需求,已经成为旅游行为和旅游开发的重要内容之一。我们认为,民俗旅游实际上是由国家政府部门主导、开发商参与的以当地的民俗文化资源为依托的一种旅游产业模式。在民俗旅游兴起的同时,民俗文化无疑得到了开发性保护,一些传统的民俗文化资源被挖掘出来,当作文化资本投入到市场中去,虽然在这一过程中也会出现保护不当而致使某些原生态的民俗文化遭到破坏的现象,但总体而言,民俗旅游的开展是有利于民俗文化的保护和发展的。2011年各地区依托当地资源纷纷举办了各式各样的民俗文化旅游节,在促进民俗文化资源开发和保护方面起到了积极的作用,例如:

2011年5月27日至29日,"2011年中国大连文化休闲娱乐及数字内容产业交易博览会暨第十届大连游戏游艺设备交易订货会"在大连举行。本次交易博览

---

① 《重建台儿庄古城 推动文化产业发展》,《人民网》:http://theory.people.com.cn/GB/16325117.html。

② http://www.zjwh.gov.cn/dtxx/zjwh/2011-12-19/114817.htm。

③ http://www.sdwht.gov.cn/shownews1.asp? id =1766。

会是大连市贯彻落实国务院《文化产业振兴规划》和辽宁省《文化产业振兴规划纲要》,加大推动文化产业发展力度的重要举措。展会的成功举办,为国内外的文化休闲娱乐企业和动漫游戏开发、制作、经销、代理企业提供了一个发表见解、交流新观念、共同展望未来的平台,为国内外广大相关行业提供一个与产业和媒体交流的机会;同时,也成为传达文化产业政策,获取文化市场信息,了解文化产业发展动态的窗口。①

2011年10月18日,武汉第十二届木兰旅游文化节在木兰天池隆重开幕。武汉第十二届木兰旅游文化节通过节庆宣传造势,旨在展示木兰旅游品牌形象和幸福黄陂城区的形象。②

2011年12月22日,由吉林省旅游局与吉林市人民政府共同主办的"到吉林过大年"主题旅游产品启动仪式在东福神龙庄园启动。"过大年"是极具地域特点的关东民俗,是集乡村旅游、生态旅游、低碳旅游、文化旅游等特点于一体的新业态旅游产品,是体验民风、民俗、民情的有效载体。启动"到吉林过大年"主题产品,对于繁荣发展乡村旅游文化产业,提高乡村旅游文化的知名度和美誉度,具有重要意义。③

2011年12月23日,济宁打造儒家文化亮丽名片。作为儒家文化的发源地,济宁坚持把挖掘文化资源与培植新兴文化产业融为一体,着力打造国内外有重要影响、地域特色鲜明的文化品牌,有力地推进了文化产业的发展,增强了文化实力和竞争力。截止到2011年年底,济宁全市共有文化产业经营单位近9000个,从业人员8万多人,文化产业增加值约为98亿元,约占GDP的3.8%,同比增长21%。目前,济宁拥有国家级文化产业示范园区1处,国家级文化产业示范基地1处,省级文化产业示范基地5处。④

(三)创意产业中的民俗文化

创意产业,又叫创造性产业等,指那些从个人的创造力、技能和天分中获取发展动力的企业,以及那些通过对知识产权的开发创造潜在财富和就业机会的活动。它通常包括广告、建筑艺术、艺术和古董市场、手工艺品、时尚设计、电影与录像、交互式互动软件、音乐、表演艺术、出版业、软件及计算机服务、电视和广播等等。此外,还包括旅游、博物馆和美术馆、文化遗产和体育等。2011年,各地在充分发挥自己现有优势民俗文化资源的基础上,积极参与到创意文化产业中,许多传统民俗文化得以重新焕发光彩,例如:

---

① http://www.lnwh.gov.cn/detailcydt/20343.html。
② http://www.hubeitour.gov.cn/lyzn/html/291/11457.html。
③ http://www.gojl.com.cn/a/xingyedongtai/2011/1223/3392.html。
④ http://www.sdwht.gov.cn/shownews1.asp?id=1767。

2011年2月14日,宁夏永宁推出打造回族文化旅游名城的"南有沙坡头,北有沙湖"的活动。永宁县率先提出全面打造"塞上回族文化旅游名城",以回族文化为主线,把中华回乡文化园、纳家户清真寺、中华回族第一街、宁夏世界穆斯林城等景点连接起来,勾画一条宁夏独有的回族文化旅游线。①

2011年2月23日,"官渡饵块传习馆"授牌成立,建立和开放官渡特色小吃饵块传统制作技艺传习展示馆,重现老官渡"人工舂饵块,几里外闻香"的胜景,使游客买到传说中黏稠度可以补漏船的饵块,它是继官渡区在古镇建立的"乌铜走银传习馆"之后的第二个非遗传习馆,使近乎绝迹的饵块传统手工制作技艺得以传承。②

2011年12月23日,寒冬时节,张华镇姚庄村姚光剑家偌大的院落里,却是百"花"盛开,热闹非凡。数十名妇女正加班加点为日本客商赶制绢花,各式各样、五颜六色的绢花工艺品让整个小院成为"花的海洋"。据了解在平原县农村,像姚光剑这样的绢花加工散户有5000余家,从业人员超过了1.8万人,全县80%的绢花产品出口欧美、中东、亚洲等十几个国家和地区,年销售收入高达2亿元。③

2011年12月28日,"安徽(蚌埠)第六届玉器奇石古玩盆景博览会"被提升为国家级展会"2011年中国首届玉文化节",旨在打造城市名片,为玉文化行业构建一个展示、交流、招商的平台。主办方以"推动行业进步、促进招商合作、引导市场供求、谋求更大发展"作为办展宗旨,搭建观摩、参与、招商、合作平台,引导参展商积极应对市场变化,加强地区合作交流,努力在全国范围内进一步打造彰显蚌埠地域文化特色的品牌,做强玉器文化产业。④

2011年12月31日,广西各族儿女以"壮锦的盛宴"为名义举办种种迎接新年的活动。据悉,该活动的举办将对进一步弘扬和发展壮锦织锦等广西各民族的织锦工艺技术,研究和交流民族织锦技艺,保护和促进民族民间织绣工艺与经济的和谐发展,做大做强壮族织锦行业文化产业,进一步提升广西织锦产业的品牌知名度和影响力,具有重要的意义。⑤

(四)其他文化产业中的民俗文化

2011年3月25日,河北曲阳雕塑文化产业园区被文化部命名为"国家级文化产业试验园区"。为充分发挥园区、基地的集聚效应和孵化功能,提高河北省文化

---

① http://www.nxwh.gov.cn/html/wenhuachanye/news_4387.html。
② http://www.xxgk.yn.gov.cn/canton_model44/newsview.aspx?id=101426。
③ http://www.sdwht.gov.cn/shownews1.asp?id=1765。
④ http://www.ahwh.gov.cn/gov/tamplates/news_content.jsp?id=100108&c_class_id=1001081001&news_id=102102100111117608。
⑤ http://www.gxwht.gov.cn/article/whcy/info-1860.html。

产业的整体发展水平,"十二五"期间,该省将综合考虑各地经济基础、市场空间、消费水平、文化生态、资源禀赋等条件,从规划、内容、投资、建设、运营等环节,全方位对全省文化产业园区、基地加强指导、引导,优化资源配置,细化产业分工,努力建成更多特色鲜明、效益明显、产业链完整,在国内具有较大影响力的文化产业园区。①

2011年4月5日,西北最大的茶叶交易市场西安义乌商城茶叶街,陕南山歌伴着茶香,弥漫在熙熙攘攘的人流中。正在这里举行的是平利县绿茶、绞股蓝促销推介活动。平利县利用各地客商云集古城的机会,搭建平台,大力推介平利茶产业。②

2011年9月22日,中国第一座以枸杞为主题的博物馆——中国枸杞馆在宁夏德胜工业园正式开馆,占地4000平方米。③

2011年,内蒙古锡林郭勒盟正蓝旗启动了民族特色产业新型园区的兴建。园区项目于9月开始实施,占地面积340余亩,建筑面积64454平方米,总投资9850万元。该园区整体是集蒙元风情广场、蒙元奶食城、糖果加工基地、风干肉加工基地、蒙古包加工基地、民族服饰、展览中心、检测中心、酒店接待中心和民俗休闲区为一体的综合园区。④

五、2011年度国际文化交流中的民俗文化

十七届六中全会通过的《决定》中指出,"文化走出去较为薄弱,中华文化国际影响力需要进一步增强",号召进一步"坚持改革开放,着力推进文化体制机制创新,以改革促发展、促繁荣,不断解放和发展文化生产力,提高文化开放水平,推动中华文化走向世界,积极吸收各国优秀文明成果,切实维护国家文化安全"。2011年我国民俗文化的国际交流活动以各地政府为主导,深入广泛地开展了多层次,多渠道的文化交流。这主要表现在民俗文化艺术节的海外举办,传统节日的文化互动,"非遗"项目的巡展等方面。

(一)民俗艺术文化的国际交流活动

2011年3月15日,河北省武强年画访问团赴美国历史名城波士顿进行展览、演示和文化交流。此次交流活动是应波士顿东西互联文化中心邀请,经文化部社文司推荐,由武强年画博物馆选派技艺精湛的专业人员组成交流访问团进行的。活动期间,访问团先后在波士顿儿童博物馆、碧波地博物馆、纽英伦艺术家协会、

---

① http://www.hebwh.gov.cn/whxw/whcyfz/62226434.shtml。
② http://www.snwh.gov.cn/sxwh/whcy/zxdt/200711/t20071119_35629.htm。
③ http://www.nxwh.gov.cn/html/wenhuachanye/news_4404.html。
④ http://www.nmgwh.gov.cn/whcy/201112/t20111226_85613.html。

波士顿公立学校及拉丁学校等20多家博物馆和中小学进行展览、演示,并参加了该市公校的春节联欢活动,受到波士顿人民尤其是青少年的热烈欢迎,在当地掀起一股年画文化热。①

2011年3月21日,"中国包头剪纸精品展"在德国索林根展览馆举行,此次展出的有剪纸艺术家邢广清、王宏霞、徐海凤等作品共43幅,受到当地专家的高度赞誉。此次在德国的展览中,他们的部分作品将被永久地收藏展示。许多观众对展出的剪纸艺术作品产生了极大兴趣,对中国传统文化有了更深刻的了解。《索林根日报》、《索林根报》、索林根电视台等多家媒体对此次展览都做了专题报道。②

2011年5月8日,由51名队员组成的河北省"群星威风锣鼓队"首次跨出国门,他们将代表中国民间艺术应邀赴韩国光州等多个城市进行中韩民间文化交流活动。"群星威风锣鼓队"曾两次在"冀台两地同胞共祭中华三祖大典"活动中进行锣鼓表演。③

2011年5月12日,为纪念昆曲列入"人类口头和非物质文化遗产代表作名录"十周年,北京市文化局与北京市政府外事办公室于2011年5月12日和13日在梅兰芳大剧院邀请驻华使馆官员、外国专家、驻京外国记者及外国留学生观看了北方昆曲剧院推出的大型昆曲《红楼梦》。④

2011年6月3日,美国50余名留学生到天津音乐学院学习中国民乐课程,了解中国文化。该培训是音乐学院首次举办的以推广中国民乐为主的短期留学生培训项目。⑤

2011年,受国家文化部和重庆市政府委托,重庆市曲艺团于2011年6月16日、6月30日,分别携曲艺民乐综合类节目和大型民族管弦乐音乐会《巴渝风》赴泰国和台湾,参加在当地举办的系列交流巡回演出活动。⑥

2011年7月7日,"陕西剪纸艺术展"在柏林中国文化中心开幕。近50幅剪纸作品参展,内容涵盖了人物典故、珍禽瑞兽、民间风俗、山水树木、花鸟虫鱼等;作品艺术表现手法多样。参展作品造型精美、栩栩如生,真实展现了黄土地上的民间民族情韵。⑦

2011年8月21—28日,内蒙古自治区在马耳他中国文化中心举办中国剪纸

---

① http://www.info.hebei.gov.cn/gov/content.jsp?code=000218317/2011-00806&name=。
② http://www.nmgwh.gov.cn/shwh/201103/t20110323_79577.html。
③ http://www.dzwww.com/rollnews/news/201105/t20110508_7168484.htm。
④ http://www.bjwh.gov.cn/27/2011_5_18/3_27_59148_0_0_1305679756390.html。
⑤ http://www.tjwh.gov.cn/whjl/jldt/1106/11.06-03-mg50.html。
⑥ http://www.cqcrtv.gov.cn/html/1/wgdt/zhxx/news_558_6674.html。
⑦ http://www.snwh.gov.cn/sxwh/whtxxgb/201107/t20110726_116796.htm。

培训班,受到马耳他民众的热烈欢迎,来自各行各业的许多人都报名参加了学习。本次培训班主要教剪骏马和兔子两种图案,学员积极性很高,还将本民族文化与现代高科技手段应用在了中国剪纸的学习中,剪纸培训和文化交流活动取得圆满成功。担当本次剪纸培训的老师是来自包头市的刘静兰与和林格尔县的段建珺两位国家级剪纸艺术大师,他们的作品曾多次在国内外获奖或展出。①

2011年8月27日至9月2日,宁波市文化馆带着朱金漆木雕、泥金彩漆和金银彩绣前往韩国广域市参加友好城市日活动,通过静态的图文、作品展示及动态的技艺表演,向韩国民众展示宁波优秀的传统工艺美术,诠释其文化内涵,增强了两国人民的友情。②

第三届中德戏剧论坛于2011年10月18日在重庆结束,来自中德两国的戏剧界专家3天里进行了深入的探讨和交流,共同观摩了《河街茶馆》等5部戏剧,并达成了把德国戏剧带进中国、把重庆戏剧推向德国的意愿,为今后两国在艺术领域的广泛合作打下了良好基础。③

2011年11月9日,65名来自德国的小学生来到浙江诸暨市荣怀学校进行中外文化交流。德国学生通过向中国学生学习武术、书法、剪纸、扭秧歌等技艺,感受中国传统文化。④

2011年11月27日至12月8日,山东省京剧院赴韩国成功开展了"有讲解的"中国京剧展演。此次活动由国家汉办、山东省文化厅、韩国东西大学、山东大学国际教育学院联合发起主办,旨在通过边讲解边演出的形式,让外国观众在欣赏中国传统艺术的同时,形象地认识和了解中华传统文化。⑤

2011年12月1—7日,陕西省戏曲研究院小梅花艺术团一行49人,应邀参加第五届巴黎中国戏剧节和德国柏林中国文化中心文艺演示和艺术讲座等活动。精彩的演出和展示,使欧洲观众充分享受到高水平的秦腔艺术魅力。⑥

2011年12月3日,中国黑龙江版画艺术展在美国纽约国宝画廊举行。多位版画艺术家带来了跨越三个时代的50幅作品。这些作品构图大气、刀法遒劲、色彩生动,堪称黑龙江版画的集中代表,受到了当地观众的好评。⑦

(二)节日文化交流中的民俗文化

2011年新春之际,应中国驻朝鲜大使馆邀请,天津杨柳青画社于1月22日至

---

① http://www.nmgwh.gov.cn/whjl/201109/t20110919_84271.html。
② http://www.zjwh.gov.cn/dtxx/zjwh/2011-08-27/107321.htm。
③ http://www.cqcrtv.gov.cn/html/1/wgdt/zhxx/news_558_8018.html。
④ http://www.zjwh.gov.cn/dtxx/zjwh/2011-11-11/112093.htm。
⑤ http://www.sdwht.gov.cn/shownews.asp?id=1774。
⑥ http://www.snwh.gov.cn/sxwh/whtxxgb/201112/t20111214_125079.htm。
⑦ http://www.ljwhxx.cn/whxx/201210113050.htm。

28 日赴朝鲜平壤参加为期 6 天的"欢乐春节"文化交流活动。这是"欢乐春节"文化交流活动首次在朝鲜举行。天津杨柳青画社带去了很多具有民间特色的年画作品,《莲年有鱼》、《春牛图》、《欢天喜地》、《大门神》等吉祥喜庆的年画代表作品,"年味儿"十足。兔年将至,年画《玉兔迎春》带去了中国人民美好的祝福。画社年画传承人还在平壤现场演示了年画彩绘制作过程。①

2011 年 2 月 20 日晚,由马尼拉市政府和中国驻菲使馆联合主办,菲律宾中国商会和菲华青年学社承办的第十届"中菲传统文化节"在马尼拉黎刹公园中国园成功举办。本次文化节内容包括大型图片展览、书法绘画、花灯、猜灯谜、锣鼓和舞狮表演、烟花燃放以及民族歌舞等极具中国文化特色的活动,吸引了数千名菲律宾民众的热情参与。"中菲传统文化节"由马尼拉市议会于 2002 年通过决议正式命名,以庆祝中国传统元宵佳节为主题,定于每年 2 月举办,至今已连续举办十届,每一届都各具特色,深受广大菲律宾民众喜爱。②

2011 年 2 月,新春佳节之际,应澳大利亚政府邀请,湖北省文化、旅游、商务、外事等人士组成多个代表团赴澳大利亚、新西兰开展"2011 年欢乐春节——荆楚文化走澳洲"系列活动,向澳洲人民展示荆楚风情的瑰丽画卷,奏响中华文化的时代乐章。③

2011 年 5 月 8 日至 12 日,应塔吉克斯坦文化部邀请,由文化部牵头、新疆文化厅直接安排组建的演出团,赴塔吉克斯坦首都杜尚别参加了"沙什木卡姆"艺术节。④

2011 年 6 月,应立陶宛"第 19 届国际木偶艺术节"组委会和"塔林克雷夫艺术节"组委会邀请,泉州市木偶剧团一行 12 人于 5 月下旬赴立陶宛维尔纽斯、考纳斯和爱沙尼亚塔林,参加"第 19 届国际木偶节——飞翔的节日"及"欧洲文化之都——塔林克雷夫国际艺术节"演出活动,并为我国驻立陶宛大使馆作慰问演出。⑤

2011 年 6 月 13 日,福建省在毛里求斯成功举办"中国茶文化"讲座。应毛里求斯中国文化中心邀请,福建省文化厅组派武夷山止止茶道传播有限公司茶艺专家和武夷山市艺术团表演人员 4 人于 5 月底赴毛里求斯举办了《2011"发现中国"讲座之浅述——中国茶文化》讲座。⑥

---

① http://www.tjwh.gov.cn/whjl/jldt/1101/11.01-28-ylqn.html。
② http://www.tjwh.gov.cn/whjl/jldt/1102/11.02-24-dsjz.html。
③ http://www.news.cjn.cn/hbxw/201102/t1290153.htm。
④ http://www.xjwh.gov.cn/72ed8731-a0df-4d6c-86e4-2f4d1d0b0b50_1.html。
⑤ http://www.fjwh.gov.cn/html/6/53/34551_2011621321.html。
⑥ http://www.fjwh.gov.cn/html/6/53/34323_2011613419.html。

2011年,第四届中国长春华夏文化艺术节暨2011中国东北亚文化产业博览会(简称文博会)于6月30日至7月6日在欧亚卖场会展中心举行,展会面积1.5万平方米。文博会今后将每年一届,发展影视动漫、新闻出版、广播电视、民间艺术、体育健身、创意科技等多行业,以做"大"文化为方向。本届文博会汇集了包括全国各地的精品书画、壶艺陶艺、竹木编织、微刻石雕、奇石名石、浪木根雕、玉石玉雕、陶瓷工艺、文房四宝、珠宝饰品、茶艺茶具等民间艺术精品。①

2011年,作为"2011中国文化聚焦"活动项目之一,受文化部委派,天津艺术团于7月7日启程赴南非参加南非国家艺术节。天津艺术团精选了一台由民族音乐、歌舞、杂技组成的"魅力天津"专场演出献给南非人民。这也是文化部首次派出专业文艺团体参加南非国家艺术节。②

2011年8月4日,由文化部对外文化联络局、重庆市文化广播电视局、英国威尔士议会政府对外关系部共同主办的"中国·重庆文化周",在英国威尔士国家博物馆拉开大幕。③

2011年8月23日,为期五天的第二届黑龙江中俄文化大集暨"中俄双子城之夏"艺术节在黑龙江省黑河市隆重举行。众多中外嘉宾、海内外新闻媒体齐聚黑河,共享黑龙江两岸文化交流的丰硕成果,共赏欧亚文化交融碰撞的奇葩绽放。活动以"文化贸易、文化交流、友好合作、繁荣发展"为主题,旨在进一步拓宽黑龙江省乃至中国与俄罗斯文化贸易、文化交流的渠道,扩大中国和黑龙江省及黑河对外知名度和吸引力。黑河市还积极与俄方开展民族民间艺术交流,组织"中国·黑河北安民间剪纸艺术作品展"、"中国·嫩江国画展"赴俄布市进行展览,引起了较好反响。④

2011年11月,中国—东盟文化产业论坛、南宁国际民歌艺术节举办,中国与东盟国家多姿多彩的文化交流活动成为刚刚结束的第八届中国—东盟博览会的亮点。从2008年开始,广西文化厅连续四年承办"欢乐春节"品牌在印尼、泰国、韩国的文化交流活动,共派出了5个艺术团,演出节目受到当地观众的热烈欢迎。⑤

2011年11月30日到12月3日,应法国巴黎中国文化中心邀请,福建省仙游县鲤声剧团到巴黎参加第五届"法国中国地方戏曲节"演出,在法国巴黎蒙福尔特

---

① http://www.jxwh.gov.cn/news.asp?id=5871。
② http://www.tjwh.gov.cn/whjl/jldt/1107/11.07-07-2011.html。
③ http://www.cqcrtv.gov.cn/html/1/wgdt/zhxx/news_558_7562.html。
④ http://www.ljwhxx.cn/whxx/201210111202.htm。
⑤ http://www.gxwht.gov.cn/article/jiaoliu/info-1752.html。

剧院演出地方传统戏剧宋元名剧《白兔记》等。①

2011年春节期间,广东省成功组织了4批文艺团组参加文化部海外"欢乐春节"活动,包括广东歌舞剧院赴美国演出、佛山龙狮团赴意大利演出、珠海汉胜艺术团赴新加坡"春到河畔"春节演出及以梅州市、广东粤剧学校为主的广东艺术团赴留尼旺演出等,被文化部授予"优秀组织奖"。②

2011年,经文化部、省文化厅推荐,美中文化交流协会甄选,太原市歌舞杂技团31人的演出团,于2月7日至2月17日在美国纽约参加了"中华欢乐春节"大型演出,并赴新泽西、宾夕法尼亚州和华盛顿区等地进行了为期11天的访问演出,取得圆满成功。③

(三)"非遗"项目的国际交流

2011年,应澳大利亚考思莫国际文化艺术协会的邀请,由陕西省文化厅组织的西安鼓乐艺术团一行28人于2月8日至19日赴澳大利亚开展了为期12天的文化交流活动。西安鼓乐艺术团此次赴澳开展演出活动,是文化部"2011海外欢乐春节"系列文化交流活动的重要组成部分,也是西安鼓乐2009年被列入联合国教科文组织"人类非物质文化遗产代表作名录"后的首次出访。④

2011年4月15—21日,上海昆剧团一行赴法国巴黎参加巴黎中国文化中心的"上海文化月"开幕式活动。18日晚"上海文化月"活动在装扮一新的巴黎中国文化中心拉开了帷幕,上昆的《牡丹亭·游园惊梦》作为开幕式演出。19日晚在巴黎中国文化中心还进行了一场中外艺术家交流演出。⑤

2011年5月25—30日,上海市非物质文化遗产代表团应巴黎中国文化中心和中国驻里昂总领事馆的邀请,赴法国进行文化交流展示、展演。中国驻里昂总领事馆殷立贤总领事在专门为代表团举办的欢迎晚宴上,高度赞扬代表团的演出拉近了中法两国人民的距离,用传统艺术架起了中国人民与法国人民的友谊桥梁,展示、演出均非常成功。⑥

2011年11月10日,当地时间9日下午3点,"2011中国文化聚焦·浙江文化节"暨"物华天工——中国浙江非物质文化遗产展"开幕式在埃塞俄比亚首都亚的斯亚贝巴国家剧院举行。⑦

2011年11月,第二届"守望精神家园——两岸非物质文化遗产月"系列活动

---

① http://www.fjwh.gov.cn/html/9/53/36129_2011923444.html。
② http://www.gdwht.gov.cn/shownews.php?BAS_ID=27167。
③ http://www.sxwh.gov.cn/Article_Show.asp?ArticleID=4401&Classid=7。
④ http://www.snwh.gov.cn/sxwh/whtxxgb/201103/t20110314_109349.htm。
⑤ http://www.ichshanghai.cn/news/detail.php?id=1129。
⑥ http://www.ichshanghai.cn/news/detail.php?id=1202。
⑦ http://www.zjwh.gov.cn/dtxx/zjwh/2011-11-11/112066.htm。

在台北松山文化创意园正式开幕,这是两岸开放交流20多年来赴台规模最大、持续时间最长的非物质文化遗产交流活动。①

(四)其他文化交流活动中的民俗文化

2011年1月13日,四川被文化部确定为首批海外中国文化中心央地合作的9个省市之一。利用东京中国文化中心这一国家文化交流平台,四川省整体推出了"天府四川·美丽依然"年度主题活动,内容包括灾后重建成果展、"巴蜀画派"书法绘画展、三国文化展、"熊猫故乡之旅"等。通过演出、手工艺展示、旅游推介、文化讲座、灾后重建图片展、人员培训等多种形式,融合传统文化与现代传播,扩大中华文化影响力,为四川文化外宣、文化交流和文化贸易奠定更坚实基础。②

2011年8月,受马来西亚、印尼和泰国等社团的邀请,海南省"亲情中华"琼剧文化交流东南亚访问演出团一行36人,赴马来西亚、印尼、泰国等3国进行为期12天的文化交流访问演出活动。③

2011年2月15日,辽宁省经贸文化参访团访台,开展以"关东风情宝岛行"为主题的文化经贸交流活动。作为文化交流的重要内容,省文化厅组织选调了33个非物质文化遗产项目的传承人和项目代表,以及海城市民间高跷秧歌艺术团、辽宁大学本山艺术学院两支表演队伍,组成近百人的辽宁民间文化展示展演队伍在文化交流活动中圆满完成任务,载誉而归。④

2011年4月,由国务院新闻办公室、四川省人民政府和中国印度大使馆共同举办的"感知中国·印度行——四川周"系列活动在印度举办。四川省相关省领导带团前往印度,开展商务洽谈、旅游推介、美食展示、图片展览和文艺演出等活动。由四川省文化厅承办的晚会《多彩四川》作为此次系列活动的开幕式演出,于4月26日晚在新德里斯里堡剧场隆重上演,并在27日再次上演。⑤

2011年4月,贵州省黎平县吴永英等6名侗族大歌演员组成的演出队远赴巴黎参加法国巴黎国际旅游展活动,天籁般的侗族大歌、绚丽多彩的侗族服饰及侗族习俗受到热烈欢迎。⑥

2011年6月8—16日,意大利"中国文化年·安徽周"演出展览活动在意成功举办。根据"安徽周"总体方案要求和安排,该省在意共举行了3场演出,2场

---

① http://www.culture.hn.cn/content/1400/2011-11-28/p20111128_000000000000003882.html。
② http://www.sccnt.gov.cn/snwhxw/201104/t20110410_4459.html。
③ http://zy.takungpao.com/wh/2011/0813/64592.html。
④ http://lnwh.gov.cn/detailx/18974.html。
⑤ http://www.sccnt.gov.cn/snwhxw/201104/t20110425_6913.html。
⑥ http://www.gzwht.gov.cn/xxgk_nei.aspx?id=2657。

展览。①

2011年6月24日,中国贵州苗族服饰展在巴黎中国文化中心举行开幕式,近两百名嘉宾出席。②

2011年9月,"为十艺节喝彩"·第四届山东国际小剧场话剧节、第十八届中韩日戏剧节于9月9日在山东剧院隆重开幕,两项活动给观众带来16台话剧,30余场演出。③

2011年9月,山东省文化厅组织文化代表团赴法国巴黎举办系列文化艺术交流活动。9月8日,"黄河天上来 齐鲁青未了——山东美术作品展"在巴黎中国文化中心开幕。④

2011年10月,由国务院新闻办公室组织的中国西藏文化交流代表团21日开始在纽约进行访问,向纽约各界人士介绍西藏经济、社会发展最新进展,以增进美国民众对西藏真实情况的了解。代表团团长、中国藏学出版社总编辑毕华说,这次访问将从不同角度介绍西藏当前情况,并就中国的民族区域自治政策,西藏的宗教、教育、语言和文化保护等广泛议题与纽约各界人士交流互动。⑤

2011年11月6日,由江苏国际文化交流中心、南京大学和乔治·华盛顿大学共同主办的"江苏杯"汉语比赛在美国圆满落幕。⑥

2011年12月,为庆祝哈萨克斯坦独立20周年,哈文化演出机构邀请河南少林寺武术学校的弟子前来献艺。23日,数千名观众顶着严寒来到哈第一大城市阿拉木图绍拉克体育宫,观看少林弟子的精彩表演。⑦

2011年12月23日,广东省2011年对外、对港澳台文化工作点评会在河源召开。根据文化部通报,去年广东省对外、对港澳台文化交流项目数和人数均位居全国第一,超过了第二、三位省(市)的总和。2011年,广东省对外、对港澳双向文化交流达954批13461人次。其中,出访为370批5720人次,分别比2010年增加了2.8%、12.5%;来访为584批7662人次,比去年分别增加了27.2%、3.5%,继续保持全国前列。⑧

---

① http://www.ahwh.gov.cn/gov/tamplates/news_content.jsp?id=100111&c_class_id=1001111000&news_id=102102100111116703。
② http://www.gzwht.gov.cn/xxgk_nei.aspx?id=2761。
③ http://www.sdwht.gov.cn/shownews.asp?id=865。
④ http://www.sdwht.gov.cn/shownews.asp?id=864。
⑤ http://www.tibetculture.net/whbl/whjl/201110/t20111028_1150172.htm。
⑥ http://www.jicec.org/lsh/detail.asp?newid=747&leibieid=37。
⑦ http://www.hawh.cn/whzx/2011-12/25/content_94588.htm。
⑧ http://www.gdwht.gov.cn/shownews.php?BAS_ID=27167。

六、问题与建议:走向普遍与深层次的文化保护

2011年10月份召开的十七届六中全会,向全党明确提出了"增强国家文化软实力,弘扬中华文化,努力建设社会主义文化强国"的战略任务。这对进一步兴起社会主义文化建设新高潮,夺取全面建设小康社会新胜利,开创中国特色社会主义事业新局面,实现中华民族伟大复兴,具有重大而深远的意义。从民俗文化发展自身来看,通过国家主导参与,尤其是在《中共中央关于深化文化体制改革推动社会主义文化大发展大繁荣若干重大问题的决定》指导下,从公益性文化事业、盈利性文化产业以及国际文化交流等各个方面,推动了民俗文化的原生态保护和开发性保护,使得许多传统民俗文化事象重获生机。然而,在具体实践中,国家主导民俗文化保护与发展还有一些问题,这些问题主要体现在对文化遗产的保护与发展方面有一些误区。

(一) 发展主义与民俗文化遗产[①]保护

以先工业化国家所走过的道路为发展样板的发展主义,作为一种普遍的意识形态,使得我们不由自主地采取了以追求GDP/GNP增长为核心目标的发展模式,但是这并不意味着我们一定就能建立一个美好和幸福的新社会。[②] 城市化过程造成了城市的膨胀与拥挤,超出了它所能承受的压力;也造成"村落的终结",[③]使村庄和城市中所有的人都失去了可以回归的家园。这些情况,都给作为乡土中国生活文化传统的民俗造成了巨大的冲击,而且这种冲击又与人们的价值观和行动上的普遍追求个人化、分裂化,以及在新环境中相互之间的安全感和信任感普遍缺乏的状态相互影响,交织在一起,从而形成一种发生在普通人情感方面的文化危机。学者一般认为,民俗文化(民间文化)作为农耕文明的生活方式和价值观,其生命力在当下已经非常脆弱,可是它们承载着我们民族的情感,不能失去[④]。当以保护民俗文化中濒危而有价值的部分为工作目标的"非物质文化遗产保护"推行之后,很快得到了社会大众的呼应和理解,大致是基于人们在生活中实际形成的文化危机感。

不过,从民俗文化中挑选出若干"遗产"来加以保护,并不一定能够解决普通

[①] 本文中所用的"民俗文化遗产"概念,大体是指在非物质文化遗产保护语境下的民俗文化,包括由政府决策和主导实施的"非物质文化遗产"保护对象。对于这一概念的使用,是为了更整体地来观察非物质文化遗产保护工作对于民俗文化的影响。

[②] 左冰:《发展语境下社区参与旅游发展困境及出路》,《思想战线》2011年第4期;黄平、罗红光、许宝强主编:《当代西方社会学·人类学新词典》,吉林人民出版社2003年版,第26—31页。

[③] 李培林:《村落的终结》,商务印书馆2004年版。

[④] 也就是将民间文化与精英文化相对照,看到民间文化随农耕时代的退去而面临消失的危机。冯骥才:《庄严的宣布》,《灵魂不能跪下——冯骥才文化遗产思想学术论集》,宁夏人民出版社2007年版。

人所感觉到的文化危机问题。因为这种保护,尽管使一部分民俗文化形式被保留了下来,并且可以作为讲述历史的感性凭证,但是当它们和人一起都脱离了原来的土地,脱离了往常人们的交往关系,就只能作为像古代建筑、考古文物一样的东西被人们所观赏,而不能作为他们用于情感交流的语言和手段。对于民俗文化的保护,关键问题不是有没有人懂得它和会表演它,而是要通过这种文化保护,实现在社会现代化、城市化过程中防止社会关系中情感纽带的断裂。

这样来看,需要重新认识村落在维系和发展民俗文化传统中的根基意义。这不只是经济能否可持续发展的问题,更是社会和文化能否可持续发展的问题。民俗学历来重视对地域社会与民俗关系的研究,比如日本的民俗文化保护就特别注意结合振兴地域社会的努力。[①] 民俗学者应该结合今天社会关系结构的巨大变动,来研究民俗传承的危机问题。比如,对由大规模拆迁所造成的原有文化情感包括居民地方感被严重伤害的现象,就应该给予批评性的研究。

因此,当前的非物质文化遗产保护工作,其重要的意义不只是履行我们作为联合国教科文组织《保护非物质文化遗产公约》签约国的责任和义务,甚至也不只是为保存民族文化的遗传基因,或者提升以前那些被边缘化的族群的文化地位,以改变文化生态的失衡状态[②],其深远意义同时还在于,由于这项工作与每个人的生存环境与文化处境息息相关,因而联系着中国社会发展模式该如何选择之问题。当然这首先是全社会面对深巨的文化危机而共同参与的文化保护行动。

但是,将哪些民俗文化评定为"非物质文化遗产的对象",目前主要是由国家和各个地方政府来认定,特别是在保持和强化民族国家和地方社会的认同方面,体现了各级政府认定的权力。另一方面,在各级行政单位建立不同类别的文化遗产的名录,特别是在组织申报和评审的过程中,事实上还考虑到了开发利用方面的经济利益。于是,民俗文化的核心价值,即"物质背后所隐藏的最深层的期待、愿望、心理","农业社会里最高尚信仰的那些东西"[③]就被深度压抑了。这进一步暴露出,在社会发展模式的规划上,经济发展的指标压制了文化发展的指标。因此,对于文化的保护,不能局限于文化本身,必须与对于发展模式的探索结合起来。只有在正确选择了社会发展模式的议题之上,才能解决好这种既保护同时又伤害民俗文化的问题。

从发展经济与文化协调发展的角度来看,许多所谓非物质文化遗产,其实是发展变化中的文化,不可以脱离文化持有者的主动发展的愿望,强求按一定标准

---

① 周星:《文化遗产与地域社会》,《河南社会科学》2011年第2期。
② 高丙中:《关于文化失衡与文化生态建设的思考》,《云南师范大学学报》2012年第1期。
③ 乌丙安、孙庆忠:《农业文化研究与农业遗产保护——乌丙安教授访谈录》,《中国农业大学学报》2012年第1期。

来给以保护,否则就仍然会使大众的文化话语权被边缘化[①],以致牵涉到人权的问题[②]。保护所谓非物质文化遗产的意义和方式,可能与保护文物、遗址、古籍等文化遗产完全不同,许多非物质文化遗产既不能被固定化也不能被送进博物馆。对于大部分非物质文化遗产来说,以保存其实物、资料和表演其形式的方式来进行保护是远远不够的,更需要让这种文化与人民的生活、与社会一道发展。

(二)"文化遗产"观的价值取向

非物质文化遗产作为一个关于文化分类和价值判断的概念,主要指的就是那些行将消失或者发生根本改变的民俗文化。但是,民俗文化究竟具有怎样的价值?民俗文化的价值怎样才能在现实生活中实现?这样两个重要问题的讨论,既被非物质文化遗产概念所激活,又被这个概念所搅乱。目前,学者们还难以对民俗文化的保护做出更加清晰的解释。许多学者都忙于按"遗产"的价值标准对民俗进行评估和打分,未能对各个地方变化着的民俗进行更多的调查和研究,对于民俗文化价值如何发生的情况难免有模糊的认识。

关于一般民俗文化的价值,不妨从"内价值"与"外价值"这样两个方面来理解。内价值是指民俗文化在其存在的社会与历史的时空中所发生的作用,也就是局内的民众所认可和在生活中实际使用的价值。外价值是指作为局外人的学者、社会活动家、文化产业人士等附加给这些文化的观念、评论,或者商品化包装所获得的经济效益等价值。提出民俗文化内价值与外价值的相对区分,事关民俗文化保护实践中所面临的根本矛盾。

民俗文化两种价值的实现,应该是相辅相成的关系,尤其是其内价值的实现需要呵护。目前"保护"民俗文化的做法与结果,多注重其外价值的实现,而不注重其内价值的实现。由于许多保护的方案是按照局外人的价值观来制定的,而且由于他们获得了某种引领民俗文化传承的权力,所以可能会造成对于民俗文化原有内价值的伤害。民俗文化的根本价值是它具有生活特征的内价值,而不是把它作为欣赏对象和商品包装的外价值。内价值是"本",外价值是"末",如果是本末倒置地去实现民俗文化的价值,民俗文化的自然传承与正常更新过程就可能被遏止。

民族国家的话语权,也强有力地影响了外部专家等人对民俗文化的价值判

---

① 刘志军:《后申报时期非物质文化遗产保护的忧与思》,《思想战线》2011年第5期。
② 刘壮:《论非物质文化遗产保护的人权价值》,《民族艺术》2010年第2期。

断,特别是在这些专家评定国家级或世界级遗产的时候。① 关于非物质文化遗产保护工作的政治属性,近年来越来越受到学界的关注,如彭兆荣认为,"民族"和"国家"的名义,过于沉重地承载于遗产之上,有的时候,这种对遗产的压力是一种强加,甚至戕害。② 因此,与保护物质的建筑、文物、考古遗迹等十分不同,对于民俗文化的保护,如果不从文化持有人的立场上看问题,有可能会大大偏离民俗文化本来的意义和价值。

运用"遗产"的概念,将民俗与前人留下的文物古迹相同看待,强调民俗文化具有某种重要价值,其实已经暴露出我们对于民俗文化内价值的实现缺乏信心。在各个地方的社会生活中,某种具体的民俗文化能否传承以及怎样传承,往往受制于工业化、科技化的影响,受制于社会关系结构的改变。当群体生活方式发生根本性的变化时,民俗文化的形态和作用也必然会发生一些根本性的变化,不可能保持"原汁原味"。但是民俗文化的变化,不应该只是成为让局外人欣赏的"遗产",例如成为在博物馆中的陈列和旅游场地中的表演,还应该在全社会生活方式、交往方式的不断建构中,经由意义的阐释与形式的创新,不断地发挥作用,从而持续保有其内在的价值。

民俗文化的内价值不是自我封闭的产生,而是作为人与人之间相互认同、相互交流的符号和工具。民俗的价值不仅存在于某个地域和群体的内部生活当中,也存在于跨地域与跨群体交往的实践当中。民俗文化的内价值所具有的生活的开放性,也表现为与其外价值的实现形成相互配合的关联。例如关帝的信仰能够在许多地方扎根,就离不开古代中央政权的推崇和各地文人的诠释。这说明外价值也可能转化为内价值,条件是能否获得当地大多数民众的认可和参与实现。也就是说,内、外价值之间有一个相互认知和接受的过程。作为局外人开展对于民俗文化的保护,特别需要加强对于其内价值的认知,对于其内价值的实现给予特别的扶持。北京怀柔区杨树底下村,每年正月十五都有妇女结社作"敛巧饭"或叫做"雀儿饭"的习俗,传说是为了感谢麻雀曾经帮助她们获得粮食的种子,兼有山村生活的许多情趣。这一习俗在进入国家级非物质文化遗产名录以后,召来大量游客都前来吃敛巧饭。显然,这已经不是原来意义上的村落民俗了,价值实现的重心正从内部转向外部,结果是发展了地方的旅游经济。这是当下民俗文化内价

---

① 李军:《什么是文化遗产——对一个当代观念的知识考古》,陶立璠、樱井龙彦主编:《非物质文化遗产论集》,学苑出版社 2006 年版;彭兆荣:《以民族—国家的名义:国家遗产的属性与限度》,《贵州社会科学》2008 年第 2 期;李春霞、彭兆荣:《无性文化遗产遭遇的三种政治"政治"》,《民族艺术》2008 年第 3 期;范可:《"申遗":传统与地方的全球化再现》,《广西民族大学学报》2008 年第 5 期;陈志勤:《从地方文化到中国、世界的梁祝传说——兼及民俗文化的历史的、社会的建构》,《山东社会科学》2010 年第 1 期。

② 彭兆荣:《以民族—国家的名义:国家遗产的属性与限度》,《贵州社会科学》2008 年第 2 期。

值与外价值互相置换,并且有可能成为另一种常态的例子,说明对于民俗文化的保护,不可能摆脱整个社会转型的制约。我们最重要的任务,应该是关注民俗文化扎根于生活的内价值是不是得到了保持与新生。

出于这种关注,需要反思民俗文化保护过程中的一系列观念和做法。首先是关于民俗的分类。我们长期以来都是将本来与生活浑然一体的民俗各取所需地进行所谓科学的解释。比如,艺术学科要求找出作为艺术的民俗,而且要分清楚什么是文学,什么是音乐,什么是美术。节日研究者要找出有哪些宗教节日,有哪些生产节日。但是这些解释往往忽略了人们对于民俗出于切身经验的整体全面的感受,因而不能体现民俗文化的内在价值。按照这样的分类标准将一些民俗列进各级非物质文化遗产名录,并不能引导民俗文化实现其原在生活中的价值。超然于生活之上的民俗文化分类学因此受到责难。

其次是关于"传承人"的作用。以为只要保护了一些"传承人"身上的技艺或知识,就可以传承民俗文化的想法,未免有些简单。大量的事实是,这些传承人只是把他们的手艺和才能变为大宗旅游商品或表演给外人看。这种做法,并不能还原民俗作为情感符号发挥其在动员和组织和谐生活过程中的作用。原因在于,民俗文化的传承特别倚重于群体和社会,当社会对于这些个人的角色已经是另有期待,那么他就不能不改变他所承担的角色,尽管他对于民俗文化的知识有比较多的占有。必须认识到,并非只有被政府认定的传承人,而是我们所有的人都拥有不断变更着的民俗文化。每一个人的生活都或多或少体现出民俗的价值,一个社会的文化之所以是个整体,是因为能够从一个人的生命中看到这个文化的整体。

最后,"非物质文化"是不是揭示了民俗文化价值的实质。民俗作为生活文化得到人们创造、传承和享用,这是一个应该回归的认识。用非物质文化来界定民俗,出于一种超然和"客观"的立场,即作为保护者或研究者的立场,并没有指出需要亲身感受民俗的正确途径。所有的民俗都离不开身体实践,都具有身体经验的性质。在参与当地人的生活中,最能充分调动自身的身体经验去感受他人的身体经验,因而能够真正体会出民俗文化在当地的内价值。

可以引一个案调查的经验来说明这一点。在北京的西南郊,长沟镇是一个著名的集市,近代以来,周围的一些村落依靠集市,形成了以村落为单位的分工生产的格局,当地有一个顺口溜(谣谚):"七贤村的篮子,沿村的筐,太合庄的小车一大帮,北务(村)的小伙起大香('起大香'指:榨香油)。"这个谚语不仅记录了一段乡村经济的历史,也记录了只有当地人才能体会的身体经验,包含了许多村民个人的生活故事。为感受这些村民的集体性的身体经验,我们在调查过程中形成了"村落劳作模式"的概念。"劳作",指村民从事生产的交换的行为,兼有某种身份认同的含义;作为民俗文化现象,劳作是一切社会中最为普遍和最为常见的群体性与模式化的行为文化现象。随着工业化的进程,北京西南郊这些村落劳作模式已经被瓦解,成为了历史的记忆,只有个别老人还习惯地在从事这种模式化的生产与销售活动。该个案还说明民俗文化面临的不仅是需要保留一些文化形式的问题,还需要结合城乡发展模式来给予讨论。仅靠文化本身并不能解决文化的问题。

从身体经验的角度来描述村落人对于这段历史的记忆,有助于体会人与文化传统之间相互作用、相互塑造的过程。例如沿村人的编筐,不仅是改变了他们的生活,也在一定程度上改变了他们的身体。提出非物质文化遗产保护的问题是基于文化危机,但保护本身并不能从根本上客服文化危机。当代人的文化危机意识,就普通人的感受而言,都密切地关联着自己对于环境发生巨变的身体经验,例如关于"年味儿淡了"的感慨等。因此,只有对各种民俗文化的价值加以"体悟",才能加深人们之间的文化交往,增强当代文化创造与传承的合理性。

(三) 普遍与深层次的文化保护与全民文化自觉

对于文物、古迹、文献等进行的文化保护主要是由专业人员来进行的,而对于非物质文化遗产的保护,却几乎是社会全体成员的事情,是需要深入到普通人生活中的文化保护。另一方面,对于大部分非物质文化遗产的保护,不能仅靠文化资料的保留或者少数人能够表演就可以奏效,而是需要伴随社会生活的变革,使文化得到活态的传承和发展。对于非物质文化遗产的保护,不是为了阻断那些生活文化必然发生的变通或演变,而是希望那些文化不断获得新的生命力而得以延续。因此,提出非物质文化遗产保护的意义,不只是将文化遗产保护的范围加以扩大,更不是要把许多活着的文化都变成供人欣赏的固定"遗产",而是要求全民更加自觉地对于自己身上的传统文化给予普遍和深层次的保护。

这种普遍和深层次的文化保护,原本是现代民俗学研究所要达到的一个实际目的。民俗学通常是以研究具有地方性、民族性的生活文化传统为己任,但是在这种研究的背后却有一个强烈的责任意识,就是要克服在社会发展过程中可能发生的文化断裂的危机。也就是说,现代民俗学之所以关注传统,其动机其实是来源于对现实文化危机的关切。当前的"非物质文化遗产保护"作为政府和全社会的一种文化担当,在一定程度上也是受到民俗学等学科影响的结果。但是也必须指出,目前的民俗学研究还不能完全适应社会发展的需要,还没有与全体人民的文化自觉行动紧密结合,特别是还没有形成多元和充分的文化对话。

当全体人民都在关心和参与文化保护的时候,民俗学等学科还可以发挥出什么社会作用呢?

第一,根据近些年来我们在民俗文化调查和研究中所积累的经验,可以提出这样一种看法:民俗学是一种致力于与全体民众共同感受自身文化的学科。目前将文化遗产分为物质的和非物质的两大类,反映出一种站在上面或外面来看文化的立场,而如果是站在文化持有者的立场,所谓物质性文化与非物质性文化都是离不开自己身体的文化,是难以分割的。物质的东西是自己亲自制造和使用的,制造和使用这些东西的能力又是包含在自己身体之中的,口头和形体的语言等就更是须臾离不开自己的身体。所以从民俗学的角度来看待非物质文化这类现象,其实主要是一种"身体性"的文化现象。对于这种文化现象的理解,也就离不开人们身体的感受。

在参与保护民俗文化遗产的行动中,民俗学者尤其要对地方文化多样性的表现形态加强调查,也就是要在现场对话的过程中,与当地民众一道重新感受和加深认识传承于我们每个人身上的民俗文化。而在此基础上书写或以影像记述的民俗志,既是保存对话的学术成果,也是扩大对话的学术手段。这正是民俗学在深层次上保护文化的重要的学术作为,也是民俗学参与社会生活发展的一种学术实践。保护工作的最终目的是提高全民族的文化自觉,包括建立起文化自尊和文化包容的心态,为此,需要民俗学在加强文化对话与文化交流的方向上作出新的努力。

第二,所谓非物质文化遗产或者说民俗文化遗产的保护,其实是社会发展这一话题的组成部分。现有的社会发展是不是以牺牲了某些文化为代价?这是非物质文化遗产保护的核心问题。所以民俗学当下所要讨论的一个问题就应该是:如何理解民俗文化遗产保护与社会发展的关系。我们认为,在经济快速发展和社会关系发生巨大变化的过程中出现了各种文化危机的迹象,所以才有了克服各种文化危机的呼声和行动,其中就包括非物质文化遗产保护的呼声和行动。这一行动的主要目的是两个:一是面对城乡关系和生活方式的巨变,尽可能避免各地方民俗文化被釜底抽薪地破坏,防止其文化价值的流失;二是在文化交往与文化冲突都日益加重的情势下,促进不同文化之间的相互尊重、理解与沟通。总之,保护民俗文化是为了让社会和全人类都走上良性发展的轨道。

第三,根据上述的认识,有必要对于目前流行的几个重要概念做出民俗学的解释:

1. 民俗文化遗产。目前已进入或正在申报进入各级非物质文化遗产名录的文化事象,还不能说是全部的民俗文化。事实上,这些名录的指定,由于要依靠一定的标准,所以仅是我们保护民俗文化的一种手段。"文化遗产"容易被理解为"过去时代留下来的财富"的意思,具有特别的选择性,但我们在讨论"民俗文化的保护"时,应该关注每个人身上都普遍拥有的民俗文化。

2. 民俗文化传统。在实际调查研究过程中,很多民俗文化现象都不宜被称做"遗产",而应该称之为传统。如春节等节日民俗虽然随着历史和空间的移动而呈现出形式和意义上的变化,但却是体现全民族身份认同的跨越时空的民俗文化传统。

包括口头讲唱、身体表演、仪式规范、生产制作和各种工具、建筑等在内的统一的民俗文化传统,是一个社会能够进行各种交往活动的情感符号体系,也是这个社会得以整合和运行的基础性文化。对于单个的民俗事象,如某一节日、仪式、劳作模式等,要作出任何有关形式、意义和价值方面的解释,都需要结合对于一个社会民俗文化整体的观察。

3. 社会发展。一般指包含物质生产、社会制度、生活方式和价值观念等在内的全部社会生活的历史发展过程。在当代中国,主要是指全社会进入经济全球化、工业化、科技化、信息化、城市化等发展的过程,也是指伴随这些过程而发生的人的生存环境、生活状态的改变与人的社会交往关系、知识修养、价值观念和行为规范的改变。

只有进入地方社会的实际生活,才能具体观察和感受中国的社会发展和所存在的结构性矛盾。各地方社会发展之间以及内部社会关系的协调是中国社会发展中必须要解决好的问题。保护民俗文化遗产的话语和行动,离不开当代中国整体及各地方社会发展的场域,关乎人与自然环境的和谐、社会的和谐、文化的和谐等一系列现实的期待。

4. 个案研究。对于社会生活和民俗文化的整体而言,具体的调查研究报告和阐释多具有个案研究的性质,包括对以村落、城市、区域、个人(生活史)、职业群体、社群、民族等为社会生活范围的文化现象的描述和认知;对某种文化事象、文化体系的构成和变化作出选择性的研究也具有一定的民俗学个案研究的性质。但是民俗学的个案研究,不只是通过积累而达到通识文化或把握某种文化事象通则的目的,更重要的是与当地文化持有者一道感同身受地理解自身文化与生存处境之间的关系和变化。

由于和各地方民众的密切互动,民俗学个案研究和民俗志的书写更多地具有深刻感受自身文化的学术追求,所以从一定意义上来说,民俗学就是一种感受之学。这应该也是对民俗学作为一门"现代学"的理解,因为今天的人们更加需要能够感受生活的学术。比如,关于区域民众的"标志性文化"的概念。刘铁梁从2005年起提出了标志性民俗文化的概念,①是希望地方民俗志的书写能够更加充分显示民俗文化的地域和族群特征,也能够加深对于民俗文化与地方社会历史关系的认识。这一概念其实潜含着民俗学的一种追求,即通过言说具有特定标志性意义的生活文化事象来感受特定人群自身独特的历史、生存状态和价值观等。就民俗志而言,提出标志性文化,就是为了更为切近和清晰地描述地方多样性和根性的

---

① 刘铁梁:《"标志性文化统领式"民俗志的理论与实践》,《北京师范大学学报》2005年第6期。

生活文化现象,力图传达出包括我们自己在内的所有人对于生活的共同感受。这些都牵涉到民俗学的理论和方法问题,也牵涉到民俗学在当代真正能做些什么的问题。同时,这也能够在国家主导的民俗文化事业发展中提供一些新的视角。

(山东大学儒学高等研究院民俗学研究所2012级硕士扈妙章、俞理婷、刘若轩同学为本文的材料搜集、整理付出了辛勤劳动,特此致谢!)

专题报告

2012

重新发现传统节日：
2011年度中国传统节日发展报告

王学文　李生柱[*]

传统节日是一个国家或民族的历史文化长期积淀的产物，是民族文化、民族精神的重要传承载体，是一个国家或民族重要的标志性文化。它在一定的时间节点上集中体现了民众的生存智慧、家国理想和社会传统维系机制。保护、传承和发展优秀传统节日文化，在一定程度上关系着国家文明脉络的延续、民族精神的凝聚和社会发展的和谐。我国传统节日历史悠久，形式多样，内容丰富，影响深刻，是中华文明的重要组成部分。一如所有的民俗文化事象一样，传统节日一刻也不曾脱离开政治、经济、社会、文化的影响，始终与它们共同变迁演进，与此同时节日也以其特殊的方式影响着政治、经济、社会、文化的发展变迁。了解和把握中国传统节日文化的发展特点和趋向，推动传统节日文化与现代社会的无缝链接和良性整合，进而更加自觉和科学地推动节日文化的传承、保护和发展，对于我们认识中国文化，传承文明精神，构建和谐社会，推动科学发展有着重要的理论价值和实践意义。正是基于以上的认识，我们将传统节日文化年度传承发展情况作为民俗文化年度发展报告的主题之一。

众所周知，从1949年新中国成立至今，我国的传统节日文化经历了多次的政治洗礼和深刻的市场化、现代化、城市化的影响。从政府、学界到普通民众对传统节日的内涵、功能和意义的认识也几经变化，从文化态度到生活实践都呈现出非常复杂的图景。一方面，从古至今、从上至下、从老到幼、从男到女、从阳春白雪到下里巴人，都在一直感受着、寻求着、实践着"过节"的主题。另一方面，随着现代化、城市化和全球化程度的日益加深，形式多样、内涵丰富的传统节日文化正面临着迅速消逝和同质化的危险，节日在家庭、社区、地区和国家中的角色地位和在社会运行中的意义发生了深刻的变化，在培育和传承民族精神方面的作用正逐步减

---

[*] 王学文，文化部民族民间文艺发展中心《中国节日志》编辑部副主任，副研究员；李生柱，山东大学儒学高等研究院民俗学研究所博士生。

弱。每临节日就会出现种种的话题,涉及国家的假日体系、交通安保、劳动保障、文化传承、社会心理等各个层面。于是,今日"如何过好节"已经成为一个不仅仅是个体、家庭、社区的问题,而且是一个政治的、社会的、经济的、文化的问题。要解决好这一复杂的问题,首先要搞清楚:什么是传统节日,我们今天在过着哪些节日?怎样过节?我们如何认识这些节日?它们之于我们的意义是什么?本报告即围绕着这些问题展开。

一、传统节日的界定

"传统节日",在今天一直作为不言自明的概念被使用,但根据我们的调查,人们对"传统节日"内涵的认识并不统一,主要有以下三种观点比较典型:一是认为传统节日是指春节、清明、端午、中秋等以汉族为主体的节日,不包括少数民族节日;二是认为传统节日是以"××节"为名的节日,不包括庙会、祭会;三是认为传统节日是相对于现代节日而言的,是指传承有一定时间的节日,至少是1949年前就有的节日。

应该说,以上的三种观点都不够全面。现代汉语词典"节日"词条将其解释为"传统的庆祝或祭祀的日子,如春节、清明节等;纪念日,如五一国际劳动节"。单一的族群维度下的传统节日范畴,有悖于当今世界文化多样性的追求和中华民族多元一体的历史与现实,不利于我们全面认知中华民族文化的整体性和丰富性,不利于民族的团结和发展。以狭义的"节"的名称来定义节日,忽略了不同文化体系中没有"节"这一对应词汇但却有同样功能意义的民俗的实际,如壮族三月三、苗族鼓藏节等。以1949年这样的时间作为划定传统节日的条件也相对呆板,赫哲族乌日贡、满族颁金节、锡伯族西迁节、塔塔尔族撒班节等民族节日,由于历史的原因存在着失传、断裂和近二三十年再造的问题。考虑到这些再造的节日在这些民族历史上能找到一定的文化源头,也坚持传承了二三十年,而且各民族都希望保有本民族特有节日的心理,我们认为这些节日也应划归为传统节日。

结合以上的考虑,我们认为在综合考量民族、时间、地域等维度的基础上,可以将"传统节日"定义为具有群体性、周期性以及相对稳定的内容和程式的特殊时日。在此定义下,我们所说的"传统节日"包括:

1. 春节、清明、端午、中秋等以汉族为主体的节日;
2. 各少数民族节日,包括历史上没有,但各民族自治区结合传统的文化要素再造的节日,如赫哲族乌日贡等;
3. 传统的庙会、祭会、歌会,如妙峰山庙会、祭黄帝陵、三月三歌会等。

以上所说的"传统节日"均为本报告关注的对象。

二、报告说明

1. 本报告虽然以2011年我国传统节日文化传承发展情况为主题,但同时兼及我国传统节日文化近十年的传承发展情况。这主要考虑了以下三个因素:一是文化事象的变迁通常需要一个相对长时段的历程才能清楚地呈现出来。虽然在一年中可能会发生一些突发性的事件,但这些事件对文化事象传承发展的影响程度和对人们认知的影响程度都需要通过纵向比较来分析。二是对文化发展的分析,特别是对传统文化的传承发展的分析有别于对经济等领域的发展分析,很难运用定量的统计分析方法,以时间来切割出明确的分析单元,而只能较多采用定性的描述,在时间分割上也只能相对模糊。三是以传统节日为主题作年度发展报告尚属首次,作为首个传统节日文化发展年度报告还承担着梳理历史的责任,以作为后续报告的参考。

2. 本报告关注的地域范围以内地为主,同时以独立报告的形式对中国香港、澳门、台湾地区传统节日传承发展情况进行梳理。

3. 本报告采取定性与定量相结合的方法。通过案例的方式分析归纳,同时在部分章节中引入定量统计的数据。

三、重新发现传统节日

中国传统节日,这里主要指汉族的传统节日,大致萌芽于先秦时期,成长于秦汉魏晋南北朝时期,定型于隋唐两宋时期。在这一漫长的历史演进过程中,节日体系一直是中国社会上下一体遵循的基本时间框架,协调着人与自然、人与神(鬼、祖先)、人与人的关系。进入近现代社会后,伴随着现代性的逐渐渗入,现代民族国家的诞生和公历的强势推行,社会各层级原本在传统节日体系上高度整合、统一的和谐关系"在现代一分为二,衍生出或冲突(压制与抵抗)或兼容(并存与互补)的复杂关系"。[①] 传统节日的地位发生了显著变化,传承发展境遇屡经变动。

1914年袁世凯批准了北京政府内务部的呈文,规定公历的1月1日为"元旦"、"新年",阴历正月初一为"春节"。[②] 1928年民国政府"实行废除旧历,普用国历"的社会工程,对传统节日进行改造,要求除国历规定者外,对于旧历节令一律不准循俗放假;一切旧历年节之娱乐、赛会等活动一律加以指导改良,按照国历

---

① 高丙中:《民族国家的时间管理——中国节假日制度的问题及其解决之道》,《开放时代》2005年第1期。
② 参见伍野春、阮荣:《民国时期的移风易俗》,《民俗研究》2000年第2期。

日期举行。① 在这种政策的高压之下,传统节日的传承空间逐步收缩到民间社会,失去了国家制度的认可。

1949年新中国成立后,中国共产党和人民政府对民国时期的传统节日政策进行微调,如将春节纳入到节假日序列,同时规定少数民族习惯的节日由各少数民族聚居地区的地方人民政府,按照各民族习惯规定放假日期。② 在物资相对匮乏的年代,为保证传统节日特别是一些少数民族传统节日的进行,政府还专门颁布了相关的保障政策,如1951年贸易部颁布《关于少数民族的年节优待办法的规定》。"文化大革命"十年,对传统节日文化的传承发展而言无疑是一场浩劫。在破除"旧思想、旧文化、旧风俗、旧习惯"的目标指引下,很多传统节日被视为非法活动横加批判和取缔。当时境遇较好的春节也未能幸免,甚至不再放假,要求过一个"革命化的春节",就是春节不休息,坚持"抓革命,促生产"。③ 在这种环境下,一大批传统节日从此销声匿迹,还有一批传统节日完全转入地下进入隐形状态,传统节日的组织体系和运行机制破坏殆尽。改革开放至20世纪90年代中后期,随着政策上的宽松、经济上的发展和文化认知上的改变,"文革"中衰落的民俗文化活动出现复兴,各民族、各地区的很多传统节日被重新接续,虽仍心有余悸但却试探性地再次生发和呈现出来。这时政府也将主要精力投入到推动改革开放、发展地方经济之上,没有将传统节日文化的传承发展作为特别的工作对象,也没有制定专门的政策,而主要依托相关职能部门开展了一些"三下乡"、"送温暖"等活动,以活跃节日氛围。

进入新世纪以来,传统节日文化的生存发展境遇一改过往被忽视、被压制的状态,获得了前所未有的关注和发展空间。从政府、专家到一般民众,从国家战略、大众传媒到民众生活,保护、传承、利用、发展节日文化,已经成为一种共识、一种趋向、一股热潮。重新发现传统节日价值,全民共谋节日文化传承发展的态势已经形成。

(一)政府层面:强势介入

中国传统节日在近现代跌宕起伏的发展历史告诉我们,在传统节日文化传承发展的过程中,政治的影响无疑是巨大的。一个传统节日的兴废,与政府执政的理念、施行的政策和施加影响的方式与程度紧密相关。进入21世纪,我国政府对

---

① 中国第二历史档案馆:《中华民国史档案资料汇编》(第五辑),江苏古籍出版社1991年版,第424—426页。
② 参见1949年政务院发布《全国年节及纪念日放假办法》,全国人大常委会民族委员会:《中华人民共和国民族法律法规全书》,中国民族法制出版社2008年版,第86页。
③ 高丙中:《民族国家的时间管理——中国节假日制度的问题及其解决之道》,《开放时代》2005年第1期。

传统节日的认识已经基本摆脱了过度政治化和意识形态化的影响。一方面，节日作为中华文化重要组成部分的文化认知得以确立，对其在社会发展的地位和作用有了更加理性科学的认识。另一方面，党和政府开始不断探索和推动保护节日文化的工作，并急切期望通过保护传统节日文化，实现社会和谐和科学发展。这主要体现在政策文件层面、文化工程层面和活动层面。

1. 政策文件

2005年6月，中央宣传部、中央文明办、教育部、民政部、文化部联合下发了《关于运用传统节日弘扬民族文化传统的意见》（文明办[2005]11号）。文件明确了中国传统节日的地位和作用，指出"中国传统节日，凝结着中华民族的民族精神和民族情感，承载着中华民族的文化血脉和思想精华，是维系国家统一、民族团结和社会和谐的重要精神纽带，是建设社会主义先进文化的宝贵资源"。2007年12月，国务院公布《关于修改〈全国年节及纪念日放假办法〉的决定》，清明节、端午节和中秋节三个重要传统节日与春节一起，成为国家法定假日；春节仍放假三天，但假期提前一天，将除夕纳入国家法定假日。这次国家法定假日调整，表明政府在中国节假日时间体系设置理念上的一次重大转向，是尊重、弘扬传统节日文化的标志性事件，对整个社会生活的方方面面均产生了深远影响。与上述两个重要的政策规定相伴随的是，近年春节期间党和政府的相关部门都专门发通知对节日工作进行安排布置。如2011年11月中宣部、文化部、国家广电总局联合发出通知，要求各级宣传文化部门组织安排好元旦、春节期间各类文化活动，丰富城乡基层文化生活，满足群众精神文化需求，着力营造喜庆祥和的社会文化氛围，让各族群众共享文化改革发展成果。与国家层面的重视一致，地方政府也纷纷制定相应的政策保护传统节日文化，如云南省2009年对《云南省少数民族传统节日放假规定》进行了公示，虽最终未正式颁布，但云南各少数民族聚居区大多已经实行了民族传统节日放假的政策。

2. 文化工程与项目

2004年4月，文化部、财政部决定在全国实施中国民族民间文化保护工程，同年8月全国人大批准我国加入《保护非物质文化遗产公约》，从此我国非物质文化遗产保护工作正式开启，非物质文化遗产保护工程开始实施。[①] 传统节日文化作为非物质文化遗产的重要组成部分，在保护工程中得到了高度重视。在2006年、

---

① "非物质文化遗产"这一概念大约在2003年前后进入我国并逐渐被广泛使用。这一概念是联合国教科文组织在推动文化遗产保护的过程中形成的。伴随着我国加入《保护非物质文化遗产公约》和政府对这一工作的全面推动，这一概念在政府工作层面被全面接受，大有取代我们之前一直使用的"民族文化"或"民间文化"之势。参见王学文：《我国非物质文化遗产保护的"四种倾向"及对策分析》，《民俗研究》2010年第4期，第30—43页。

2008年、2011年国务院颁布的三批国家级非物质文化遗产名录中,传统节日达到110多项[①],而三批名录中的大多数项目都直接或间接地与节日有紧密的关系,如关于节日的民间传说故事,在节日中上演的传统戏剧、舞蹈、音乐,在节日中使用的器物等。这一工程的实施,有力地推动了传统节日文化的传承和发展。

近年来,一批既有国家文化工程性质,又有强烈社会科学研究色彩的项目在政府主导下立项。比较典型的是"中国节日志项目"。这一项目被列入"国家社科基金特别委托项目"、"国家出版基金资助项目"、"十二五国家重点图书出版规划项目",由文化部民族民间文艺发展中心推动展开。这是我国史志传统的延续,是第一次对我国传统节日修志,规模宏大。截至2012年8月,这一项目已经立项近150项,全国有超过400名专家学者和上千名博士生、硕士生参与其中。

同时,国家相关部门和地方政府也纷纷设立工作项目,对传统节日文化传承发展和利用展开对策研究。如文化部"弘扬节日文化研究"项目,国务院参事室(中央文史馆)的"春节文化的传承与创新"项目,上海市委宣传部的"上海传统节日资源开发与操作专题研究"等。这些都充分表明政府对于我国传统节日文化的重视程度不断加大。

典型案例

中国节日志

该项目被列入"国家社科基金特别委托项目"、"国家出版基金资助项目"、"十二五国家重点图书出版规划项目",项目执行单位为文化部民族民间文艺发展中心。项目2005年开始试点,2009年立项展开。

《中国节日志》编辑委员会顾问由全国政协副主席孙家正,文化部部长蔡武和副部长王文章,国家民委副主任丹珠昂奔,中国文联副主席冯骥才,全国政协民族与宗教委员会副主任周明甫担任,主任为中国文联名誉主席周巍峙,委员由与传统节日相关的民俗学、人类学、文化学及戏曲、音乐、舞蹈、美术等多个学科有着全国性影响的70余位专家学者及有关方面领导组成。

"中国节日志"项目预期目标是组织跨学科的力量,利用五到七年时间对我国传统节日进行一次全面、系统、科学的调查,基本摸清我国传统节日的历史和现状。运用文、图、音像、数据库等载体,挖掘、保存、传播一批优秀的民族民间传统节日。

---

① 在"名录"中有将节会、庙会等项目合并到一起算为一项的情况,我们在统计时进行了拆分,分别计算。

"中国节日志"项目内容与成果形式分别为:1)《中国节日志》(文本)。挑选各民族、各地区有代表性的传统节日200个左右,分卷编纂、出版节日志书。节日志文本由科研院所、大专院校的专家按照统一的学术要求和体例进行调查和书写,包括综述、志略、调查报告等部分。2)中国节日影像志。选取若干有代表性的传统节日,按照纪录片的要求拍摄节日影像志,影像志成片100集。3)中国节日文化数据库。运用现代科技手段对以上所有的节日文本资料、图片资料及影像资料进行管理,形成中国节日文化数据库,内容包括我国传统节日文化的相关文献资源,主要有新中国成立前地方志、文人笔记等;传统节日调查的调查报告;传统节日的图片及影像等。

截至2012年8月,已经累计投入项目经费上千万,共立项《中国节日志》(文本)项目121项,其中含春节省卷项目26个。根据节日志文本的体例设计,要求各子项目提供调查报告。据不完全统计,这些项目涉及调查点700多个,根据任务书约定,已立项项目应提交文本总字数2283万字,图片60100张,录像资料35760分钟。中国节日影像志部分完成23个节日选题的拍摄,拍摄素材超过1700小时。中国节日文化数据库软件开发完成,完成对我国31个省、市、自治区的新中国成立前方志和《古今图书集成》中节日资料的搜集、整理、数字化工作,数据条目五万余条。目前,已经有30个文本项目进入结项程序,9个节日影像志成片完成,成果将于2012年8月陆续推出。

3. 活动

在传统的乡土社会,节日的组织者和参与者一般就是本土的民众。许多节日活动的安排和推动都依赖于在长期的社会生活中形成的组织或团体,如江西石邮村春节跳傩的组织管理者是吴姓头人组织,苗族鼓藏节的核心人物是鼓藏头和寨老,众多庙会的组织者是会首等。但进入现代社会后,这一组织体系已被破坏,功能失效。我们在考察传统节日文化传承发展情况时,看到更多的是政府的身影。政府是活动的设计者、管理者、执行者,在有些节日活动中,政府还是资金提供者。政府主导、行政色彩浓厚是当前传统节日文化传承发展活动中的一个显著特征。

政府主导着传统节日文化的对外传播。如文化部会同外交部、教育部、国家广电总局、国务院侨办等多部门在海外统一推出重要的对外文化品牌活动——"欢乐春节",希望通过这一系列活动,让全球各国与中国共度农历春节、共享中华文化、共建和谐世界。

政府主办了众多的节日论坛和研讨。如国务院参事室(中央文史馆)于2011年6月在北京召开"春节文化的传承与创新"座谈会,11月在山东济南与山东省人民政府、光明日报社共同主办了第二届春节文化论坛。

政府主办了不胜枚举的节庆活动。如四川省凉山彝族自治州州委、州政府从1994年开始举办凉山彝族国际火把节,贵州省旅游局、黔东南州州政府主办了"2011中国雷山苗年暨鼓藏节"系列活动,云南西双版纳州委、州政府组织举办了2011年泼水节系列活动。

(二)学术研究层面:方兴未艾

节日,是民族文化的重要传承载体和种种文化现象的集成。但长期以来,学术界对节日的重视程度与节日在民族精神、民众生活、社会发展等方面发挥的重要作用是难以匹配的。在现代学科体系建立以前,依靠我国深厚的文史传统,节日得以在地方志、文人笔记、风土记、岁时记等文献中被记录下来,但大多非常零散,还不具有明确的研究意识。现代学科体系建立后,节日虽然成为社会学、民族学、民俗学、历史学等社会学科关注的对象之一,但在很长一段时间里,对节日专门的、体系化的深入研究仍不多,相关成果较多地集中在节日文献的梳理分析、节日文化的一般性记录上。近十年来,随着文化遗产保护热潮的兴起和全社会对节日文化的重视,节日研究一跃成为当前的研究热点。

1. 研究机构和团队日趋专门化

顺应节日研究的热潮和巨大的社会需求,一些以节日为专门研究对象的机构纷纷成立,跨学科的节日研究团队日渐形成。根据研究取向和人员构成,可以将这些机构和团队分为三类:一类是在高等院校和科研院所中成立的,如文化部民族民间文艺发展中心在推动"中国节日志"项目过程中,分别在山东大学、云南大学、西南民族大学等高校建立中国节日文化研究基地。还有北京大学中国节庆研究中心、西北大学中国节庆文化研究中心等。这类机构更加重视节日研究的理论建设,学术本位意识较强。一类是民间协会依靠一些专家成立的,如人类学民族学研究会民族节庆专业委员会、中国民间文艺家协会节会文化专业委员会等。这一类机构以社会推广应用为导向,学术研究为应用服务,主要从事节庆文化活动的策划、推广等。一类是以节日研究课题组的形式邀请各方面专家组成的临时团队,如文化部"弘扬节日文化研究"项目组成员就来自山东大学、中国传媒大学、中国艺术研究院等科研单位。

典型案例

中国人类学民族学研究会民族节庆专业委员会

中国人类学民族学研究会民族节庆专业委员会(简称民族节庆专业委员会)是由全国民族文化、民族节庆等领域的科研教育单位、专业性组织及专家、学者、行业工作者等自愿结成的非营利性社会学术团体组织。遵守《中国人类学民族学研究会章程》,在中国人类学民族学研究会指导和领导下开展各项学术活动。

民族节庆专业委员会的发展目标是在中国人类学和民族学的学科建设和学术创新中,组织和推动民族节庆文化专业的发展,同时推动少数民族文化的保护与传承,推动少数民族节庆活动的蓬勃发展。

民族节庆专业委员会主要工作有:举办"中国民族节庆峰会",研讨民族节庆领域的政策机制、产业发展、学术成就和传播策略等话题;成立"中华节庆联盟"和"节庆传播联盟"两大战略协作体;建设"中华节庆网",出版发行《中华民族节庆》杂志等。

2011年,民族节庆专业委员会在举办"中国民族节庆峰会"活动时,进行了"2011中国优秀民族节庆"颁奖盛典,评选出的本年度优秀节庆分别授予"最具特色民族节庆"、"最具国际影响力民族节庆"、"最具创新价值民族节庆"、"最具魅力节庆城市(地区)"、"民族节庆活动杰出人物"等奖项。

2. 研究课题丰富多样

以传统节日为研究对象的科研课题在近年呈现井喷式的增长。在国家级社会科学基金(含艺术学、教育学单列)和各部委、各省市的社会科学研究课题中,都有关于节日的课题。这些课题设置层级不同,研究方向多样。既有节日综合性的、宏观性的研究,如王川平《中华传统节日重塑与民族文化认同建构和国家软实力提升的新路径研究》项目(项目号:11BSH037),也有侧重文化价值和意义方面的研究,如额尔敦陶克套《成吉思汗祭奠仪式及其文化功能研究》项目(项目号:11BZJ001);既有文化典籍意义上的集成项目,如《中国节日志》项目(项目号:09@ZH013),也有政策咨询性的项目,如"弘扬节日文化研究"(项目号:10JG002)。这些项目的立项开展表明:一是节日研究引起了政府和学界的重视,已经成为学术研究的热点;二是节日研究呈现出跨学科的、多维度的研究态势。

3. 研究氛围活跃,研究取向多维宽广

节日成为研究热点,是学术界顺应时代思潮和迎合社会巨大需求的情况下做出的一种自然选择。"首先是社会自身产生了通过传统节日的新生来构建当代公共文化时空的需要,接着通过敏锐的学者和政治精英的呼应和力促,传统节日正式登上了当代代表性文化的舞台,成为国家时间制度中的重要角色。"①在这一过程中,社会科学研究的机构与个人纷纷依托各自的资源和学术背景,合力开拓出当下热闹纷繁的节日研究舞台。一批组织和机构举办专题会议,对一些前沿问题

---

① 庞建春:《近年来中国民俗学研究走向的新观察——从两个语境和一个意识切入》,《温州大学学报》2011年第3期。

进行研讨。2005 年至 2007 年,中国民俗学会连续举办了"民族国家的日历:传统节日与法定假日国际研讨会"、"中华民族新年的庆典与习俗"和"文化空间——节日与社会生活的公共性"会议。文化部民族民间文艺发展中心与山东大学联合主办的《节日研究》辑刊,从 2010 年起每年两辑,连续推出了"节日文献"、"节日与信仰"、"春节"、"节日与戏曲"、"中国鬼节"、"节日与传播"等专辑,"跨境民族节日"等选题也已经开始运作,对节日研究进行了全向度的开掘。

这一时期节日论文发表的数量也有大幅度的提升。以中国知网 2004 年和 2011 年节日论文发表情况对比为例,2011 年节日论文发表量是 2004 年的一倍[1]。同时从论文内容来看,2011 年节日研究主题也体现出多学科参与性和研究角度的多样化。传统的研究方向如节日源流的考辨、节日文化内涵的研究等依然占有很大的比例,如刘魁立的《我们中国人自己的传统节日体系》[2]、张勃的《春秋二社:唐代乡村社会的盛大节日——兼论社日与唐代私社的发展》[3]。关于传统节日与现代社会的接轨、整合问题的研究颇为时兴,主要有旅游视角的,如唐雪琼、钱俊希、陈岚雪的《旅游影响下少数民族节日的文化适应与重构——基于哈尼族长街宴演变的分析》[4]、李袛辉的《大型节事活动对旅游目的地形象影响的实证研究》[5];教育和社会化视角的,如王绍文的《侗族传统节日对儿童社会化的影响》[6];媒介传播视角的,如俞香顺的《媒介视野中的民俗节日——七夕内涵的话语置换》[7];变迁、重构视角的,如戴淮明的《传统民族节日的现代命名与重新构建——以满族颁金节为例》[8]等。

可以说,近年的节日研究吸纳了多种学术力量的参与,使得传统节日研究呈现广泛化、深入化和现代化特色的同时,节日学理论和框架的雏形渐露。

---

[1] 数据来源于中国学术期刊网络出版总库中的社会科学Ⅰ、社会科学Ⅱ和经济与管理科学门类,使用主题检索和摘要检索,检索词为"节日",检索时间是 2012 年 7 月 17 日。其中对核心期刊的检索结果进行了逐一筛选。
[2] 刘魁立:《我们中国人自己的传统节日体系》,《江西社会科学》2011 年第 5 期。
[3] 张勃:《春秋二社:唐代乡村社会的盛大节日——兼论社日与唐代私社的发展》,《华中师范大学学报》(人文社会科学版)2011 年第 3 期。
[4] 唐雪琼、钱俊希、陈岚雪:《旅游影响下少数民族节日的文化适应与重构——基于哈尼族长街宴演变的分析》,《地理研究》2011 年第 5 期。
[5] 李袛辉:《大型节事活动对旅游目的地形象影响的实证研究》,《地域研究与开发》2011 年第 2 期。
[6] 王绍文:《侗族传统节日对儿童社会化的影响》,《贵族民族研究》2011 年第 4 期。
[7] 俞香顺:《媒介视野中的民俗节日——七夕内涵的话语置换》,《新闻知识》2011 年第 1 期。
[8] 戴淮明:《传统民族节日的现代命名与重新构建——以满族颁金节为例》,《黑龙江民族丛刊》2011 年第 2 期。

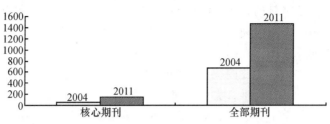

中国知网节日论文发表情况对比（2004 与 2011 年）

（三）媒体层面：众语喧哗

我们身处于媒体无处不在的世界。在任何一个领域、任何一个事件中，我们都能看到媒体，特别是现代媒体的身影。现代传媒发展到今天，已经全方位地、深刻地影响着人们的生活，重塑着我们的认知和交流方式。我们不仅有电视、广播、网络等接受信息的渠道，而且随着照相机、录像机和具有摄录功能的手机的普及以及微博、博客、论坛等工具的产生，我们每一个个体都有能力、有条件成为信息的制造者和传播者。这是一个人人皆媒体、全民皆记者的时代。面对传统节日，面对一个个有着丰富内容和深刻意义的特殊时日，无论是以新闻报道为职责的专门机构，还是身处其中的个人都不会将其忽略。由此，我们看到了众语喧哗的节日传播景象。

节日离不开传媒，传媒也不曾忽略节日。电视、广播、报刊、网络等媒体虽然有不同的传播渠道、传播方式和传播特点，但节日都是其竞相传播的对象。近年，各类传媒对节日的关注度呈上升的趋势。以《人民日报》、《光明日报》、《中国文化报》、《中国民族报》关于节日的报道情况为例，2011 年度较之 2004 年度，除《中国民族报》外均有大幅度提升。另外值得关注的是微博、博客等新媒体的产生和迅速发展，也为节日的传播开辟了新的平台。以河北省武安市东西土山村一个地方村落性的、传统的节会活动"土山诚会"为例，在 2011 年 1 月至 2012 年 7 月间，在新浪微博和博客中有多达 43 条信息，在百度视频搜索中有 55 条个人制作、发布的相关视频。①

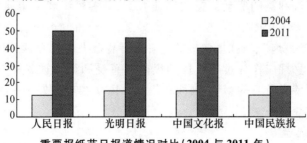

重要报纸节日报道情况对比（2004 与 2011 年）

---

① 我们使用了新浪微博和百度视频提供的搜索工具，搜索时间为 2012 年 7 月 18 日。

各类媒体关于节日的报道,主要有以下四类:第一类是发布关于节日民俗文化信息和报道节日文化活动,如2011年2月2日《北京晚报》刊登了《北京四大庙会今日开锣　龙潭庙会首办冰雪活动》报道,同时提供了春节期间北京各大庙会活动时间表。这些信息主要围绕着满足市民参与节日民俗活动的需求,提醒和引导民众节日行为的展开。第二类是传递节日浓郁的人情主题,营造欢乐祥和氛围的报道,如2011年重阳节《人民日报》以"九九重阳敬老人"为题的报道,将着笔重点落在"敬老"这一传统节日内涵之上,开篇即指出"老吾老,以及人之老"的文化传统,并富于人情味地祝福所有的老年人"平安幸福、健康快乐"。大量的围绕领导慰问和春节送温暖等活动的报道都应归入此类。第三类是节日社会文化层面的阐释,包括对节日历史源流和内涵的解读,对节日相关的社会现象和社会问题的探讨等。中央电视台推出的《我们的节日》系列专题和连续制作播出多年的《一年又一年》特别节目等,都侧重于对节日人文价值的追寻。春运问题、请客送礼问题、烟花禁放问题等作为节日期间衍生出的问题,一直被媒体所关注。第四类是媒体策划、主办和制作的节庆活动以及借助媒体的平台对外推出的节庆活动,如中央电视台的春节联欢晚会即属此列。

传媒的影响力,不仅体现在能够将有关信息传播出去,而且体现在,这些经过筛选、编排过的信息一经传递出去,就带着某种价值观和内在导向,影响到信息接受者的认识,进而影响到传播对象本身的发展轨迹。节日的传播与传播中的节日,是节日与传播这一问题需要时刻注意的两个面向。可以肯定的是,节日受到各类传媒的影响,不可避免地在传媒世界中被描述、传播、改造和重塑。这主要体现在如下三个方面:

1. 传媒围观节日

传媒的首要角色是信息的采集者、观察者。在当前节庆活动中,特别是在政府主导的节庆活动中,媒体记者是组织者极力邀请的对象。组织者普遍有着一种对外宣传推广的内在动力,这种动力或来自于彰显本土文化的自然需求,或来自于政治利益、经济利益的驱动。在这种动力下,众多组织者希望通过媒体来使这一较为地方化、本土化的节日进入到主流渠道,以获得知名度和影响力。在节日现场,手拿"长枪短炮"、肩扛摄像机的记者享有着极大的权力,可以任意穿梭于会场内外。在这里,理应作为过节主体的民众的感受和行为被忽视,相反要迎合传媒的需求,保证传媒所需的场景、画面和信息。民众在节日处于一种无助的、被围观的状态。

2. 传媒参与节日

传媒不仅是节日信息的采集者、观察者,还以其强势的传播力量主动参与节日。在传媒关注较多较久的节日中,媒体已经成为节日中的重要组成部分。在节日气氛的渲染、参与节日热情的调动、节日活动的宣传引导等方面,传媒都发挥了巨大的作用。

3. 传媒改变节日

传媒对节日的深刻影响,还体现在对节日内容和程式的改变上。传媒本身的发展和介入节日程度的日益加深,为传统节日增添了许多新内容和新形式。以短信拜年为例,2011 年春节,大年三十当天,北京地区移动手机用户短信发送量近 7.7 亿条,比去年增加 12.86%。彩信发送量 2200 万条,比去年增加 84.55%。WAP 站点访问用户数超过 4 亿。北京联通的数据显示,年三十早 8 点到年初一凌晨 1 点,短信量共计 1.43 亿条。若再算上北京电信用户的短信发送量,除夕之夜,北京手机用户拜年短信发送超过 10 亿条。① 短信拜年方式的盛行使得传统上面对面的拜年走访越发弱势,从长远看对家族的凝聚和社会交往的深度都将产生影响。另一个例子是中央电视台的春节联欢晚会。虽然越来越多的人对央视春晚不满意,但作为从 1983 年一直举办至今的品牌,已经深植在广大民众春节期间的日程中,成为春节活动的一部分。据来自 CSM 全国测量仪的数据显示,《2011 年中央电视台春节联欢晚会》(含省级卫视和地面频道转播)总体收视率为 31.04%,比去年提升了 0.12 个百分点,总体市场份额达 73.58%,比去年提升了 4.37 个百分点。② 晚会已经成为春节期间的重要活动内容。仅 2011 年 2 月 2 日至 8 日春节期间,中央电视台就播出了 14 场晚会,还不包括在不同时段重播和并机播出的场次。

名称	频道	播出日期
2011 年春节联欢晚会	CCTV-1、CCTV-3、CCTV-4、CCTV-新闻	2 月 2 日
2011 首届中国动漫春节联欢晚会	CCTV-少儿	2 月 2 日
2011 春节戏曲晚会	CCTV-11	2 月 2 日
2011 中央电视台网络春晚	CCTV-3	2 月 3 日
文化部 2011 年春节电视晚会	CCTV-1	2 月 3 日
首届农民工春节晚会	CCTV-7	2 月 3 日
中央电视台军事节目中心 2011 年迎新春晚会	CCTV-7	2 月 3 日
公安部 2011 年春节电视文艺晚会	CCTV-1	2 月 4 日

---

① 刘潇潇:《短信微博 iPhone4 新春三大看点》,《北京青年报》2011 年 2 月 16 日。
② CSM 全国测量仪:《2011 年春节期间中央台收视分析》,http://1118.cctv.com/20110214/103547.shtml,2012 年 7 月 18 日。

(续表)

名称	频道	播出日期
中国文学艺术界2011春节大联欢	CCTV-3	2月4日
2011年军民迎新春文艺晚会	CCTV-3	2月4日
《曲苑杂坛》特别节目正月正晚会	CCTV-1	2月5日
"飞向春天"迎新春文艺晚会	CCTV-少儿	2月5日
"共富家园"CCTV-7大型扶贫开发公益晚会	CCTV-7	2月8日
"魅力校园"新春联欢晚会	CCTV-少儿	2月8日

（四）经济层面：追名逐利

改革开放以来，以经济建设为中心这一主轴已经深入我们社会的各个层面。经济发展水平的高低和经济利益的驱动力，也深刻地影响着我们传统节日文化的传承发展。在这一过程中，随着经济体制改革的深入推进和转变发展方式认识的确立，从上到下对传统节日文化的地位、作用和价值的认识也不断深化，中国传统节日的传承发展境遇也走过了从最初的无暇顾及，到"节日搭台、经济唱戏"，再到"节日也是生产力"这样一个变迁过程。时至今日，经济因素仍是中国传统节日传承发展过程中一个重要的影响因子。此前报告中梳理的传统节日在政府、学术、媒体等方面的情况，都或直接或间接地有经济因素的作用。

传统节日经济，有别于我们通常所说的假日经济，是传统节日文化在现代社会变迁发展中产生一种综合性的经济形态。简言之，传统节日经济，是指传统节日期间由各种资源的配置、供给和需求所引发的经济行为。从当前节日消费内容看，传统节日经济至少包括三方面：一是满足基本生活需求的日用品、食物、衣着等方面的支出，与平时大体相同；二是满足传统节日习俗要求的特定支出和情感性、社会性行为支出，如中秋的月饼、春节的红包等；三是传统节日期间，在现代社会衍生出的休闲消费，包括招商引资、旅游观光、休闲度假、文化学习、美容健身、餐饮娱乐等。后者已经成为当前节日经济开发的重点内容。

应该说，市场或者说经济领域发现传统节日的经济价值的时间，远远早于我们在文化理念上明确传统节日的地位、产生保护和传承传统节日文化的自觉意识的时间。在市场灵敏的嗅觉、资本逐利的天性加上政府和民众发展经济的渴望等因素的共谋之下，我们对传统节日经济价值的利用、开掘由来已久，愈演愈烈。

一方面，传统节日经济成效显著。2010年大年三十至正月初六，全国实现消费品零售额达3400亿元，比2009年春节增长17.2%。[①] 一些节日期间的活动成为吸金大户。以2011年兔年春晚为例，仅这两项广告就吸金近2亿元，大致占春

[①] 崔鹏：《春节消费品零售额3400亿元》，《人民日报》（海外版）2011年2月20日第1版。

晚总收入的近三分之一。① 正因为这巨大的经济效益,近年各级政府在打造传统节日经济方面非常踊跃,发挥着主导的作用,而商家也积极参与其中。

另一方面,传统节日经济的简单利用和过度开发,也带来传统节日人文精神缺失,节日过度商业化、日趋浮浅化的问题。陈洁在一篇文章中追问:"中国的寒食节背后有介子推宁死也不肯受缚于功名的故事,重阳节体现了中国古代的阴阳思想,清明节不仅仅是祭祖和慎终追远,还是欢快的'朝来新火起新烟'的春游时节——现在,有多少人了解这些节日背后的文化?"②有关节日期间过度包装、奢侈浪费、请客送礼的批评更是常常见诸报端。有媒体评论员指出,"节日经济是由文化'陈酿'带动的消费热潮。离开节日的文化氛围,离开民众对这种氛围的普遍认同,所谓节日经济不过是无源之水,无本之木。"节日要对经济产生效应,是需要土壤和传承的,而这些生造的节日很难起到节日的作用,只会让人越来越失去节日的概念,节日也会逐渐失去拉动经济的效应。③

典型案例

好客山东贺年会

"好客山东贺年会"由山东省旅游局策划并组织实施。会期从元旦到元宵节,长达四十余天。它是由文化、商业、交通、旅游等多行业参与、综合性的文化与旅游一体化的重大区域性节事活动,是以"传承与创新节日文化,引导和推动消费经济"为根本宗旨的节庆经济品牌。推出两年来,贺年会在社会上得到了积极反响,获得广泛的赞誉,取得很好的社会效益和经济效益。

"好客山东贺年会"由一个主题、三大节点、五大产品、六大平台、七大评选活动共同构成,有独特的标识、口号、吉祥物和环境特色。

一个主题,即我们的节日——贺年会。

三大节点,即过年时间从元旦开始,跨越春节到元宵,三大节点支撑节期。

五大产品,即贺年福、贺年礼、贺年乐、贺年宴、贺年游。通过五大产品,使城乡联动、商旅合作、文旅一体,形成完整的产业链条。

六大平台,即多方联动、协调统筹的体制平台,互动互惠,多方共赢的消费平台,全面继承、系统创新的文化平台,民众为主、广泛参与的基层平台,前后衔接、内容连贯的时间平台,全省行动、垂直一体的空间平台。

---

① 柯璐:《央视 2012 广告招标总额超 142 亿　春晚不再植入广告》,新浪娱乐:http://ent.sina.com.cn/v/m/2011-11-09/00493476328.shtml,2011 年 11 月 09 日。
② 陈洁:《莫冷落了节日文化》,《人民日报》2011 年 5 月 19 日 24 版。
③ 王颖:《节日经济真伪之辨》,《国际金融报》2008 年 9 月 24 日。

七大评选活动,即贺年会之最、贺年会金点子、贺年会美陈大赛、贺年会摄影大赛、贺年会主题街区、贺年会服饰大赛、贺年会好玩游戏。

2011年春节"黄金周"期间,山东省组织的"好客山东贺年会"系列活动,接待游客和旅游收入均增长20%;山东省郯城县红花乡,仅编织中国结一项就收入2000多万元。贺年会期间,山东省采取了现代商业打折、返利、连锁销售等手段,把景区门票与商家让利结合起来、把商家馈赠让利与抢福送奖品结合起来、把民俗庙会与旅游商品和贺年礼的发售结合起来,在吃住行游购娱的活动中体验了原汁原味的民俗文化,形成了综合性消费。构建"春节经济",并用"春节经济"反推"春节文化"的繁荣,形成良性的互动机制,收到良好效果。

(五)民众生活层面

以上对传统节日在政府层面、学术研究层面、媒体层面和经济层面的认识程度、存在状态和实践情况的探讨,其用意是全面地反映出在当下社会中传统节日传承发展所处的境遇。而各个层面对待传统节日的态度和行为,既是对民众生活层面传统节日传承发展情形所做出的应对,也直接造就了当前传统节日在民众生活中的状态。应该说,重新发现传统节日的价值和意义是当前各个层面的共同趋向,这也恰好折射出传统节日在民众生活层面所处的状态。

1. 认知差异明显,趋于浅层化

春节、清明、端午、中秋等本身流布较广、影响较大的节日,在民众中有着高认知度。近年来伴随着作为法定假日的推行,这四大节作为全国普遍性节日的地位更加被广大民众——特别是享受到此假期的公务员、企事业单位人员和城市居民——承认和接受。但与之相对的,人们对二月二、七月半、重阳节等节日和众多的少数民族节日的认知还主要局限于这些节日本身所流布的区域和人群。根据张士闪、马广海、杨文文对鲁中寒亭地区传统节日传承现状的问卷调查结果显示:从城乡来看,农村居民对传统节俗活动更为熟悉,城市居民的认知程度相对较低;从认知主体来看,年龄越大对传统节日认知程度越高;从文化程度来看,学历较高群体对广泛流布的节日和文献记录较多的节日了解较多。不同地区受地理条件、生活方式、文化传统等因素的影响,在传统节日时间制度、节俗活动安排、节日文化认同等方面有其自成一体的小传统。①

民众对传统节日的认知还体现出日趋浅层化的特点,知其然而不知其所以然的状态比较普遍。人们对传统节日的源流、节俗活动的文化内涵和意义知道较

---

① 张士闪、马广海、杨文文:《中国传统节日的传承现状与发展策略——以鲁中寒亭地区为核心个案的调查研究》,《艺术百家》2012年第5期。

少,加上市场化、商业化的影响和现代社会生活方式的建立,传统节日逐渐趋同于一般假日,休闲、购物色彩愈发强烈。因此,就有了中秋节沦为"月饼节"、节日只剩下吃吃喝喝的担忧和批判。

2. 有较高期待,需求日趋多样

传统节日是民众生活的一部分。虽然传统节日文化在向现代社会转型过程中有着种种的不契合的问题,但保护和传承传统节日文化在广大民众中是有广泛的民意基础和共识的。当前人们经常发出的过节没意思、节味越来越淡的慨叹,虽然有怀旧思乡情绪和节日与日常反差性缩小等因素,但也从一个侧面反映出人们对当前节日状态的不满意和对其有着更高的期待。这种期待,更多的还不在于物质层面的不满足,而是在于精神层面的不满足。刘铁梁曾在《感受春节》一文中指出:"年味淡了","真正的原因是时代变了,人与人的关系变了,彼此交流的方式也变了,这些变化比物质生活的变化还要来得深巨。"人们的期待是传统节日应能给人们带来归家感和亲情感、历史感和尊严感、狂欢感和实践感。①

现代社会有别于传统乡土社会的一个显著特征,就是生活异质性加强。不同地域群体、不同年龄群体、不同职业群体对于传统节日的需求日趋多样化。传统节日本身的活动内容,一部分因为传统农耕社会基础的变化而被消解,一部分因为无法适应现代人的审美和生活需求而被抛弃,剩下的节俗也大多只是保留着形式。有些需求,如团聚的需求、社交的需求、狂欢的需求等,又因我们当前的发展水平和公共服务能力的限制而无法实现。节日期间,特别是春节期间所出现的无"家"可归,有"家"不能归,有"家"不想归,有"家"难归等,都是多样化需求无法满足的表现。②

3. 民众主体感下降,节日活动与民众生活疏离

社会各方面对传统节日文化的关注和重视,无疑为节日文化传承营造出较好的环境。但是在政府、学术、媒体和经济力量的介入下,本来作为传统节日主体的民众在这些规模宏大、数量众多的节日、庆典③中却并没有获得主体的地位,领导、专家、商人、记者成为节日活动的座上宾,民众却成为观众或演员,本来属于民众生活一部分的节日内容,成为围观、欣赏、甚至于猎奇的对象。官、商、学、民同乐

---

① 刘铁梁:《感受春节》,《节日研究》(第三辑春节专辑),泰山出版社2012年版,第40—47页。
② 王学文:《春节"回家"传统的现代困境及对策分析》,《山东社会科学》2012年第1期。
③ 政府办节、办会、办庆典的问题已经引起国家层面的重视。2011年4月5日,中央办公厅、国务院办公厅印发了《关于开展清理和规范庆典、研讨会、论坛活动工作的实施意见》。据统计,从2011年4月清理和规范庆典研讨会论坛活动工作开始全面实施至12月30日,全国共清理和规范庆典研讨会论坛项目6763个,其中保留项目4214个,撤销项目2549个,总撤销率为37.7%,节约经费开支12.2亿元(参见姜洁:《遏制奢侈浪费之风——各地区各部门认真清理规范庆典研讨会论坛活动》,《人民日报》2011年12月30日,第6版)。

同享的状态还没有普遍达成,因此就产生了以传统节日之名举办的活动从时间和内容上与民众生活中的节日并不一致,在民众口中就有了"政府的××节"和"我们的××节"的区分。有民众在政府举办的节日里当完演员后,回到村里再过自己的节日。岳永逸指出,当前春节年味不浓、不少青少年热衷"洋节"却对中国传统节日态度冷漠的一个重要原因,是因为春节的庆祝活动愈发缺少民众的参与性。让市民"看"春节,仍然是不少地方春节文化活动的基本特征。如何能够让民众积极参与春节,将"旁观型春节"变成"参与型春节",这是当前节日活动的组织者应该认真思考的问题。[①]

四、当下对传统节日的多维认知

重新发现传统节日的价值和意义,虽然是当前各个层面的共同趋向,但从各个阶层在保护和传承传统节日文化的行为实践方面和这些行为所产生的最终效果来看,各阶层对传统节日文化的价值意义的认识,所遵循的指导理念,所使用的方法手段等均有一定的差异。分析这种种差异,深刻理解当下传统节日文化传承发展现状,把握其发展趋向,首先要清楚传统节日文化在当下认知上的多维存在。

(一)作为文化软实力的节日

相较于重视国防、科技、经济等有形的"硬实力",近年来党和政府也开始关注文化、价值观、影响力、道德准则、文化感召力等无形的"软实力"。2007年,提高国家文化软实力写入了中国共产党第十七次全国代表大会的报告,一跃上升为国家发展战略。中国传统节日文化是文化软实力的重要内容。因此,保护、传承和利用中国传统节日文化,推动中国传统节日文化的海外传播,成为提升文化软实力、体现中国文化影响力的重要方式之一。近年国家层面推动的"欢乐春节"项目就是基于这样的认识而运作的。2010年的"欢乐春节"活动共有来自20多个省市区的60多个项目,到访了40多个国家和地区,有150余家国内外媒体进行了报道;2011年的"欢乐春节"活动项目数量未增,但到访国家和地区增至60多个,国内外媒体报道也增加到500多家。2012年的"欢乐春节"活动总计为323项,在82个国家和地区的144个城市举办。其中,文化部、国侨办等相关部门派出的项目为69项,在70个国家和地区的123个城市举办,项目类别涉及剧场演出、综艺表演、广场巡游、慰侨欢庆、文博展览、民俗展演、图片展示、图书展销等,赴外落实这些项目的人员共计2000多人。除了国内派出项目外,各驻外机构还自办、与当地部门合办或协办春节文化活动159项;海外中国文化中心自办或合办项目64

---

① 岳永逸:《大春节观与年味浓淡的色素分析》,《思想战线》2011年第5期。

项;海外孔子学院自办或合办项目31项。①

(二)作为文化传承载体的节日

中国传统节日文化是一个内容丰富、体系完整的系统。在特定的节日时间和节日空间中,过节的群体集中地创造、展示、传承和发展着其区域性文化,既包括人们精神文化层面所遵循和践行的世界观、人生观、价值观,也包括人们行为文化层面的礼仪、表演、技艺、艺术,还包括在物质文化层面所表现出的有形文化。节日既是文化艺术传统的创造和发源地,也是现实中戏曲、音乐、舞蹈、民俗等民族民间文化的集中体现、展示和传承的主要载体。保护节日,在一定程度上就是保护我们民族文化生存展示的土壤,是实现综合性保护、整体性保护和生活生产性保护的有效方式之一。在我们当前的文化遗产保护工作中,这一对节日时空的保护正在逐渐被人们所采纳和运用。

(三)作为发展资源的节日

当今世界,文化与经济、政治相互交融,与科技的结合日益紧密。文化在综合国力竞争中的地位和作用日益突出,越来越成为衡量一个国家综合实力强弱的重要尺度之一。在这一过程中,文化生产力得以提出,并在国家"四位一体"②的发展布局中占据一席之地。与之相伴随的,人们逐渐认识到民族文化是一种资源,一种资本,一种可以推动社会发展的力量。节日,作为民族文化的重要组成部分,以其本身所具有的影响力自然成为开发利用的首选对象。节日成为转变发展方式,推动社会主义文化大发展大繁荣的重要着力点之一。这种对文化资本的认知,无疑改变了传统节日在现代社会的命运,提供了多种改造与变迁的可能。但是,当初布迪厄提出的"文化资本",固然借用了经济学上的"资本"概念,并且没有排斥经济上的意义,但更不可忽视的是文化资本存在的三种状态,即1.具体的状态,以精神和身体的持久"性情"的形式;2.客观的状态,以文化商品的形式(图片、书籍、词典、工具、机器等等);3.体制的状态。③ 而我们当前在节日文化保护传承利用上表现出的对文化资本的认知,还只处于将其作为文化商品的层面。重开发而轻保护,重经济学意义上的"资本"而轻社会学、文化学意义上的"资本",简单地将传统节日与商业开发模式对接,这种简单资本化的倾向所产生的严重后果,就是使传统节日文化中的社会人文价值在商品经济中被简化,进而失去其内在的核心

---

① 《2012年海外"欢乐春节"活动新闻发布会》,国务院新闻办公室门户网站:http://www.scio.gov.cn/xwfbh/gbwxwfbh/fbh/201201/t1088414.htm。

② "四位一体"指社会主义经济建设、政治建设、文化建设、社会建设四位一体发展,是中国共产党第十七次代表大会报告中确立的中国特色社会主义伟大事业的总体布局。

③ 布尔迪厄著,包亚明译:《文化资本与社会炼金术——布尔迪厄访谈录》,上海人民出版社1997年版,第192—193页。

地位。因此,才进一步加剧了当下节日商品化的倾向,节日与民众生活进一步疏离。

(四)作为民众生活方式的节日

传统节日是深嵌于民众生活的时间之流和空间场域之中的。传统节日是民众生活方式的一部分,这是传统节日最原初的、也是最本真的存在意义。但是,不可否认的是产生和维系传统节日传承发展的土壤已经发生了巨大的改变。我们的时代从农耕时代、工业时代进入到信息时代,我们认知的视野和活动的范围已经无限放大。我们认知世界的方式,生存发展的方式,交往沟通的方式,都发生了翻天覆地的变化。这种快速的社会变革,不可避免地改变影响着传统节日的发展路径,我们也的确看到了很多传统节俗内容的衰落、变异和消失,但这并不能说明传统节日在我们的生活层面已经不需要。当越来越多的人开始认为过节成为问题,社会各个层面开始关注节日并以各自的方式影响节日参与时,恰好说明人们生活中不能没有传统节日,人们对传统节日仍有很高的期待。一方面,我们应该看到传统节日一路发展到今天从来都不是一成不变的,它自身有一定的适应和调整能力,能够顺应着社会的发展做出调适。比如人们接受了以短信拜年的方式,清明网络祭扫和用敬献鲜花替代烧纸钱的行为越来越普遍,以及人们对节日出游娱乐的追捧等;另一方面,我们也应该看到,为了使传统节日更好地适应现代生活,适应和满足民众生活各层面的需求,应该思考、研究和实践如何让传统的节日文化更好地与现代公民社会体系和新的时代生活融合在一起。

五、2011年度中国传统节日发展趋向与问题

应该说,进入21世纪的第一个十年,是传统节日价值被重新发现的十年。2011年,是这一价值发现过程的延续和推进。考虑到中国共产党第十七届六中全会上所提出的建设社会主义文化强国的战略目标,与传统节日文化在社会各个层面,在广大民众精神、心理和生活中所处的地位和角色,我们认为这一价值发现过程还将延续下去。在这一总的发展趋向下,应该特别注意以下发展特点和问题。

(一)全民关注,高度期待

正如上文我们所总结的,传统节日文化已经成为当前的一大热点。不但在政府层面、学术界层面、经济层面,而且在媒体层面、民众生活层面,都有很高的关注度。不同层面的人们以多样化的视角关注着传统节日文化,投注了不同的情感和思索,付诸不同的行为实践,传递着不同的诉求和期许,有政治的追求、经济的追求、文化的追求,还有身体上的、民俗传统上的和个体精神上的追求,特别是团聚、娱乐、狂欢等情感上的需要。正因为传统节日对于个体、家庭、社区、职业群体和

民族国家是非常重要、非常必要且非常需要的,所以全民关注节日,对节日充满期待。

(二)政府、资本强势主导,社会、民众参与不足

传统节日不是依赖于某一单独的力量产生、传承和发展的。固然,在任何时代,政府的政策和经济资本都在传统节日文化传承发展中发挥了重要的作用,但是归根结底,传统节日文化传承发展的基础在于社会,而在于民众。一个社会认知度、认可度不高的节日,一个没有民众广泛参与的节日,势必无法传承发展下去。当前我们看到的是,虽然社会对传统节日有高关注度和高期待,但在政府、资本主导的、被媒体大肆宣传的以"传统节日"之名举办的节日活动中,社会的认可度和民众的参与度都不乐观。政府和商业资本的强势主导,不仅改变了传统节日原来的节俗内容,还更加深刻地改变了它一直赖以依存的组织体系、筹资方式等。当政府或商业资本不再支持时,这一节日往往就迅速衰落。还有一种更具讽刺意味的现象是,当政府或商业资本给予太多关注和资助时,原本红红火火的节俗活动却出现分崩离析、难以为继的结果。

典型案例

河北武安春节期间捉黄鬼"遗产化"后的命运

冀南武安市固义村"捉黄鬼",是当地春节期间一项融合了民间神祇信仰的社火赛戏活动。该活动传承了数百年,直至20世纪六七十年代才因为政治原因被迫停演长达20年。1985年元宵节期间,村民重新恢复了该活动。

1980年代末期,邯郸市专家"发现"了这一声势浩大的民间社火活动,经过观看展演,认定该活动是非常有发掘意义的"民间社火",并大胆地将其定位为北方"傩戏"。从此,这一节日民俗活动逐渐被外界所关注。2004年非物质文化遗产保护工程在全国范围启动后,在专家和当地政府的努力下,2006年固义村"捉黄鬼"仪式成功进入国家级"非物质文化遗产名录"。2008年,该活动的主要组织者(当地称为会首)之一李增旺当选为国家级"非物质文化遗产传承人",刘二计、李长生等四名会首则被授予河北省省级"非物质文化遗产传承人"。

"捉黄鬼"活动是一个几乎全村出动的大型活动,加上其仪式繁杂,所以该村"捉黄鬼"仪式的会首多达24位(2012年增选为30位)。但"非遗"传承人的称号只授予了五人,而国家级"非遗"传承人的称号只授予了其中的一位。这使得本来富有勃勃生机的活动目前面临着组织体系瓦解、活动难以为继的局面。村民认为本属全体村民的荣誉和经费补贴,现在只有个别传承人获得了好处,所以不愿意再投入财力、精力参与活动。加上这一项目成为"非遗"后,2011年某政府部门举

办展览时曾借用固义村的面具,因借用时只经过了少数会首的同意,所以更加深了误会,激化了村民的不满情绪。本应在2011年10月开始筹备的2012年春节期间"捉黄鬼"活动,一直迟至春节临近才开始决定继续举办。由于演员们的排练时间变短,较有特色的"赛戏"没有演出。

在2012年的活动中,各位会首还是兢兢业业,各自完成自己的分内事,活动演出基本顺利。但是,在活动结束之后,会首们开总结会议的时候,就有会首直接宣布下一次将不再参加,还有几位会首也纷纷响应。这意味着,如果这些会首不协商稳妥,下一次举办将遥遥无期。

(三)"内价值"衰落明显,"外价值"彰显过度

"内价值是指民俗文化在其存在的社会与历史的时空中所发生的作用,也就是局内的民众所认可和在生活中实际使用的价值。外价值是指作为局外人的学者、社会活动家、文化产业人士等附加给这些文化的观念、评论,或者商品化包装所获得的经济效益等价值。"①传统节日文化的价值,也可以从"内价值"与"外价值"两个方面来理解。我们看到,在当前传统节日文化的传承发展中,恰好是作为节日精神、文化内涵的内价值日益衰落,比如一些源自民间信仰的庙会的神圣性逐渐减弱,一些节日本来通过对歌娱乐来促进男女交友和婚姻的功能已经不再被需要。与此相对的却是节日外价值的过度彰显,比如强调节日有拉动经济消费的作用、满足口舌之欲的作用等。

(四)需求日益多样化,供给不够丰富

现代社会,人们的需求日益多样化。城乡之别,长幼之别,男女之别,职业之别,都直接导致了需求之别。这种多样化不仅体现在需求的内容上,还体现在对满足需求的方法、手段、载体和形式上。传统节日文化的供给,可以总结为:1. 从内容上来看,传统节俗内容有存有断,与当前时代还在磨合之中;新的节俗内容尚不能填补传统节俗内容消失断裂后留下的需求真空。2. 从形式上来看,宏大的仪式性的晚会、庆典等被滥用,深植人心的形式还不多。3. 从技术上来看,自觉利用现代技术保护传承节日文化的意识还不强。这些问题的叠加累积,使得当前节日文化活动远不能满足广大民众的期待和需求。

---

① 刘铁梁:《民俗文化的内价值与外价值》,《民俗研究》2011年第4期。

典型案例

"欢乐春节"iPad 应用程序

2011年12月30日在苹果公司应用商店（Apple Store），一款"欢乐春节"程序上线，供全世界的苹果用户下载使用。

"欢乐春节"这一程序是由文化部主导开发、中国数字文化集团承担具体研发和推广的。内容包括"春节文化"、"中国演艺"、"欢乐春节"、"春节祝福"、"文化传通网"等五个部分，综合了文字、图片、视频、音频、动画等多媒体手段，中英文即时切换，介绍中国春节民俗文化、中国文艺演出团体2012年上半年商演信息以及文化部在海外开展"欢乐春节"活动的有关情况等。使用者除了可以在社交网络上分享这个应用程序外，还可将内置的中国风格电子贺卡以电子邮件形式直接发送给亲朋好友。"欢乐春节"应用程序2011年12月30日在苹果商店上线，截至2012年1月8日，下载量是5576个，遍布47个国家和地区。下载量最多的国家是美国，曾一度位居美国娱乐类免费应用软件排行榜第16位。

"欢乐春节"应用程序，是节日文化与技术、传媒融合的一个典型案例。利用技术、利用网络传播中国传统节日文化，符合现代社会生活的发展趋势，是可以进一步拓宽的路径。

六、2011年度中国传统节日发展对策与建议

基于我们对近十年中国传统节日传承发展情况的总结和分析，为了更好地推动传统节日文化的保护、传承和利用，兹提出以下对策与建议，供参考。

（一）树立让节日回归民众、回归生活、回归文化的理念

现代社会，传统节日被作为文化软实力的代表，文化传承的载体，转变发展方式、推动经济社会发展的资源，都有其合理性和时代意义。但这些价值的实现不能抛开"传统节日是民众生活方式"这样的基本认知。只有很好地实现了传统节日的生活价值，才能更好地、更可持续地实现传统节日的经济价值、社会文化价值和对外文化传播价值。因此，我们应进一步树立让传统节日回归民众、回归生活、回归文化的理念。无论是有关传统节日政策的制定，传统节日商品的开发，还是节日活动的开展，都应从让民众更好地享受节日、丰富民众节日生活这一根本点出发。我们应秉承费孝通先生所说的"各美其美，美人之美；美美与共，天下大同"

的文化自觉①精神,进一步深化"重新发现传统节日价值"这一趋向,提高对传统节日文化价值、社会价值的认识,并以此指导我们的实践行为。

(二)转变政府角色,强化引导和服务功能

中国当前是"大政府,小社会"的格局,政府广泛而深入地介入到民众的日常生活之中,承担起了全方位的社会管理、监督功能,是全能型政府。随着服务型政府概念的提出和逐步转型,"大社会,小政府"的现代民族国家管治思路逐渐获得认可,政府在传统节日文化保护与传承中的角色也应由一手包办、大操大办的主导型向引导服务型转变,为民办节,为文兴节。山东省"好客山东贺年会"的成功,就在于年节文化的政策决策从"上层决策"到"多层决策"、学术参与从"被动辩护"到"主动参与"、产业转化从"社会产业化"到"产业社会化"三大转向,突出了政府的服务意识,彰显了民众的参与性、主体性,真正实践了"我们的节日"。②

(三)完善传统节日文化保护和传承体系

传统节日文化,是一个综合性的事象,其保护传承涉及政治、经济、文化、社会甚至外交③等方方面面。保护和传承传统节日文化,不是某一部门或某一机构能够独立完成的,而应该是一个完善的体系。既要在宏观层面加强协调,做好顶层设计,制定传统节日文化保护传承战略,完善传统节日放假政策、鼓励扶持政策、教育传承政策、宣传推广政策和一系列的保障制度,也要在微观层面认真分析研究某一节日的保护传承情况,一节一策,不能一刀切。

(四)提高传统节日与现代生活方式的契合度

当前传统节日文化传承发展遇到的最大问题就是传统节日赖以生存的土壤发生了巨大的变化。现代化、城市化和全球化已经把我们带入到一个新的时代,并且提供了一种虽然与传统有关系,但已经非常不同的生活方式。在这种情况下,我们不能奢求传统节日一成不变,必须面对传统节日的现代适应和转型的问题。我们要寻找传统节日文化与现代社会契合的因子,创造性地在现代社会中传承弘扬节日文化,如鼓励传统节日文化与动漫游戏、网络通信等现代技术的结合,提倡传统节日文化进入学校教育体系等。

(五)加强传统节日研究,提高决策咨询质量

过去由于认识局限和学科体制、组织机构缺失等原因,我们的节日研究工作还处于一个各自为政、拮叶折枝的阶段,还没有进入一个多学科参与、相互对话共

---

① 费孝通:《百年中国社会变迁与全球化过程中的"文化自觉"——在"21世纪人类生存与发展国际人类学学术研讨会"上的讲话》,《厦门大学学报》(哲学社会科学版)2000年第4期。
② 耿波,董超君:《"我们的节日":年节的民众觉醒与社会培育——以"好客山东贺年会"为个案》,《节日研究》(第三辑春节专辑),泰山出版社2012年版。
③ 在我国少数民族中,有26个左右少数民族是跨境民族,这些民族的传统节日通常也跨境分布。

享的层次。节日的定义是什么？我国传统节日的数量有多少？传统节日的类型有哪些？这些基本问题直至今日仍没有清晰的答案。节日资料分散且基础薄弱，对传统节日的内在生存机理和现状了解不深，更无从谈及实现国家文化典藏上的意义，而这也直接导致国家制定传统节日文化保护政策的困难。我们应开展传统节日的基础理论研究和数据资源建设，对一些节日问题进行深入探讨，为传统节日文化的保护和传承提供资料基础、理论支撑和决策依据。

总之，我国传统节日文化的传承发展当前正处于一个最好的时期，从上至下高度关注、高度期待，传统节日价值被重新开掘。同时，我们也处于一个最关键的时期，应稳妥处理好传统节日的现代适应和转型问题，推动传统节日进入新的公民社会体系，使传统节日文化与新的时代生活融合。坚持还节于民众、还节于文化、还节于生活的原则，传统节日文化才会实现良好的传承和发展。

附录　港澳台传统节日传承发展报告

香港、澳门、台湾与内地同文同脉，同种同宗，但由于特殊的历史境遇，两岸三地走上了不同的发展道路。在不同的历史遭遇、政治体制和经济社会发展水平的影响下，港澳台形成了与内地不同的政治、经济和文化生态。中国传统节日文化在香港、澳门、台湾的传承发展也构成了一幅多彩的文化景观，呈现出各自的特点。考察港澳台中国传统节日传承发展情况，将有助于我们全面把握我国传统节日的发展趋势。从港澳台传统节日发展的轨迹中寻找和借鉴有益的经验，不断反思、深化我们对传统节日文化的认识，调整和修正节日文化保护传承路径，以便更好地与港澳台携同面对现代化、城市化和全球化带给我们文化上的冲击，抓住传承发展传统节日文化的机遇。

一、基本情况

（一）香港：自然生发传承　主动适应更新

香港的文化，是中华文化特别是岭南文化，与世界各地文化荟萃而成的"一本多元"的文化，华洋杂处，雅俗共赏。这样多元而缤纷的文化体系，形成于150多年的英国殖民历史之中，成长在高度现代化、城市化的世界都会。在这一文化体系中，中华传统文化一直占有着重要的地位。因为接受的是特殊的政治治理方式，没有经历"文化大革命"的摧残，处于经济发达、公民社会发育成熟的社会中。中华传统文化在香港的传承发展与内地形成鲜明的对照，不仅很好地保留了一些传统文化，而且形成了独特的组织方式和传承环境，中国传统节日文化就是其中的典型。

香港从过去的小渔村发展到今天的国际大都会,华人一直是香港人口的绝对主体。因此中国传统节日文化在香港有着悠久的历史,其节日文化基本与广东等地相同,有着鲜明的岭南特色和海洋特色。但是随着1897年归于英国殖民统治后,西方的政治体系和文化开始进入到香港。英国人的时间体系和节日,如公历新年、复活节、英皇寿辰、圣诞节等也随之进入,并成为正式假日。英治时期的前期,香港政府对香港文化奉行的是"消极不干预"政策,即对文化行政范围内的事务采取消极的态度,回避社会要求,对行政范围外的文化事业,尽量保持克制权力,除非影响公共安全和社会秩序,否则不予干预。英治时期的后期,则逐渐推行"积极不干预"政策。到1997年回归前的20多年间,政府对文化越来越关注,官方的引导和服务性逐渐加强,官民互动也日渐增加。[1] 在这样的背景下,中国传统节日文化仍大致处于一个自然传承发展的状态。虽然在当时的节假日体系中,春节和冬节也被当时的政府设立为正式假日,但清明节、端午、中秋等传统节日和节气、庙会活动时期并不放假。民众各自在应节时自发自然地举行活动。

香港回归后,特区政府的文化政策一方面承继了港英时期对文化发展不干预的态度,倡导自由、多元、开放的文化发展环境,另一方面也根据"一国两制"原则和基本法,迎合发展文化创意产业和旅游产业的要求,开始逐步加大对香港文化的介入深度和广度,通过建立系统的文化管理机构,大力兴建文化场馆设施等硬件和通过提供资金、场地等方式,逐步加强对香港文化的影响。正如一份报告所言:"我们的文化政策,是描述式(而不是规范式)的文化政策。政府的角色是促进者,既不对文化艺术下官方定义,也不影响具体的操作形式及创作内容,但却致力确保文化艺术的创作与表达自由,及提供一个积极支援发展的环境。"[2]具体到中国传统节日文化方面,首先是调整节假日政策。香港回归后,特区政府删减了部分英治时期的节假日,增加了国庆(10月1日)等节假日,增加了佛诞(农历四月初八)等中国传统节日。在目前实行的香港法例第149章《公众假期条例》中规定的"公众假期"和第57章《雇佣条例》中规定的"法定假日"中,涉及的中国传统节日主要有:春节(正月初一至初三,放假三天)、清明节(清明节气一天,放假一天)、佛诞日(四月初八,放假一天)、端午节(五月初五,放假一天)、中秋节(中秋节翌

---

[1] 陈云根:《香港文化艺术政策研究报告》,香港艺术发展局委约香港政策研究所编撰,1998年。
[2] 西九龙文娱艺术区核心文化艺术设施咨询委员会:《香港的文化政策》,2006年。

日,放假一天)、重阳节(九月初九,放假一天)、冬节(冬至日,放假一天)。① 另外值得一提的是,近年香港孔教学院和香港圣公会等机构开始推动将孔诞日列为公众假期的议案,但至今没有成功。②

二是积极介入传统节俗活动。一改以往任传统节俗活动自然生长,政府不闻不问、听之任之的状态,特区政府在应对金融危机和 SARS 后对外型经济失守的过程中,开始借助传统节庆提振经济和士气。如"2006 精彩香港旅游年"期间,香港旅游发展局举办的"传统节庆巡礼",将香港天后诞、佛诞、谭公诞和长洲太平醮四大传统节庆统合到一起,会期设在五月初,会址放在中环。长洲一年一度的大型活动太平清醮也不再是一个单纯的地方性宗教活动,在政府的介入和推动下已经成为香港的节庆。在一份 2009 年长洲太平清醮"抢包山"活动的报名表格上可以看到,这一活动由香港长洲太平清醮值理会、香港康乐及文化事务署合办,长洲惠潮府有限公司、长洲乡事委员会、离岛民政事务处、香港攀山总会协办,离岛区议会、六福珠宝赞助。③

另外,随着香港与内地联系的日趋紧密,中央政府的文化政策和工作对香港文化政策和工作的影响也越来越大。如内地开展的非物质文化遗产保护工作,在香港也正在逐步展开。香港的长洲太平清醮、大澳端午龙舟游涌、大坑舞火龙和潮籍人士盂兰胜会,已经进入国家级非物质文化遗产名录。

中国传统节日文化在香港的传承,基本可以概括为"自然传承、主动适应",没有太多的外力干扰,没有发生裂变式的变迁。虽然政府介入得越来越多,但民众作为传统节日主体的基本特征还在。在民众中,也没有如内地那种如何过节的焦虑。在高度发达的经济条件和成熟的民主政治和公民社会下,传统节日的内容也表现出自然的变迁和更新。以春节禁放爆竹烟花为例,"政府虽于三十多年前开始禁放爆竹和烟花,但其后每年春节初二于维多利亚海港举行烟花汇演,请企业赞助烟花费用,结果演变为一年一度的新春城中盛事,电视台即场直播,使足不出户的市民也可欣赏璀璨的烟花夜景,这个缘于民间的年俗,因政府主导与经济力量的支持,演变为大部分香港市民在年初二时必看的大型节目,成为全港市民和

---

① 香港并行两个节假日条例。《公众假期条例》适用机构是银行、教育机构、公共机构办事处和政府部门,称为公众假期,共 17 天。上述机构以外的,适用《雇佣条例》中的《假日的给予》规定,称为法定假日,每年 12 天,包括 1 月 1 日、农历正月初一至初三、清明节、劳动节、端午节、特区成立纪念日、中秋节翌日、国庆日、重阳节、冬节或圣诞节(由雇主选择)。除以上法定假日外,加上耶稣受难节、耶稣受难节翌日、复活节星期一、佛诞和圣诞节后第一个周日,即为公众假期中多出的五天。
② 《争取孔诞列公众假期》,《新报》2006 年 10 月 24 日;《孔诞列公众假期议案遭否决》,《明报》2010 年 1 月 13 日。
③ 参见"包山嘉年华2009—抢包山比赛"报名表格。

游客共度香港年节的集体经验和文化符号"。①

当然,中国传统节日文化在香港的传承发展,也面临着外来节日文化和现代生活方式带来的冲击。将传统节日文化作为发展资源的意识,不仅盛行于内地,在香港也存在。当政府和商业资本介入到地域性的、神圣性的节日后,势必会对节日原初的形态和组织方式产生影响,于是浮浅化、商业化和景观化是不可回避的现实。"旅发局把每个节庆'浓缩'成一个视觉符号:花炮代表天后诞、佛像代表宝莲寺、包山代表长洲太平清醮……抽离于原有宗教语境、社群习俗、仪式甚至经济功能,这些符号只按地理形势作技术性布局,并排除管理上的困难。……空壳符号(empty signifier)的胡乱拼凑,合起来是一幅由旅发局精心炮制的'民间'节庆假相,归根究底的是没有庙宇和神明的'庙会',符号脱离了原来的符号系统,只能'失神'成被观看的对象(花炮只是一座纸工艺品、发泡胶大佛更是泥菩萨过江!)。还是游客和街坊说得轻松,中环庙会只是 decoration、promotion、宣传!"②

(二)澳门:信仰色彩浓厚 民间社团办节

与香港一样,澳门也有着很长时段的殖民历史,但华人一直是澳门居民的绝对主体,比例几近94%,而土生葡人和外籍人口只占6%。③ 在东西文化的碰撞融合过程中,澳门逐渐形成了中华文化为主体的"和而不同"的多元文化格局。澳门回归后,由于与内地联系更为紧密,这一文化格局也得以不断巩固。但值得注意的是,由于博彩业的一业独大和旅游业的兴旺,消费文化、娱乐化倾向对保持多元文化特色和包容平静的文化氛围造成冲击。澳门回归十余年来,在特区政府和澳门民众的努力下,在中央人民政府的大力支持下,依照"一国两制"方针和《澳门基本法》的精神,澳门驶上了一条持续、高速发展的道路。但这快速的发展,同时也打破了澳门相对平衡的发展节奏和速度,给澳门传统的社会文化生活带来了深刻影响。

澳门只有30多平方公里,55万多人口,但却是典型的节庆城市,每年在澳门举行的节庆活动难以计数。仅就中国传统节日而言,既有作为法定公众假期的春节、清明、佛诞、端午、中秋、重阳、冬至等,还有不是法定假期的,如元月二十六观音开库、二月二土地诞、三月初三北帝诞、三月娘妈(妈祖)诞、四月初八渔行醉龙节、四月初八谭公诞、六月十三鲁班师傅诞、七月初七七姐诞、七月十四盂兰节等。与这些中国传统节日共同构成澳门节日体系的,还有西方的圣诞节、苦难耶稣圣像巡游、花地玛圣母像巡游等。

---

① 余咏宇:《年俗之传承与更新:柳林、孟门、香港》,《民俗研究》2009 年第 3 期。
② 梁宝山:《传统再造——"长洲太平醮"与"中环庙会"》,《文化研究》2007 年第 8 期,http://www.ln.edu.hk/mcsln/8th_issue/feature_03.shtml。
③ 参见澳门特别行政区旅游局网站,http://www.macautourism.gov.mo/cn/info/info.php。

澳门的节日体系生动地体现了中西合璧的特点,有着浓厚的宗教信仰色彩。这些节日中既有源于基督教、佛教、道教等制度性宗教的节日,也有源于中国民间宗教的节日。特区政府在民众宗教信仰上一直秉持着尊重、自由、开放的态度。多种宗教和谐共存,也使得依托于这些宗教的节日得以自由自在地传承。也正因为这些节日中的神圣性依然存在并发挥着作用,使得很多在内地已经不多见的节日在澳门依然留存并传承下来。只要这种宗教或信仰还存在,只要有信众,这些节日无论形式发生什么变化,其核心的内容都不会改变。

考察澳门传统节日的传承发展,不能脱离澳门社会的情境。澳门是一个无政党的社团社会。据不完全统计,澳门有3000多个社团,涵盖了澳门社会生活的方方面面,如工商类、工会类、专业类、教育类、文化类、学术类、慈善类、小区类、乡族类、联谊类、体育类、政治类等。① 这些社团有地缘性的,如地域性商会、街坊会、业主联会和同乡会等;有业缘性的,如茶楼公会、酒业公会等;有血缘性的,如宗亲会;还有趣缘性的,如粤剧社、歌咏团等。不同性质的社团,有着各自的主旨,也有参政议政的作用。② 面对传统节日这一具有广泛民众基础和高显示度的文化,这些社团为了提升社团形象,扩大社团影响力,都会直接或间接地参与到节日活动中来。所以,在澳门各种传统节会中,始终都有社团的身影,他们既是一般意义上的参与者,往往也是这些节日活动的组织者、执行者。以澳门鱼行醉龙节为例,鱼行醉龙节已经入选国家级非物质文化遗产名录。每年四月初八,澳门渔民会沿街舞醉龙祈福,围台进餐,举行祭祀活动。这一节日是澳门渔民群体的一项传统节庆活动,其组织者就是澳门鲜鱼行总会。其他如鲁班师傅诞由澳门上架木艺工会组织。谭公宝诞由路环街坊四庙慈善会组织,也礼聘粤剧团来澳公演,街坊团体和梨园团体在华光诞举办演戏酬神活动。社团办节是澳门传统节日文化的又一显著特征。

虽然中国传统节日文化在澳门有很好的传承和发展,但是随着博彩业的开放,澳门经济快速发展,社会急剧转型,利益格局深刻调整,社会结构开始发生变化,澳门较好的社会政治生态面临新的考验和挑战,中国传统节日文化的传承和发展也面临着新的形势。首先就是特区政府为了改变博彩业"一业独大"的局面,积极谋求社会经济转型,将发展文化产业作为重要的战略。这其中,打造"节庆澳门"品牌就是重要举措。③ 节庆产业化的趋势,将改变社团办节的原有组织方式,

---

① 娄胜华:《转型时期澳门社团研究——多元社会中法团主义体制解析》,广东人民出版社2004年版,第165—173页。
② 参见鄞益奋:《提升澳门特区政府的政策执行能力》,《行政》2010年第3期;刘祖云:《澳门社团政治功能的个案研究》,《澳门研究》2010年第3期。
③ 潘知常、汪菲:《文化产业发展战略思考之一:节庆澳门》,《澳门九鼎月刊》2012年第5期。

也会减弱节日本身的神圣性。同时,在澳门同样也存在着现代生活方式的变迁和传统节日文化在教育体系中的缺失对中国传统节日文化的冲击问题。一份有关澳门青少年对中国传统节日的看法和态度的调查分析报告指出,年轻一代缺少对传统文化的认识,生活节奏快是传统节日文化逐渐被遗忘的主要原因,因此应加强青少年传统节日教育,多开展节日活动。①

(三) 台湾:政府柔性参与 财团法人运作

台湾与香港、澳门一样,同属于中华文化圈。从17世纪以来,伴随着闽南、客家为主体的族群大量入台,中国传统节日文化也被带到岛上,与岛上原住民的节日文化一起共同构成了台湾的传统节日文化体系。虽然台湾也有40年的被日本殖民的历史,但台湾脱离日本统治后的发展历史与有长时段殖民统治历史、实行资本主义制度、回归后又采取一国两制制度的香港、澳门显著不同。1945年台湾脱离日本的殖民统治与文化后,国民党政府入主台湾,1949年国民党在内战失败后全面入台,中国文化得以在台湾全面发展。中国传统节日文化在台湾的传承发展由此走上了不同于香港、澳门的道路。

台湾的中国传统节日文化,与内地有着高度的同构性。一方面,这些节日本就是闽、粤移民带来的,其节日体系与主要移民地福建漳州、泉州基本上是一致的。另一方面,20世纪40年代败退来台的200万军民也带来大江南北各地的节日风俗。国民党政府统治台湾后,一改日本殖民统治"皇民化运动"期间对中国传统文化的压抑状态,全面恢复了传统的节日体系,但这种恢复离不开国民党政府强化政治合法性和威权统治的需要。在很长时间里,国民党政府对中国传统节日采取了强有力的刚性控制和规范。② 以"国定节日"的方式对传统节日内容进行规范和政治改造,选择性地再现国族历史的传统与文化,强调政权之于过去光荣历史的延续性和当前执政的合性法,如端午节被定性为爱国节日,将秋瑾纪念日纳入其中;清明节定为民族扫墓节;确定四月为"教孝月",在1975年蒋介石逝世后还定为"蒋公逝世纪念日"。③

在塑造党国之节的同时,国民党政府还推进了以"现代性"为指导思想的传统节日改良与革除。1980年代研议改善"不良习俗"方案,就包括:1. 春节民众赌风

---

① 工联网站义工政研组、调研组:《澳门青少年对中国传统节日的态度问卷调查分析报告》2010年10月14日,http://www.faom.org.mo/files/events/101015-REP.pdf。
② 李世伟,王见川:《关于台湾传统节日传承与变迁的考察报告》,《节日研究》(第二辑),山东大学出版社2010年版。
③ 广义上的"国定节日",即指被官方所认定具有纪念或庆祝意义及必要,在节日相关法令规章上有明白制定者,范围上首先包括官方政策制定的节日即政治性节日,其次是民俗节日,最后则是其他人民团体发起的节日或国际性节日等。参见周俊宇:《塑造党国之民——中华民国国定节日的历史考察》,"国立"政治大学文学院台湾史研究所硕士班学位论文,2008年。

盛行,须革除此"陋习",代之以"正当康乐活动";2. 过节与拜祭活动中烧冥纸颇多浪费,易造成空气污染,宜订出节约祭拜方案;3. 民间放鞭炮之习俗增加噪音、制造脏乱,弊多利少,应予限制;4. 清明节扫墓祭品宜改用清香、茶、水果、鲜花,以前的公墓因民众重风水而致墓位杂乱无章,宜加强办理公墓公园化;5. 部分寺庙普渡及祭典时仍有赛猪公、供祭全猪、竖灯篙、放水灯之"陋习",应劝导改善;6. 寺庙祭典外台戏之申请演出,宜限制为祭典日一天,以免徒增募捐与噪音。①

1980年代后期,台湾政治与社会日益自由与开放,国民党政府"从刚性政权转型为柔性政权,对传统节日及民间管理定位由家长型的管制者、改革者转向朋友型的协力者、参与者,改以往张牙舞爪、疾言厉色的姿态一变而为亲和柔软、与民同欢"②。随着台湾本土文化的兴盛和政治选举体制的影响,传统节日因其在强化认同、扩大影响、亲民乐民方面的巨大作用,摇身成为政党竞争的舞台,政治人物带着空前的热情参与传统节日活动,或主动或被动地支持赞助节日,策划推动节日。尤其在近年来,台湾各级政府与政治人物参与传统节日活动者已不胜枚举。曾经被官方批判最严厉的"中元节"也变身为民俗文化盛会,焕发出新的生机。

急剧的社会变迁也是当前台湾传统节日面临的境遇。内地传统节日趋向于都市化、商品化和观光化的问题,在台湾同样存在。台湾传统节日的形式内容也已经发生和正在发生着巨大的变化,旅游休闲、购物娱乐成为民众在节日里的普遍选择。一些时尚性活动因其迎合大众需求,且有官方、媒体、商家的大力推动,已经进入到传统节日之中,成为其重要的一部分。以台湾的中秋节为例,台湾传统的中秋节,惯常的内容是全家团圆,赏月吃月饼。近20年来,烤肉成为台湾中秋节最流行的新民俗,不仅许多酒店、商家举办大型烤肉活动,而且在民众中中秋吃烤肉俨然成为必需的节日内容。同时,与内地办节造节蔚然成风相仿,台湾社会各界也基于政治上的考量、经济上的追求、乡土传统的回忆等目的,纷纷参与到传统节日的发现、挖掘、复制、重现和再造中来,不断地将地方性节日用政治的、媒体的、商业的手段进行包装、扩容、彰显和放大。在台湾,有关传统节日味道变淡和节日空壳化的反思、批评始终不绝于耳。

在台湾的传统节日体系中,神诞类的节日占了很大一部分。每逢妈祖、玉皇大帝等诞辰日,信众会依托着庙宇道观等信仰空间举行祭祀仪式,同时还会进行游神绕境、演戏酬神和娱乐竞技等活动。与内地政府对这类节日相对疏离的状态不同,台湾政府并不介意这类节日有浓厚的宗教信仰色彩,相反当作亲民的重要

---

① 陈壬癸:《台湾地区现行岁时节俗改进之研议》,《台湾文献》1986年第1期。
② 李世伟,王见川:《关于台湾传统节日传承与变迁的考察报告》,《节日研究》(第二辑),山东大学出版社2010年版。

机会加以介入和利用。如台湾著名的大甲妈祖绕境巡游活动,在八天七夜的巡游行程中,不仅有民间扶老携幼赶来围观,台湾的政界也不分蓝绿踊跃参加。2009年,大甲妈祖起驾时,由台中县长黄仲生及"立委"颜清标的儿子颜宽恒等人扶轿。台湾地区领导人马英九21日下午就前往镇澜宫,不仅亲自扶妈祖上轿,也为2008年顺利当选向妈祖还愿,创下台湾地区领导人参加大甲妈祖绕境巡游仪式首例。22日上午,马英九夫人周美青也特地到大肚乡镇明宫前,等候大甲妈祖神轿起驾,还担当志愿者帮信众量血压。①

台湾传统节日传承发展虽然受到官方政治的介入、民众的认同力量和急剧的社会变迁的影响,但还是形成了不同于内地、港澳的传承发展路径。过去,传统节日活动的组织者是民间在长期的生产生活实践中形成的社会组织,如会首组织、宗教团体等。随着生产生活方式的变革,这些社会组织在现代民族国家转型的过程中,在不同地区走上了不同的道路,也直接影响到传统节日的传承和变迁。台湾政府通过一系列的法人制度,对这些植根于民间的社会组织和适应现代公民社会而产生的团体进行注册、规范和管理,从而较好地完成了传统社会组织的转型,填补了组织机构上的真空,比较典型的如公益社团法人和财团法人。② 在台湾,寺庙、慈善团体以捐助财产为基础,以设立的章程为活动依据,以公益为目的,可以登记设立财团法人,职业群体、同乡群体可以依照《人民团体法》设立为团体。这些财团法人和人民团体就成为节庆活动的重要组织者。因此,台湾的节庆活动,特别是神诞类的节庆也比较早地引入了企业化的运营。大甲妈祖绕境巡游活动是依托大甲镇澜宫展开的,其背后主要的组织核心是财团法人大甲镇澜宫的董监事会。早在1970年代镇澜宫就开始以企业化方式经营。财团法人大甲镇澜宫对妈祖绕境巡游活动虽没有具体地规划行销策略,但由于早已奠立的高知名度和与电视媒体的良好互动,从而逐渐走红。在这一过程中,大甲镇澜宫与台中县政府、电视媒体和香团组织建立了合作共赢的社会资本网络,巧妙借力,通过整合"政府行销"、"媒体行销"、"商业行销"和"信仰传播",使得大甲镇澜宫进香活动的声势不断壮大,被称为世界三大宗教活动之一。③

---

① 《台湾大甲妈祖绕境巡游轰动》,《莆田新闻网》,2009年4月11日,http://www.ptxw.com/mazu/mzxw/200904/11/53876_0.shtml。
② 参见罗昆:《财团法人制度研究》,武汉大学出版社2009年版;陈朝政:《财团法人管理制度的政策分析》,《内政》2003年5月21日,http://old.npf.org.tw/PUBLICATION/IA/092/IA-B-092-007.htm。
③ 参见汪玉频:《民俗节庆活动运用整合营销传播之研究:以大甲妈祖文化节为例》,世新大学传播研究所硕士论文,2003年;黄隆正:《乡村宗教组织社会资本运作模式之研究:以财团法人台湾省台中县大甲镇澜宫为例》,台湾大学农业推广学研究所硕士论文,2004年。

二、特征与趋势

以上对中国传统节日在香港、澳门、台湾的传承发展情况进行了简单梳理,从中可以看到,中国传统节日在港澳台的传承有着各自的特点,与内地的情况有共性也有特性。

显然,无论在内地和港澳台,传统节日都面临着现代化、城市化、全球化的冲击,都有浅薄化、空壳化的风险。各地对传统节日在现代社会中的价值和意义有着普遍共识,但传统节日在不同地区的政治层面、经济层面、社会层面和文化层面却扮演着不同的角色。在传统节日的时空场域,各种力量交织在一起,都在追求和实现着政治的、经济的、生活的和精神的目的。

相较于相同的方面,港澳台传统节日传承发展情况与内地不同的方面更加值得关注。

(一)传统节日体系相对完整系统

综观港澳台传统节日体系,三地的节日体系较之内地更加全面完整。除春节、清明、端午、中秋有较好的传承外,长洲太平清醮、大甲妈祖绕境巡游、四月八佛诞等宗教色彩浓厚的节日均得到较好的保护和弘扬,已经成长为三地特色的节庆品牌。另外,在香港、澳门目前实行的节假日制度中,佛诞、冬至还被确定为法定假日。族群性的、行业性的民俗节日在三地均有很好的传承,如台湾原住民的丰年祭、飞鱼祭,澳门渔行醉龙节等。

(二)节日的神圣性仍然存在

由于港澳台三地没有经历"文革"式的浩劫,没有"破除封建迷信"的大棒,所以支撑传统节日的内在的宇宙观念和精神信仰没有被硬性剔除。虽然同样受到现代化的影响和科学观念的熏陶,但种种俗信思想仍然在包括节日在内的众多文化中得以传承下来。信仰色彩浓厚,是中国传统节日文化在三地呈现出的一个共同特征。

(三)社会力量在节日的传承发展中发挥了重要作用

港澳台三地有不同的历史遭遇,实行的政治体制与内地不同,民主制度和公民社会的发育程度也不一样。虽然也有如台湾国民党威权统治的时期,但总体上来说,自20世纪80年代后三地基本上都是朝向"小政府,大社会"的发展趋势。政府有限介入或称柔性介入民众生活,协调、对话、沟通成为政府职能的常态。在这样的状态下,中国传统节日生发传承的组织运转体系没有发生大的变动,民间的社会力量通过一定的调整、转型和适应后继续承担了主导的作用,如澳门的民间社团、台湾的财团法人和香港传统节日中的值理会等。

（四）节日活动亲民性突出

在三地传统节日期间举办的各种活动中，政府、商家、媒体介入的程度日益加深。但由于他们各自扮演的角色多倾向于服务支持性，所采取的策略也遵从政治体制和公民社会的要求，总体上偏于柔性，所以在节日活动的组织和进行过程中，传统的组织力量发挥着重要作用，民众可以有很多渠道和方式参与其中。节日作为互动交流平台的功能被保留并放大，如政治人物透过节日与民众亲密互动，政府、商家、媒体和社会团体等各种资源整合行销等。

当前，中国传统节日文化除在港澳台有以上特征外，其传承发展也表现出以下趋势：

首先，随着港澳台与内地联系的日趋紧密和全面，港澳台中国传统节日文化的传承发展与内地的协同性也不断加强。港澳的很多节日入选国家级非物质文化遗产名录；中国传统节日文化的保护制度，成为特区政府和内地在文化遗产保护工作层面和文化交流层面共同的话题。以港澳台妈祖信众到湄洲谒祖进香为代表，很多港澳台民众纷纷在节日时段到内地寻根问祖。同时，港澳台的传统节日也成为内地民众赴港澳台旅游的重要观光内容。

其次，外力介入程度不断加强。在当代，政府、媒体、商业等力量介入到中国传统节日文化的传承已不鲜见。虽然港澳台节日文化的传承发展过程不曾脱离开种种外力的影响，但总体来看，政府、媒体、商业的介入在港澳台也呈现不断加强的趋势。香港特区政府旅游发展局在中环办庙会，将长洲太平清醮、谭公诞等四个民俗节庆统合到一起；台湾台中县政府行销"大甲妈祖国际观光文化节"等类似现象越来越多。传统节日活动的组织体系，当前正处于一种磨合调整的时期。

三、启示

以中国传统节日文化在港澳台的传承发展情况来反观内地的情况，有很多方面值得借鉴。三地面对传承发展问题时所采取的策略和方式，也非常富有启示意义。

（一）理性对待节日中的俗信问题

俗信是传统节日生发、传承的基本动力。虽然社会的发展和科学的昌明，已经大大压缩了俗信的生存空间，但实事求是地看，俗信的思想依然在民众的生活文化中扮演着重要的角色。很多神诞性节日、民俗宗教节日依然主要以此为根基。香港、澳门、台湾传统节日文化体系相对完整的当代传承，很大的原因是在高度发达的现代生活中宽容地对待俗信思想，较好地保留和利用了这一文化土壤。尊重和理解节日中的俗信思想和行为，维护节日中的神圣性，才能更好地应对节日浅薄化、空壳化的问题。

（二）科学调整节假日体系

比较内地与港澳台法定的节假日制度,春节、清明、端午、中秋都被列为法定放假的节日。除此之外,各地节日制度的差异值得思考。例如佛诞日、重阳、冬至在香港、澳门是法定放假的传统节日。为了满足农历八月十五赏月,在香港、澳门中秋节的放假日为农历八月十六。细节上的不同,反映出对民众节日习惯的服务程度的微妙差异。

法定放假的中国传统节日列表

节日	中国内地	中国香港	中国澳门	中国台湾
春节	农历除夕至初二,放假3天。	农历初一至初三,放假3天。	农历初一至初三,放假3天。	除夕至正月初三,放假4天
清明节	农历清明当日,放假1天。	农历清明当日,放假1天。	农历清明当日,放假1天。	农历清明当日,放假1天。
佛诞	—	农历四月初八,放假1天。	农历四月初八,放假1天。	—
端午节	农历五月初五,放假1天。	农历五月初五,放假1天。	农历五月初五,放假1天。	农历五月初五,放假1天。
中秋节	农历八月十五日,放假1天。	农历八月十六日,放假1天。	农历八月十六日,放假1天。	农历八月十五日,放假1天。
重阳节	—	农历九月初九,放假1天。	农历九月初九,放假1天。	—
冬至	—	非公众假期,但可取代圣诞节作法定假日之用。	节日当天,放假1天。	—

（三）改善政府介入节日的方式

当前在中国内地,政府办节造节的现象非常突出,并且表现得非常强势,而亲民性互动性不够,这也直接导致民众对这些节日活动参与热情不高。借鉴港澳台的经验,政府应从服务支持的角度出发,柔性介入,加强与节日各参与主体的沟通,在节日活动的策划实施过程中充分发挥民众的主体性,使节日活动不脱离民众需求,丰富民众生活。

（四）挖掘和培育社会力量

财团法人、社会团体在港澳台节日传承发展中的作用有目共睹,成为最基本的传承力量。很多传统节日的内部都有一个支撑和维持其运转的组织体系,保护好这一组织体系,就保护好了传统节日传承发展的内部力量。我们应调查挖掘出这些民间组织和力量,给予其尊重,支持其传承,使其与现代社会实现很好的对接和转型,从而推动其在节日保护和传承中继续发挥作用。

(五)加强传统节日文化教育

传统文化的习得,无法再依赖传统意义上的家庭和社区,只能更多地依赖于现代学校教育体系。港澳台的教育体系中普遍比较重视传统节日文化的教育,提供了学习、了解甚至参与传统节日的平台。我们应加以借鉴,充分利用好现代学校教育平台,结合各种现代媒体,加强传统节日文化教育。

觉醒与期待:2011年度中国民间文艺知识产权保护研究报告

王学文 张 域[*]

长期以来,知识产权对于我国民间文艺的创造者、传承者、使用者、研究者和管理者等一切相关方来说都是一个相对陌生的概念,人们以一种传习下来的心态和行为方式参与着民间文艺的传承、保护、研究和利用。这种自然的状态、自洽的运行和自在的平衡机制发展到20世纪80年代后期,在个体权利意识的日益增强、现代法律体系的不断完善、市场经济体制的逐渐形成和以加入WTO为代表的全球化的深刻影响下,正在逐渐失去效用,而以法律,特别是知识产权法律推动民间文艺的保护、传承、发展、利用成为重要的取向。但是这一过程并不顺畅,一直伴随着讨论、争议乃至纠纷,以至直到今天无论是在思想层面、法律层面还是实践层面依然未能达到相对统一、完善的状态。当然,随着保护意识的确立、专业讨论的深入和相关案例的不断涌现,我们也看到了中国民间文艺知识产权保护领域实现突破的希望。

一、2011年度中国民间文艺知识产权保护的现状

(一)艰难推动的领域

认为应该从法律角度保护民间文学艺术,并从立法层面开展相关工作始自20世纪90年代。当时全国人大、国家版权局、文化部等相关单位就开始了立法调研工作,"经历了19年筹备(1990年9月开始),1996年形成的较成熟的文本得到了WIPO的肯定,之后将重点放在了著作权法修改中。对此有一些共识,但还有分歧"[①]。2001年中国加入WTO。作为WTO三大支柱之一的知识产权体系带来了对我国已有的相关法律体系的调整和修订,并刺激了政府和国民知识产权意识的

---

[*] 王学文,文化部民族民间文艺发展中心《中国节日志》编辑部副主任,副研究员;张域,文化部政策法规司法制处副处长。

[①] 引自国家知识产权局版权司王自强在"民间文学艺术法律保护专题讨论会"上的发言,中国知识产权研究网,http://www.iprcn.com/IL_Xsjt_Show.aspx?News_PI=2501。

觉醒。在国际知识产权制度的影响和国内知识产权意识觉醒的推动下,政府和学界一直没有停止探索我国民间文学艺术知识产权保护的步伐。2003年全国人大教科文卫委员会还拟定了《中华人民共和国民族民间文化保护法草案》。但这一立法取向在2004年中国加入《非物质文化遗产保护公约》后发生了重大转变。从2011年2月出台的《中华人民共和国非物质文化遗产法》来看,非物质文化遗产概念取代了民族民间文化概念,该法多从公权保护角度出发,对于包括知识产权在内的私权保护未有明确。如果暂且认为非物质文化遗产、民族民间文化、民间文艺在概念范畴上是一致的话,这部法律基本搁置了民间文艺知识产权保护的难点和争议。立法的艰难历程折射出了这一问题的复杂性,但通过知识产权保护民间文艺的意识在这一曲折的历程中渐成共识,并在此方向上继续努力。2008年发布的《国家知识产权战略纲要》指出这是特定领域知识产权,并作为专项任务提出要"加强民间文艺保护,促进民间文艺发展。深入发掘民间文艺作品,建立民间文艺保存人与后续创作人之间合理分享利益的机制,维护相关个人、群体的合法权益"。在2012年国家知识产权战略实施工作部际联席会议办公室公布的《2012年国家知识产权战略实施推进计划》中更将这一领域归纳为"优势领域知识产权",要求"整理、挖掘我国地理标志、遗传资源、传统知识和民间文艺等优势领域的知识产权资源,研究建立相关知识产权保护体系,推动相关知识产权立法进程"。为推动这一工作任务,2012年文化部民族民间文艺发展中心被确定为"国家知识产权战略实施重点联系单位",开展民间文艺知识产权保护的试点工作。2012年5月,中宣部、国家知识产权局、文化部、国家工商总局、国家广电总局组成调研组,专门进行了"国家知识产权战略实施工作文化专题调研"。[①] 与这些政府工作层面的举措相伴随的是有关民间文艺或非物质文化遗产知识产权保护的各类型会议在各地频繁召开。

(二) 需要厘清的概念

当民间文艺被纳入到知识产权法律保护层面进行讨论时,首先需要明确的就是民间文艺的概念和范畴问题,这不仅是研究和实践的要求,更是法律界定、权利划分的基本要求。但是,"民间文艺"或者说"民间文学艺术"在很多时候是作为一个不言自明的术语在研究中或在传播交流中来使用,对其概念的描述多是举例式的,而非定性式的,所以当其进入到法律体系中时就遇到概念厘清的问题。再加上与民间文艺相似、相近、有紧密关系的一些概念也同时在研究和传播中被广泛使用,就更加剧了这种混乱,如非物质文化遗产、民俗、民间文化等。举例如下:

民俗,即民间风俗,指一个国家或民族中广大民众所创造、享用和传承的

[①] 黎宏河:《文化知识产权面临保护难题》,《中国文化报》2012年5月17日,第2版。

生活文化。大略可以分为以下四个部分：（一）物质民俗，包括生产民俗、商贸民俗、饮食民俗、服饰民俗、居住民俗、交通民俗、医药保健民俗等；（二）社会民俗，包括社会组织民俗（如血缘组织、地缘组织、业缘组织等）、社会制度民俗（如习惯法、人生仪礼等）、岁时节日民俗以及民间娱乐习俗等；（三）精神民俗，包括民间信仰、民间巫术、民间哲学伦理观念以及民间艺术等；（四）语言民俗，包括民族语言、方言和民间文学（神话、民间传说、民间故事、民间歌谣、民间说唱等）。①

——钟敬文《民俗学概论》1998年

非物质文化遗产，是指各族人民世代相传并视为其文化遗产组成部分的各种传统文化表现形式，以及与传统文化表现形式相关的实物和场所。包括：（一）传统口头文学以及作为其载体的语言；（二）传统美术、书法、音乐、舞蹈、戏剧、曲艺和杂技；（三）传统技艺、医药和历法；（四）传统礼仪、节庆等民俗；（五）传统体育和游艺；（六）其他非物质文化遗产。

——《中华人民共和国非物质文化遗产法》2011年

民间文学艺术表达（expressions of folklore），是指各族人民世代相传并视为其传统文化遗产组成部分的文学、艺术的表现形式，包括但不限于：(1) 言语表现形式，如民间故事、民间诗歌和谜语；文字、标志、名称和符号；(2) 音乐表现形式，如民歌和用乐器演奏的音乐；(3) 动作表现形式，如民间舞蹈、戏剧以及游戏、典礼、仪式的表演和其他表演；以上三种，无论其是否归纳为某种物质形式。(4) 有形表现形式，如艺术品，尤其是壁画、彩画、雕刻、雕塑、陶器、拼花（拼图）、木制品、金属器皿、珠宝饰物、编织、刺绣、纺织品、地毯、服饰、音乐仪器和建筑形式。

——UNESCO和WIPO《关于保护民间文学艺术表达、防止不正当利用及其他损害性行为的国内法示范条款》1982年

对比上面列举的三个概念，它们之间既有联系又有区别，不是简单的涵盖或替代关系。民间文学艺术表达概念中显然不包括民俗中的社会组织、民间信仰、民间哲学伦理观念等制度层面、精神层面的内容，也不能完全包括非物质文化遗产概念中的文化空间。三者的关系大致如下图所示。本文所关注的民间文艺，是指"民间文学艺术表达"，行文中提到"民俗"、"非物质文化遗产"时指的也是这两个概念与"民间文学艺术表达"重合的部分。目前在学术界也基本是分开来探讨各自知识产权保护问题的，当然这其中不乏重合、联系、参照。

---

① 钟敬文：《民俗学概论》，上海文艺出版社1998年，第1—6页。

（三）尚待完善的法律

到目前为止，我国还没有制定专门的民间文艺知识产权保护方面的法规，但在已经颁布实施的法律法规中还是可以找到有关的条文（见表1）。这些散见于相关法律法规中的条文也是目前我国民间文艺知识产权保护实践过程中所采用的依据。总体来看这些条文还没有构成一个明确而充分的民间文艺知识产权保护法律体系。

表1 我国现行的民间文艺知识产权保护相关法律及应用举例

序号	法规名称	相关内容	典型案例
1	中华人民共和国非物质文化遗产法（2011年）	第五条 使用非物质文化遗产，应当尊重其形式和内涵。禁止以歪曲、贬损等方式使用非物质文化遗产。 第四十四条 使用非物质文化遗产涉及知识产权的，适用有关法律、行政法规的规定。对传统医药、传统工艺美术等的保护，其他法律、行政法规另有规定的，依照其规定。	1. 建立国家、省、市、县四级非物质文化遗产名录。 2. 建立代表性传承人制度。
2	中华人民共和国著作权法（2010年）	第六条 民间文学艺术作品的著作权保护办法由国务院另行规定。	1. 2002年，《乌苏里船歌》著作权案。 2. 2010年，"安顺地戏"侵权案。
3	中华人民共和国专利法（1985年）	第二十二条 授予专利权的发明和实用新型，应当具备新颖性、创造性和实用性。 第二十三条 授予专利权的外观设计，应当同申请日以前在国内外出版物上公开发表过或者国内公开使用过的外观设计不相同和不相近似，并不得与他人在先取得的合法权利相冲突。	1. 2004年，南京云锦申请六项专利保护，两项是新天地制作方法的，四项是产品式样方面的。 2. 2010年，《山西八大文化品牌》《古都大同》《天下晋商》三个珍藏卷和《魅力山西》《山西风光》获得设计专利证书。

(续表)

序号	法规名称	相关内容	典型案例
4	中华人民共和国商标法(2001)	第三条 经商标局核准注册的商标为注册商标,包括商品商标、服务商标和集体商标、证明商标;商标注册人享有商标专用权,受法律保护。 本法所称集体商标,是指以团体、协会或者其他组织名义注册,供该组织成员在商事活动中使用,以表明使用者在该组织中的成员资格的标志。 本法所称证明商标,是指由对某种商品或者服务具有监督能力的组织所控制,而由该组织以外的单位或者个人使用于其商品或者服务,用以证明该商品或者服务的原产地、原料、制造方法、质量或者其他特定品质的标志。	1. 2007年,南京云锦成功注册地理标志证明商标。 2. 2010年,江苏镇湖苏绣成功注册地理标志集体商标。 3. 2010年,重庆巴南木洞山歌、接龙吹打成功申请文化娱乐活动商标。 4. 2010年,浙江嘉兴市"网船会"字样以及图案成为注册商标。
5	传统工艺美术保护条例(1997)	条例规定了国家保护传统工艺美术的原则、认证制度、保护措施、法律责任等。	
6	地理标志产品保护规定	第二条 本规定所称地理标志产品,是指产自特定地域,所具有的质量、声誉或其他特性本质上取决于该产地的自然因素和人文因素,经审核批准以地理名称进行命名的产品。地理标志产品包括: 1. 来自本地区的种植、养殖产品。 2. 原材料全部来自本地区或部分来自其他地区,并在本地区按照特定工艺生产和加工的产品。	到2011年,我国传统手工艺类地理标志保护产品专用标志13项,地理标志保护产品31项。

《中华人民共和国非物质文化遗产法》(简称《非遗法》)是与民间文艺关系最为紧密的一部法律,也一定程度上被认为是长期的民间文艺保护立法工作的重要成果。这部法律对非物质文化遗产的概念、非物质文化遗产调查、代表性项目名录、传承与传播、法律责任等进行了规定。但这部法律是一部行政法,主要规范行政部门的行为,而对非物质遗产牵涉到的知识产权问题,则只作了衔接性规定,即"使用非物质文化遗产涉及知识产权的,适用有关法律、行政法规的规定"。涉及《非遗法》和其他相关法律之间的协调配合问题还没有完全解决,如"非物质文化遗产实物的保存涉及文物保护法规和海关稽查法规;合理利用非物质文化遗产代表性项目开发,涉及国家税法及企业法规;境外人员介入我国非物质遗产收集或

调查涉及涉外法规;跨国非物质文化遗产涉及国际法;传承人或保护单位的保护涉及知识产权法及专利法;与少数民族或宗教密切相关的非物质文化遗产涉及民族或宗教法规;还有其他涉及刑事法律责任的等等",另一方面《非遗法》的实施细则还没有出台,还停留在原则性规定上。①

从国际来看,版权保护被认为是民间文艺知识产权保护的首选模式。在我国《著作权法》中也有民间文艺的著作权保护需另行规定的条文,基本反映出对从版权角度保护民间文艺的立法思路的认同。《乌苏里船歌》著作权案、《妈勒带子访太阳》著作权案、《千里走单骑》侵权案等也是在我国著作权法方面出现的典型案例。但是民间文艺版权保护中涉及的保护客体、权利主体、权利内容等方面在当前《著作权法》中没有明确。《专利法》、《商标法》、《地理标志产品保护规定》等只适用于民间文艺的某一类内容或某一个层面,只能在市场环境中从一个侧面发挥作用,还只能是一种辅助性的保护手段,如地理地标保护,"只能在市场竞争中保护注册了证明商标或地理标志的民间文学艺术,防止'搭便车'行为"②。

一个完善的民间文艺保护的法律体系,应是一个以公法为主、私法为辅的法律体系。正如黄玉烨、戈光应在《非物质文化遗产的法律保护模式》一文中所说"公法保护有利于守护非物质文化遗产的人文价值,而私法保护则有利于维护非物质文化遗产的资源价值;非物质文化遗产的法律保护应秉承人文价值至上的原则,以公法保护为主,同时兼顾资源价值,以私法保护为辅,公法保护与私法保护相互补充、相互协调,共同构建非物质文化遗产的法律保护模式"③。

(四)不断深入的讨论

虽然从体制层面和法律层面来看,我国当前的知识产权体系对民间文艺的保护还非常不完善、不充分,但我们也看到该问题在研究领域一直是重要的议题,相关的讨论不断深化。

关于民间文艺知识产权保护的正当性问题曾是研究领域讨论的一个重要话题。梳理民间文艺知识产权保护发展历程后,我们看到发展中国家是对民间文艺进行法律保护的积极倡导者,如1967年突尼斯颁布的《文学艺术产权法》是第一个用法律保护民间文学艺术的国家,相反大部分的发达国家则对于民间文艺的保护采取回避的态度。形成这种现象的原因是多方面的,但主要可归结为三点:一是民间文艺本身具有集体性、传承性、变异性、地域性的特点;二是对民间文艺能否纳入知识产权体系存在疑问,即知识产权的私权特点和知识产权对"原创"、"创

---

① 乌丙安:《对贯彻实施〈中华人民共和国非物质文化遗产法〉的两点建议》,《西北民族研究》2011年第2期。
② 张玉敏:《民间文学艺术法律保护模式的选择》,《法商研究》2007年第4期。
③ 黄玉烨、戈光应:《非物质文化遗产的法律保护模式》,《重庆工学院学报》2009年第5期。

新"、"智力成果"等的界定与民间文艺之间的契合度问题;三是发达国家唯恐倡导民间文艺的知识产权限制了它的开发利用,因为发达国家掌握的资金、技术和信息,使其比发展中国家有更强的利用能力。叶伶俐曾就此问题进行了较为全面的讨论。民间文艺法律保护的法哲学基础是"天赋人权"理论,是实现生存权和发展权的需要,是尊重人格权的需要,是保护文化多样性的需要。民间文艺与知识产权制度并不冲突,联系非常紧密。民间文艺的本质是人类的智力成果,与知识产权法的客体有共通之处。民间文艺的一些性质与知识产权的非物质性、可复制性和法定性是类似的,产生的权益也包括人身权和财产权。① 应该说随着这种讨论的深入,到现在越来越多的人认同通过知识产权来保护民间文艺的观点。

知识产权保护的民间文艺是什么?这是一个涉及保护客体的问题。概念不明确,客体不清晰,就很难真正地去保护。上文笔者已经谈到民俗、民间文艺(民间文学艺术表达)和非物质文化遗产几个概念内涵交叉、现实混用的问题。目前在知识产权界较多采用的是 UNESCO 和 WIPO 的"民间文学艺术表达"概念,这是一个涵盖很广泛的概念,从有形的艺术品、建筑到无形的技艺、语言无不在其中,既有属于某一群体的,也有属于某一个人的;既有传承于某一小的社区的,也有流布于多省、甚至多国的;既存在稳定内容形式的,也存在有着多种多样的异形异文的,客体本身的复杂性可见一斑。同时,在学界的讨论中,也有时会将民间文艺本身,与在民间文艺基础上再创作所产生的作品或称衍生品混为一谈。这其实是两个问题,从我国的情况来看,"对民间文艺及其作品形态的保护应该适用于国务院将来另行出台的《民间文艺著作权保护条例》,而基于民间文艺创作的民间文艺衍生作品,则需要适用版权法来加以保护"。②

谁是民间文艺的权利主体?这是民间文艺知识产权保护中的又一难点。民间文艺有着集体性、地域性、传承流布性和变异性等特征。一曲《茉莉花》,在全国各地流传,虽然基本曲调内容很稳定,但各地又有其地域特点。当面对知识产权案件时,谁来主张权利,谁又能代表民间文艺持有群体呢?正是这样类似的问题使得民间文艺的权利主体非常难以界定。从《《乌苏里船歌》案》、《《千里走单骑》案》等司法实践来看,法院是认同了地方政府作为权利主体诉讼代表的合法性。但当面对跨国、跨省、跨民族的民间文艺知识产权案件时,又该如何处理?显然,权利主体缺位还是当前民间文艺知识产权保护的一大问题。民间文艺涉及的权利主体除了民间文艺的创造者外,还应包括民间文艺传承人、整理人、改编人和利

---

① 叶伶俐:《论民间文学艺术的知识产权保护》,山东大学 2007 年硕士论文,第 18—41 页。
② 王勉青:《我国民间文艺衍生作品的版权保护》,罗杨:《中国民间文艺权益保护》,中国文史出版社 2012 年版,第 125 页。

用民间文艺进行再创造的创造者。① 但问题的复杂性在于：传说、故事等民间文艺很难确定创造者是谁，这个创造者有可能是个体，但更多的会是一个群体甚至多个群体。我们所说的传承人也不是一个简单的传声筒，他或他们在传承民间文艺的过程中还会因当时当地的情境、个体境遇和能力而进行改变和创新。整理人、改编人相对可以明确，在我国现行的著作权法中已经有相关的条文，但也不可忽视在法律实践过程中这些相关人权利实现的难度。

如何通过知识产权保护民间文艺？这是一个关于法律保护模式选择的问题，也是该领域当今最具争议的问题之一。理论界探讨的焦点就是要对民间文艺进行公权保护还是私权的保护。从《非物质文化遗产法》的快速出台来看，我国对民间文艺的公权保护显然走在了前列。尽管在《著作权法》中已经预留了解决民间文艺知识产权问题的衔接口，但专门的私权保护规则至今还没有出台。在我国学界的讨论中，基本认为民间文艺的公权保护不可或缺，私权保护任重道远。有学者提出对民间文艺的保护依赖于"以整个知识产权制度为基础的综合手段"的"综合保护"。② 也有学者提出我国的民间文艺保护应是公法为主、私法为辅的一种保护模式。③ 在学界争议更大的是民间文艺的私权保护问题。"学术界一般认为关于民间文学艺术的保护模式有版权保护、特殊权利保护、邻接权保护、商标法保护（地理标志保护）、反不正当竞争保护等几种。"④这些保护模式的核心是版权保护模式和特殊权利保护模式之争。版权保护模式的倡导者认为应将民间文艺作为版权法所规范的作品，在版权制度中对其进行保护。这也是较为通行的做法，目前在40多个国家和地区的版权法和地区性版权条约中规定了对民间文艺的保护。⑤ 具体到我国，有学者就提出在现有版权体系框架内进行民间文艺的私权立法，即民间文艺版权立法是《著作权法》的下位法，只是民间文艺私权立法的一部分，与其他相关法各有分工。⑥ 特殊权利保护模式的拥护者认为应根据民间文艺的特点，在版权体系之外构建一个新的法律保护体系。这一观点的合理性在于保护客体的特殊性。有学者对这一特别法的原则、总体框架和基本制度架构进行了设计。⑦ 目前，针对民间文艺私权保护的争论仍在继续。

---

① 徐家力：《论民间文学艺术权利主体的特征、确定原则与法律地位》，罗杨：《中国民间文艺权益保护》，中国文史出版社2012年版，第95—101页。
② 齐爱民：《非物质文化遗产的知识产权综合保护》，《电子知识产权》2007年第6期。
③ 黄玉烨、戈光应：《非物质文化遗产的法律保护模式》，《重庆工学院学报》2009年第5期。
④ 张玉敏：《民间文学艺术法律保护模式的选择》，《法商研究》2007年第4期。
⑤ 黄玉烨：《我国民间文学艺术的特别权利保护模式》，《法学》2009年第8期。
⑥ 张凤杰：《民间文艺私权立法的若干问题论析》，罗杨：《中国民间文艺权益保护》，中国文史出版社2012年版，第135—152页。
⑦ 张玉敏：《民间文学艺术法律保护模式的选择》，《法商研究》2007年第4期。

（五）逐渐增多的案例和实践

近年来，随着人们知识产权意识的觉醒和增强，与民间文艺知识产权相关的案例和实践逐渐增多。这些案例和实践可分为三类：第一类是利用现有的知识产权法律法规确立自身权利的行为；第二类是进入法律诉讼领域的相关案件；第三类是探索中的民间文艺知识产权保护实践。

利用现有法律法规确立和维护自身权利行为的增多与非物质文化遗产保护工作的强势推进，与国家知识产权战略的实施有着非常紧密的关系。当前民间文艺知识产权保护可以依凭的法律有《非物质文化遗产法》、《著作权法》、《专利法》、《商标法》等，主要体现在以下方面：一是注册专利。如 2004 年，南京云锦研究所关于"南京云锦"的两项制作方法和四项产品式样成功在中国知识产权局申请专利。① 2010 年山西广灵剪纸的五大系列作品《山西八大文化品牌》、《古都大同》、《天下晋商》三个珍藏卷和《魅力山西》、《山西风光》两个礼品册获得国家知识产权局授予的设计专利证书。② 二是申请地理地标。地理标志也称原产地名称，既是产地标志，也是质量标志，更是一种知识产权。我国地理地标保护由三个部门和法律制度来实现。国家商标局依据《商标法》将地理标志作为集体商标和证明商标予以保护。国家质检总局《地理标志产品保护规定》以及农业部《农产品地理标志管理办法》，是通过部门规章形式对地理标志进行专门立法保护。因此，实践中有三个选择：向国家商标局申请作为集体或个人证明商标的地理标志；向国家质检总局申请地理标志产品保护；向农业部申请农产品地理标志。以我国传统手工艺为例，到 2011 年我国传统手工艺类地理标志保护产品有 31 项，地理标志保护产品专用标志 13 项，③ 如江苏"镇湖苏绣"、山东"莱州面塑"等已经注册地理标志。三是申请非地理标志类的商标。如重庆巴南区木洞镇文化服务中心成功申请了"木洞山歌"、"接龙吹打"的文化娱乐活动的注册商标。浙江嘉兴市莲泗荡风景区管委会将"网船会"（非物质文化遗产民俗类项目）字样以及图案申请了注册商标。浙江湖州市长兴县以具有公共管理特性的协会或国资部门为注册人，将 100 多个具有地域特色的传统地名、旅游资源及非物质文化遗产注册了商标。④

有关民间文艺的法律诉讼案件的审判过程和最终的判决总会引起人们极大

---

① 《南京云锦申请六项专利》，江苏新闻网，http://www.js.chinanews.com/2004-05-24/139/55.html。
② 《广灵剪纸五个品牌获国家专利》，大众网，http://www.dzwww.com/rollnews/news/201008/t20100821_6598146.htm。
③ 潘鲁生：《民间手工艺的知识产权保护与文化传承问题》，罗杨：《中国民间文艺权益保护》，中国文史出版社 2012 年版，第 56 页。
④ 康保成：《中国非物质文化保护发展报告（2011）》，社会科学文献出版社 2011 年版，第 16—17 页。

的关注,在社会上产生非常大的反响。这些案件的出现,将当前我国民间文艺知识产权保护领域存在的问题鲜活地摆在了人们面前。一场诉讼中谁是原告、谁是被告、诉讼诉求是什么、根据什么来判决、判决结果如何,已经成为普及相关知识的课堂,也成为对法理法条、公序良俗和法官智慧的一次次考验。这些案件有些是针对民间文艺本身的著作权保护的,如《乌苏里船歌》侵权案、"安顺地戏"侵权案(即《千里走单骑》案)、《小河淌水》案。有些案件则是针对民间文艺再创作作品的案件,如"赵梦林京剧脸谱案"、"白秀娥剪纸案"等。还有些案件则牵涉到民间文艺,但诉讼主体都是企业,如"鲁锦案"(见表2)。从这些案件的诉求和最终的结果来看,针对民间文艺本身的一类案件争议最大,主要围绕着权利主体的正当性、原告的精神权利诉求和经济权利诉求。即使是维权成功的案件,也只能说部分地成功,对原告的经济权利诉求并未给予支持。民间文艺再创作作品纠纷案件的难点在于,难以厘清哪部分是权利主张人在民间文艺基础上的改编创新。在追溯一幅图案、一首民歌、一个故事最早的记录时间、记录人、记录内容时缺少依据,没有一个可供查询鉴定的权威数据源,也没有这样的权威机构。在一些商标侵权和不正当竞争案件中,所看到的则主要是企业在经济利益上的争夺,而缺少对民间文艺本身和更广泛的文化持有者的关注。

表2 民间文艺知识产权典型案例

类型	案件	基本案情	结果
民间文艺本身	《乌苏里船歌》侵权案①	2000年,黑龙江省饶河县四排赫哲族乡人民政府以侵犯民间文艺作品著作权为由起诉郭颂、中央电视台、北京北辰购物中心,认为《乌苏里船歌》是赫哲族民歌改编而来,被告严重侵犯了赫哲族人民的权利。	《乌苏里船歌》是在赫哲族民歌《想情郎》、《狩猎的哥哥回来了》的基础上改编完成的作品,郭颂、中央电视台以任何方式使用音乐作品《乌苏里船歌》时,应当注明根据"赫哲族民间曲调改编";驳回四排赫哲族乡人民政府的赔偿经济损失和精神损失的主张。

---

① 参见北京市高级人民法院民事判决书(2003)高民终字第246号。

（续表）

类型	案件	基本案情	结果
民间文艺本身	"安顺地戏"侵权案①	2010年，贵州省安顺市文化局诉张艺谋、张伟平、北京新画面影业有限公司著作权纠纷案。被告在电影《千里走单骑》中以"云南面具戏"为线索并贯穿始终。但该影片所宣传的"云南面具戏"实际上是传承于贵州的国家级非物质文化遗产"安顺地戏"。原告以三被告没有在任何场合为影片中"面具戏"的真实身份正名，诉请法院，要求判令被告在《法制日报》刊登声明，就侵犯"安顺地戏"署名权消除影响；判令被告以任何方式再使用影片《千里走单骑》时，应当注明"片中的云南面具戏实际上是安顺地戏"。	法院认为安顺地戏是剧种，不是作品，不受著作权法保护。涉案影片《千里走单骑》使用"安顺地戏"进行一定程度创作虚构，并不违反我国著作权法的规定，原告的诉讼请求应予驳回。
	《小河淌水》版权纠纷案②	享誉海内外、素有"东方小夜曲"之称的云南民歌《小河淌水》版权纠纷始自1994年。1994年，原云南民族出版社社长尹宜公在云南省版权局进行了《小河淌水》的著作权登记，云南省版权局将尹宜公认定为《小河淌水》的收集整理者。2000年，云南知名音乐家高梁向云南省版权局提出申诉，称《小河淌水》的音乐是根据他1943年创作的歌曲《大田栽秧秧连秧》改编的，他认为尹作为著作权人并不符合历史事实。2004年至2005年，高梁和尹宜公相继去世，其后人继续版权之争。	2005年，云南省版权局撤销了尹宜公对歌曲《小河淌水》（收集整理）的著作权登记。尹宜公的女儿立即向国家版权局提出行政复议申请。2006年8月，国家版权局作出《行政复议决定书》，推翻了"撤销尹宜公对歌曲《小河淌水》（收集整理）的著作权登记"的决定。2007年，经过云南省版权局反复调查取证，认为当年尹进行著作权登记时提供的"整理填词"与最早资料上的"记"或者"记谱"都不相符。于是，云南省版权局再次撤销尹宜公对《小河淌水》（收集整理）的作品登记。2007年年底，尹的后人再次向国家版权局提出行政复议申请，国家版权局的行政复议决定第二次推翻了云南省版权局对尹宜公著作权登记的撤销。

---

① 参见《诉张艺谋〈千里走单骑〉侵权安顺地戏终审败诉》，人民网，http://ent.people.com.cn/GB/81372/15662361.html。

② 陈鹏：《〈小河淌水〉流向何方？》，中国政法大学知识产权研究中心，http://www.newiplaw.com/html/2008-01/1329.htm。

（续表）

类型	案件	基本案情	结果
民间文艺再创作作品	赵梦林京剧脸谱案①	1994年，赵梦林出版《京剧脸谱》一书，该书自出版以来，因他人擅自使用其书中的京剧人物脸谱图形，赵梦林已提起数十场诉讼。除一部分是赵与被告自行和解外，其余案件均得到法院的支持，赵也实现了相应的索赔。	赵梦林是画册《京剧脸谱》的著作权人，画册中的272幅京剧脸谱、21幅京剧人物画都由赵梦林独立创作，赵梦林依法对《京剧脸谱》享有独立的著作权，该书属于著作权意义上的美术作品，应对其进行保护。
民间文艺再创作作品	白秀娥剪纸案②	剪纸艺人白秀娥诉国家邮政局、国家邮政局邮票印制局侵犯其著作权。原告认为，2001年1月5日，国家邮政局发行的辛巳蛇年生肖邮票一套，其中第一枚使用了白秀娥向邮票印制局提供的剪纸图案，并对该剪纸图案进行了修改。	法院认定本案涉及的蛇图剪纸系白秀娥独立创作完成，该剪纸作品虽然采用了我国民间传统艺术中"剪纸"的表现形式，但并非对既有同类题材作品的简单照搬或模仿，而是体现了作者的审美观念，且表现出独特意象空间，属于应当受著作权保护的美术作品。
与民间文艺相关的商业案例	"鲁锦"商标及不正当竞争案③	原告山东鲁锦实业有限公司于1999年申请注册了"鲁锦"文字商标，核定使用商品为第25类服装、鞋、帽类。被告鄄城县鲁锦工艺品有限责任公司生产、济宁礼之邦家纺有限公司销售了在显著位置标有"鲁锦"字样的床上用品。原告认为被告上述行为侵犯了其注册商标专用权并构成不正当竞争，诉请判令被告停止生产、销售带有"鲁锦"字样的侵权产品，责令被告变更企业名称并不得使用"鲁锦"两字，赔偿经济损失50万元。	山东省济宁市中级人民法院一审支持了原告的诉讼请求。二被告上诉后，山东省高级人民法院二审认为，"鲁锦"在1999年原告将其注册为商标之前已是山东民间手工棉纺织品的通用名称，"鲁锦"织造技艺是国务院公布的非物质文化遗产；两被告的使用、销售行为属于对商标的正当使用行为，不构成商标侵权，也不构成不正当竞争，遂判决驳回了原告的诉讼请求。

实际上，相较于我国民间文艺的丰富性和当前其使用上的无序状况而言，进入到法律诉讼阶段，在现有法律体系中寻求对民间文艺知识产权进行保护的案例

---

① 参见北京市丰台区人民法院(2008)丰民初字第2号。
② 参见北京市高级人民法院《民事判决书》(2002)高民终字第252号。
③ 参见《"鲁锦"商标及不正当竞争案》，南大精英律师团，http://www.njulawyer.net/index.php? ac = article&at = read&did = 262。

还是太少。笔者在参与 2012 年"国家知识产权战略实施工作文化专题调研"的过程中了解到,很多民间文艺传承人和整理人的权益都处于不知道保护、没有能力保护的状态,很多有侵权嫌疑的事件最终因为维权能力和维权成本的问题而不了了之。

还有一类实践案例也值得我们关注。这类案例与上文诉诸现有法律制度和行政体系的案例不同,是民间文艺持有人自发的或是在一些非政府组织的协助下而进行的一些创造性实践。如我们的一些民间文艺资源持有者、传承地针对民间文艺资源维权主体缺失、民间文艺资源被滥用的问题,成立专门的组织来应对来自于外部的挑战。在云南高黎贡山的新庄村,村民成立"传统资源共管会"代表社区主张利益,保护新庄村民的传统造纸技艺。"传统资源共管会"对外主张本村传统资源的集体利益,代管本村传统资源传承人的个体利益。《传统资源共管委员会章程》规定,传统资源所获利益在支付相关村民个人劳动报酬后,其 50% 投入村委会用于各项集成事业,40% 投入本村传统资源保护基金开展各项保护和开发活动,10% 用于共管会的日常开支。同时,共管会规定,凡涉及参观、考察、拍摄、利用和开发新庄村传统资源的事宜,一律由本村传统资源共管会接待,需填写《获取和接触社区传统资源登记表》,来访人员进行智力创新或商业化利用时,均应当与传统资源共管会订立合同并写明利益分享的条款。[①] 这种由民众自发成立的民间文艺资源的管理和维权组织,从理念、制度设计到具体的工作,无疑是非常具有创新和前瞻意识的,但作为一种新鲜事物,在很多时候也存在着合法性或者说法律地位的问题。这类组织不是社团,因为在很多方面它与社团登记管理的要求不符,与民办非企业单位、从事非营利性活动的社会组织也不同;同时也不能将其简单归为企业。这类组织在法律地位上的尴尬处境也直接影响到它的权威性。

还有一种是民间文艺持有人或者说较早意识到民间文艺知识产权价值的人以个人或企业名义进行著作权登记、申请专利、注册商标的情况。推动这一行为增多的最重要原因,就是越来越多的人发现了民间文艺潜在的经济价值。首先我们应承认这种利用现有知识产权框架维护自身权益的行为是有益于营造健康有序的知识产权使用环境的,但是由于民间文艺本身的复杂性,我们不能否认这种"抢注"甚至"乱注"的行为,实际是游走在民间文艺知识产权保护法律体系的模糊地带,会引发某一民间文艺知识产权属于个人、企业还是社区等一系列争论,以至于动摇了现有知识产权制度。在贵州丹寨石桥,本来归于全体村民共有的古法造纸工艺,因村民中的"能人"提前注册了专利,而导致传统村落社会体系面临崩溃,

---

[①] 龙文·艾怀森:《新庄村传统造纸》,国际行动援助中国办公室:《保护创新的源泉:中国西南地区传统知识保护现状调研与社区行动案例集》,知识产权出版社 2007 年版,第 179—197 页。

不仅在外部市场竞争中无法形成合力,甚至于村落内部开始互相压价。① 目前在丽江到处存在的"东巴纸",实际上并不都是传统的东巴纸,甚至有很多是来自四川省及国外。而关于东巴纸的专利,如"纳西族东巴纸的制备方法"、"一种手工制作东巴纸的方法"等,明显创新性不足,与传统的东巴纸相去甚远。②

一些国际知名企业在利用民间文艺资源的过程中,也带来一套知识产权解决办法,但因为商业秘密原因,我们还不能看到其具体方式,需要加以关注。如国际知名品牌爱马仕与贵州太阳鼓、苗侗族服饰博物馆牵手,签订了5年苗族刺绣的供货协议。为了学习并最终利用苗族刺绣艺术,爱马仕的三名设计师在苗乡进行了8个月的调查和设计工作。③ 一款爱马仕红色边苗族裙图案丝巾在网络上售价达到3700余元。这3700余元的售价中,利润多少,回馈给苗族刺绣技艺持有群体和刺绣提供者多少,还需要进一步跟踪调查。这其中就牵涉到民间文艺的知识产权保护问题。与此相关的还有目前在国内渐渐增多的"公平贸易"(fair trade)实践。④ 公平贸易作为20世纪中后期兴起的国际性的社会运动,倡导用贸易而非捐赠的形式消灭贫穷,重视交易过程中各参与者的权利,重视环保和社会公平,关注贫困的、弱势的生产者,确保他们获得合理的收入,从而维系和改善生计,获得发展的权利。公平贸易涉及的产品主要以工艺品和农产品为主。⑤ 虽然公平贸易倡导者并没有直接地从保护知识产权的角度入手,但其核心是尊重资源持有者和传承者,是与知识产权保护智力创造的宗旨紧密相关的。公平贸易运动中所采取的通过"公平贸易标签"来认证、管理和标识相关产品和工艺品的方式,与我们当前通过注册商标、专利的方式保护民间文艺知识产权非常一致。

(六)日益迫切的现实需求

应该说,伴随着全球化、市场化和城市化的加剧,民间文艺知识产权保护问题日益突出。如何利用知识产权保护的方式推动民间文艺的传承发展,推动文化事业和文化产业发展、繁荣已经成为我国知识产权保护领域日益迫切的现实需求。

当前开发利用民间文艺资源已经蔚然成风。经由市场经济的推动,民间文艺的日常生活文化的属性逐渐减弱,商业资源/资本属性被日益强化。各方力量或依托强大的行政权力,或依托商业资本的力量,或依托先进的技术手段对民间文

---

① 王学文:《贵州省丹寨县石桥村古法造纸调查》,未刊稿,2008年。
② 曾益群、杨建昆:《纳西族东巴纸》,国际行动援助中国办公室:《保护创新的源泉:中国西南地区传统知识保护现状调研与社区行动案例集》,知识产权出版社2007年版,第161—178页。
③ 《贵州苗绣与世界名牌爱马仕牵手》,中国新闻网,http://www.chinanews.com/cul/2011/10-27/3419240.shtml。
④ 华璐:《瑶寨里的公平贸易》,南方都市报,2011年4月27日。
⑤ 曲如晓、赵方荣:《公平贸易运动——全球化背景下更具社会经济责任的贸易潮流》,《国际经济合作》2009年第1期。

艺资源进行开发利用。文化部、中国文联的相关机构对各自掌握的民间文艺资源进行数字化，并分别制定了通过数据库的方式推向社会的工作规划。在丽江古城，名称中冠有"东巴"的店铺、商品举目可见，东巴文化的一些标志性符号如东巴文，被印在T恤、纪念品上，并有企业进行了相关的商标注册。利用民间文艺资源打造的印象系列、"丽水金沙"等演艺品牌经久不衰。

但是在风起云涌的利用民间文艺资源的过程中，也使得知识产权问题凸显出来。根据我国现行的法律框架和工作分工，民间文艺知识产权工作分散在文化、知识产权、新闻出版、工商等管理部门，缺少联动机制，管理和执法效率不高。民间文艺在市场经济条件下被随意使用，有的甚至被歪曲和滥用，不仅没有保障民间文艺持有者的财产权，而且其精神权也得不到尊重。在国家层面，没有主张权利的专职部门，资源保存方也没有充分的知识产权代理授权，导致我国的民间文艺资源，如《花木兰》、《功夫熊猫》中所用的中国民间文化元素，可以被随意使用、解释和改编。在云南丽江，纳西人本来禁食狗肉，但有商家打出"东巴狗肉店"的招牌，伤害民族感情。纳西族音乐世家和文光家族传唱的纳西民歌被上传到网络上，有上百万的点击量却无法从中受益，甚至不能保障整理者的署名权利。有非政府组织(NGO)在云南、贵州境内收集大量的民间文学艺术(民歌、舞蹈、音乐、服饰、工艺品)，但在境外出版传播时却抹杀了文化传承地的信息。这类现象愈演愈烈，严重影响了民间文艺健康有序地传承和发展。

另外，由于经历了计划经济向市场经济转型和知识产权观念从无到有的历程，所以我国很多存量的民间文艺资源的利用面临着非常尴尬的境地。以20世纪80年代开始的"十部文艺集成志书"工程为例，这一工作为我国保存了46万多个故事、50余万条谚语、10万余歌谣、4万余首民歌和大量的戏曲、曲艺、器乐资料，但这批珍贵的资源因为知识产权难以厘清等问题，导致今日还没能发挥出巨大的作用，其中的原因是多方面的：一是民间文艺资源本身权利主体难以确定；二是受到当时的观念和技术条件等因素的制约，流传地、搜集者、整理者、录入者等知识产权类信息不完整，录音、录像不多，保存条件不科学，数字化程度不高，资源分散保存于个人、单位，甚至出现"二次流失"；三是这一工作是依赖行政体制从上到下进行的，随着工作的完成，很多省市自治区原设置的"集成工作办公室"等机构已经撤销，权利主张人不确定。

二、2011年度中国民间文艺知识产权保护的问题

分析当前民间文艺知识产权保护的现状，我们可以简单将问题归结为"不好用、不能用、被滥用"，即收集整理不规范，导致"不好用"；产权界定不清晰，导致"不能用"；知识产权保护不足，导致部分使用中的资源"被滥用"。这些问题，对内

造成了资源闲置、浪费、损毁,对外造成了资源流失、曲解、滥用,已经在一定程度上危及我国文化的传承创新和国家的文化安全。

(一)民间文艺搜集整理保存不规范、数字化程度不高,管理和使用难度大

民间文艺门类众多、内容庞杂、属性不一,对其进行科学、规范、系统的搜集整理是庞大的、长期的、专业性的工作。目前在各机构或个人手中保存的资料受到学术理念、技术条件等因素的制约,质量不容乐观,存在如流传地、搜集者、整理者等关键性信息缺失;保存条件不科学;资料保存数字化程度不高等问题。目前我们还没有涵盖民间文艺全类别、全资料形态的数据库供社会查询使用,与此直接相关的经过国家授权的民间文艺登记、注册制度还没有建立起来。虽然我国伴随着非物质文化遗产保护工作,完成了非物质文化遗产的普查工作,但一直没有公开推出非物质文化遗产数据库。有单位展开了"中国记忆——中国民间文艺基础资源数据库"项目,但仍没有进入到广泛的社会应用阶段。① 这种状态直接导致了两方面的问题:一是中国民间文艺资源管理无序,潜在的经济、社会价值因为资源的散乱、不成体系而无法发挥出来;二是在主张权利时缺少权威的鉴定依据,使得很多维权案例处于"公说公有理,婆说婆有理"的状态。此外,在当前民间文艺相关的专利注册、商标申请过程中,也因为缺少权威的检索数据库而常常引发争议。

(二)民间文艺知识产权保护意识刚刚觉醒,相关概念模糊,权利归属复杂

民间文艺是中华文化的重要组成部分。伴随着文化自觉意识的提升和文化地位的确立,它正在逐渐获得政府和社会各界的重视。但我们不能忽视这种意识的萌发并渐成共识的一个重要原因是发现了民间文艺的经济价值。在忽略民间文艺人文社会价值,过于强调民间文艺经济价值的情况下,也直接影响到民间文艺知识产权保护的走向。加上与民间文艺相关的概念,如非物质文化遗产、民俗文化,在不同层次、不同环境下的混用、滥用,就使得这一问题更加复杂。同时民间文艺通常是一个群体创造并传承的艺术表现形式,其权利主体兼具集体和个人、公权与私权多重因素,很难将其完全归为现有框架下的某一类知识产权,并且其精神权利与财产权利也经常难以清楚界定。在对其进行搜集、整理、保存和发展的过程中,国家、地方、社会组织和个人都可能做出过一定贡献,这些因素也决定了很多民间文艺资源的知识产权归属不清晰,利益分配十分复杂,大量珍贵资源很难充分利用。

(三)民间文艺知识产权保护不足,维权困难,曲解滥用现象严重

现有法律制度对民间文艺知识产权保护不足,维权缺乏依据。这在前文已经

---

① 文化部民族民间文艺发展中心:《"中国民族民间文艺基础资源数据库"项目验收总结》,中国民俗学网,http://www.chinesefolklore.org.cn/web/index.php? NewsID=2248。

进行了说明。同时我们还注意到民间文艺持有者多为普通民众,其掌握的知识和社会资源很难与其他市场主体博弈,严重缺乏维权能力。如部分旅游产品随意歪曲民族文化元素和符号,伤害民族感情和精神权益;一些大型演艺节目通过使用民间文艺获取大量商业利益,但其民间持有者群体却未能从中受益。另外,民间文艺知识产权的维权主体缺失,国家层面也没有相应维权机构。

三、2011年度中国民间文艺知识产权保护的对策

民间文艺是我国各地区、各民族群体智慧的结晶,利用知识产权保护的方式推动民间文艺的传承发展、传播利用、创新创造,关系着国家文化安全、民族团结和社会主义文化大发展大繁荣的实现。我们认为,改进当前民间文艺知识产权保护现状,解决好民间文艺"不好用、不能用、被滥用"的问题,应按照"加快立法、国家注册、分类推进、利益分享"的原则,注重精神权利保护,促进物质权益实现,逐步建立起规范、科学、高效的民间文艺资源注册管理、开发利用和权益维护体系。对策如下:

(一)加快民间文艺相关知识产权立法进程

抓住实施国家知识产权战略纲要,大力推动非物质文化遗产保护的契机,加快推动《民间文学艺术作品著作权保护条例》立法进程。由于民间文艺本身的复杂性,建议相关部门应加强沟通协调,加大立法调研力度。通过立法的方式,明确民间文艺的保护主体、保护对象和保护范围,尝试建立民间文艺合理的使用许可、利益分享和反哺机制,争取有所突破。

(二)推动民间文艺著录管理体系建设

规范科学的注册登记已经成为创造和维护民间文艺知识产权的前提和基础。通过建立科学、规范、权威、统一的民间文艺著录管理体系,不仅能够理清家底,防止资源二次流失,而且还能够充分挖掘存量优质资源,促进优秀传统文化的数字化传播,有利于提高资源保护效益和文化资源优势向文化影响力优势的转化。特别是在侵权案件(尤其是涉外侵权)发生时,可据此著录信息主张权利,使文化资源产业化和商业化的利用更加合理有序。

(三)开展民间文艺知识产权使用和利益分享试点

当前的民间文艺知识产权保护,首要是实现对文化持有者的精神权利保护。可以尝试开展试点工作,监督使用者按义务注明其使用民间文艺的流传地、传承者、采集者、整理者等信息,并根据使用目的、范围的不同,主张经济权益。可以依托相关机构开展知识产权集体代理制度,逐步摸索出适合我国国情和法律体系的民间文艺知识产权管理办法。

（四）支持利用现有知识产权法律维权的行为

在民间文艺资源丰富的地区，大力宣传知识产权文化，树立利用知识产权推动民间文艺保护和传承的意识。鼓励民间文艺持有人进行著作权登记、商标注册、专利申请、地理地标保护。地方政府要加强民间文艺知识产权的保护力度，支持民间文艺持有人对合理权益的维权行为。加强统筹和协调，建立民间文艺知识产权保护的联动机制，提高执法的频度和力度。根据知识产权保护工作的需要，将打击民间文艺知识产权侵权案件纳入文化综合执法范畴。

总之，中国民间文艺的知识产权保护意识已经觉醒，来自于国内外理论界、实践界的挑战也越发迫切，体制机制上的改革和完善已经进入到攻坚的阶段。我们对于构建一个健全完善、规范有序、合理适用的民间文艺知识产权保护体系充满期待！

2011 年度中国网络谣言与民间话语研究报告

施爱东[*]

"谣言"《辞源》解释为:"1. 民间流传评议时政的歌谣、谚语。2. 没有事实根据的传闻。"《辞海》以及《现代汉语词典》均沿袭了这一解释。但是如果我们将"谣言"视作研究对象,这样的解释就显得太过简略和武断。

1947 年,美国谣言学先驱奥尔波特对谣言的定义是:"一种通常以口头形式在人们中传播,目前没有可靠证明标准的特殊陈述。"[①]可是,这则经典定义已经不适应当今的数字化时代了,许多影响深远的谣言都不再以口头形式传播,以传播媒介来定义谣言,显得有些不合时宜。1987 年,法国集大成的谣言学者卡普费雷将谣言定义修订为:"在社会中出现并流传的,未经官方公开证实或者已经被官方所辟谣的信息。"[②]

来自社会学、心理学、营销学、传播学等不同学科的谣言学者,都曾站在自己的专业角度,试图对不断变化的谣言形态重新进行定义。但直到目前为止,似乎还没有一个学者的定义比卡普费雷的定义更科学、更有效。谣言,作为民间话语之一种,虽然传统民俗学研究对之关注甚少,但却是民俗文化中不可忽视的部分。鉴于 2011 年度中国网络谣言话题繁多,社会影响巨大,所以特别将其列入"中国民俗文化发展年度报告"予以考察研究。限于篇幅,本文不拟一一辨析诸子百家的谣言定义,在没有更好定义的情况下,暂时借用卡普费雷的谣言定义,明确如下两点:1. 谣言必须是在特定社区广为流传的消息(这个社区可以是传统的地理上的社区,也可以是虚拟的社交网站)。2. 谣言是一种非官方的非正式消息("官方"指的是权威机构或当事人,所谓"官方消息",主要指政府责任部门公开发布的权威消息,或者是当事组织、当事人公开发布的权威消息)。

谣言最终可能被证明为真,也可能被证明为假。如果将先于官方发布的真实信息当作谣言来处理,虽然符合卡普费雷的谣言定义,但在现实中,很容易与中国

---

[*] 施爱东,中国社会科学院文学研究所副研究员。
[①] 奥尔波特等著,刘水平、梁元元、黄鹂译:《谣言心理学》,辽宁教育出版社 2003 年版,原著序。
[②] 让·诺埃尔·卡普费雷:《谣言——世界最古老的传媒》,郑若麟译,上海人民出版社 2008 年版,第 15 页。

民众对谣言的价值预期相悖,导致学术话语与民间话语的脱节。为了明确地划定研究边界,清晰捕捉和观察对象,本文将研究对象局限于"已经被官方所辟谣的消息"或者"明显偏离事实的消息"。

一、微博激活谣言生产

进入21世纪以来,网络文化日益强势。原本口口相传的民间传闻,除非是过于地域性的小众事件,绝大多数都会投射到网络世界。所谓信息革命,实际上就是信息平台的革命,数字化信息中介无疑已经成为人类思维的新中介系统。尤其是微博进入中国之后,极大地刺激了网络谣言的生产和传播。

微博(MicroBlog)即微型博客,是经过中国式改装之后的Twitter社交网络。微博既可以通过电脑网络,也可以借助手机发布信息,它允许博主以简练的文字、以最快的速度,将各种公共的或个人的信息以短文形式发布到自己的个性化、开放式网页上,同时发送给所有关注者的个人网页。2009年,新浪启动微博测试,成为国内最早推出微博服务的门户网站。2010年,搜狐、腾讯、网易等门户网站也相继推出微博服务。

每篇微博一般限定在140字以内,内容相对比较简短,毋需长篇大论、斐然文采,只须提供有效信息。微博短平快的书写特点大大地降低了写作的门槛,因而有人戏称"微博140字的限制将平民和莎士比亚拉到了同一水平线上"。微博片言只语的"语录体"表达更加符合现代人的生活节奏和习惯,而新技术的运用为用户之间的良好互动关系创造了更好的条件。你可以在别人的微博页面上评论,别人也可以在你的微博页面上评论;你可以转发别人的微博,别人也可以转发你的微博;还可以彼此转发兼评论。

微博改变了传统的消息传播模式。每一个新闻事件的当事人、目击者,都可以成为即时新闻的发布者,不仅可以上传文字,还可以上传图片,也就是说,一部简易的手机就可以让你成为图文并茂的新闻发布者。因此,微博也就成为一种具有鲜明个性色彩的"自媒体"(We Media)。从信息发布者方面来说,新闻报道不再是职业记者的垄断事业,每一个人都可以成为信息发布者;从信息接受者方面来说,他不仅可以从微博上获取信息,还可以通过评论、转发,直接与新闻发布者进行即时互动。"但必须注意的是,微博传递的仅是信息,非事实或者新闻。微博短消息常常以新闻的样子出现,时间、地点、图片,叙述地有模有样,这因此也使微博成为伪劣虚假信息的集散地,大量信息没有可靠信源。微博上大量掺假的信息给原本已经失序的媒介市场带来了更多不确定性。"[①]

---

① 李林坚:《微博带来谣言时代?》,《媒体时代》2011年第5期。

随着掌上智能手机①的普及,微博用户几乎可以随时随地上传各种信息。微博用户的信息传播能力,大致与该用户受关注的程度也即"粉丝"②的数量成正比。许多公众人物凭借其既有的个人名望,一旦注册微博,能够迅速聚集起数十万上百万粉丝的关注,其信息一经发布,就能同步发送到上百万粉丝的微博页面上,再经粉丝的多次转发,一天之内,即可抵达网络世界的每个角落,其传播力度甚至远远强过一份全国发行的普通报纸。

对于那些渴望被关注的草根微博,或者亟需吸引眼球的营销微博来说,要想引起公众关注,广泛吸纳粉丝,就必须制造或及时散播一些耸人听闻的独家秘闻或小道消息。一般来说,用户所发布信息的吸引力、话题性越强,信息被转发、被评论的次数也越多,关注的人数也越多,影响力越大。一些营销微博为了吸引关注,往往什么话题吸引眼球就生产什么,转发什么,有时造谣传谣,有时扮民主斗士,有时扮侠肝义胆,有时表演爱心,有时讥讽时政,有时发点美女图片,有时转个笑话,反正,受众想听什么,想看什么,他就提供什么。如此持续地生产或转发新的热点话题,很容易就能得到广泛而持续的高强度关注。

一般来说,正儿八经的讨论总是很平淡很冷清,只有反主流文化、奇谈怪论、黑市信息才能吸引公众的强烈关注。因此,制造和传播谣言,就成为一种非常突出的微博现象。"与传统的谣言散布方式相比,微博强大的信息传播能力使得谣言在单位时间和特定地域中的数量要远超现实生活中的口口相传。除了激增的数量之外,微博谣言的种类繁多,且涉及各个领域,覆盖面广,这些都为谣言的辨别和核实增加了难度。"③

此外,从形式上看,微博与谣言也有天然的亲缘关系。两者均短小精悍,追求时效,迎合受众心理需求,主要在自己的朋友交际圈内传播,能及时授受互动。从主体上看,最早活跃于微博的媒体记者、作家、律师、营销团队是谣言传播的主力军,而且已经明显形成了自己的传播圈。相对来说,公务员热衷微博的比例不高,发言也比较谨慎,较少散布谣言。

2011年是微博数量增长最为迅速的一年,各大网站对微博的管理也还处于摸索阶段,大批先期进入微博、掌握了微博涨粉技巧的草根用户和营销用户,最大限度地利用了微博的传播优势和管理漏洞,散布了大批谣言,甚至可以说,2011年是

---

① 即 iPhone,一种集移动电话、宽屏 iPod 和上网装置于一体的新型智能手机。
② 当微博用户 A 关注用户 B 时,A 被称做 B 的"粉丝",每一个微博用户,既充当别人的"粉丝",又拥有自己的"粉丝",AB 双方还可"互粉",由此构成环环相扣的社交网络。
③ 叶璐、张膺浩:《微博成为谣言集散地的原因及对策分析》,《东南传播》2012年第7期。

中国近几十年中谣言最为丰盛的一年①，传统谣言翻新出奇，新兴谣言层出不穷。谣言永远都是朝着最符合传谣者对事物想象的方向递进，而辟谣则永远是令人失望的真实，谣言传播的速度、规模永远都是辟谣难以望其项背的。

由于社会上广泛流传的谣言几乎都会反映到网络上，而网络谣言大部分都会浓缩到微博上，而新浪微博又是目前中国最火爆的微博，所以，我们将主要以新浪微博谣言为中心来讨论2011年的中国谣言。《新周刊》称赞新浪微博："它让名人与草根直接对话，让网民从看客变身说客，让坚硬的世界随时融解在趣味的观点和话语里。它横扫了社会各阶层的眼球，与社会无限时紧密互动，构筑了千万人同时驻足的网络广场。"②

从网民构成来看，其学历结构和职业结构也易于谣言流行。据中国互联网络信息中心统计，截止2012年6月，中国网民数量已经达到5.38亿，其中手机网民规模达3.88亿，微博用户总数达1.70亿。在网民构成中，高中及以下学历群体所占比例为78.4%，29岁及以下网民所占比例为56.8%，学生所占比例为28.6%，无业、下岗、失业、农村外出务工人员、农林牧渔劳动者、自由职业者所占比例为38.7%，党政机关事业单位职员仅占4.9%③。从这些数据可以看出，年轻、低学历网民占据了多数，这类网民往往是谣言的易感人群，遇事比较感性、冲动，对谣言缺少理性判断，容易相信谣言并成为传谣者。

二、"谣言倒逼真相"

物质技术的发展改变了我们的生存方式，网络的普及造就了"围观"的力量。所谓围观，就是群体的共同关注与评论。每一个人的围观，都是一次弱参与，可是，在全民围观的时代，舆论的合力会拧成一股强大的力量。"过去我们最多只能耳语，只能牢骚。但耳语不能改变中国，牢骚不能改变中国。今天最大的进步，正在于我们可以不止于耳语和牢骚，可以超越耳语和牢骚。一个公共舆论场早已经在中国着陆，汇聚着巨量的民间意见，整合着巨量的民间智力资源，实际上是一个可以让亿万人同时围观，让亿万人同时参与，让亿万人默默做出判断和选择的空间，即一个可以让良知默默地、和平地、渐进地起作用的空间。每次鼠标点击都是

---

① 2012年的谣言数量相对2011年已有减少，但据国家互联网信息办公室公布，仅2012年3月中旬至4月上旬不到一个月的时间内，"据不完全统计，互联网信息管理部门会同通信、公安等部门清理的各类网络谣言信息已达21万条，依法关闭的网站已达42家"。（来扬：《清理网络谣言行动取得阶段性成果》，《中国青年报》2012年4月13日）
② 《2010网络生活价值榜》，《新周刊》2010年第335期。
③ 《第30次中国互联网络发展状况统计报告（2012年7月）》，中国互联网络信息中心：http://www.cnnic.cn/hlwfzyj/hlwxzbg/hlwtjbg/201207/P020120723477451202474.pdf.

一个响亮的鼓点,这鼓点正从四面八方传来,汇成我们时代最壮观的交响。"①

围观成为一种力量,接着就会有人想要借助这股力量,可是,并不是"有意义的事件"都能引起围观效应。"狗咬人"难以引起公众围观,只有"人咬狗"才能达到预期的效果。一些出于"正义"目的的人士,很快掌握了一门将"狗咬人"事件编辑加工成"人咬狗"事件的高超技术,不断制造公共舆论事件。单纯的"人咬狗"叫做新闻,可是,由"狗咬人"加工而来的"人咬狗"就是谣言。最典型的案例,就是将2011年初乐清寨桥村村长的交通事故加工成一则离奇的"谋杀"案件,引起了全国网民的高度关注②。

某种意义上,微博"智者"已经将网络谣言视做逼出事件真相的主要通道。通过谣言,形成围观,借助围观施以压力,压力之下逼出真相,是所谓"谣言倒逼真相"。著名报人程益中认为:"谣言是谎言的报应。是弱者抵抗强权的语言暴动,是小坏企图挑战大恶。谣言四起,其实就是想象力的起义风起云涌。在核子时代,在暴政拥有绝对武力优势而个体却无处讲理的时代,谣言便是饱受压迫者最怯懦的反抗、最卑微的意愿表达;它相当于被侮辱被损害的弱者,对强权暴政的一个诅咒,一次精神胜利。"③这是典型的"造谣有理"的论调。

2010年的年度热词是"围观改变中国",到了2011年,变成了"谣言倒逼真相"。在一些自由主义知识分子的口中,谣言已经成为一种"正义"的武器,而其所攻击的,正是"被遮蔽"的事件真相。"大量事实表明,网络谣言往往是基于一定的事件,尤其是一些重大突发事件而形成的,当这些事件成为人们关注的焦点,而权威信息却不作为或作为不够,这在无形中就给网络传言提供了生成条件,并为其传播、泛滥预留了舆论空间。可以说,你越是'捂盖子',越是不敢讲、不愿讲,就越会给人有'猫腻'感。网络谣言的产生和事件的重要性与模糊性成正比关系,也就是说,事件越重要而且越模糊,网络谣言产生的效应也就越放大。"④

三、谣言的社会心理

(一) 仇官、仇富心理

当代社会已经逐渐进入平稳发展期,由历次"革命"而扰乱的阶层秩序正在重新形成,社会在重新生产了一批新贵的同时,也重新生产了新的"底层社会"和"弱势群体",出现了各种新的社会问题。这些社会问题经由网络传播,不断变异和放大,进一步加剧了贫富、官民之间的对立情绪。"对现实的不满、对社会环境的愤

---

① 笑蜀:《关注就是力量 围观改变中国》,《南方周末》2010年1月14日。
② 施爱东:《谣言的鸡蛋情绪——钱云会案的造谣、传谣与辟谣》,《民俗研究》2012年第2期。
③ 新浪微博"程益中":http://weibo.com/chengyizhong。
④ 王锁明:《基于社会心理视角的网络谣言成因分析》,《观察与思考》2012年第9期。

懑、对金钱的憎恨等情绪让多数网民处于浮躁、不稳定、不理智的状态中,有意无意地对社会热点问题、焦点问题、矛盾问题进行附和、跟风和助推,尤其仇富、仇官现象更为突出。"①

弱势群体往往自称蚁民、屁民、屌丝。他们憋着一肚子情绪,焦虑、抑郁、沮丧、恐惧,但在现实生活中,他们却并不具备与社会抗争的实力,出于缓释压力的需要,他们往往会通过故事和语言来发泄其情绪,于是,谣言充当了弱者的武器,成为宣泄的渠道。通过那些令人愤慨的故事,弱势群体可以理直气壮地将自己处境不佳的原因归咎为社会的不公,将责任推给那些造成社会不公的贪官污吏、不法商贩。

(二)普遍的不安全感

改革开放30多年来,虽然人均收入大幅提高,但是,社会不公及种种乱象,导致社会结构严重失衡。贫富悬殊日益拉大,对立情绪难以化解,社会上普遍弥漫着一种不安全感。社会治安不稳定,食品不安全,生活不安定,工作不安定。人们需要通过一些夸张的叙事来宣泄自己的压力和不满。

个人在群体中借助谣言进行信息交换,通过对同一事件的讨论,彼此交换意见,共享同一价值体验,这种交换、讨论、共享的过程,其实也是走向认同、维护的过程,由此逐渐结成一个大致相近的价值共同体。谣言为这种共同体的形成,提供了一个讨论的文本,从这个角度来看,谣言具有凝聚价值共同体的社会功能。

(三)灾难恐惧

中国幅员辽阔,人口众多,几乎每天都有各种大大小小的灾难、奇奇怪怪的事情发生,每当发生较大的灾难,总会滋生一些离奇的灾难谣言,如SARS疫情、汶川地震、高铁事故发生之后,社会上迅速生产出了一大批黑色谣言。在这种个体完全无法自主的灾难面前,生命随时受到严重威胁,人们处于一种极度恐慌的状态之下,一方面是信息严重缺失,一方面是公众对信息有着高度的渴求,在这种有效信息严重供不应求的局势下,公众会表现出一种饥不择食的状态,他们会像抓救命稻草一样地轻信各种小道消息。

一方面,谣言具有破坏力;另一方面,谣言也具有心理治疗的功能。受到灾难威胁的民众,可以通过谣言来发泄、释放、缓和其内在的愤怒和焦灼情绪。谣言总是符合群体宣泄需要的叙事,不符合需要的叙事无法得到广泛传播,也难以构成谣言。

(四)科技崇拜与科技恐惧

人类对于未知的东西总是充满恐惧,越是神秘的东西,越容易让人产生恐惧。

---

① 于燕枝:《网络谣言传播及引导策略探析》,《重庆科技学院学报》2012年第13期。

越是没有科学知识的人,对于威力巨大的现代科技,恐惧得越厉害。现代社会迷信鬼神的人越来越少,可是不懂科学却又迷信科学的人越来越多,因此,打着科学的幌子招摇撞骗就具备了与古代巫觋装神弄鬼同样的功效。科学时代的灵异谣言,往往打着科学旗帜反科学,主攻对象恰恰是那些崇拜科学却又不懂科学的中老年群众。

(五)恶搞与游戏心态

恶搞即恶意搞笑,又称 KUSO,据说是由日本游戏界传入台湾,经由香港传到内地的。恶搞以一种滑稽、变形、搞笑的方式表达人们的态度,以一种颠覆性的姿态提出自己的批评,以一种无厘头的方式来解构庄严的现实。进入 21 世纪以来,恶搞正日渐形成为一种艺术形式或者说文化形式,风行于网络世界。

恶搞行为在辨识力高的网民看来,就是一种富于智力含量的高级玩笑,他们可以出于娱乐心理将恶搞当作调节生活趣味的一种刺激方式,当作一则智力游戏,于是,他们会通过假意附和、添油加醋等方式加入到游戏当中,不断推进和完善恶搞内容。可是,在一些辨识力低的网民看来,三人成虎,公众的推波助澜会让他们信以为真,错将恶搞当作新闻或者新知识。一个最典型的例子就是东日本大地震之后,中国发生谣言风波,接着,网上传出一张《进食人体粪便可抗辐射》的剪报截图,由于是以"剪报"的形式出现的,加上许多网友引经据典为之佐证,很快就有网民非常认真地咨询"黄龙汤"的具体制作方法和服用方法,追问如果用自己家人的粪便有没有药效。

(六)窥视欲

窥视欲源于人类的好奇心,人对未知事物具有本能的了解和探索的欲望。影视明星、政坛名人、知名企业家等公众人物的私生活,以及公众关心的幕后政治,都很容易滋生谣言。人们往往把那些散播关于同事、邻里、朋友小道消息的行为叫做"八卦",并给予其负面的评价,但是,当八卦对象置换成公众人物的时候,人们却把它叫做"娱乐新闻"。生活中的窥视行为是不道德的,也是违法的,可是,对于公众人物的窥视却叫"围观",不仅具有了相当的合法性,而且往往被誉做"舆论监督",许多知识分子甚至撰文认为公众人物享用了更多的社会资源,他们就理应向公众开放更多的隐私,这是他们必须承受的压力。

随着网络的延伸、智能手机的普及,信息渠道不断增多,民众的资讯视野不断拓展,传统乡土社会的家长里短早已不能满足人的窥视欲望,于是,一些以窥视见长的名人八卦受到网民青睐。与此相应,谣言生产者也在不断炮制一些与"揭秘""曝光""内幕"乃至"偷拍"相关的社会谣言,那些涉及官员私生活的话题尤为热门。

这类谣言源头有二:一是谣言制造者迎合公众的偷窥欲望,将一些道听途说而来的信息,在未经核实的情况下公布于网络,或者编造一些能激起观众兴趣的假新闻,以吸引观众关注;一是公众人物及其营销团队主动策划和散布假消息,制造轰动效应,引发社会争议。前者如近年来反复发作的关于张海迪获得外国国籍和假残疾的谣言,后者如网络红人芙蓉姐姐自杀的谣言。

四、警惕谣言是对谣言权利的保护

我们常常给谣言戴上"恶意"或者"恶性"的帽子,事实上,当我们接受一则谣言的时候,我们很难意识到它的恶意。相反,几乎所有谣言看起来都是善意的。

谣言总是会站在道德的制高点上,打着"善意"的旗帜出现在你面前,没有一则谣言从表面看来是"恶意"的。一般来说,人们只向自己亲近或信任的人传递谣言,在微博上则表现为向自己的粉丝传播谣言,所以说,谣言的传播对象总是某一共同体内部的"自己人",谣言就在一环扣一环的"自己人"网络中快速流传。几乎所有的谣言家都是"善意的好心人",传播谣言总是"为你好"。

谣言往往附带着价值观的传递。现代社会得以通行的谣言,无一例外都必须借助正面价值观得以传播,因此谣言(尤其是政治谣言)总是要表现出一副"为正义""为民主""为自由""为国家""为集体""为你着想""为了孩子"的姿态。谣言家或者有明确的利益诉求,或者真诚地相信谣言,从策略上说他们都得站在道德的高地上发言,才能产生一呼百应的号召力量。他们常常被自己的道德和情感所感动,也希望以此打动受众,制造舆论以促成理想。

当然也有部分网民认识到媒体人"过度正义感"的危害:"中国记者的社会责任感太强了,以致超越了对新闻真相的忠诚,总是急于表达自己太多的价值观,生怕读者的理性思考能力低。媒体人过度考虑新闻的社会影响,过度解读一些问题,甚至不惜扭曲真相来使'事实'向自己的价值观靠拢,还一厢情愿地认为做了好事,其实是一种悲哀。"(维尼 Channing)

当真相大白的时候,我们很少见到谣言家愿意承认其错误,即使传言被证明为谣言,谣言家依旧不失其道德高度。因为在谣言家们看来,他们维护的并不是谣言所讲述的事实本身,而是谣言背后的价值观念,谣言所讲述的故事可能是假的,但谣言所要阐明的问题却是"真的",谣言的目的是正义的,追求是正当的,谣言要反抗什么、攻击什么、保护什么、弘扬什么,这些事实背后的目的不容否认。

卡普费雷认为,谣言是一种"反权力":"谣言是对权威的一种返还。它揭露秘密,提出假设,迫使当局开口说话。同时,谣言还对当局作为唯一权威性消息来源的地位提出异议。谣言是无人邀请的自发性发言。"①这段话告诉我们两个道理：一、谣言是不可避免的，只要存在对权威信息的不信任，就一定会产生谣言；二、当政治谣言盛行的时候，根本不需要追究"是谁生产了谣言"，只需要先问"谣言为什么能够盛行"。

尊重民意、尊重表达民意的意见领袖，甚至尊重意见领袖的过激言论，是一个成熟政府应有的涵养。人民网舆情监测认为：意见领袖有时能呼风唤雨，不是他们自己有什么地位或特权，而是他们代表了相当数量拥趸的心声。没有民众的意见，也无所谓意见领袖。因此，宽容和倾听意见领袖，也是尊重民意，体察民瘼。当下社会处于转型期，现实问题成堆，各种矛盾盘根错节。意见领袖的批评质疑声，恰恰说明广大民众对政府推行"良政"和"善治"抱有热切期待和坚决支持。②"公众之所以造谣、信谣、传谣，多数时间不是他们无耻，而是他们希望知道的一切总是被掩盖，他们希望参与的事务总是被屏蔽，他们希望得到的权利总是被代表，他们希望表达的途径总是被堵塞。因此，比辟谣更重要的是公开、民主和法治。如果做不到，就宽恕他们针对公共问题的猜测吧——只要没造成重大危害。"③

但是，从感情上理解谣言，从法律上宽容谣言，并不意味着谣言具备天然的合法性。恰恰相反，由于谣言总是倾向于"否定性的命题"，多数谣言都会起到破坏社会稳定与社区和谐的作用，尤其是在各种灾难性事件、突发性事件中，破坏力表现得尤为巨大。正因为从法律上遏制谣言有可能导致"寒蝉效应"，为了保证公民的言论自由，我们更应该借助理性舆论对谣言加以监督，以免谣言造成危害。从这个意义上说，对谣言的舆论监督大大减弱了谣言的社会危害性，能够有效阻止谣言滑向法律制裁的尴尬局面，从而在实质上保护了公民的言论自由。保持对谣言的警惕，用理性制约谣言，是社会正常运作应有舆论机制。正因谣言不可避免，理性更显珍贵，我们可以宽容别人的非理性，但我们每一个人都不应该放纵自己的非理性。

如果不考虑谣言的逻辑分类，只从直观分布来看，我们大致可以把 2011 年的热点谣言大致分成九类。

（一）食品安全谣言

随着中国民众环保意识、健康意识的日益加强，随着科技检测手段的不断进步，以及各种负面食品新闻的逐次披露，中国社会普遍弥漫着一股对食品添加剂

---

① 让·诺埃尔·卡普费雷：《谣言——世界最古老的传媒》，郑若麟译，世纪出版集团 2008 年版，第 16 页。
② 人民网舆情监测室：《对话"意见领袖"》，人民网——观点频道 2011 年 7 月 13 日。http://opinion.people.com.cn/GB/15143969.html。
③ 新浪微博"石述思"：http://weibo.com/shishusi。

和食品制作环境、制作方式的恐慌情绪,不知道到底还有多少不安全因素是我们所不知道的。

1. "小龙虾是日本人的阴谋"

关于吃小龙虾会导致肌肉溶解乃至全身瘫痪的传闻,近几年来不绝于耳。早期关于小龙虾的传说是:"小龙虾对有毒水体有极强适应力,喜食腐尸,铅汞锰铬砷等毒素在体内积聚到正常值的几百倍,也不会影响它生存。是典型毒物。"但是,由于近年与食品安全相关的各类耸人听闻的消息过多,这则"典型毒物"的传闻并没有引发大面积的传播。

真正让小龙虾的毒物身份为广大网民所认识的,是一则关于小龙虾的身世谣言《小龙虾是二战时期日本军队输入中国用来处理尸体的!》。

中国过去并不出产小龙虾,小龙虾的来历要追溯到二战时期,驻中国的日军生化部队因为要处理大量的尸体,但是考虑到用焚尸炉彻底焚烧的能源消耗太大,而如果采取初级火化,再分解成小块排放的话,会造成周围水体的严重富营养化,因此日本人想到了当时日本国内随处可见的克氏螯虾(小龙虾的前身),经过一系列的基因改造,克氏螯虾被成批运到日军驻地,担任起水体清洁的工作。改良后的克氏螯虾表现出比起前辈更出色的适应高腐败水体的能力,更强的繁殖能力,尤其是适应矿物性毒化水体的能力更是出色。

日方解密档案表明:高营养化,低氧水体中的肺吸虫病和黑鳃病,克氏螯虾几乎终身携带,但是死亡率接近于正常值。而铅、汞、砷等严重致畸化学元素,在克氏螯虾体内即使积聚到正常值的几百倍也未见子代出现大面积的基因突变。

从此,克氏螯虾借着疯狂摄食中国人未火化完全的尸体在中国大陆生存了下来,随着日军的投降、撤退,日本军方带来的克氏螯虾却并未淡出中国大陆,相反的,克氏螯虾吃着腐败的动物尸体,被农户过量使用DDT毒杀的浮游生物,各种动物的排泄物,和人类丢弃的生活垃圾……渐渐地发展壮大,最终在今天遍布全国,每一个能见度为零的小河沟,每一个化工厂和化粪池的排污口,都可以看到克氏螯虾慢腾腾的身影,并最终成为国人的美餐——小龙虾。

中日两国的宿怨,两国人民的互不信任,导致任何谣言,只要是打着揭露日本人恶行的旗帜,都能轻易获得大量中国网民的转发和评论。而造谣者正是抓住这一点,捕风捉影地将各种想象的恶行都扯到日本人身上去。

2. "吃青蛙可致人瘫痪"

2011年7月始,一则关于吃青蛙可致人瘫痪的帖子,附带一幅青蛙解剖图在微博广为流传。

　　一只重约 40 克青蛙的两条大腿内,隐隐有好几处会蠕动的"白斑"。用镊子一拉就变成了一条条"白线",多达 23 条,而这些"白线"就是曼氏裂头蚴。裂头蚴常迁移到青蛙的肌肉,爆炒下不会死,可致人瘫痪。只有在沸水滚煮 5 分钟的情况下才能彻底杀死这类寄生虫。

　　还有人进一步解释说:"青蛙极易带有寄生虫,大量食用青蛙,无疑给自己的身体健康埋下了隐患。如果对青蛙进行解剖,你会发现青蛙的肌肉里有白点,用镊子轻轻一碰,白点还在蠕动,这是一种比较罕见的寄生虫,名字叫曼氏裂头蚴。对于爱享口福的人来说,这种寄生虫有没有危害呢?据了解,曼氏裂头蚴可以寄生于人体。幼虫还可以寄生于人的四肢、皮肤、口腔和内脏。经卫生部门测定,蛙肉的有机磷含量是猪肉的 31 倍,农药残留成分的毒素远远超过猪肉。因此,专家特别强调,孕妇不要吃蛙肉,如果在怀孕期食用蛙肉,会增加胎儿发育不完全或出生时早夭现象,人吃了寄生有曼氏裂头蚴的蛙类、蛇类,或听信偏方用蛙皮、蛇皮敷伤口,裂头蚴就有机会钻入眼睛、皮下、口腔、脑部及内脏等,导致曼氏裂头蚴病。根据侵入的部位不同可引起各种症状,如果裂头蚴侵入眼球内,会造成眼球突出,严重时还会造成角膜溃疡、视力下降甚至失明等;最严重的是侵入大脑,可压迫神经,致人昏迷甚至瘫痪,严重时可能致命。"

　　事实上,有专业人士辟谣说:"任何寄生虫都不会要沸煮 5 分钟才能煮死。爆炒温度就更高了,寄生虫是真核生物,酶学特征决定了它们高温下撑不了几秒钟。不吃青蛙是好的,说谎吓人就不好了。"(代谢聚类谨)

　　3."尸油煮粉"

　　8 月 24 日,在焦点房产网、南宁业主论坛、绿城生活论坛上,一位网名为"自古逢秋"的用户发帖称:"广西政法委最新通告,广西贺州市桂琼螺丝粉连锁店已被查明使用低价购买火葬场尸油煮粉,犯罪分子已被抓获。"并在后文中对尸油作了解释:"送去焚烧的尸体有的很肥胖,肚子里满是脂肪油。为了让尸体的火化速度加快,他们一边焚烧尸体,一边用尖锐的铁棍把尸体的肚子捅破,让油流出来……尸体的油一经流出,就经过另一条管道,流入了一个大的尸油桶里。一般火葬场里的尸油都是送到工厂当工业油使用。人食用过多,后果就不堪设想,而且有的是病死的尸体带了很多的病菌。"消息一出,立即引起坊间惶恐和热议,被转至百度贴吧、广西时空网、红豆社区等网站,其中仅贺州 520 网该贴的点击量就达万数,网民在回复中大多表示对食品安全的担忧及愤怒。

　　当地食品药品监管局迅速派出执法人员对该粉店进行监督检查,食安办会同贺州市宣传部向各食品安全监管单位、公安部门、新闻媒体以及网传的"信息来源"广西壮族自治区党委政法委求证。广西壮族自治区党委政法委25日声明从未发布该通告,也从来没有接到此案件的报告。贺州市殡仪馆称,尸体经过700℃—1000℃的高温燃烧均已灰化,根本不存在尸油。该螺丝粉店一名工作人员说:"由于这个事情使我们的生意起码减少了一大半!对我们的生意造成了非常大的影响。"

"尸油"灵感来源于古老巫术和小说的虚构。据说在泰国的传统市集中,会有小瓶子装着的深色液体,小贩称之为"尸油"。相传是从婴儿尸体中炼取的,因为当地人相信,夭折的婴尸充满神秘力量。此外,2006年的德国电影《香水》(Perfume: The Story of a Murderer)一度风靡世界,电影讲述了男主角杀害少女并用她们的体香制成香水的故事。此后,不断有尸油制香水、炸方便面、做化妆品原料等谣言流出,2008年曾有媒体报道某品牌香水中的特殊味源是从尸油中提取的。2007年也曾传出某干脆面为尸油烹炸的谣言,谣言造成了该品牌干脆面的销量大幅下滑。此类谣言很可能是不正当市场竞争的产物。

4."易拉罐易被感染"

2011年底,一则题为《喝易拉罐一定要吸管》的微博突然引发网友关注,被大量转发。

> 一妇女喝了罐饮料,被送进医院,离开了世界。验尸死于细螺旋体病,追踪她喝的饮料,是直接用罐对嘴饮用。实验证明罐头受到鼠尿感染细螺旋体病毒。鼠尿含有毒性和致命物质。因罐头运输过程没有清洗。NYCU研究显示,汽水罐上面充满毒菌和细菌,比公共厕所还多。请转给你关心的朋友。

据"果壳网"的查证,这则流言最早于网上现身是在1998年10月,受害者只是"一个家人的朋友"。到了1999年9月,主人公形象开始丰满起来:一个夏威夷的仓库管理员因为打扫了仓库,不幸感染了某种汉坦病毒,最后全身器官衰竭,惨死医院。接下来的几年里,可怜的主人公"四处搬家,遭受各种不幸"。2002年,中文版所说的故事初次亮相,一位比利时女子星期天去划船的时候把几罐可乐带上了船里的冰箱,然后周一住院,周三死亡。接下来的内容基本上和上述中文版完全一样。到了2005年,这位女子搬家到了北德克萨斯,研究也转移到了莫须有的NYCU。

其实,所谓"螺旋体"根本不是病毒,而是一种类似于细菌的原核生物(也有人直接把它归入细菌)。虽然鼠尿里可能含有危险的细菌病毒,但在铝制易拉罐上面风吹日晒加晾干,它们也是活不下来的。就算没晾干,凭鼠尿那点分量,也很难引发严重症状,大多数人的症状都很轻,顶多就是发烧而已。

5. "河南记者因报道地沟油被刺身亡"

"地沟油"一词,已经成为中国食品安全严重恶化的代名词。地沟油,原意指从城市酒店、餐厅等厨余垃圾中提炼出来的食用油,有淘汰者对其进行收集加工,经过水油分离、过滤、去味等程序处理后,重新以低价卖回市场和酒店,变成人们餐桌上的食用油,后来用来泛指在生活中存在的各类劣质油,如回收的食用油、反复使用的炸油等。长期食用可能会引发癌症,对人体危害极大。早在1990年代末,就有广州媒体对这类多次使用的劣质油进行过报道,当时所用的名称是"潲水油"或"泔水油"。

2011年9月18日凌晨,洛阳电视台记者李翔遇害,据说之前李翔曾经做过地沟油的调查,因此,人们很快将两起事件做了关联想象。

a.【调查地沟油的记者李翔,死了】身中10余刀,惨死。他为全国不能吃特供的十多亿草泥马的食品安全努力过。他付出了年轻的生命。×××们,请动一下鼠标,转发,表达一下谢意。不过分吧?恭请转发!!!

b.【记者报道地沟油　遇刺死亡】昨日凌晨1点,河南洛阳电视台记者李翔在单位附近遇害,身中数刀死亡,当地已播放悬赏公告。据说,李翔遇害与他报道地沟油有关。地沟油之所以在全国各地泛滥成灾,制售地沟油的不法分子如此猖獗,其背后已形成一个巨大的利益链!希望警方尽快缉拿凶手,查明真相,告慰亡灵!

较早在新浪发布该消息的微博,几乎都获得了过万的转发量,"英雄之死"引发了民众的强烈愤慨,网民纷纷表示哀悼的同时,众口一词地问责政府,要求严惩凶手。

9月21日,洛阳市公安局西工分局通报称,两名犯罪嫌疑人均已抓获。据查,9月17日晚,两名犯罪嫌疑人在饭店吃饭时喝了一瓶酒,随后起意抢劫。在抢劫过程中,受害者李翔进行了激烈的反抗。犯罪嫌疑人张晓波持刀在李翔身上乱捅,将李翔捅倒后抢包逃跑。一周之后,李翔父母在接受记者采访时称,李翔生前从未报道地沟油事件,说他因为报道地沟油窝点惹祸端是"站不住脚的"。将李翔之死附会于地沟油,很可能与李翔生前最后一条微博有关,其内容为:"网友投诉栾川有炼制地沟油窝点,食安委回应未发现。"但事情并未因此而了结,关于李翔因报道地沟油而遇害的谣言,总是不断地重现于微博与各网络论坛。

(二) 社会治安谣言

口口相传的谣言往往比较简短,只传播一个情节梗概,达到信息传播的目的即可。网络由于是数据传播,即使是一篇长文,照样可以一键转发,而且由于是数据传播,多数人都是直接复制、粘贴,相对于口口相传的传统谣言,异文更少,保真度更高了。不过,由于网络文章的读者大多偏爱快速阅读,多数网民不习惯阅读篇幅过长的文章,具有较好传播效果的谣言网文,一般不会超过2000字。

1. "人贩子抢孩子新招"

2011年春节期间,一篇题为《国内人贩子抢孩子新招,吓死人——妈妈们必看,告诉身边的人》的网文,虽然多达2500余字,因其切中广大女性网友最关心的儿童安全问题,在微博和各大论坛流传甚广,其中仅新浪微博"全球热门第一榜"一个帖子,转发量即高达2万多次。在许多网络论坛中,该网文可能被转帖的网友重起标题,但内文基本相同,几乎每个论坛都曾热议这一话题。

我女儿差一点就被人给抢走。

我现在还在后怕,已经好多天没有带女儿出去散步,我儿子我都不让出去,十几分钟没有见到,我就感到害怕。就算家人陪着我带孩子出去,我都还是害怕。

本来不想提了,但是还是要写出来,给大家提醒下,特别是现在暑假人流高峰期。可能有些语无伦次,请大家见谅吧。

1月31号,我带女儿从娘家去婆婆家。本来说好是等着9号老公回我妈家然后我们一起去的。但是儿子有些发烧,不舒服,在电话里可怜兮兮的(地)说想我。女儿又太小了,不可能扔到妈妈家。想着就6个小时的火车,自己带着也无所谓。本来想做(坐)卧铺的,但是没有买到,上车也没有补到卧铺票。

9点多上车的,还好是靠窗。旁边是一个看起来有60多岁的老婆婆,带着一个七八岁的小孙子,一路上对我很是照顾,不停和我聊天,还帮我打下手。火车上人很多,老婆婆很帮忙,还不停的(地)提醒我小心坏人注意保管物品。那个小孙子还不时的(地)和我女儿玩,我女儿还差几天1岁,对一切都特别有兴趣,时不时的(地)就揪老婆婆的头发或者衣服。老婆婆就陆陆续续的(地)和我聊天。问了很多关于宝宝的问题,什么我女儿多大哪天生的,在哪个医院生的,生的时候多少斤多长啊等等,然后就说她孙子是哪天生的生的时候多少斤。我就当是一般的聊天。我们当妈妈的都有个习惯,如果遇到都带小孩子的,就通常很有话题的。老婆婆还问我女儿每天喝多少奶啊,喝什么牌子的啊等等。我本来也没有在意,都如实的(地)回答了。后来竟然还问我是几时生的,我觉得这个还是不要告诉的好,我就说我自己也不记得了。然后老婆婆问我女儿全名叫什么,我女儿有小名叫贝贝。我当时就有些奇怪,为什么要问全名呢?但是心里又觉得告诉她了也没有什么问题啊。但是心里还是留意了一点,告诉的是我儿子的名字。

在车上我要去洗手间,老婆婆说我帮你带孩子吧,我心里不放心,还是自己背着去的。老婆婆就送我到洗手间,然后在外面等着我再送我回来。周围的人都说老婆婆人很好,我也觉得自己和女儿命还不错。下车的时候,老婆婆和我一起下车的,还帮我拿行李。我们就一起往出站口走,老婆婆问我是否有人接啊这么多行李。我说没有,我打车就到了,很近的。

走出出站口后,老婆婆突然就要抱我女儿,然后嘴里面说:谢谢你帮我抱我孙女,要到出站口了,我自己抱了。我当时就一惊,我说阿姨你在说什么呢。然后她身边的小孙子就喊着对我说:你是坏蛋,干什么抱着我妹妹不放松。我当时就蒙了。然后很多人看过来,都很怀疑地看着我。然后有个女的就跑过来了,叫我女儿的名字(其实是我儿子的名字),并且说:贝贝,想死妈妈了。就很客气地让我把我女儿给她。然后周围就突然出现很多人指指点点说我想拐别人的孩子,然后还好心地提醒刚刚来的那个女的要看好孩子。

我看到这样,就想着赶紧打车走了,不理他们。但是指指点点的那些人把我的路都给挡住了,然后那个后来的女的就上来抢抱我的女儿。很多路人看到了,都以为真的是那个女的女儿,也没有说话。我这个时候才意思(识)到问题的严重。我就着急的说:怎么是你女儿,明明就是我的啊。然后那个小孙子对我说:阿姨,你快把我妹妹给妈妈吧,我们要回家了。眼看着老婆婆和那个女的一起就要把我女儿抢走了,还好我用的是背带,那种交叉很难拿下来的背带。我就喊了:你们就这样明目张胆地抢孩子吗?

路过的人都是看一下,然后就听到周围一直围着指指点点的人说:这个抱孩子的女的精神有问题,抱着别人的孩子不松手,还说别人抢她的孩子。很多路人听了后就走了,也不管了。我当时真的害怕了开始发抖,我没命的抱住我女儿,我女儿也许感受到我的紧张了,就开始大哭起来。然后我就听到有人叫我,原来是我公公和大姑姐来车站接我,没有找到我,听到有小孩子哭,我大姑姐看了一眼,一看是我女儿才过来的。

我公公都过来了,他们还不打算放手呢,还很猖狂地说我抢他们的孩子,还和我们争执呢。我公公说明明是我孙女,怎么变成你们的了。然后旁边就开始围人了,那个女的就说我女儿是哪年哪月生的,叫什么,吃什么奶粉,有什么习惯等等。我当时立刻愣住了,这些都是在火车上那个老婆婆问我的。但好在我当时一念之差告诉她我儿子的名字。我公公就很疑惑,然后问她:你女儿叫什么?她又说了一遍我儿子的名字。我就对她喊到(道):放屁,我女儿叫***,我在车上告诉那个老太婆的是我儿子的名字。那个女的和老太婆当时就傻了。我就指着他们对他们喊:你们到底有没有良心啊,让一个那么小的小孩子和你一起说谎啊。你们这帮人贩子,就都应该枪毙了。

我喊完他们就愣住了,然后公公和大姑姐就立刻带着我离开上车回家了。在车上我都感觉自己的浑身都颤抖,摸摸我自己的脸,我发现我都哭了。我就死死地抱住我女儿,好像一松手她就没了一样。

回家安定后,我公公就去派出所报案了。我公公回来说,已经这样被抢走了几个孩子呢。我真是后怕,幸亏我用的是那种很复杂的背带,幸亏我当时一念之差没有给他们我女儿的真名字。

后来我回想,他们有几个特点:

第一,麻痹我们的思想,带着个小孩子,谁都不会想着是人贩啊。而且小孩子收拾得很干净。

第二,很热情,什么都帮助你。

第三,询问孩子的事情很详细。

第四,下车帮你拿行李,然后出站后给你带到站前相对人少的地方。

第五,很多合伙人,我后来想想旁边指点的人估计都是同伙。这样让想要帮忙的人放弃想法,以为真的是我神经有问题。

我一直以为抢孩子的事情离我很远,现在想想,那天如果没有公公突然想过来接站,我都不知道我和我女儿会怎么样。我每次一想到都害怕,不仅仅是害怕,真是说不出来到底什么感觉。

很多人都说我为什么不当时就报警呢,根本没有机会的,你根本没有机会拿手机。他们的手一直在跟你抢孩子,你一松手,可能孩子立刻就被他们抢走了啊。我当时就想着要抱住我女儿,不能给他们抢走了。

而且,那些周围的同伙人都把你的视线都挡住了,也看不到站前的巡警和周围什么状况。再加上你当时一时着急,什么都不知道了,后来我上车了,才看到,离我不到20步就有个保安呢,但是我当时什么都看不到。报警都还是我回家后,大家静下心来了,才想到应该报警……

随着人们对公共安全意识的加强,以及社会不安定情绪的传染,2010年以来,此类故事在网络上非常风行。许多网友纷纷贡献出自己的"亲身经历",或者从过去的网文中翻出一些曾经的旧帖,形成呼应。

去年11月的某天,我去朋友家,他告诉我,她们小区前天有个女人,带孩子去买菜的时候,在菜市场给人抢走了孩子,整个事情策划地太恐怖了。

一个老女人上来,指着妈妈就说:她在这里。然后,一个长相斯文白净的小伙子上来就给了妈妈一巴掌,把女人打得晕头转向的,然后他就推那个女的,嘴里说:孩子生着病,你还带出来。孩子妈妈被打得退后几步,绊倒在台阶上,然后那个老女人就一边解开童车上的安全带,一边抱小孩,一边唠叨说,孩子都这么生病了,你还带出来,真是的,哪有这样的妈妈啊。然后那个男的就更生气地打妈妈,然后小孩子不是在哭嘛,那个男的就跟老女人说:走,赶紧带孩子去医院看病。然后老女人抱着孩子,男人骑摩托,就飞快地走了,那个妈妈在地上哭喊说不认识他们,结果也没人管,都以为是家庭内部矛盾呢。直到孩子都没影了,妈妈哭得都没气了,大家才知道孩子是给人抢走了。

我朋友的妈妈说当时她没吓死,决定再也不带孙子出去了,被抢的是个10个月大的男孩,据老人家说现场一点都看不出是假的,所有人都以为是家里人在吵架。那个女人刚开始都没反应过来是咋回事,给人打蒙了都,孩子是放在推车上的,用安全带绑住的,10个月左右的男孩。

大家都转发一下吧,避免更多的悲剧!有孩子的人要多注意了。善良的人们,为了减少更多家庭的痛苦,请分享一下吧,让更多的人能够看到。也许只是你的小小一个动作,却挽救了一个家庭……

这类谣言的结尾,都有一个比较固定的程式,以"好心人"的口吻,提醒网友注意、转发、避免悲剧、减少痛苦等等,如上文中:"大家都转发一下吧,避免更多的悲剧!有孩子的人要多注意了。善良的人们,为了减少更多家庭的痛苦,请分享一下吧,让更多的人能够看到。"此外,令人感到怀疑的是,每个类似谣言的跟帖中,都会出现一些软性广告,如:"为了保证宝宝的安全,给大家介绍一下宝宝防丢器。在超过一定范围内就会自动报警,这也是一个有效的保护宝宝的安全措施。现在恒初网有免费的试用,可以去申请试试。"

2. "拐卖儿童折割肢体"

2011年春节期间,发生了一起受到广泛关注的微博解救被拐儿童事件。通过新浪微博知名博主邓飞等人的帮助,湖北男子彭高峰找回了他失去两年多的儿子彭文乐。这件感人的事件被邓飞微博直播之后,迅速引发网友热议,中国社科院学者于建嵘随后提出"随手拍照解救乞讨儿童"的倡议,由此,一场由广大网友与警察、记者等各种社会力量合作展开的微博打拐行动,以随手拍照、上传微博、寻求解救的形式铺开,迅速形成舆论焦点。

紧接着,网上大批出现有关流浪儿童、乞讨儿童与拐卖儿童的相关性帖子,其中一篇题为《叔叔,求你别用硫酸了,还是用刀子割吧》的配图帖子更是激起广大网民的愤慨和同情。该帖用悲愤的语调、凄惨的配图,讲述了许多流浪儿的悲惨故事。

他们每天饿着肚子被迫去向路人乞讨,为了用来多讨几块钱,人贩子故意用刀子把他们的身体划得伤痕累累,旧伤痊愈了再制造出新伤,为得就是用孩子那带血的伤口去博得路人的怜悯,从而换取更多的不义之财,他们嫌刀子划得不够狠,甚至还用硫酸烧孩子的身体,那个被人贩子用硫酸烧得痛苦难忍的小女孩用稚嫩童音哀求着:"叔叔,求你别用硫酸了,还是用刀子割吧……"

……前阵子更有报道深圳某区垃圾堆旁发现男童尸体,3岁左右,被人为地弄断了手并摘除了睾丸,痛苦地死去……怎么能够想象一个多月前还健康活泼的他被人残忍地折磨肢体残缺?怎么能想象他神采飞扬的小脸从此紧闭双眼不再呼吸?……

……一个朋友的朋友,小孩子丢了,当时孩子大概五六岁的样子,过了一两年,她的弟弟(也就是孩子的舅舅)在上海,一个乞讨的小孩子突然抓住他的衣襟,口中呜呜作响,他一开始还不知道怎么回事,仔细辨认才知道这个衣衫褴褛的孩子就是自己原来可爱的小外甥,孩子的舌头已经被连根割去……

各大论坛大同小异的类似帖子数以千计,其浏览量更是数以百万计。公众的愤慨被点燃了,网友们纷纷将自己看到的流浪儿童照片发到网上,有的网友甚至将乞讨儿背后的成年人的照片也一并放到网上,还有许多年轻人直接付诸行动,试图解救这些"被拐卖"的乞讨儿。但后来发生的多起"解救"事件,证明这些乞讨儿均非拐卖,其与背后成年人的关系多系直系血缘关系,部分则是由自己父母租借给职业乞讨人,个别则为养父与养子的关系。就已经证实的多起事件来看,尚无一起事件可以证明有故意折损儿童肢体、故意制造伤口等残害健康儿童的行为。"随手拍照解救乞讨儿童"事件虽未达到预期目的,但是不可否认,自从微博打拐之后,公共场所携子乞讨的现象已经明显减少。

3."酒驾被敲诈"

中国人口多,流动性大,许多人对于社会治安普遍持有不安全感。各种敲诈勒索的案件,甚至离奇的故事层出不穷。

昨晚肇庆,我朋友的同事,晚上在黄塘路"肥发潮汕大排档"吃宵夜,喝了酒后,开车走,开到国际会所时,一直跟在后面的车,突然撞上来,然后下来几个人,要一万元,否则,报警等着坐牢,结果只好当场给一万元私了。这是醉驾入刑后,我市发生的第一宗有组织的敲诈案。一定要围脖下!

这个"合情合理"的故事在微博上得到迅速传播,还被一些反酒驾的人士取笑为"狗咬狗的剧情"。这则故事最早出现于2011年6月7日,刚刚被网友生产出来,当天就被加上《敲诈——酒后开车的朋友注意了》的标题,肇庆改成了南宁:"一同事的朋友,晚上在南宁鲁班路'桃李阁大酒店'吃饭,喝了酒后,开车走到××会所时,一直跟在后面的车,突然撞上来,然后下来三四个人,要一万元,否则,报警等着坐牢,结果只好当场给一万元私了。这是醉驾入刑后,我听说发生的第一宗有组织的敲诈。"很快,同一故事的广州版、深圳版也相继出台。跟帖评论者大多表现出深信不疑的无奈:"这种新形式要引起警惕。"(陈钾肥日报)"如果是在法制国家,这两伙人都得去坐牢。罪名为:醉驾、纵容醉驾、敲诈勒索。博主也要去被调查,好不好也要入罪,罪名是包庇罪犯、知情不报。"(楚乡淮岸)

4."流浪汉偷吃西瓜被剁双脚"

新浪微博热传着一张双脚骨头裸露的男子照片,并且配有裸骨特写,配文称:"这个流浪汉叫周大庭,46岁。今年5月份,晚上在一个个体西瓜大棚外露宿。早上主人起来发现有几个西瓜叫人偷了,就说是这流浪汉偷吃的,这家的小儿子用刀把他双脚剁了下来。当时流浪汉就昏了过去。大家以为他会死,没想到他第三天醒了,但脚没了,走不了路了。"

照片非常震撼,网友评道:"看了这组图片我心里好难受,真的太心寒了。难道一个人的双腿还不值几个西瓜钱吗?是谁赋予了你权利夺去他的双腿?那些暴徒怎么会如此残忍呢?如此漠视一个人的生命呢?世界之大——啥人都有……现在变态加恶心的人越来越多,已经丧失了人类的本性……我们看了图片,非常无语,希望更多人转载,让更多人为这个可怜的流浪汉祝福。"(邹雯莉)

事实上,这也是一则早在2010年就被炮制出来的谣言,原题《流浪汉误为偷西瓜被剁去双腿!是人能做出来的事吗?》

> 这是发生在某地的真事,我不敢把地名说出来,怕××的人骂我,引起不必要的地域之间的相互谩骂。但这事确信无疑地发生了。这个流浪汉叫周大庭(音),今年46岁,因从小就有癫痫病,家里人也不管他,随便他流浪在外。今年5月份,他流浪到××,晚上在一个个体西瓜大棚外露宿、早上主人起来发现有几个西瓜叫人偷了,就说是这流浪汉偷吃的,几个人大打出手,末了这家的小儿子用刀把他的双脚剁了下来,当时流浪汉就昏了过去,全村的人没有一个出来管他的。有的人是敢怒不敢言(据说剁他脚的人是全县的一霸,有黑社会背景)。大家以为他会死,没想到他第三天醒了,但是脚没了,他走不了路,只能坐在那里等死……有个好心人给他送来了一床破棉被,看他坐在那里多么地无助啊。

其实只需要借助百度或谷歌的图片搜索,一下就能找到该图的原始出处。早在2007年4月,这张照片就已经在猫扑、天涯等各大网传疯传。4月28日,《河南商报》曾发表《民政局救助不力流浪汉双脚烂掉 网帖曝光陕西一流浪汉是"史上最惨的人"》报道此事,照片的主人是陕西省富平县淡村乡石桥村何小娃。从小失去双亲的何小娃因为家里的一些事情受到打击,加上经济负担太重得了精神分裂症,随后媳妇抱着孩子离家。2002年前后,何小娃突然从村中消失了,一走四五年,在东北流浪时把脚冻伤。陕西省富平县民政局在2007年4月初将何小娃接回富平县,当时何小娃神志基本清醒,要求回到石桥村。回村后,因为没有得到及时医治,原本溃烂的双腿出现病变,双脚自然脱落,露出骨头。

5."下迷药拐卖妇女"

2011年5月25日,网友"海安瑾"在新浪发布题为《如果你们还认为地铁下麻药的事情是传说的话,姐今天亲历的事实会告诉你们,绝对不是传说!!! 十号线劲松站!!! 幸亏姐机警,九死一生!!!》的长微博,迅速引发热议,短时间内就被转发过万,许多女性网友纷纷表示自己也有相似经历。

今天下班坐地铁,挑了一个靠左的位子,突然闻到一股并不刺鼻的味道,想起看到的帖子,立刻摒住呼吸,但已经感到浑身发麻,尤其是手指,呼吸困难! 我立刻起身走到其他车厢,告诉乘客我可能被下药了,千万别让人把我带走,但是!! 没有人帮我!! 有人让我报警,可是110没人接! 至少那几十秒没人接!

终于缓过一点神,意识比较清楚了,确定药效不会更严重后,待到地铁开门,立刻冲下去,找工作人员,待我解释半天后,她们还以为我生病了,然后我不断强调我被人下药了,要找警察,终于她们找了位子让我坐下,再找了警察,等我基本冷静下来之后,我让警察帮我打了车,然后我总算回了家……

事后回忆,当时我左边没有人,前面没站人,有机会下手的就是我右边一个男的,瘦小,穿着非常一般,当我坐下拿出手机时,余光看到他也拿出手机(这是很后来回忆起的细节),后来听同学说,网上有的帖子也提到手机,严重怀疑那个就是放药的! 再次强调,那个味道一点都不刺鼻,反而比较柔和,很容易忽略!!

其他的不多说了,提醒几点:1. 气味并不刺鼻,较为柔和,容易忽略;2. 人情冷漠,如果没有乘客帮你,记得报警;3. 快步远离那节车厢,尽可能引起大家的注意;4. 不要盲目立刻下地铁,因为有可能药效后劲很足,如果坏人跟着你下去,事情会更难以控制。大家转发这条微博吧! 为了你和你爱的人!

居然有人自作聪明地分析说我在骗人! 老娘有必要吗?! 爱信不信,不信拉倒! 不要问我为什么放药的人没事,别人没事! 我只能猜测也许是气体挥发扩散到一定程度之后就失效了,放药的人只需屏住呼吸十几秒即可。到底为什么,问警察去! 如果警察知道! 我建议大家看完我相关的全部微薄再发言! 好人平安!!

在"豆瓣网"上,一则《四号线!!! 你肿么了四号线!!!!!》的帖子,搜罗了十几篇与四号线迷药有关的故事,引发女性网友的大量跟帖,普遍表达着一种恐怖的情绪:"看得我浑身发冷,想哭。要是带把刀子的话,被下药了也使不上劲啊。相比较而言,流氓恶棍比这种下药的好多了。"(一朵傻13小葵花)

由于该帖影响较大,很快引起多家媒体的注意,据《北京青年报》记者的搜索:"有关乘客在地铁内被下迷药的事件,最早的一篇帖子是2006年6月,发生在广州,同年11月,有网友称自己在北京西单乘坐地铁时被下了迷药。此后相似的事件在四川、重庆、湖南、上海等地都流传过,曾有版本称拍拍肩膀就能下药,被喷了迷药后让做什么就做什么,会不由自主地跟着走。"

很快,北京市公安局官方微博"平安北京"发布信息称:"近期网上有人谣传,称我市地铁内有女性被人下迷药尾随。经核实,北京警方今年以来仅接报此类报警1件,为一女子称其在地铁内被人下迷药尾随。经民警与报警人核实,报警人承认是其看到此前网上相关信息后过度紧张所致。在此提醒广大市民,对于网上流传的消息,要有所判别,不信谣,不传谣,避免造成不必要的恐慌。"

(三)地震谣言

1."地震预报"

每次大地震之后,都会有一些相关性的预报谣言出台。日本3·11大地震之后、中国某些地区也将发生地震的消息不断被生产出来,转发率最高的是关于华北可能发生次生地震的一则信息。

> 1996年河北地震专家李文英、王秀英发现华北地区与日本海沟地震活动在时间轴上的不均匀分布及起伏具有同步性,华北地区群体地震活动开始时间晚于日本海沟地区,日本海沟地区发生高于7.3级地震后三年内,在华北地区相应发生6级以上地震的对应率为61%。

该信息是根据《新世纪》周刊记者于达维的一篇博客《日本地震,华北要当心》摘抄而来。从微博评论中我们可以看到,虽然多数网友质疑其真实性和有效性,但同时都表达了"宁可信其有,不可信其无"的心态,甚至有网友说:"华北的,北京的买房子投资的抓紧卖掉害别人吧,不想害人的不知有没有房屋地震保险。"(蒋方舟子V)更有网友推波助澜:"我说过,曾经有个预测,2011年继日本特大地震后,河北省唐山市将会再次发生大地震。想不到今年果然成真。祈祷我国唐山不会再次发生灾难。"(新联合公益基金会吴秋鹏)也有网友说:"就算躲过5·12,还有2012;就算躲过2012,还有2014?"(万迪智)

3月12日始,一则所谓"自制家庭地震预报法"迅速在网络疯传。网友"天山道协陈信蓉"第二天早上转发了该信息,由于作者有新浪微博认证"天山道教协会会长"支持,发帖仅仅3个小时,转发数即已达到近4000,评论数接近700。

> 自制家庭地震预报的方法是:把一块磁铁用绳子挂在高处,下面正对地

板砖或一个铁盆,磁铁上黏一块大铁块。地震前地球磁场发生剧烈变化,磁铁会失去磁性。铁块掉下来,落在地上或盆上,发出响声。此法在房屋没有晃动前就会提前预警。提前时间10分钟至几十秒。如果掉下来了,必发生大震。

许多网友对此信以为真,还有人表示"今天马上就做一个"。为此,"科学松鼠会"网站专门组织了一组辟谣文章:"这两三年,汶川、海地、玉树地震等给灾区人民造成了很大的痛苦,公众脆弱的安全神经一次次被牵动,关于地震的种种讨论也因而变得很热门。一方面,大家突然发现,从事地震研究的科学家居然不仅不能准确预报地震,甚至连不准确地预报地震都做不到。另一方面,网络上除了各路大仙依据各种理论预测'马上要发生大地震'之外,也流传种种预报地震的偏方。然而它们并不怎么靠谱……在地震发生的前后,由于地层内快速的地质变化而导致地磁场产生一定程度的异常变化是可以理解的,也是可以观测到的。观测到的地磁场异常的位置和地震震中的位置有的时候有一定的联系。但是,这种地磁场异常的量级都在0.000,000,001特斯拉的量级上,比地球磁场(0.00005特斯拉)小很多。作为比较,一百米之外的普通输电线产生的磁场一般在0.000,001特斯拉的量级,是地震有可能产生磁场变化的一千倍。地震产生的磁场变化在日常环境中几乎无法探测,也根本不可能对磁铁的磁化状态产生什么影响。通过上面的分析大家可以看到,这种简易的预测地震的'偏方'不具有任何的科学性和可行性。铁块并不会因为地震的原因从磁铁上掉下来。"

在各类预报谣言中,恶搞地震专家,成为网络世界的一种娱乐项目。日本地震之后,有网友翻出3月7日的《扬子晚报》国际新闻,其头条新闻为《50头鲸鱼搁浅日本海滩——专家推测它们是集体追逐猎物时迷失方向后被困》,第二条新闻为《新西兰地震前2天,上百巨头鲸搁浅死亡》,新闻中明确点出"专家"是"水族馆海洋动物展示科专家岛田正幸",但许多只看标题的网友还是在评论帖中大骂"中国地震专家",如:"专家表示:究竟会不会地震,要等震了才知道。又联想到汶川地震,唉!"(后备祸水)"中国专家!国际一流!想凡人所不会想,测科学所不能测!"(生当为人杰CYU)"专家的话,心诚不灵,信则更不灵。"(weishl)"近日50多名专家倒在中国海滩毙命,一鲸鱼推测:它们是集体追逐比基尼美女时体力不支累死的。"(牛蹄一筋)

与此相应的,是各种灵异的地震预报大为流行。有好事网友发现,2008年汶川地震日期是5月12日,2011年东日本大地震日期是3月11日,于是,他们列出一个奇异的算式:$2008+5+12=2011+3+11$。

这个等式的和数是2025,据此,他们计算2012年的灾难日必将出现在"月份数+日期数=$2025-1012=13$"的日子。具体说,将有可能出现在以下12个日中的一日:1月12日、2月11日、3月10日、4月9日、5月8日、6月7日、7月6日、8

月5日、9月4日、10月3日、11月2日、12月1日。

2．"热烈庆贺日本地震"

2008年,中国汶川地震,由此滋生了大量的灾难谣言,2011年3月11日,日本发生9.0级的特大地震。中国人对于刚刚发生的汶川地震还记忆犹新,所以,人们可以很清楚地看到中日两国政府以及民众对于地震的应急反应。由此引发的对于中国人"素质"的讨论成为网络世界最热门的话题。

地震发生后,很快就在网络上出现了一些"热烈庆祝日本地震"的句子,许多人对这种言论表示了强烈的愤慨。在新浪微博上,有一个帖子是谴责幸灾乐祸者的:

> 百度"热烈庆祝日本地震"结果2,600,000条。改成"庆贺"是765,000条。去掉"热烈"是8,570,000条。有没有懂日语的朋友,请到日语的GOOGLE去搜一下,有多少条"热烈祝贺汶川地震"的。我敢打赌,一条也没有。记住:自重才能被尊重! 中国人,请你们不要热烈庆祝日本地震!

该信息一般都会同时配发一张"日本救援队向地震中死难的中国人默哀"的图片。一面是日本搜救队对中国死难者的哀悼,一面是中国人对于邻国死难者生命的漠视,两厢形成鲜明的对照,以此说明中国国民的素质低下。这类帖子一般都能博得很高的转发率和评论率,以用户"全球热门排行榜"的微博为例,该信息发布仅5分钟,转发数就达到了582条;另一用户"庄迎迎",发布一天之后,转发数达到3659条。在跟帖的评论中,多数网友表达了"我真为自己是一个中国人感到耻辱"的感受。跟帖的网友中,极少有人去验证该信息的有效性。

第二天开始,有网友开始对该帖内容表示质疑。中文网络上固然确有一些无知网民对于日本地震表示了"祝贺",但数量并不大,上述信息的错误之处在于检索方法,所谓2,600,000条的结果,绝大多数仅仅是因为网页上同时包含了"热烈"、"庆祝"、"日本"、"地震"等相关文字而已,相互之间并未联系"热烈庆祝日本地震"的短语。百分之九十九以上的微博用户在转发微博之前,并未亲自检索并点开网页验证其真实性,虽然这只是很简单的一个动作。

3．"请及时告诉朋友如何防辐射"

日本3·11大地震不仅引发了海啸,还导致了福岛核电站的损坏。很快,关于福岛核电站发生泄漏的消息就传遍了全世界。接着,关于如何预防辐射的帖子就满天飞了。流传最广的是一个题为《如果你还在日本留学,如果你的朋友去日本采访报道灾情,请及时告知他们!》的帖子。

> (1) 如果你是记者,正在灾区报道,当你发现你的摄影、摄像、录音设备出现干扰音、噪点等异样时,别疑惑,赶紧跑。你的设备没坏,是致命辐射已

经抓住你了。

(2) 如果你有机会坐上直升机,航拍电站,千万别去。当时在直升机上拍切尔诺贝利事故现场的记者只有极个别幸存下来。还被当做奇迹的活标本研究来研究去的。

(3) 如果你大着肚子……本着对下一代负责的态度,想尽一切办法跑得远远的吧。牢记:防辐射服是智慧的天朝南方小厂发明出来的坑爹工具,都什么时候了,别自己骗自己了。

(4) 时刻注意气象预报,如果阴雨天气最好减少出门。因为辐射粉尘会随着雨水落下来,别说淋着,就鞋底沾湿你都伤不起。如果必须要出门……戴帽子吧。

(5) 非常坑爹的一条建议是,勤洗澡。虽然灾区水资源肯定紧张,不过及时把身上附着的辐射粉尘清除掉无疑是最重要的。

(6) 网上说吃碘片,那必须在辐射到来之前吃,让碘提前进入体内循环。此外我对现在能不能搞到碘片表示严重怀疑。

(7) 关于影响范围:日本已经疏散了核电站周围20公里的居民。事实上,当时切尔诺贝利事故后,1100公里外的瑞典核电站马上就发现辐射超标。也就是说,事故的影响范围将超出20公里的N倍。但是!不要恐慌,切尔诺贝利是反应堆爆炸,日本是外围爆炸,事故性质不同。然而!万一福岛再余震或冷却不及时导致反应堆真的不保,你打算往哪里跑?所以!时刻关注新闻,做好逃跑的准备,要是有条件,现在就远离灾区吧,别给日本人民添乱了。

(8) 逃离灾区以后怎么办?请把所有衣服、鞋子都扔掉,不要心疼。半个月后可以去医院做辐射检查,最重要的是!定期做甲状腺B超。

(9) 木耳、香菇据说是排毒食品,可以多吃。

(10) 最后引用乌克兰电视台的一句话:再有素质那也是肉体凡胎,哪国人再牛逼都牛逼不过大自然,淡定点吧。

这类谣言的最大特点,是抓住中国人喜欢互相"表关心"的心态,用"好心"包装谣言,向亲友散布。谣言利用了普通人对辐射的无知和恐惧,极力夸大辐射的危害,推销似是而非的无效信息,博取网络话语权。

4. "福岛50死士"

3月12日,媒体公布地震导致日本福岛第一和第二核电站发生核泄漏,造成放射性物质的大量泄漏。800多名工作人员大部分已经撤离核电站,但留下了一支由50人组成的抢险队伍,成为阻止福岛核电站局面继续恶化的最后一道防线,这50人因而被日本媒体称做"福岛50人"。这个称号到了中国,被改称为"福岛50死士",关于他们舍身为国、为民、为大家的故事在中国感动了无数网民。各种以"50死士"女儿、妻子名义所创作的感人肺腑的故事,以及传说为当事人的"诀别信"纷纷曝光。

在中国的互联网上,流传着据说是一位"50死士"的女儿在推特(Twitter)上的留言:"我爸爸去核电站了。从来没听到母亲哭得如此厉害。核电站的人们在拼命工作,牺牲了他们自己来保护大家。爸爸,活着回来吧!"另一位女儿则在邮件中写道:"我的父亲仍然在核电站工作,他们缺少食物,我们想那里的条件真的是非常艰苦。他说他接受了命运的安排,就像已经判处了死刑……"更有一位女儿在博文中写道:"他本来还有半年就可以退休了,平时他在家里也不像是个很有能力的人,但当我听说他自愿留下,我感动得流泪了,我为他而骄傲,为他能平安回来而祈祷。"还有一位儿子写了一封信寄给日本广播协会,信中写道:"我的父亲在福岛第一核电站工作,他决定留在现场,防止形势恶化,他说自己已做好赴死准备,无论如何,也要确保核电站没事。大部分的工作人员都抱着同样的信念,选择离开家人留守核电站。尽管我和同事们都知道自己要面临什么样的危险,但这是使命!"

事实证明,这些所谓的催人泪下的感人信件,大部分都是中文媒体和中国网民的虚构。在中国的互联网上,充斥着对英雄勇于牺牲精神的赞美:"福岛壮士愿以死救国:福岛50死士至今仍在核辐射极高的环境中从事危险的工作。其中一人的母亲透露,留守福岛第一核电站的工作人员已经充分讨论过自己的处境,如果需要他们长期工作的话,他们愿意接受死亡的现实。——如果没有人愿意放弃生命,何来他人生命的拯救?可敬的人,非凡却伟大。"(王争光—远方并不远)"'真的猛士,敢于直面惨淡的人生,敢于正视淋漓的鲜血。'鲁迅先生《纪念刘和珍君》中的精辟语言,不也正可以用来形容福岛50死士吗?他们,面对的是看不见的敌人,他们,是死士,是勇士,同样,也是真的猛士。"(基础采访写作)

几天之后,对于"死士"的歌颂开始变味了,中文网上开始流传"死士"死亡的消息。在完全没有报道第1—4位牺牲者的情况下,3月18日开始,各类中文论坛上突然流传着"日本50死士已经死了5人了"的消息。

> 据英国《每日电讯报》报道,"福岛50死士"中已有5人殉职、22人受伤、2人失踪。1人因突然不能呼吸、无法站立而送医;另1人因靠近一台受损反应堆受辐射污染;2人下落不明;11人因3号反应堆氢气爆炸而受伤。福岛核电站内800多工作人员大部分撤离,只剩下最后的50位死士。他们用自己的身体,筑起保护福岛核电站的最后一道屏障。核防护专家指出,这50人因长时间在强辐射条件下工作,其中70%的人员可能会在2周内死亡。

这则新闻几乎可以不用查证就知道是假新闻。高强度的核辐射确实可能致人于死地,但这是一个缓慢的过程。在放射性物质尚未完全暴露的核电站里面,不是所有区域都有严重辐射的。工作人员会通过计算辐射量来分配工作,并在高辐射区进行轮换,以保证每个人的累积辐射量不会太大。据日本厚生劳动省介绍,每一名留守的工作人员都要受到100—250mSv的辐射,这个数值大约是美国核电站规定工作人员所受最大辐射量的5倍。即使取其最大值250mSv,其辐射量也远小于当年距离切尔诺贝利15千米范围内的居民接受到的辐射。基于这些数据比较可知,福岛留守人员短期不可能因为辐射而导致生命危险。即使因为核辐射而引发严重后果,那也是几年、几个月之后的事。造谣者连这点基础的常识都没有,也只能用来吓唬更加没有常识的网民。事实上,时至2012年,也没有任何可靠报道可以说明有人因为辐射而致死。

据果壳网的调查,3月16日《每日电讯报》的文章曾提到,东京电力公司的5名员工死亡。而《纽约时报》的文章则明确说没有关于这50个人的消息,只有此前得知的"大地震后福岛核电站有5名员工死亡,22人受伤,2人失踪,1人入院"。由此可见,报道中所谓死亡的5名员工并非因辐射而死亡。调查员甚至发现,即使是"福岛核电站5名员工死亡"的消息,也很可能都是误传,因为日本方面根本没有发布过任何与"福岛核电站有5名员工死亡"有关的直接消息。稍有关联的内容只是东京电力在12日称,其合作公司员工因地震死亡的人数为5人。不过,他们都不是东京电力的员工,更没有一个是福岛第一核电站的员工。在日文搜索引擎中,虽然可以发现"福岛核电站事故导致5人死亡"的消息,但这些消息大都出现在引述英文媒体报道的论坛、博客当中。可见,5人受辐射死亡的消息很可能是对东京电力12日消息的误读、讹传。

那么,"70%的人员可能会在2周内死亡"又是怎么回事呢?据"新浪科技"的调查,消息来源是一个名为"articlebase"的美国网站。该网站3月16日刊发的一篇标题为《福岛核电站仍有50人驻守,7人可能在2周内死亡》的文章中,提到"美国核防护专家称,留守的员工中有70%可能在2周内去世"。首先,这篇文章标题和正文存在明显矛盾,标题提到"7人将在两周内死亡",而正文却说"留守的员工中,有70%可能在2周内去世"。其次,articlebase网站是一个免费信息发布平台,任何人都可以在上面发布文章。没有任何证据可以证实这条消息的可靠性。

关于辐射的谣言是东日本大地震中流传最广的谣言。最为离谱的是,一年之后,《青年参考》刊发了一篇《卧底记者揭露东电与黑社会勾结:"福岛50勇士"竟有黑帮成员和欠债者》。2012年3月11日,《广州日报》在转载此文时将标题改成了《"50勇士"被黑帮胁迫?——卧底记者披露50勇士中有无家可归者、失业人员、前黑帮成员、欠黑帮债务人》。这篇文章迅速被各大网站所转载,转载过程中,标题被各大网站进一步异化为《日本卧底记者曝福岛50勇士系被黑帮胁迫》,一反此前悲情、感动的传闻基调,转而变为揭黑。

"黑社会可谓日本核电业的核心。'福岛50勇士'中有不少是黑帮成员,还有因欠巨额高利贷而被黑帮派来的欠债者。"这是日本卧底记者发出的调查声音。虽然卧底记者铃木智彦是以平静的语气在叙述,但他对英《每日电讯》报说出的每个字几乎都可能让人震惊。或许,这是对特殊背景之下福岛"50勇士"的另一种解读。勇士身份,不少成员来自黑帮。……在铃木看来,日本黑帮拥有庞大的势力,和官僚及财阀都有勾结,往往通过贿赂等手段隐瞒东电公司内部的丑闻,消除对他们不利的声音。另一方面,日本地震与福岛核危机的救援及善后工作都需要黑社会出手才能完成。

新浪微博的相应谣言也纷纷跟进:"3·11大地震好像也没有死多少日本鬼子!还像不过万吧!不过好像核辐射挺厉害!50死士不过是50个被强迫的弱智日本民工!"(大道至简2257)"今天看杂志,上面说福岛核电站那'50死士'很多都是黑社会骗过去抓过去的,他们说'去的话至少还能活十年,债也还完了,不去就死定了'……"(浅葱色的某不良传教士)"日本人造假,你骂了吗?曾令人感动的泪如天漏、膜拜如天神之福岛核泄露事件中'50死士'是被迫的,诸君是黑帮成员、欠债者、流浪汉、智障人士等,事件被踢爆后,好骂人的微博'正义人士'竟集体噤声,难道集体去卫生间了吗?倘换做国内事件,早红筋爆裂用尽世间脏话眼泪横飞咒骂了。何故?选择性批评!"(洪国荃)

5."恶搞日本地震灾难"

网络恶搞,也由恶搞人、事,扩展到恶搞灾难。东日本大地震之后,有一则恶搞日本美女的信息在网络上流传甚广。

紧急通知:预计今晚18时30分到明天18时30分,我国山东、天津、江苏、浙江、福建及广东等沿海地区,将有大量日本美女随海啸冲进我国沿海,请广大男性同胞及时捕捞及接收,同时注意淫救。——中国海防办公厅。2011年3月14日

许多网友纷纷转发,且有人跟帖问:"话说志玲姐姐会来么?"(医不了神)"能随长江漂进四川么?"(西城二月)还有人建议:"必须先去勾兑渔民!租船价格和打捞工具都会水涨高,衣服带点,比食物重要!"(小尘埃就这样)

另有一类恶搞,借助语言技巧,故意模糊叙述的准确性,从本无规律的事件中总结出"规律"来,借助这种"规律"推导出一些荒谬的结论。如在各大网站广为流传的一个讽刺央视的帖子:"CCTV说核电站不会爆炸,结果爆炸了。专家马上说,其他两个机组不会爆炸,结果也爆炸了。专家接着说,即使核电站爆炸了,外壳能起到很好的保护作用,结果壳被炸飞了,专家开口说即使泄露也不会污染,结果东

京核辐射超标。刚刚CCTV又报道：中国是安全的……我一听眼泪都快下来了。"

同时，还有人制作了一个《央视可以信任的节目是什么？》的帖子，模拟制作了一个投票结果图，图上显示97%的民众认为央视最值得信任的节目是"准点报时"。

6."日本政府阴谋论"

阴谋论者喜欢把所有的灾难都说成是政府或某组织的阴谋。9·11事件之后，有人说9·11是美国政府刻意制造的一起阴谋事件；3·11东日本大地震之后，最迟不晚于3月15日，关于3·11大地震是日本政府核实验引发的阴谋论就出台了。各大论坛争相转载一篇题为《日本3月11日的9.0级大地震，是大自然的灾难还是一场人为的大灾难？？？》的网文。

日本3月11日的9.0级大地震，看是一场大自然的灾难，但从多方面综合分析，可以看出这可能完全是一场人为的大灾难——人祸！可能是日本自己进行的海底核试验引起的！理由如下：

一、石原慎太郎前阵子刚刚放言要以核武器对抗中国，3月9日日本就发生了7.4级的地震。这可以推论为石原的狂言只是为日本的核试验放风，而9日的地震其实就是日本进行的核试验。如果不出意外，日本近期还将进行几次核试验，并在不久后在美国的默许下宣布为有核国家以对抗中国。可惜人算不如天算，想不到引发了世纪大地震而自食恶果。

二、3月11日地震后，海面出现的神秘大漩涡，可能就是日本通向海底核试验场的遂道崩塌，导致海水倒灌引起的。

三、以日本现有的技术，能导致日本用于启动冷却设备的三道保障电网都出现故障，特别是柴油发电机不能发电，这有点太不可思议。合理的解释就是日本是故意让电站爆炸让核外泄，以便掩盖3月9日进行核试验发生的核辐射。

四、美国的航母在100公里外的海面就受到那么强的核辐射，而日本本土却仅仅撤离了核电站周围20公里的人，那么美国航母上的核辐射从哪来？合理解释就是这些核辐射其实就是日本3月9日核爆造成的。

五、日本昨天宣布要自行检测电站核辐射量，不让外国插手，为什么？这是做贼心虚！

事实上，作为一个岛国，倭国有着丰富的潮汐和风力发电资源，同时太阳能也非常先进，但该国对这些视若无物，多年来，全力发展核电。

如果这仅仅是电力需要也就罢了，但是，有多少人知道？在核电技术已经突飞猛进的今天，倭国的核电设施却一律死抱着第一二代技术不放。

……

这场核灾难到底会发展到多大,至少还有三个问题没公开,离了这三个问题,谁也无法预测,只有小鬼子心里清楚。

第一个问题:它们造出来的四千枚核弹的原料存放在哪里?是否安全?!

第二个问题:在这些核电站里,到底还有什么秘密,这些以制造核弹原料为目的的核电站里,都有哪些高危和不可告人的东西?!

第三个问题:日本这些年积攒的核废料都放在哪里?在陆地上?还是在海里?还是偷运到哪里去了?会不会产生危害?

这些问题都是潜在的核弹级风险。是对全人类的安全威胁!

最近网上出现很多装13的,这里提醒一下!

1923年日本发生关东大地震,中国也展开援助。

事实证明,中国人无私的援助,在金钱和物资方面,为日本节省了相当大的一笔款项,为日后顺利地发动九·一八和七·七奠定了坚实的基础。

也就是说,由于有中国人出钱救灾,日本得以省下钱造军火……

同胞们,记请楚了,你今天捐出的每一毛钱,都为日本省下了造一枚子弹的费用,最后这一毛钱有可能回到你或者你亲人的身上。

你们捐出的是血汗,小鬼子还回来的是子弹。

带来的是刺耳的尖啸,流出的是你和你子孙们的鲜血……

由于谣言生产者自称为"核工专业的学子",该网文不仅得到近千转帖,还受到大批网民对于技术男的"膜拜"。该谣言的新浪微博浓缩版更是火爆,转发数量多达数万。

在各大论坛的跟帖评论中,质疑的声音非常微弱,多数网民都对日本的核实验表示了极大的愤慨,同时对日本的"玩火自焚"表示了幸灾乐祸的情绪:"这些狗日的畜生,死绝了也是应该的!"(suzjg111)"结合事前日本有核论和事后石原慎太郎的天谴论时满脸失望、无赖、沮丧表情可以看出应该是真的搞核试验。"(长江飞鱼)少数网民则是明确地表示了怀疑:"谣言啊,谣盐是怎么产生的呢?谣盐是就这么产生的。问个最基本的问题:这个世界上小日本最恨的是谁?如果小日本有核弹了,最害怕的人又是谁?搞清楚这个你就知道在目前的政治环境下,他美国主子会同意吗?"(汗死累死)

7. "中国王鹏基金会"

2011年3月10日,云南盈江发生5.8级地震,3月13日,有人举报一个名叫"王鹏"的骗子在网上发帖,极力夸大盈江灾情,博取爱心人士同情。骗子自称是红十字会的人,并公布个人账号行骗。其虚假账号为:"中国农业银行:6228 4801 5020 9731 119　户名王鹏《中国王鹏基金会》。中国工商银行:6222 0222 0101 3838 984　户名王鹏《中国王鹏基金会》。中国建设银行:6227 0035 2610 0238

984　户名王鹏《中国王鹏基金会》。中国邮政储蓄：6210 9864 0000 0549 765 户名王鹏《中国王鹏基金会》。"至德宏州公安局接到报案时为止，已经有27笔捐赠款打入该骗子账户。

（四）科技谣言

1. "碘盐防辐射"

东日本大地震所引发的核安全事故在中国引起了巨大的恐慌。有专家说，核污染成分中有一种放射性碘131，它被人体吸收后，会聚集在人体的甲状腺内，对人体造成伤害，但如果我们提前服用一些碘片，先占领了甲状腺这块根据地，那些放射性碘就难以在人体驻扎，会被排出体外。

大家都知道中国的食盐是加碘低钠盐，这消息也不知是怎么传的，人们像抓住救命稻草般地抓住了碘盐。香港居民大概是最早对此做出反应的群体，3月15日就开始有人囤积食盐，他们找到一条更好的囤积理由，说太平洋已经受到日本核污染，以后再没有干净海盐了。

内地最早闻风而动的是沿海的浙江、江苏、广东等地。集体抢购大约始于3月16日，最早醒悟的敏感人群，往往表现为疯狂的扫货式抢购。碘盐价格随之暴涨。人们一旦抢购成功，迅速就会变成一个高尚的、关心他人的"好心人"，拿起电话告诫自己的亲朋好友："快去买盐，有多少买多少！"南京盐业官方网站题为《每月三元钱，硒盐防辐射》的帖子公然声称："每天坚持食用富含硒和碘的食盐，是一种抗辐射的最经济有效的办法。"

抢购风潮从南向北，从东向西一路狂吹，迅速遍及全国。据报道，成都的抢购风潮大约始于16日晚，兰州的抢购风潮大约始于17日早上，下午吹到乌鲁木齐。网友们将这波由谣言引发的抢盐风潮戏称为"盐荒子孙无盐以对"。

我们剥去"谣盐事件"的科学外衣，很容易发现它在本质上就是一则科学时代的新灵异谣言。科学时代的灵异谣言，往往打着科学旗帜反科学，主攻对象恰恰是那些崇拜科学却又不懂科学的中老年群众。一旦灾难来临，公众陷入一种紧张不安的情绪之中，就很难保持足够的理性。一切有利于加剧恐慌的消息都会变得有人相信，一旦有人相信就会像病毒一样互相传染。人在极度恐慌之中，一切既有的知识和逻辑都会被推翻。一件件不可思议的事件激发了人们的灵异想象，历史上曾经伤害过我们的那些谣言会死灰复燃，它们将再次侵袭我们的生活，即使在21世纪的现代都市，也不能幸免。

许多谣言的背后，往往都隐藏着造谣者不可告人的目的。以2003年贵州六盘水市"鞭炮禳灾"的SARS谣言为例，公安部门抓获的烟花商贩陈某，就是最积极的谣言散布者，而陈某的目的，无非是想多卖些烟花爆竹。

有消息说日本地震后的3月15、16两日，超过5000万的江浙游资参与了对盐业股的炒作,有专业人士甚至画出了游资炒作路线图:"一些浙江游资从3月15日起就在股市大量买入云南盐化等个股,并在收盘后到浙江各地抢盐,随后又散布谣言,3月17日游资将云南盐化拉至涨停大幅获利。"(《新京报》)这些大发日本国难财、扰乱中国市场秩序的"浙江游资",正是那些装神弄鬼骗取钱财的古代巫觋的正宗传人。

紧接着碘盐热卖之后,保健品商乘风而起,声称螺旋藻、花青素、蜂王浆、花粉等等,也能抗辐射。有些所谓的"专家",甚至连辐射是怎么回事都没弄清楚,就开始为公众支招,教人如何通过合理饮食来达到防辐射的目的,这类由"专家"生产的伪知识,也在网络世界得到广泛传播,被大批民众奉为圭臬。

a. 某职业卫生与职业病防治研究所教授表示,一定的营养对抗辐射有着非常重要的作用。黑芝麻、紫苋菜、绿茶、番茄红素、螺旋藻食品、花粉食品、银杏叶制品、含有维生素C较多的蔬菜水果等都对核辐射防治有特殊效果。

b. 某医学院主治医师指出,核辐射属于一种热毒、火毒,可以耗伤机体的阴液,也可导致血液妄行,从而造成疲劳、头昏、失眠、皮肤发红、出血等病症。针对这样的认识,可以通过服用一些具有清热解毒、益气养阴、凉血补血的中药或食物,以达到预防或减轻辐射的目的。比如说菊花、枸杞、太子参、芍药、麦冬、银耳、山药、金银花、鱼腥草、仙鹤草、红枣、西红柿等,它们有清热解毒、扶正祛邪的作用,可以用它们煮水喝,或泡茶饮用。

针对此类不着调的伪知识,作家"宁财神"曾经发布一条恶搞信息:"好吧,我也散布一条:碘盐防辐射的功能远远小于辣椒,辣椒素可以在血管内形成一道纳米级数的防护屏,能过滤铀235和伽马射线,原则上说,只要吃一顿红汤火锅,就可以经受一次五十万吨级的核爆而安然无恙。从今年五月起,各国国防部都考虑大量囤积辣椒和新鲜牛粪(能治疗脑残和网瘾)。"该信息被转发一千余次。

另外,网上流传一张《进食人体粪便可抗辐射》的剪报截图,还有网友将剪报文字录出来,在各大网站广为传播。

> 根据美国权威核专家报告,动物粪便中含有一种特殊的消化酶——恩斯坦(instaanmese),其波长与核分裂释放出的辐射波长吻合,透过破坏性干涉(Destructive Interference)可以完全抵消核辐射的影响,建议每天进食适量的粪便以作防御辐射影响之用。专家更指出,由于凡哺乳类动物的粪便都存在这种酶素,如果遇着便秘或找不到合适的地方回收粪便,可以考虑进食其他动物的粪便以吸收足够酶素。一般狗或家畜的粪便中都有足够的分量,当中以狗粪便的含量最多。

此文被一些反中医人士做了进一步发挥,声称据某著名中医的独家偏方:"黄龙汤可以防辐射,李时珍《本草纲目·人一·人屎》引陶弘景曰:'近城市人以空罂塞口,纳粪中,积年得汁,甚黑而苦,名为黄龙汤,疗温病垂死者皆瘥。'这事千真万确,古人早有预言。"

对于这样的消息,多数网友均视之为笑话、恶搞,可总是有一些文化程度较低的网民信以为真,居然还有网友非常认真地追问"黄龙汤"的具体制作方法和服用方法,追问如果用自己家人的粪便有没有药效。

律师吴法天创作的一则恶搞谣盐事件的段子,也在微博上流传甚广:"本台刚刚接到的消息:最近因为核辐射传言,各大超市发生非理性抢购含碘食盐。某超市海产区几条咸鱼已经被人舔成了淡水鱼。记者采访时遇到一位非常蛋定的大妈,对周围抢购食盐的行为表示无动于衷。记者好奇地问:'请问您为何不相信谣传?'大妈气愤地说:'抢个毛啊,我家非典时期抢购的盐还没吃完呢。'"

2."吃转基因食品会断子绝孙"

2011年7月29日,《南方周末》发表《破析中国式的转基因谬误与谣言》,提及某公关公司项目总监利用转基因谣言打击同行产品的新闻,这在当代转基因谣言的传播中具有典型的意义。

2011年7月15日,鲁花公关公司项目总监郭成林因诽谤金龙鱼构成损害商品声誉罪,被判处有期徒刑一年,并处罚金一万元。2010年,郭成林与鲁花公司签订了公关协议,在网上发表《金龙鱼,一条祸国殃民的鱼!》,造谣称金龙鱼将"转基因大豆油和转基因菜籽油倾销到中国的千万家超市","转基因农产品在欧洲和日本是绝对禁止人民食用的"。郭成林在该文中疾呼:"金龙鱼!卑鄙的大品牌,祸国殃民啊,中国的汉奸们在祸害国家和人民,戕害着国人的身体,摧毁着中国的大豆产业链!"该文耸人听闻,在网络上广泛传播。尽管郭成林已受法律惩处,但在网络上,尤其是在一些民粹色彩浓厚的网站和论坛上,这类谣言流传甚广,并与"西方帝国主义的大阴谋"、"亡国灭种的危机"、"第三次鸦片战争"结合在一起,颇具煽动性。在一些人文知识分子和"跨专业"的专家有意无意的推波助澜下,不少国人被误导。

针对转基因而生产的谣言,大概是近五年来中国流传最多、最广、最经久不衰的谣言。这类谣言多不可数,层出不穷,有网文,有视频,有标语,有口号,有名人名言,有网络口水仗,还有人大、政协会议上的提案与议案。有网友总结近年来主要的转基因谣言大约有十二类。

谣言一:美国人的转基因农产品,自己不吃,专门出口祸害第三世界。

谣言二:美国是转基因农业大国,出于国家利益允许吃转基因农产品,但在欧洲和日本是绝对禁止人食用转基因食品的。

谣言三:转基因食品有害健康,吃转基因食品会断子绝孙。

谣言四：转基因食品对人体有不可预测的风险，这种危险可能要几十年后才能看出来！谁能保证以后不出事？不能保证绝对安全，就是拿人当小白鼠。

谣言五：中国是第一个将转基因主粮商业化的国家，我们又做了小白鼠。

谣言六：允许转基因作物种植和销售只能对美国有利，而有害于中国农业。美国人为了祸害中国人，才将转基因食品和转基因技术输出给中国。

谣言七：转基因作物具有抗虫性意味着也对人体有毒有害。

谣言八：转基因作物相对于原来的非转基因作物，总是可能多出了某些蛋白质等新物质，它们被吸收后也许会在人体内造成危害。

谣言九：转基因技术在原理上就比以往的育种方式更不安全。

谣言十：抗虫转基因作物产生的毒蛋白对人体有害。

谣言十一：转基因绑架土地，阿根廷是全球第一个转基因牺牲品。孟山都利用转基因技术迫使农民只能配套使用他们的农药甚至化肥，最终实现实际控制土地的目的。

谣言十二：中国转基因棉花产量下降，已经"劣种化"，证明了转基因技术的失败。

《南方周末》分析转基因谣言的社会心理，认为主要问题还是出在民众对政府监管的不信任。

首先是社会已处于一个很严重的"权威丧失"的状态。在美国也有不少转基因的反对者，但大众对这些反对声音习以为常，在一个奉行言论自由和多元化的社会，几乎政府的每项重大决策都有公开的反对者。然而普罗大众最终还是看政府或社会权威部门的态度。对转基因食品的安全性，大众会看FDA、美国农业部的结论，政府权威部门的结论能起到一言九鼎的作用。正因如此，大多数欧美老百姓不担心转基因食品的安全问题，他们相信能上市的就是安全的，如果有问题，监管部门不会让其上市。

但在中国，食品安全领域屡屡发生监管部门只收钱不监管的丑闻，很多人宁愿相信道听途说的谣言，相信自己的主观想象，也不相信监管部门的结论。

这种混乱甚至导致了人们对科学应用的恐惧，很多国人不觉得科学促进了美好生活。特别是在食品领域，由于监管混乱，现代科学手段被奸商用歪了地方，用来添加三聚氰胺，制作各种有毒的添加剂牟利。这使很多消费者闻添加剂而色变，听到新型食品就害怕。在饱受"无监管的科学"之害后，人们只愿意相信"纯天然食品"，恨不得回归小农生活，自然就害怕转基因食品。这不能不说是一种中国式的科学悲哀。

权威的丧失自然导致谣言和阴谋论的泛滥。尽管转基因水稻的安全证书是中国农业部颁发的，但在一些人看来，这不能证明农业部真的认为它安全。在网络上,"农业部机关幼儿园不吃转基因食品"被很多人认为是转基因农产品有害的力证。农业部的安全证书还不如一个幼儿园工作人员个人发表言论可信,这同样是一个中国式的悲哀。

"奥运会、世博会不给外国人吃转基因食品",虽然这一谣言后来被国家部委公开澄清,但很多人仍将信将疑,原因就在于他们相信一些政府部门嘴上说一套,背地里做的是另一套。"让领导先吃!"——在网络上讨论转基因问题时,这是一句很流行的话。

他们也不相信专家,不相信媒体,认为他们已被既得利益收买。屡屡为转基因食品辟谣的科普作家方舟子、知名的转基因水稻专家张启发院士,被认为是美帝国主义及其种子公司在中国的代理人。一些人甚至认为,美帝国主义在下一盘很大的棋,要用转基因食品来控制中国,甚至消灭数以亿计的"垃圾人口"。

面对流行的谬论时,或许有人会痛斥民众的愚昧和国人科学素养的低下。但传播学的规律告诉我们,封闭的决策体系、缺乏监督和制约的政府机构、批评声音被压制、公共信息不透明,往往是谣言和阴谋论泛滥的温床。

3. "隐形眼镜被熔化"

一个马来西亚马六甲市21岁的小伙子戴着隐形眼镜参加烧肉聚会而受伤害的故事,早在2003年就已经传入中国,而且被多家媒体辟谣,但是到了2011年,这则谣言再次沉渣泛起,直接将故事主角转换成了我们身边的"一个男生"。

> 一件很可怕的事:有一天,一个21岁的男生戴着隐形眼镜去参加一个烤肉野外聚会!就在他开始以木炭生火之后的几分钟,突然大叫一声,然后很痛苦地跳来跳去,在地上打滚……全场的人都吓呆了,没人知道究竟发生了什么事?大家赶紧送他到医院,医生检查后遗憾地说,他的眼睛失明了!提醒:参加野外烧烤或任何有可能接触到火源的时候,请不要戴隐形眼镜!因为隐形眼镜是用塑胶制成的,过热的温度会熔化我们眼中的隐形眼镜!

据欧美民俗学家的研究,这个老掉牙的故事很可能早在1960年代末就已经在美国诞生了,传说有一名近视眼焊接工佩戴隐形眼镜去上班,电光的微波烤干了眼睛,他在摘下隐形眼镜时,连眼角膜都摘下来了。大约在1975年至1980年间,这个故事在欧洲广泛流传,法国民俗学家维若妮卡·坎皮农·文森(Véronique Campion-Vincent)的《都市传奇》曾有专章讨论该故事。

1983年,法国许多报纸同时报道了一则新闻,据说马德里"星期一工人联合工会"(CCOO)宣称,两名特利罗核能电厂的工人出现隐形眼镜紧粘在眼角膜上的现象,取出眼镜之后,两眼因此失明。由于故事时间、地点和人物都很确凿,很像一则真实的新闻,在欧洲引发了大面积的不安情绪,多名眼科学专家和民俗学家曾介入研究,结果发现所谓焊光烤干眼睛纯属无稽之谈。如果不戴护面罩,电焊的强光可能会灼伤眼睛,但是不至于烤干眼睛,也不可能熔化隐形眼镜所使用的高分子材料。

目前正规的隐形眼镜有硬性和软性之分,它们的材质并不是普通的塑胶,硬性隐形眼镜的材质通常是 PMMA,即聚甲烯丙烯酸羟乙酯;软性隐形眼镜的材质则是一种高分子化合物,亲水性更强一些。它们的熔点一般都在 160℃ 左右,人戴上以后,即使靠近火源,镜片也不可能熔化。如果温度高到可以让这些高分子材料熔化,那人体的皮肤必然早已受伤。正如《家庭科技》早在 2004 年的一篇文章《烤肉时能不能戴隐形眼镜》中所说:"除非你自己把头伸到火炉里,故事中的情形才有可能发生,不过先受到伤害的是皮肤和头发。"烤肉时,头部离火堆有一定的距离,火烤着头部时产生的温度不会超过 60 摄氏度,否则面部先有灼热的感觉,会自动离火堆远一些。所以说,烤肉是不可能损伤隐形眼镜的。

4."五克钚足以毒死全人类"

国内的许多新闻媒体,尤其是市场化程度较高的媒体,为了提高收视率,往往会罔顾事实,有意制造一些耸人听闻的消息或伪知识,事实上起到了一个造谣和传谣的作用。日本福岛核泄漏事故发生之后,2011 年 3 月 29 日深圳卫视《直播港澳台》播出《揭秘放射物钚,五克钚可令全人类死亡》的节目,声称钚是一种人造的放射性元素,杀伤力强大,主要用作制造核武器,而且钚是世界上第二毒的物质,人类吸入钚元素会引发癌症,只要五克的钚,也就是大约一颗方糖的量,就足以令全球人类死亡。

这个节目被放在网上,各大视频网站均上传了这则视频,点击率数以万计。由于是经由官方媒体发布,又是由穿着白大褂的专家来解说,让许多网友信以为真。事实上,钚的毒性远没有谣言描述得那么可怕,"5 克的钚足以毒死所有人类"纯属无稽之谈。钚衰变时确实会产生 α 射线,但这种 α 射线的穿透能力非常弱,在空气中前进几厘米就会耗尽其能量。一旦钚进入到人体内,形成的内照射会对人体有一定的影响,如造成细胞损伤、染色体损伤等,理论上可能导致癌症发病率的上升,但是,这种影响并不比其他放射性物质的危害性更大。相比之下,钚的半衰期长达 245000 年,我们知道,放射性物质的半衰期越长,其辐射强度也就越小,相应的,危害也就更小。在自然界广泛存在的氡的放射危害就要比钚大的多。早在 1940 年代,美国就有 26 名工作人员曾因核武器研究,受到了钚污染,但是并没有出现严重健康恶化,更没有人因此而死亡。

妄称什么"5 克的钚足以毒死所有人类",纯粹就是利用民众对科学的无知、对辐射的恐惧,进行危言耸听的造谣恐吓。

5."癌症已经有解——维生素B17"

大约从2011年4月起,一篇题为《癌症已经有解——维生素B17》的文章突然在中文网络中广为流传,其中的导语部分还被许多网友摘录成微博发表,许多网友将其当作宝贝推荐给亲朋好友。

> 癌症已经有解:维生素B17!癌症在几十年前早就有解了,只是真相一直被隐瞒,直到因特网的发展,这个解答才渐渐流传开来。如果你有癌症,最重要的就是要在短期内尽可能摄取到最大量的B17。在拥有七百亿美元的化疗工业的今天,依靠癌症讨生活的人数比死于癌症的人数还多。

新浪微博"谣言粉碎机"果断对此进行了辟谣:"最近,一段关于'癌症早已攻克,只需要服用大量的维生素B17'的惊人消息在网络上广为流传。所谓的'维生素B17'根本不是维生素,'预防和治疗癌症的作用'只是宣传口号,没有任何研究证据的支持。并且由于存在巨大的中毒风险,在世界大多数地区禁止销售。"但是,这条科学辟谣帖所获得的转发量与谣言帖在新浪微博上的转发量相比,前者不及后者的1/20。

6."输入倒序的密码能报警"

一些谣言专家利用人们对高科技及银行系统的无知,虚构了一条关于银行取款机能自动识别倒序密码并自动报警的谣言,在网络上获得了数以十万计的疯狂转发。

> 如果你被匪徒挟持要求输入取款机密码,你可以用倒序输入密码的方式去间接知会警方。例如你的密码是1234的话,你可以输入4321,提款机会识别到你是以倒转方式输入密码,提款机会按要求输出金额,但是会在匪徒不知情的情况下通知警方。为了家人和朋友,请火速转发给你所关心的人!

事实上,倒着输入密码后,系统只会提示输入密码错误,不可能提供报警服务,如果多次输入错误,账户还会被系统冻结,卡主必须在柜台办理解冻程序后,才能继续使用该卡。正如有些网友所指出的:"此谣言的最大危害是:你把倒序的密码告诉绑匪了,并幻想着警察会接到报警并抓到他,但绑匪也知道这个谣言,他把倒序的密码再倒过来,成功取钱后走人。"(奥卡姆剃刀)

7."广州出现不明飞行物"

8月6日,"优酷网"出现一个题为《视频:2011年8月6日广州582路公交车高清UFO抓拍》的视频。视频很短,总共只有5秒,显示车窗外有一个发光的不明飞行物快速掠过。到8月30日晚,"百度贴吧"上也出现一个题为《2011年8月30日广州岑村巨型UFO飞碟抓拍,现场混乱》的视频,发布者均为同一个名叫"UFOsairak"的用户,该视频长达30秒,画面中还是同一个不明飞行物,这次掠过的是一片水面,同时还配有一些青年男女的尖叫声,视频非常逼真,在镜头推拉、聚焦、摇晃时都看不出明显破绽。当天晚上,该视频就被传到新浪微博。

　　2011年8月30日下午5点,广州岑村池塘拍到清晰不明飞行物实体,现场一片混乱……不明飞行物频现,同志们快点准备船票吧。

　　截止2011年底,该视频在优酷网上的播放次数就超过了500万。虽然多数网友表示不相信,但还是有许多网友惊问其真假,表示看起来很像真的。"果壳网"对此进行了技术分析和音频对比,发现该视频画面确系后期制作而成。

(五) 名人谣言

　　人怕出名猪怕壮。攻击社会名流,自古以来就是谣言的重要组成部分,近现代以来,对名人的攻击谣言似乎主要集中在影视明星的"绯闻"上。近年来,由于微博的流行,迅速为网络世界造就了大批原本不为人知的爆发户明星,于是,针对新旧名人的谣言一时漫屏飞舞,尤其是针对那些社会政治观点与自己相左的网络名人。另一类则是针对那些社会政治观点与自己相近的社会名流而制造的谣言,这类谣言往往是借鸡生蛋,借名人的嘴,利用名人的社会影响力,说自己想说的话,讲自己想讲的故事。

1. "方教主"的故事

　　中文网络中受到谣言攻击最多的大概是"打假斗士"方舟子。方舟子执著地对各类造假行为进行揭露,加上其打击面宽,因而得罪的方方面面的社会人士也多。在网络世界中,一方面是方舟子马不停蹄地打假,在网络世界中获得了超高的人气,得到大批网民的狂热追捧;另一方面是受到方舟子打击的名人抱团取暖,联手进行绝地反击,更有大量的网民不满方舟子的狂妄自负,在网上形成了一个反方舟子的松散联盟。

　　反方舟子联盟一直在不断地生产各类有关方舟子以及方舟子家人的谣言,无论真假是非,只要是反方舟子的,就能得到反方舟子人士的迅速传播。人们给方舟子取了许多难听的绰号,诸如"方教主""肘子""方秃""方脑壳""方奇葩",用极其下流的语言,拿方舟子妻子的名字来做文章。甚至故意使用模糊语言,误导读者,以达到抹黑目的。比如,有人将方舟子揭发肖传国造假,说成是"肖传国揭发方舟子抄袭的案子,最后是方先生败诉了"。又有人将《方舟子带你走近科学》一书中380余张合理使用的图片说成全部盗用他人。网传一张方舟子妻与著名学者于光远的合影,谣传方舟子妻在该领导家中做保姆,因为用不正当手段获得该领导欢心,因而可以连跳高中、本科,直接就跳到社会科学院读了研究生。诸如此类,关于方舟子及其家人的各种谣言,已经成为中文互联网上极其恶劣的一种报复性抹黑行为。

2. "奥巴马裸照"

4月初,一张题为《总统摸鸟门》的照片火速流行。照片中是一位长相酷似奥巴马的裸体青年男子,正在享受地抚摸自己的生殖器。更有甚者,还有人贴出一些略似奥巴马的女性裸照,声称其为奥巴马的母亲。

近日,美国爆出比利比亚战争更热的事件,网络上惊现一张美国总统年轻时的一张裸照,内容不堪入目。对于照片的真实性,有记者就此询问了奥巴马本人,但奥巴马本人没否认也没承认,不过奥巴马承认自己20岁左右对各种艺术很狂热,算是间接承认了照片的真实性。

值得一提的是,在奥巴马深陷"摸鸟门"之际,其母亲斯坦丽的一组裸照也被网友翻出来在网上疯传,有人曾怀疑奥巴马母亲的这组裸照是通过电脑技术炮制出来的"伪造物"。不过,后经过图像专家的鉴定,这组裸照的确是斯坦丽年轻时所拍。

早在奥巴马母子裸照齐齐曝光前,美国一名政治学者利用一套统计数学公式,经过计算后预言,美国总统奥巴马一年内将爆出丑闻,在位两年后最易爆丑闻,该政治学者甚至推算,奥巴马在2012年爆丑闻的几率最高。此番奥巴马爆出"摸鸟门",不知是巧合还是这套所谓的丑闻计算公式确实有依据。

无论照片主角与奥巴马如何酷似,只要略知奥巴马成长史的人,都知道这些照片肯定不可能是奥巴马,但在新浪微博中,依然有大量的网民相信这是奥巴马年轻时的照片。有网友还一本正经地替奥巴马辩护说:"其实这算什么爆炸性啊,这个事和我们有一毛钱的关系?都说是年轻时候了,和现在的关系不大吧……"(梨大溶)"如果是普通老百姓或者艺术工作者,这种图案不足为奇;作为其本人哪里会知道以后竟然是总统,过去就过去吧,别追究了。"(长城艺术)"年少轻狂!!所以说照片不能乱拍!!"(杰信J)"青春时,应该有很多人这样做过,只不过,这个人不知道日后会成为总统,这张图就成为'丑闻'。"(今夜爱无限)"果然很震惊,也在情理之中。人非圣贤,孰能无过。"(幽水轩儿)

就像现实世界中总会有一些较真的人开不起玩笑一样,网络世界的人员组成更加复杂,辨不了信息真假,分不清恶搞和消息的大有人在,因此,网上恶搞和谣言的界限也变得越来越模糊。许多人执著地坚信大千世界无奇不有,却又不愿意花上哪怕一点点时间去做些略微的查证工夫,因而再明显的恶搞,都会有人相信。一句玩笑话传来传去,三人成虎,再荒唐无稽都有可能变成谣言。

3. "季羡林帮学生看书包"

央视名嘴白岩松、主持人柴静等人,大概是最容易被托名的名言出品人。有时是托其名抨击社会政治,有时则是托其名讲述一些富含哲理的小故事。

白岩松:某年北大开学,一外地来的学子背着大包小包实在太累,把包放路边。正好看见一老人,就拜托他替自己看包,自己则轻装去办手续。近一小时后学子回来,老人还未离开。几日后开学典礼,学子惊讶发现老人竟是北大副校长季羡林。我听过这故事后强烈感觉到:人格才是最高的学位。

这是一则广为传颂的由名人讲述的名人故事,无论故事的讲述人,还是故事的主人公,都是可以随时更换的。故事的关键点在于最后点题的哲理,故事的主角是谁其实并不重要,只要是个著名的当官的老头就行,有时是季羡林,有时则是吴树青,甚至其他人。

(六)民族主义谣言

民族主义谣言主要分为三类:一是通过虚构国外势力的敌对行为来激发爱国情绪;二是通过美化西方政治来抹黑国内政治;三是通过虚构国外言论来自我麻痹自我安慰或者自我贬低。

1."日本大使和腾讯打赌"

从2010年底开始,腾讯QQ群就流传着一个段子:"今天日本大使来访腾讯公司,让腾讯阻止近日中国网民在网上对日本的诋毁,并骂中国人懦夫、不团结。被腾讯断然拒绝,腾讯并和小日本打了一个赌,如果在2周内这个帖子转发200万以上,日本人就得向中国人道歉,请朋友们为我们祖国加油转发吧,看见不转,你配做中国人吗!!!大家上Q转发吧。"

这个段子从2011年初传到年尾,天天都是"今天",从腾讯QQ传到新浪微博,要求转发的数量不断加码,最早是200万,然后是300万,后来是400万,转发地也由"大家上Q转发吧",变成了微博中的"请速转发"。转发理由也一再加码:"中国人再不认真看看,中国就要遭到灾难了!国人醒醒啊!!!""请朋友们为我们祖国加油转发吧!这个没有任何奖励。纯粹是一种良知。请大家接力下去。"

这种日本人和中国人打赌的故事是一种经久不衰的程式化老谣套,早在1980年的地震谣言中就已经很流行了,如:"据日本方面的消息,1980年下半年将在烟台地区发生一次8级以上的特大地震,并伴有海啸或地陷,震后该地区将普遍下降2米多,甚至可能引发整个山东半岛下沉变成一片汪洋大海,日本人对这一信息的预报非常准确,如果逾期不震,日本愿意赔偿一切损失。"近十年来,中日之间每有摩擦,就会有人在网帖上声称,日本人和中国人打赌,如果某条信息能有多少转发或评论,日本人就道歉,否则如何如何。

2."日本右翼拒绝中国救援队"

东日本大地震后,3月12日,中国国际救援队发出一条官方微博:"最新消息:我们的队伍和物资在晚上8点就完全准备完毕了,可以随时出发。可是日本政府还没有同意接受国际救援队进入。我们还在待命,很多同志今夜无眠了,很多同志今夜在单位值班了,这就是我们的工作,这就是我们的责任。"消息刚刚发布,一位名叫"恐龙达人"的网友很快就生产了一条相应的谣言:"日本小师弟的2个消息,美军航母已经出发援救……东京右翼反华组织正在本地筹划明天开车巡游,呼吁日本政府拒绝中国救援队来日。【他们还有这种闲心】我只是想说,收起你们的同情心,好好关注一下自己的同胞吧!圣母们!!!"

这则谣言被迅速转发,许多网友义愤填膺地跟帖大骂日本右翼,还有网友进一步将谣言加工改装:"看看这条新闻吧,傻子们!'东京右翼反华组织正在本地筹划明天开车巡游,呼吁日本政府拒绝中国救援队来日。'哦呵呵呵,一群自作多情的伪善家伙,怎么样?犯贱了吧?被人扇一个耳光的感觉如何呢?热脸贴到了人家的冷屁股上面人家还不稀罕呢!哦呵呵呵,人之初啊,性本贱呐~~哦也~~哦也~~"(余怜卿)

3. "美国市长受贿25000美元被捕"

新浪一则题为"中美两国人民都震惊了:美国市长受贿25000美元被捕"的微博,曾在数天之内被转载数十万次:"2009年,新泽西州霍博肯市2名市长、1名副市长、2个州议员、44名犹太教士,因涉嫌受贿和洗钱,被联邦调查局逮捕。涉案最高金额为市长卡马拉诺,被控受贿25000美元,这是美国史上最大的贪污受贿案之一,规模令人震惊!"

网友们用反讽的口气纷纷吐槽:"转发此微博:美国人太没见识,严重落后于我国水平,这点钱在中国贪官眼里算个屁,属于乡镇干部的贪污水平。"(明哥知道)"在咱们国家,你要说你25000这个数进去,都不好意思跟狱友打招呼,太250了~~同监室的哥几个表态说了,出去以后咱还继续给人民服务,祖国~~亲~~"(huangbati)"难怪说咱中国越来越强了,冲这点就看得出来~~老美简直差了一大截,估计官员'腐'的程度几世纪也追不上!!"(HappyPuppy)"唉,怎么办,我又得劝美国官员来中国了,来中国,这也就是半顿饭钱嘛!!!!弄十套房算清廉的,两个情妇算清纯的,子女没当官从商,算清白的。"(彭杨军)

事实上,类似的谣言早在2007年就在"百度贴吧"等网站流传过一次,标题是《美国2007年最大的贪污案,涉案金额5万美元,判刑20年加20万罚金!》,该帖导读称:"美国新泽西州特伦顿检察长办公室9月6日宣布,联邦调查局日前端掉了堪称今年以来全美最大的贪污腐败案——包括两名市长和两名州议员在内的11名政府公务员涉嫌公开索贿、滥用职权被捕。这些涉案官员面临着罚金20万美元和监禁20年的严厉处罚!"新浪用户"吴法天"(中国政法大学证据学教师)嘲笑说:"2007年时网上就传了当年最大的贪污案是涉案5万美元。这个'史上最大'居然会越来越少!造谣无处不在。"另据吴法天查证,所谓新泽西州的案件,前半部分是真实陈述,但后半部分金额,即所谓"受贿25000美元"则是网友虚构。

4. "日本 AV 女优补偿中国人"

2011 年 1 月,一则关于日本女优的谣言在新浪微博广为散布,微博称:"日本 AV 女优铃木杏里有 AV 界少见高学历:知名大学历史系博士,论文题目研究日侵华史。她是个能正视日本侵华史的人。她公开表示,历史是不容抹杀的。她还说如果有机会,她愿用身体补偿日本对中国人民的伤害!日常生活中,她常身体力行,免费和中国留学生做爱。用她的话说,这是种赎罪。"

事实上,这是一则早在 2010 年就已经被辟谣的旧谣言。据香港文汇网声明,早在 2010 年 6 月 4 日,一位名叫 Sniper 的网友在文汇网发布一条"据台湾某某媒体报道……"的消息,此消息被迅速传播。6 月 11 日,文汇网即发表了《关于"铃木杏里"帖子和转载报道的说明》,澄清这一谣言。另据铃木本人 Twitter 显示,其确于 2010 年 6 月 7 日发布消息澄清此事。铃木发布消息连称"滑稽",并附上指向其个人博客的链接,对此事进行澄清。在个人博客中,铃木杏里对此事进行了详细澄清。对于报道中提到的她是历史学系的学生,铃木杏里称自己没有上大学。对于报道中提到的常常免费和中国留学生做爱,她称自己不认识任何中国留学生。

一则早就被辟谣的假消息,只要符合网民的胃口,为他们所喜闻乐见,便于他们意淫式的想象,就会一而再再而三地重现于世。该谣言的网络传播中,一般还会附上日本 AV 女优的性感照片,更能吸引大批量的网友转发。

5. "日本人的地震反应"

东日本大地震后,借助日本民众的高素质来映射中国民众低素质的言论铺天盖地。

> 几百人在广场避震完毕,整个过程,无一人抽烟,服务员在跑,拿来一切毯子、热水、饼干,所有男人帮助女人,跑回大楼为女人拿东西。接来电线放收音机,3 个小时后,人散,地上没有一片垃圾,一点也没有。

相反,也有一些人发布完全负面的谣言。只要走极端,吸引眼球,这样的帖子一样能获得大量的转发和评论。

> 表姐在东京亲历了地震。她告诉我,日本人在地震来临的时候一片慌乱,到处大喊大叫,之后人群疯狂地冲进停了电的便利店,有人抢购,有人抢劫,有人顺手牵羊,到处是救护车消防车的声音,所有人焦虑不安,更别提什么秩序什么素质!童鞋们,别再相信什么所谓日本人震后素质,命都快没了还什么素质?!

事实上,地震之后,东京根本没有停电。博主"林风眠未眠"的这则谣言明显是冲着大批网友"长他人志气,灭自家威风"而来的,他在另一条微博中的这段话可以用来说明他造谣的心态："预设了日本人素质高的结论,然后按图索骥,寻找一切能说明这个结论的案例,或者干脆从无关的事情里意淫出来。主要目的不是报道地震,而是寒碜你,刺激你,即使是编造,也要说教你。这些媒体就是一碗碗心灵鸡汤,全浇你头上。又是一盏盏指路明灯,塞到你眼上。不懂啥叫不卑不亢,就知道马屁拍到人脸上。"

尽管"表姐见闻"是一则明显的谣言,依然有大批网友坚信其真。这则谣言得到了新浪知名博主"染香"的转发,以及暗示性的评论:"所谓'素质',只是指媒体让我们看的那部分。有选择性地报道,似乎已成为中国媒体的一个行为准则。"谣言从"染香"这里得到数千次转发,网友的跟帖评论迅速分为两派,相信者称:"许多生活中的失败者宁可相信他们自己脑海中臆造出来的那个'有素质的日本''有素质的美国',梦想自己成为那样的一分子。"(蒋胜男)不相信者则称:"我东京的所有朋友都告诉我秩序井然。不排除是故意造谣抹黑日本。"(深津奈留)

6. 表态帖

每有国际新闻,总是有些人喜欢在网上进行民族主义的表态,这类表态帖一般都能吸引大量转发和评论。

> 日本地震了,一时间网上的同学们立刻站好两队,一队在祈福和寻求对日的帮助;一队在欢欣鼓舞,提醒大家勿忘国耻;突然看到一哥们的一句话我觉得很喜欢,抄录一下:如果和日本开战,我会抱着枪冲在最前面;如果去日本救灾,我会抬着担架跑在最前面;这是我心中的真男人!

7. "外国人嘲笑中国"

借助权威之口来传播谣言,大概是自有权威以来的通例。借助外国人之口来传播谣言,则是近二百年来中国特有的一种文化现象。

3月11日东日本大地震时,有网友虚构了一则讽刺新闻联播的谣言:"刚要离开办公室,发现新闻联播开始了……我很自然地听着主持人开始报两会的新闻。此时站我旁边的外国人突然大喊:'这就是他们的首要新闻?他们自己不觉得丢人?'没有脸也就不怕丢了……"很快就有网友评论说:"你就是世界末日来了,在他眼里还是他的统治最重要。郑重提示:凡是还指望新闻联播长脸的,最好还是把电视砸了吧,一了百了,再不用惦记了。"(时报翔哥)"这个老外哪里懂得中国'处变不惊'的哲理啊!"(活跃的北风)当然,也有部分网友表示了不相信。

8. "曹操原是韩国人"

2010年初,因为安阳曹操墓的问题,各大中文网上突然流传起一则《韩国梨花女子大学郑在书教授称:曹操是韩国人》的帖子。

> 来自《大韩民报》的消息,韩国梨花女子大学教授郑在书驳曹操墓安阳一

说,据郑教授几十年对中国以及韩国历史的研究中发现,中国东汉末期著名枭雄曹操居然是韩国人。据了解曹操祖上夏侯一族原本是高丽贵族,公元117年乌桓入侵高丽,同年因宫廷政变原曹操先祖流落中原改为复姓夏侯氏,后曹嵩又过继给当时著名宦官曹嵩为继子。曹操虽身在汉朝,但一直没有忘记自己本是高丽后裔;为报国恨家仇,曹操在势力不是很强大的情况下远征乌桓。公元220年曹操病逝,为完成自己落叶归根的愿望和为国家稳定着想用七十二疑冢这一方法巧妙地把自己安葬在今韩国光州,至今光州市仍建有魏武庙。郑教授称曹操本为韩国人,河南安阳发现曹操墓纯属无稽之谈。

这篇网帖招致了中国网民铺天盖地的怒斥和嘲讽,郑在书教授因此背负了一年多的骂名。事实上,韩国根本就没有一份叫做《大韩民报》的报纸,其他类似"中国文化被韩国"的诸多报道,在中国媒体上反复转载,事后经查明大部分的报道均无事实依据。2011年5月27日,郑在书教授借着北京大学"2011中韩文化产业论坛"向记者重申:"中国网络上那些所谓我主张'中国神话源自韩国'、'曹操原来是韩国人'等传言其实都是荒唐无稽、悖离常识的谣言。"郑在书认为解决中韩文化冲突的方法之一是努力克制民族主义情绪,拥有互惠互利的心态。

郑在书认为,从2000年代中期开始韩中两国关系出现了裂痕,2006年之后,中国网络上所谓的"文化元祖论争"持续不断,之后,一系列假新闻也进一步激化了中国网民的反韩情绪,比如说"孔子"、"孙中山"、"曹操"、"李时珍"、"西施"等历史人物是韩国人,"中国神话"、"风水"和《三国演义》等文化遗产来源于韩国等。郑在书提出三点解决韩中文化冲突的实践方案:第一,努力克制民族主义情绪,拥有互惠互利的心态。第二,中韩两国应努力深入广泛地了解对方文化。第三,舆论媒体当以公正的传播方式,要具有责任心,杜绝歪曲、捏造或夸大事实真相的行为。尤其是在网络上编造、散布谣言的行为,不仅破坏两国间的友好关系,还会侵犯个人的名誉权和人权,对此,两国政府都应严加管制。

9."只有中国人穿秋裤"

大约在2011年底,人人网上一篇题为《假如一个国家穿了60年秋裤,就再也没可能脱下它了》的帖子突然大火。

"假如一个国家穿了60年秋裤,就再也没可能脱下它了。"——1953年,苏联遗传学家李森科对斯大林说这句话的时候,数以亿计的秋裤没有经过任何论证,正源源不断地在中国强制推广。在西方,辫子(Chinese pigtail)、小脚(Chinese hoof)和秋裤(Chinese legging)是公认的中国三大陋习象征。可悲的是,穿秋裤并非诞生于中国漫长的封建时期,而是诞生于新中国建立后,诞生于对"苏联老大哥"的盲信与言听计从中。放眼全世界,只有两个国家的人民穿着秋裤:中国和北朝鲜。

该帖详细叙述了苏联为了使中国永远地失去远东地区的争夺能力,决定让中国人穿上秋裤的"历史"。人只要一穿上保暖的衬裤,双腿和关节的抗寒性就会在几代之后丧失,变得完全无法在高纬度地区活动。苏联专家发明秋裤,目的是为了使中国人失去在高纬度地区生存的遗传基础,弱化中国人的体质,削弱中国的软实力,从而巩固苏联在远东地区的永久占领。此帖末尾叹道:"日本早就意识到了这一点,为了夺回北方四岛和日俄战争中抢得的库页岛,日本人主动对本民族的女性从小就开始进行受寒锻炼,以提高整个民族的耐寒性和体质。日本的女孩一直光腿穿短裙,哪怕是在三九严冬、冰天雪地里。被锻炼出来的抗寒基因通过日本的一代又一代伟大母亲传给孩子,现在日本人的腿部肌肉和运动神经已经高度发达,一个副产物就是日本足球水平的突飞猛进。留给中国的时间已经不多了。只有学习日本的先进经验,才能避免中华民族的抗寒基因全面覆灭的结局。"

一个最简单的辟谣事实是,日本人不但穿秋裤,而且秋裤的质量还很不错,只不过他们不叫秋裤,叫"股引";俄国人不仅穿秋裤,甚至穿棉裤。虽然大多数网友都不大相信帖子所述内容,但是,这则谣言帖不仅被大量转载,且仅此帖的单帖浏览数,不到3个月就超过10万次。虽然部分网友信以为真,但多数网友视之为笑谈。

(七) 爱心接力

网络空间同样是一个小世界,一个公共的表演舞台,许多在现实生活中过着平庸而寡淡生活的人,喜欢在网上充当侠客,他们不仅热血沸腾,浑身充满正义,而且还特别喜欢表演爱心,以此博取转发和关注,尤其容易骗取女性网民的转发和关注,这类谣言的转发量轻松就能过千上万。

但是由于此类爱心接力谣言过于泛滥,2011年已经呈现出明显下降的趋势。当谣言被当作真相的时候,真相也被当作谣言处理了。爱心接力谣言的泛滥,在一定程度上伤害了那些真正需要爱心关注的弱势群体。

1. "爱心接力:秦明河"

2011年1月始,一则关于秦明河的"爱心接力"微博,从年头传到年尾,再到2012年,一直断断续续地在网络上反复传播。

爱心接力:秦明河,6岁,在自家玩耍时不小心掉进火堆里,属7级烫伤。可怜的孩子,疼痛写满了他的双眼,急需资金救命,现在互动每位网友转发,每转发一次女婴的父母就可以得到3分钱(美金)的赞助。有爱心的网友请动动宝贵的手指转一下,多一人转发就多一份希望。请你转发,帮帮这个可爱的小孩吧,好人有好报!

事实上,秦明河是被成人伤害的,事故发生在2006年。2011年的秦明河已经10岁了。经过网友爱心传递,从2007年7月开始,在天使妈妈基金会的帮助下,孩子一直在北京八大处整形医院进行康复治疗。经过多次手术,孩子已经脱离危险,进入安全期治疗,康复情况已经恢复到了最理想的状态,写字、拿筷子、穿衣服等这些基本的生活情况都能自理。2010年,孩子在天使妈妈基金会的帮助下,已经得到了去美国进行免费康复医疗的机会。初步的治疗方案为期12年,每年去美国一次,每次治疗3个半月时间;3年后,每两年去康复治疗一次,每次疗程4个月,直到明河21岁安装假肢成功,能够独立生活、工作。

有些网友是因为根本不了解情况,看到秦明河烧伤的照片之后,出于同情而转发。但还有很大一部分发帖者纯粹是利用网民的同情心,为了赚转发,赚粉丝,扩大微博影响力而发布各种不实消息。比如,一位名叫"方乐并不快乐"的网友,借助这一条不实信息,即赚取了近两万次转发,大大地扩大了自己的影响力。不过,由于该网友多次发布不实消息,现已被新浪微博管理员封了账号。

2. 寻人帖

求好心人帮忙:河南省开封县罗王乡的双胞胎姐妹,思雪、思雨,5岁,身高109CM,2010年11月22日5:00左右放学未归。女孩妈妈得知后2次自杀未成,为了这个家庭的幸福,尽一下我们的微薄之力,您每转发一次就多一次机会,电话13525505094,看到不转,对得起你的良心吗?

此类微博一般都有配图。上述谣言即配了一张两个穿天蓝连衣裙的可爱小姑娘照片,虽然照片中的小姑娘及照片背景看起来更像儿童模特,但还是有大量的网友加上"真让人揪心,但愿能早日回家"之类的评论进行转发。

(八) 政治抹黑谣言

政治谣言历来就是中国社会最为盛行也最为敏感的谣言,当今社会处于改革的攻坚时期,社会转型,传统的社会平衡不断遭到破坏,部分民众的既得利益受到损害,负面信息不断被放大,未透明事件不断遭到抹黑。

政治谣言主要分为三大块:一是关于政治家的黑幕;二是关于地方政府和垄断行业的黑幕;三是政治历史的重述。

1. "谋杀钱云会"

2010年12月25日,浙江省乐清市蒲岐镇寨桥村村口发生一起交通事故,该村原村主任钱云会被一辆工程车碾压身亡。交警勘查判断为一起普通交通肇事案件,但是寨桥村村民传言,这是一起明目张胆的政府官员故意杀人事件。钱案经互联网传播和渲染之后,迅速掀起一股汹涌的舆论狂潮,网民多倾向于认为是一起由地方政府精心策划的谋杀案。

由钱云会之死引发的谣言流播,是 2011 年最重要的社会事件之一。随着钱案信息的不断披露,本该愈益清晰的真相却因意见领袖的鸡蛋情绪,以及各种政治诉求或经济诉求的推动,反而愈益扑朔迷离。谣言家在生产和传播谣言的同时,借助历史话语对谣言进行了"正义化"包装,将政治谣言提升到"为民请愿"的道德高度,赋予负面谣言以正面价值,由此生产出一套"正义谣言"的反权力话语。网络作为一个开放性的大众平台,意见领袖的立场和话语是受到民意制约的,而民意的向背,归根结底是由政府的公信力决定的。谣言可以理解,也可以宽容,但必须受到理性的制约。保持对谣言的警惕,用理性制约谣言,恰恰是对谣言权利的保护。

　　2. 温州动车事故系列谣言

　　2011 年 7 月 23 日晚上 20 点 30 分左右,北京开往福州的 D301 次动车组列车运行至温州双屿路段,与前行的杭州开往福州的 D3115 次动车组列车发生追尾事故,后车四节车厢从高架桥上坠下,事故造成 40 人死亡,约 200 人受伤。2011 年 12 月 28 日,国务院召开常务会议,认定为一起由于设计缺陷、把关不严、应急处置不力等因素造成的责任事故。

　　动车事故发生后,针对动车、铁路以及事故处理等方面的各种谣言层出不穷,"人民网"曾经总结有八大谣言,事实上,这只是其中一小部分,如果加上那些局部性的谣言,足可列出上百条。

　　a. "重大事故死亡人数上限为 35 人"

　　微博上流传"35 人数死亡上限论":"超过 36 人市委书记将被撤职,所以一开始发生,就注定了死亡人数不会超过 35。"微博配图列举了从 1993 年到 2011 年国内重大事故中死亡的人数,每次正好都是 35 人。可见是为了降低事故级别,官方故意瞒报。后据新浪"微博辟谣"查证,这些死亡数字中,18 个数字与事实不符,发布此消息的 12 名用户已被新浪微博官方暂停发布和被关注功能一周。

　　b. "掩埋活人"

　　微博热传的一则帖子称,浏览《高清:动车追尾事故现场》的图片时发现,在搜救工作已经结束后,在从高架铁路桥上摔成两段的动车车厢里竟然还有人。该微博一发布,就引来无数网友热传。这张被称为"神秘手"的图片引发了网上"掩埋活人"的谣言。对此,该图片的拍摄者鞠焕宗上传图片表示辟谣,根据其微博后附的 3 张连贯的照片,可以看出该手抓住栏杆并松开的过程,鞠焕宗也表示,事实上为清理车厢内部的施救人员。

　　c. "遗体未经家属同意被集体火化"

　　7 月 26 日始,"遇难者遗体将被集体火化"、"遗体不经家属同意就被火化"等消息在网上热传,温州动车事故的善后工作成为了众多网民关注的焦点,质疑声不断。针对该传言,处理事故善后的一位负责人表示,殡仪馆还与公安方面就遇难者遗体进行核对,火化工作根本就还没开始。

d. "高铁司机培训只有10天时间"

《人民日报》2010年12月14日的《"提速先锋"李东晓》中曾提及"上级下了'死命令':培训时间10天。10天后,必须把第一列时速350公里的动车组开回北京!"这段话成了网友理解"高铁司机培训只有10天时间"的信息源头,网友们普遍认为动车事故是司机技术不过关、突击式培训、大跃进发展的必然恶果。

事实上,所谓10天,只是针对"开回北京"而言,在高铁列车开回北京后,司机李东晓还参与了200多次联调联试。网友将其归纳为"高铁司机培训只有10天",是对原文的断章取义。

e. "抗命坚持救援特警支队长被报道后受处分"

有媒体报道温州市公安局特警支队长"拒绝命令,坚持原地搜救"的故事,后来小女孩项炜伊被救出,成为事故中最后被救出的幸存者。随后,网上开始流传:"不同意将车厢吊到桥下清理,因而让伊伊得以获救的温州特警支队长邵曳戎在媒体报道后,目前已经被处理。"当日温州市公安局向媒体表示,网上所谓"邵曳戎被处理"一事纯属谣传,邵曳戎未受任何处分。邵曳戎随后也向媒体证实,自己未受任何处分。

f. "铁道调度系统现BUG,已拘留两无证程序员"

网上有消息称:"温州事故原因有新进展:铁路调度程序员出现Bug(故障)是本次事故的根本原因,警方已经拘留了两名无证程序员。案件在进一步审理中。"消息还附有江西卫视的视频截图。对此,温州市公安局表示没有调度员被拘,江西卫视《晨光新视界》也作出澄清,称图片中字体与原视频不同。

g. "港人举旗上街哀悼动车追尾事故遇难者"

7月25日,网上传出"港人举旗上街哀悼遇难者"的图片,图片中的香港人打着"沉痛哀悼遇难同胞"的黑色条幅,致使公众以为香港暴发游行哀悼事故遇难者。后经查证,该图系2010年8月30日新华网所发布的《香港市民游行集会悼念菲律宾人质事件遇难同胞》中的图片。

h. "吊下动车车厢时还有遇难者遗体掉出"

网络上流传的一个题为《一个没有流传开来的现场视频注意10秒,50秒,2分56秒》的视频称:"注意10秒,50秒,2分56秒。明显看到10秒是有活人掉下来的!还伴随尖叫声。很明显!50秒和2分56秒都有尸体掉出来!这是谋杀!""真相:9秒左右有一声女声尖叫,估计摔死了。50秒左右发现一具尸体,抬走时,在场人有笑声传出来。2分55秒左右,车体被挖掘机铲翻时候从右下角翻出一具尸体生死不明……没有想到这么快就和谐了!!!!!!!!!!!!"该视频系网友拍摄,由于降落速度快,画面比较模糊,很难确定是否为遇难者遗体。但有细心的网友发图指出,高速连拍记录了空中坠物,放大后能看见是车体碎片,绝非人体。

i."日本外相批评中国政府急于通车"

7月25日,凤凰卫视记者闾丘露薇发表微博:"香港电台报道:日本副外相伴野丰批评中国政府急于恢复通车,要求中方查明确实起因,努力防止严重事故再发生,为国际社会带来贡献。他说,如果中方提出要求,日方可以提供技术及人才,协助调查事故。"该消息迅速引来数万转发和评论,时值东日本大地震刚结束,网民普遍对于日本人面对灾难的表现持敬佩的态度,许多网民借此机会狠狠地拿中国政府开涮,也有网民借此大骂日本人不知天高地厚,妄想借机插手中国内政。

事实上,这是一条彻头彻尾的谣言,对于救灾这种纯内部事务,日本外相不可能、没权力也没义务批评中国政府,更不可能"要求"中方做什么事。

j."日本电视播音员取笑'中国高速铁道脱线'"

凡是中国有点什么事,常常会传出"日本人如何如何看"的谣言。有时是日本外相如何认为,有时是日本商会如何认为,有时是日本警察如何认为,这一次出现了一个视频截图,截图中的日本播音员正在捂嘴偷笑,下面的字幕是"中国の高速铁道脱线"。此图毫不例外地引发两种议论,一是借日本讽中国,一是大骂日本鬼子幸灾乐祸。

事实上,据网友"董宇航"辟谣称:"我一看就是假的。首先,左面被PS的播音员是以前的播音员,不可能穿越到现在。其次,日本播音员有严格的规定,在播音员旁边都有监制,发现念错内容,或者态度有问题马上会更正,决不允许发生像照片中的内容,至于PS这张照片的人有何居心,我不讲大家心中也明白。"

k."只有戴格子帽的人可以向总理提问"

温家宝7月28日中外记者会后,有人发帖称:"今天向温总理提问的记者,都是头上戴有格子帽的特殊标记,怀疑戴了那款格子帽的,就是可提问的自己人;网友还提问:请问共产党有什么事是真?"网友纷纷回应:"一定是统一派的。至于你信不信,反正我信了。戴帽子的是CCTV记者。帽子不知是不是山寨的?!这帮家伙,估计骗人也都不用心了,反正老百姓也知道他们都是演戏的。"

网友"陈子墨爸爸"辟谣称:"这是不符合实际的。我手头的证明有两位现场记者:1. 第一位提问的新华社记者,是我的师兄,他就没戴帽子;2. 在现场的一位央视记者是我的师妹,她说帽子是车上发的,给记者防晒用的,人人都有。"

对于温州动车事故中如此多的谣言,网友"尼德兰苹果"总结说:"7.23事故之后的各种网络谣言,用'丧心病狂'来形容丝毫不过分。究其原因:政府信息透明程度差劲,对谣言的反击能力约等于零。低素质知名媒体为赚眼球,完全抛弃职业道德底线。新浪名V造谣传谣,各有各的目的。本土段子公司、海外网络战团体为钱为政治目的推波助澜、兴风作浪。"其中最关键的问题,恐怕还是政府公信力的危机,以及应对谣言的能力不足。

3."中国75%电表都被蓄意加速"

2011年2月始,新浪微博出现一条抹黑中国电力的帖子,文称:"最近,《羊城晚报》爆出一条新闻:'中国电信电力两年违法收费50亿元,其中电力违法收费27.4亿,这一数字还仅仅是专项检查核实的数字。'那么,这高额的违法收入是如何获取的呢?"然后给出一个链接,链至一篇题为《〈羊城晚报〉猛料:中国75%电表都被蓄意加速!》的网文。

日常生活中,人们如果稍加留意就会发现,一旦你和几家共用一块电表,你就会发现总表与分表的误差会远远超过合理的表损。如果你找到有关部门欲问个究竟,有关人员就会信誓旦旦地告诉你:"你们当中有偷电的!"接下来,你经明察暗访确信你们中的确没有偷电者而再要问个为什么或提出把电表校对一下之类的要求后,那结果会令你更加疑惑和无奈:总表与分表的误差依然如故,而且是越校误差越大。

针对人们极为关注的供电计量上的"缺斤短两"问题,国家技术监督局组织力量对全国17个省的企业生产的34种电表进行了抽检,结果发现,75%的电表都出现了正误差,即人们所说的"走得快"。对家庭正在使用的电表检测的结果更令人感到吃惊:偏差最大的要快28%,大多数快10%左右,也就是说居民要无端地多掏10%—28%的电费。

国家明文规定,电表误差在正负2%以内均属合格产品,因为技术原因造成计量器具出现偏差是可以理解的;可实际情况却远非如此。随着调查的深入,一些电表生产企业最终道出了实情:目前企业生产的电表大都是由电力公司统一购买后安装给用户的,一些电力公司为了获取不正当的利益,私下要求企业在生产电表过程中将电表调快,而且是越快越好,否则,就会以你的产品"不合格"而拒绝收购,企业为了经营和效益只好从命。

既当运动员又当裁判员是造成电力部门获取非法利益的另一关键因素,长期以来,电力部门不仅垄断了电力的经营而且包揽了一切电表的校对与安装。在很多地方,总表的校验安装不仅均由电力部门负责,而且总表也是电力部门计量收费的依据,分表虽然可由用户自行购买合格产品,但分表的计量只能作为用户自己分摊电费的依据,这也就是用户买100元钱的电却只能用70元至80元钱的电量的关键所在,也是总表与分表的误差为什么会大大超出正常范围的奥秘所在。

这篇貌似"新闻报道"的网文其实是一篇不断变异、以讹传讹、最终面目全非的假消息,最初出现于 2005 年,当时题为《中国电信电力违法收费 50 亿元》,这个题目系借用自黑龙江《新青年(珍情)》2000 年第 11 期的《电信电力违法收费 50 亿》。而《新青年》此文又是综合了《扬子晚报》和《羊城晚报》的相关文章写成,不过,文章中只是提及电信资费和电力行业违规收费的问题,并未提及电表等计量仪器的不合格问题。至于谣言中主诉的电表问题,据《科技生活》杂志记者的调查发现:"至于原帖所转载的,则是当年《承德日报》的记者,以《羊城晚报》的报道为由头,写的一篇题为《误差惊人的电表》的新闻。而'一些电力公司为了获取不正当的利益,私下要求企业在生产电表过程中将电表调快'云云,也均出自该篇报道。"(《科技生活》2012 年第 4 期《电表走得"快"是错觉》)

至此我们可以梳理出一则谣言的大致讹变过程:2000 年《扬子晚报》+《羊城晚报》→2000 年《新青年(珍情)》之《电信电力违法收费 50 亿》→2005 年《承德日报》产《误差惊人的电表》→2005 年网贴《中国电信电力违法收费 50 亿元》。

此帖自从 2005 年成型以来,大约在 2006 年得到一次爆发,此后曾一度处于一种相对沉寂的状态。至 2011 年,由于微博盛行,谣言被浓缩包装之后,从各大论坛转至微博世界。只是谣言有意模糊了时间,总是只以"最近"起头。事实上"中国电信电力"这样一种说法也非常古怪,明显是根据早期新闻中分别提及的电信行业与电力行业合并讹变而来。

4."中国大陆救援队在国际上出大丑"

新西兰地震之后,中国政府于 2011 年 2 月 24 日派遣首支救援队前往新西兰,3 月 3 日始,抹黑中国救援队的网文就出来了。

新西兰地震救灾 中国大陆救援队国际上出大丑
——新西兰救灾 中国大陆救援队先拔台湾"国旗"

纽西兰基督城大地震第 9 天,目前各国的救难人员均已进驻协助挖掘,却有前去采访的记者爆料,中国的救援队抵达后,第一件做的事情不是救灾,而是要求台湾救难队摘除帐棚上的国旗,甚至接受大陆央视采访时,还得跟日本队"借铲子",才能表现出辛勤救难的样子。

资深社会记者罗友志日前在谈话性节目上爆料,表示他前去采访纽西兰大地震期间,发现中国救援队"根本就是去观光",不但每天在基督城闲晃,没有被分配到任何负责救灾区域,更夸张的是连救援设备都没有带,还要到日本队"借铲子",才能配合媒体采访,表现出很辛勤救难的样子。虽然有不少媒体报导中国救难队在此次倒塌的 CTV 大楼挖出多具尸体,但罗友志指出,事实上,CTV 大楼根本就是日本救难队的负责范围,中国救援队只负责到 CTV "show off",但由于与当地媒体友好,大陆央视更是派记者随行,才会可以天天在电视上看到他们的新闻。

这篇抹黑网文迅速被网友浓缩成一则微博:"台媒东森报道:新西兰大地震中国救援队抵达后,第一件做的事情不是救灾,而是要求台湾救难队摘除帐篷上的台湾国旗。在接受大陆央视采访时,该救援队得临时跟日本队借铲子,才能表现出辛勤救难的样子。资深社会记者罗友志爆料,他前去新西兰采访大地震期间,发现中国救援队全程作戏,可称中国表演队。"微博的扩散速度迅速令这则谣言成为热门话题,有人谴责说:"瓷器国作秀都这么低劣么?无可救药。"但更多的人对此表示了怀疑。很快,中国外交部、新西兰救难队、台湾救难队均对此进行了辟谣。

5."警察拎着老人就像拎着一只鸡"

自从2010年微博热火以来,受到微博谣言攻击最厉害的群体大概要数城管和警察。有一则广为流传的帖子说:"一女子当街被抢,大呼'救命啊,抢劫!'街上行人无一人帮忙。劫匪从容逃走。回家后老公教老婆一个对付劫匪的方法。数日后,女又遇劫,只见此女马上往地上一躺,大呼'城管打人啦!'。几十精壮小伙,蹒跚大爷、太婆全部赶了过来,义愤填膺,摩拳擦掌,把劫匪团团围住。劫匪欲哭无泪。"

抹黑城管,抹黑警察,在新浪微博会被视作"有正义感",相反,如果有人为城管或警察辩护,则被视为"走狗""五毛"。2011年5月18日,《京华时报》发表一篇《多方联手救下登高倔老头》的新闻,顺义区五里仓社区大门旁某二层饭店广告牌上,一位70岁左右的老先生骑在上面,试图寻短见。经消防和警方合力劝说,老人终被成功救下。该新闻配了一幅图片,一个干瘦未着上衣的老人,脸朝地面,被一个健壮的警察一把拎起,老人四肢悬空,好像要甩出去的样子。有网友将这幅照片上传到新浪微博,只是很简单地配了一句说明:"英勇的人民警察像拎小鸡似的拎起一个70岁的老人",暗示警察殴打老人。更富戏剧性的是,还有人将该图片作为另一条煽动性新闻的配图,该新闻题为《六旬老汉街头卖菜,警察城管如拎小鸡》。新闻称,一个瘦骨嶙峋的农村老汉,为了生计,千里迢迢扛着麻袋里的西红柿,来到京城只为卖个好价钱,却被城管和警察"暴力执法"。

这张照片被迅速围观并转发,成千上万的网民在毫不知事件真相的情况下,想当然地认为这是一张警察殴打老人的照片,人人义愤填膺,既表达着对"人民警察"的无比愤慨,也表达着对干瘦老人的无限同情。还有网友编了一首讽刺警察殴打老人的打油诗:"被捕罪犯头发白,拒捕逃窜被擒获!尊老放宽会逃掉,捕捉罪犯德抛开。童叟犯罪同对待,堪称警察是黑脸;扑快(捕快—笔者注)要有扑快样,敢以南侠为榜样。"即使后来真相被澄清,仍有人表示愤慨。一名网友在微博上给《京华时报》副总编辑刘明胜留言说:"实际上造成这种误读也是因为你们,有那么多照片,为什么单单挑选这张照片出来呢?还不是为了吸引眼球?"

6."计生干部强制抱走女婴"

进入21世纪以来,人口问题逐渐为部分"公共知识分子"所诟病,相应的,一些有意抹黑计划生育的谣言也日渐兴旺,在微博空间颇有市场。

>朋友说:计划生育的也到我们村里强行抱人。有个婴儿被一个妇女抱到半路,被小孩的爷爷发现了,说你今天偷我的孙女,我就要撕烂你的胯!后来那个狗日的灰溜溜地跑了。(蒲荔子)

在这则谣言中,想象中的计划生育干部居然可以跑到别人家去抱走已经生下来的孩子。谣言虽短,故事要素却很齐全:一个心狠手辣欺软怕硬的计划生育女干部(一个人行动),一对懦弱无能的年轻夫妻(眼睁睁看着孩子被抱走),一个弱小无助的婴儿,一个神勇无比的老大爷(作为年轻夫妇的对比而存在)。造谣者的故事才能倒是具备了,惟独太不了解计划生育工作。

7."三峡水库导致干旱"

自从三峡工程开始施工以来,就一直争议不断,反对建坝的网友以及环保人士,一直在用各种方式抹黑三峡工程。近几年来,一篇题为《黄万里教授对三峡工程的预言》的网文不断地在各大网站辗转流传。文章列举了12个"黄万里教授当初所指出的问题",并且认为这些问题现在都在一一兑现,"随着三峡水库蓄水位的继续升高和时间的持续,三峡工程问题会越来越严重,也越来越透明"。文章最后写道:"要想掩盖问题将不再可能。至于最后的出路,黄万里教授已经指明:三峡大坝若修建,终将被迫炸掉。"

且不说文章所列举的12个问题是否属实,是否由三峡水库造成,单是文章的标题就立不住脚,正如网友"三思柯南"所指出的:"你们究竟在黄万里的哪本书、哪篇文章里看到了他预言三峡大坝会导致长江中下游(还有上游的重庆)大旱?黄万里的'预言'不是什么只允许神龙大侠阅读的武林秘笈吧?能不能把这个预言的原话拿出来让大家研究一下?"针对网友认为三峡水库导致西南干旱的问题,网友王以超说:"明末清初,湖南长沙曾连续7年重旱,九江也连续6年干旱。大家都记得1933年长江大水,却不知道,1928年到1930年,湖南、湖北、四川等地的旱灾,丝毫不亚于崇祯末年。1835年,上海也大旱,河港几涸。不知道有人怎么能言之凿凿,说三峡大坝上马之前,长江流域并无大的旱灾。欢迎对号入座。"但是,这些微弱的声音迅速就被更多的质疑和咒骂所掩盖了。东日本大地震之后,甚至有网友吐槽说:"一定是我们的三峡水库蓄水过量造成的。"

三峡水库的问题,其实是个非常复杂的科学难题。三峡水库的影响,没有几十年的数据积累,根本不能说明任何问题。可总是有那么些毫无科学知识的人在高声叫骂,其实质不是真骂三峡,而是指桑骂槐,拿三峡骂政府。

认为近年气候的变化是三峡水库惹的祸,以为一座水库能影响气候,本质上还是"人定胜天"的"文革"思维。竺可桢早在四十多年前的《中国近五千年来气候变迁的初步研究》就已经指出了近两百年的气候变化趋势。没有三峡大坝,没有工业文明,没有二氧化碳,气候照样要经历逐渐变暖、海平面上升、气候恶化的周期,这是由太阳内部的变化规律决定的,甚至可说是一种"天命"。可惜,多数网民只会在网上找八卦,发泄情绪,没有时间去图书馆学知识。

8."国家统计局权威数据"

由于国家统计局所公布的房价、人均收入等诸项统计数值常常不被民众认可,有网民虚构了一些统计数据,恶搞国家统计局。比如在2010年底一篇题为《中国公众对反腐败和廉政建设成效满意度上升》的新闻中,国务院新闻办公室29日发表的《中国的反腐败和廉政建设》白皮书介绍,中国国家统计局的民意调查结果显示,2003年至2010年,中国公众对反腐败和廉政建设成效的满意度平稳上升,从51.9%提高到70.6%;公众认为消极腐败现象得到不同程度遏制的比例,从68.1%上升到83.8%。该新闻在网上遭到恶搞,有网友说:"这是社会主义初级阶段的矛盾体现——人民日益增长的智商与各级官员不断下降的道德水准之间的矛盾。"(火炎焱燚)"民意调查,又没问我们……应该是内部调查吧。"(丑丫头的小幸福)"如果调查对象是各级官员,我相信这个调查结果。"(田四)2011年,各大论坛都出现了一批由网友发布的恶搞统计数据。

> 国家统计局日前发布,中国人平均身高逐年增长,截止2011年的平均身高是:男178.45 cm,女164.75 cm。看看你拖了后腿么?

这则如此简短的信息,仅新浪用户"全球热门排行榜"一条相似内容的微博,就被转发了上万次。从该微博的数千跟帖评论中可以看出,网友的态度大致分为四类,一类是不相信:"怎么可能嘛,百度上搜到的平均值是169.5啊。"(我的宝贝我的道道)一类是真相信:"统计局真是无聊到要统计这些数据了,无语……"(我想—你懂的)一类是借此吐槽的:"我还可以分个两厘米给别人~"(最耐葱宝)"我对不起党和中央,拖后腿相当严重。"(阿米丁)一类是知其为恶搞国家统计局:"统计局体系内身高达到平均了没?"(车_干)"这都是哪来的?国家统计局还统计这个?胡说!"(ddung迷糊静)

类似的还有恶搞中国社会科学院蓝皮书的谣言。

> 我去,这是真的吗?(月收入超过625元,你就中产了)中国社会科学院发布2011年城市蓝皮书称:中国国情不同于发达国家。因此,中国城市的贫困线,定在人均年收入7500—8500元之间,只要你每月收入超过625元,你就中产了。中国只有5000万人还没中产,余者统统中产。恭喜你,你已被中产

了。(幸福喵喵)

9. "河南官员把拆迁户孩子扔下楼"

2011年6月,一条题为《河南官员把拆迁户孩子扔下楼》的微博,配上6张图片,一群头戴工程帽的男子,正拎着一个貌似儿童的人站在楼顶上,被拎者身体悬空,危急万分。这条微博被反复转发,大批网民跟帖怒斥河南官员丧失起码的人性。

事实上,这是一则早在2009年就被辟谣的老谣言,当时的关注就已经高达十余万条。据《河南商报》的调查,原始图片的发布者是河南三门峡农民焦志民。2009年12月17日,焦志民找人在郑州的一家网吧里发表了题为《三门峡暴力拆迁》的帖子,图片共有20多张,并附有图片解读,讲述了自己因不满拆迁补偿,以致被强拆的过程,此帖后来被网友重编了图片顺序,并将标题篡改成《河南官员把拆迁户的孩子扔下楼》,导致网友误解为"扔孩子"。根据焦的叙述:"我女儿看见他们按倒了我,就趴在楼边,也不是真想跳楼,就是想威胁,他们是把我女儿往上拉,不是把她往下扔。"该帖被辟谣之后,曾经沉寂一段时间,时隔两年之后重现微博,依旧获得高度关注。

谣言只要和拆迁、官员、城管、保安、专家联系在一起,都很容易获得关注与传播,每个时期有每个时期的谣言兴奋点。而且,如果说官员救人,就不会有人信,没人关注。只有说官员杀人,才有关注率。

10. "法院副院长的老婆"

2011年6月,新浪微博流传一条题为《老公是法院副院长?》的帖子:"北京朝阳门一带,一辆MINI,没驾驶证,多次违章,闯红灯,超速。差点把一位过马路老奶奶撞倒。交警拦下后该女子叫嚣:'老公是个非常有钱有权有势的XX领导!你知道我男人是谁吗?说出来吓死你们!'有网友爆料:京M87187女车主的老公为北京市人民法院副院长赵航。"部分微博还会链上一则事发视频。

多数网友只从微博上获取简短的信息后就开始骂人,但如果认真点开视频就会发现,该名女子并未撞人,只是未按规定安装牌照,对记者用录像机对着她拍照大为不满,并没有说出"你知道我男人是谁吗?说出来吓死你们"之类的刺激性狠话。而且,所谓北京市人民法院副院长赵航也是网友的虚构,根本就是一个子虚乌有的"官员"。

这个所谓猖狂叫嚣女的谣言和视频,早在2009年就已经热火过一阵,自从微博热火之后,这则旧谣言被精炼到140字以内,被当作新近发生的"事故",重新活跃于微博这个新的网络平台。该帖原题《北京惊现蛮横女子:知道我男人是谁吗?说出来吓死你》,被网友海量粘贴于"天涯社区"等网络论坛。

事故：在北京朝阳门一带。发现一辆没号牌的MINI。此车无牌，驾驶员没驾驶证，行驶本。在马路上多次违章。闯红灯，超速。差点把一位正在过马路的老奶奶撞倒。

此车被交警拦下后（车主）对记者、交警大呼小叫。好像她家里和自己的男人特别特别有权有势，气焰极其嚣张！女子叫嚣："老公是个非常有钱有权有势的××领导！"此女穿着名牌衣服，拿着名牌包，开着名车马路上违章，气焰嚣张，还把所有记者，警察都骂了个遍。好像能随便把谁谁谁给办了给撤了！此女还说："你知道我男人是谁吗？说出来吓死你们！"网友们要强力谴责，谴责这种危害生命的蛀虫！

我就感慨，我们的社会，真是有权人的社会。他们欺负老百姓，还作威作福。大家敢怒不敢言，难道我们做穷人的真的就比他们富人命贱吗？希望广大车主把帖顶起来，转帖，让全中国人都看看，都评评理！最好人肉搜索，把这种公共安全的蛀虫公布于众！

11. 社会泄愤事件

中国社会科学院农村所社会问题研究中心主任于建嵘博士是当今微博最知名的意见领袖之一，他在5月30日发布一条微博，编了一则段子。

昨路遇两陌生人吵架。起因是位老农走路不小心撞了一位穿着讲究的中年男人，中年男人指着有点泥的裤子破口大骂，引多位路人围观。我看其得理不让人，说了一句："你不就是一位书记，有什么了不起。"此言一出，所有围观的人都对中年人痛骂起来，中年人落荒而去。老农问我，如何知道他是书记，答，不认识。

凭借其数十万的粉丝，这条段子迅速获得上万转发率，大批网友跟帖叫好。另一位意见领袖李承鹏跟帖道："你不就是城管队长嘛，有什么了不起。你不就是拆迁办主任嘛，有什么了不起。你不就是开发了几个楼盘嘛，有什么了不起。你不就是写条微博可以挣五毛钱嘛，有什么了不起……于老师，接龙吧。"此举更加引动网友的跟帖高潮，于建嵘自己分析道："根据我的观察，仇官和仇富是当前最基本的社会心态。所以，当你与人在公共场合发生争执时，如对方强大，你只要把他说成是当官的或有钱的就可以了。围观的普遍民众一定会帮你骂他，甚至最后变成他们在吵架，你是一个无关者。我曾经把此类性质的群体性事件称为'社会泄愤事件'。瓮安事件和石首事件就是。"

12. "毛泽东如是说"

2010年以来，网络上一直流传着一份《毛主席说过：要建立美国式民主！》的帖子，辑录了约10条毛泽东、周恩来或《新华日报》等国家喉舌在不同时期声明中国应该建立民主制度的言论。帖子的标题在转帖的过程中可能被不断更改,但每帖都是以"毛泽东1944年与到访延安的美国代表团的讲话"起头。

> 美国人民是中国人民的好朋友,我党的奋斗目标,就是推翻独裁的国民党反动派,建立美式的民主制度,使全国人民能享受民主带来的幸福。我相信,当中国人民为民主而奋斗时,美国人民会支持我们。——毛泽东,1944年与到访延安的美国代表团的讲话

许多网站还会为这段话配上一幅"毛泽东亲笔手书"的图片,虽然图片制作得比较拙劣,比如,文字是手书的,标点符号却是印刷体,又如,图片中的5处"人民"、7个"国"字、4个"的"字,全都一模一样,明显是复制粘贴而成,但是,这张拙劣的图片却获得了广泛的转发。另据新浪"辟谣联盟"查证:"事实上,根本没有过所谓'1944年与到访延安的美国代表团讲话'这篇文献,毛泽东也从未说过或写过这段话。"

13. 唱红歌喜得贵子

2007年薄熙来主政重庆,2008年下发《关于广泛开展红色经典歌曲传唱活动的意见》,"唱红歌"成为重庆市各政府部门在重要纪念日的必要活动,此举引发了许多知识分子对于极左路线卷土重来的警惕乃至恐惧。2010年开始,左倾知识分子和自由主义或右倾知识分子针对"唱红歌运动"的是是非非,在网上展开了激烈的舆论攻防战,微博成为他们斗争的重要平台。其间信息真真假假,双方都曾将谣言作为斗争武器,展开对攻。2011年6月28日始,一则关于一对重庆夫妇因为唱红歌而治愈不孕症的微博在新浪广为转发,该帖同时配发了一幅一男一女两干部看望一位孕妇的照片。

深圳新闻网——《晶报》报道:"重庆八年不育夫妇唱红歌六个月后喜得贵子,预产期是2011年6月28日,孕妇李彩霞已住院,綦江县党委要求免除李的一切费用。丈夫王金贵告诉记者:'我一定要让李彩霞再坚持两天,让自己的孩子和党一天出生,他一生下来,我也教他唱红歌,这个宝宝首先献给党。'"

有发帖者评论道:"这是一个愚民和G僚政K杂交产下的怪胎,违反了人类生育的客观规律……总之,重庆党政花费巨资强迫重庆人民唱红,你唱你的也就罢了,别瞎编一些哄鬼的故事来愚弄全国人民,小心唱红成为反人类的邪教。"(川北棒老二)

不过,据新浪"辟谣联盟"的查证,深圳新闻网、《晶报》、晶报网均无此新闻,该信息的原始出处为"商都社区",题为《重庆已婚八年不孕夫妇,坚持唱红歌六个月后喜得贵子》。

> 重庆綦江县居民王金贵、李彩霞夫妇,今年分别39岁、35岁,于2003年

喜结连理。两人同时在番禺一家糖果厂打工,同租住在一起,小两口日子过得红红火火,经济条件也很宽裕,在党的政策指引下,还有了存款,购买了摩托车,幸福的生活中就是缺少一个孩子。7年来,两口子一直没有怀上孩子,两个人多处求医,始终没有结果。自从2010年夏天,红歌唱遍重庆,王、李夫妇也加入自己社区的红歌组织,有一定手风琴基础的李彩霞还当起了乐队伴奏。2010年秋,李彩霞突然感觉到身体不适,到綦江县人民医院检查后,居然怀上了身孕。医生告诉李彩霞,预产期是2011年6月28日,李彩霞今天已经住到了县医院,綦江县党委要求免除李彩霞的一切费用。王金贵告诉记者说:"我心情很激动,我一定要让李彩霞再坚持两天,让自己的孩子和党一天出生,他一生下来,我也教他唱红歌,这个宝宝首先献给党。"

这是一个貌似细节完备,其实恶搞性质非常明显的一个帖子,发帖日期是2011年4月25日。该帖还从"四川巴州新闻网"上借来一幅2010年四川省财政厅检查巴州农村孕产妇住院分娩补助项目实施情况的图片,用以完善恶搞细节。

结果,到了恶搞帖中的所谓"预产期"6月28日,"商都社区"的编辑将该帖提炼之后,放上新浪微博,不料此微博一经发出,迅速走红,人们纷纷吐槽:"唱红歌可以怀孕的,唱红歌可以唤醒植物人丈夫的,还有什么?!能减税负么?能加工资么?能涨股票么?"(勤奋的小芹菜)网友"王祖哲"认为:"这种谣言,多半不起于恶意,而起于讹传。先是有一女的,据说唱红歌把植物人丈夫唱醒了(这就扯淡)。那么就有人嘲讽,敢情唱红歌也治不育,也治瘫痪。这话被第三个人听去,当了真话传播。另外有真迷信的那种人,喜欢发挥想象力,喜欢夸大,《圣经》上耶稣治病那些故事,必定也是这么来的。"

看到网络疯传怒骂,"商都社区"官方微博眼看形势失控,当天就发布了道歉声明:"小编我正式向各位博友道歉。本想分享一个网友的恶搞帖让大家放松,结果在微博中没有表明帖子纯属恶搞,造成大家的误解。为了不造成更坏的社会影响,所以删除微博,希望能把影响降到最低。谢谢大家的监督,也希望大家对我们今后的工作多多指正。"可是,该道歉微博几乎无人转发,也极少评论,而那个被提炼的谣言却一直在微博中传递着,甚至又从微博再批发至各大网络论坛。

14. "红十字会做秀"

"郭美美事件"大概是2011年中国最大的一起网络风波,起因是新浪微博用户"郭美美baby"(其认证为"中国红十字会商业总经理")不断在微博炫富,此举于6月21日迅速发酵,其稚嫩的脸庞、时髦的打扮,再加上名包、名车、别墅,以及敏感的身份认证,在网上引发轩然大波。公众纷纷对中国红十字会善款流向发出质疑。受此事件影响,各地红十字会信誉受到严重损害,收到的慈善捐款锐减。《新周刊》的一项调查显示,82%的网友表示不会再给中国红十字会捐款。

2012年7月，北京警方对郭美美进行的调查表明，郭美美与中国红十字总会并无直接关联，中国红十字总会也在官方网站发表通报，声称郭美美与中国红十字会总会及商红会没有任何关系。可是，红十字会因此受到的损害却再难弥补。自郭美美事件发酵开始，网上就不乏各种有关红十字会的谣言，比如有人上传某地红十字会过万元一餐的餐饮发票、各种虚高的医药器材报价单，以及各种有关红十字会负责人家属的"黑幕"等等，还有一些恶意抹黑红十字会工作人员的恶搞帖。

2008年（汶川地震），获救后，成都医院，病房爆满，我住操场的帐篷。5月17日深夜，来了一群人，在对面几个空帐篷里，大声喧哗，旁若无人。我被吵醒。那些人把行军床的被子故意弄乱，挨个坐上面，手指做出V字，拍照留念，有人说："赶快发博客，就说我们到了一线灾区，在最艰苦的地方宿营。"他们打着红十字的旗号。（恐怖大王李西闽）

上述这条明显虚构的微博中，作者像写剧本似的，把几乎所有的各种信息和故事要素全部集中到了一群人挤进空帐篷的一小段时空之内，倒是很符合古典戏剧编写的"三一律"原则。

15."大学英语四六级考试泄题"

11月17日，全国大学英语四六级考试分别在上午和下午举行。考后不断有网友声称："今天的四级考试又泄题了！""开考前1小时，网络上已经公布大学英语四六级考试答案。"

一家名叫"考试百科"的网站显示，在上午开考前一小时，已经公布了大学英语四级部分试卷和所有答案。当日14:06，又公布了大学英语六级的试卷和答案，而英语六级的开考时间为当天15:00。

事发后，有技术人员猜测，一种原因可能是网站的服务器有时差，明明是在考试结束后公布的，却显示为考前公布；一种可能是，有人利用互联网技术漏洞，即在开考之前抢先发帖，考后修改发帖内容，造成考前试题答案泄露的假象。随后，教育部于18日发表声明，称未发现泄题事件。据调查，考试百科网确实在考前发布了一则题为《四六级考试答案惊现网络》的空帖，开考之后，再由网站编辑人员将答案填进去。

据报道，各地共抓获涉嫌在考试期间传递有害信息的不法人员45名，其中通过微博、贴吧等方式在网络上发布PS过的图片，或者利用互联网技术漏洞，考前发帖考后修改发帖内容，混淆视听，散布谣言，严重损害考试声誉的人员4名。

有意思的是，就在教育部已经辟谣之后，新浪用户"大学生阵营"又发布一条消息"【四六级将重考】教育部刚发出的正式通知：鉴于本学期四六级疑似考前泄题，将于2012年2月30日进行全国重考。"这条恶搞微博迅速被转发了一万多次。

2月份是没有30日的,但即便是如此明显的玩笑,还是有大批的上当者惊呼:"不是说没有泄题了吗???我考了一天啊~~~我又没买答案,对我多不公平啊。"(酱油团宋小丹)另有网友跟帖吐槽:"我高三毕业那年,育才为毕业生举办图书跳蚤市场,定在7月1日,我6月30日通知了负责新闻的老师,结果第二天,始终没见他人影,便打电话问,电话对面说:'不是7月1日吗?今天才6月31日。'"(木兰山人2010)

16."不哭不让坐火车"

朝鲜领导人金正日于12月17日去世之后,新浪用户"哎哟我的天817"19日发表微博称:"我们公司的老总在朝鲜出差中……刚才打电话说,外国人不哭不让坐火车。刚才好多外国人因为没有哭被赶下火车了……我们老总和一个副总,两个大老爷们学着人家嚎啕大哭才被放行去坐火车……老大你辛苦了……"

该微博被迅速复制,仅一天时间,被转发20余万次。20日,拥有十几万粉丝的《新发现》主编严锋跟帖称:"世界真是太小,发这条帖的博主是我熟识的朋友!刚问了他,确系真事,有记者也联系他了,要采访老总。刚给老总打电话,他刚到丹东,说了采访的事,害羞了,说回来再说。"再次对该微博火上浇油。

新浪微博知名辟谣专家"点子正"辟谣称:"朝鲜电话打不了国际长途。能打的都有特务监视!请问这位老总是如何在朝鲜特务的监视下告诉你的员工不哭不让上火车。"另一新浪知名用户"染香"也揶揄道:"在微博溜达了一下,竟然发现有无数中国公司的老总都正在朝鲜出差中。这些老总都刚才打电话说,外国人不哭不让坐火车。刚才好多外国人因为没有哭被赶下火车了……我们老总和一个副总,两个大老爷们学着人家嚎啕大哭才被放行去坐火车……染香评论:这年头造谣越来越有创意了,谣言提升了中国娱乐水准!"

"点子正"公开向严锋发出挑战:"严锋既然发围脖说认识'我们公司'的那位员工,既然对点子正对'我们公司老总打电话说不哭不让上火车'的质疑认为不对,那么,请你找到你认识的那位我们公司的员工,找到那位老总。如证实,点子正将在丹东鸭绿江大桥裸奔,如不能证实,请你同样裸奔鸭绿江大桥。2天时间,立此为据,欢迎围观!"此后,双方发生激烈辩论,后据新浪官方"微博辟谣"查证,严锋微博"含有严重夸大成分",并予以警告处理。

(九)其他谣言

1."博士生以为同房只是同床睡"

【博士男、硕士女结婚3年未孕,以为"同房"是同床睡】据《楚天金报》,为何结婚三年还不怀孕?湖北一对30岁出头的夫妻来到生殖中心求诊,医生发现这位妻子竟还是处女。他们分别毕业于武汉市两所重点高校,天天泡在实验室,以为"同房"就是在一张床上睡觉,甚至以为接吻就会怀孕。

这个故事其实是个很老的传统段子，1980年代曾经非常流行，用以说明"傻博士"死读书，"有知识没文化"。时隔30年，这个段子重出江湖，从网友的普遍反应来看，依然是同一主题："真是读书死，死读书，读死书！"（衰蚊阿漆）"这种博士硕士极品直接送到火星算了。"（顾剑）"高材生有什么用，这点常识都不知。"（申山泉水）

2．"一个巴掌500万"

这是发生在唐山百货大楼的一件真事。一个小男孩随手甩玩具，不小心划了旁边停放的奥迪车，车主啪啪就给小孩两耳光！15分钟后小孩爸爸带着四五辆宝马、奔驰车赶到，从后备箱数出100万给奥迪车主买下车，并当场把奥迪给砸了！然后对奥迪车主说：车的事，咱们解决了！接下来打我小孩的事，一个巴掌500万！

该帖配发了一张数名男子拎着塑料椅子怒砸奥迪车的图片。这个黑吃黑的帖子，自从2011年4月20日出现在新浪微博之后，迅速走红，引发关于做人，以及儿童教育等问题的热议。有代表性的议论包括："人外有人，天外有天，做人要厚道，一点没错。"（颜丹晨）"我觉得小孩爸爸虽冲动，但挺爷们的。"（游坚Jay）

事实上，怒砸奥迪的图片最早出自2008年6月的人人网，有网友发布博文《邯郸北方汽修学校愤怒学生集体暴动砸毁学校》，砸奥迪的图片即为该文配图之一。据传由于邯郸北方汽车专修学校一名教师在军训课上暴打一名16岁的学生，引发学生公愤，上千名积怨已久的学生参与打砸校办、招生办、保安室、财务室、资料室、实验室、车间等地，并砸毁多辆轿车、数百台电脑等设备，烧毁书籍及校服等，随后数千学生集体要求退学。

此外，2008年11月间开始，在猫扑等网站开始出现一个砸宝马的故事。

11月6日下午，一个4岁的小男孩在成都八宝街肯德基快餐店附近划伤了宝马车后被打了一记耳光，小男孩的奶奶随即打电话叫来了6辆奔驰，当场买下了划伤的宝马车后予以砸毁。

这故事发生在成都，被砸的是宝马，赶来砸车的是6辆奔驰。这只是一个单纯的故事，没有配图。这个故事很快被网友演绎出一个《小男孩划伤宝马车完整版》，在这个完整版的故事中，开始出现一个巴掌500万的情节："然后，小孩他爸说：车的事，咱们解决了！接下来你打我小孩的事，咱们该说说了！我小孩可比车值钱多了！一个巴掌500万，你看着办吧！"接下来，还有一个相似的坐飞机的故事："有一天，小男孩跟她奶奶准备登机，楼梯登到一半，突然空姐说不让登机了！！说预留座位已满了！！"接着，小孩的爸爸召来四五架直升机，直接将民航飞机买下来砸了，然后要求一分钟一亿赔偿其耽误的时间。故事至此还没完，接下来还有小男孩不小心冲撞了一个美女的故事,小男孩不小心将尿尿到了一男子自行车的故事,所有的故事都按上述模式发展,男孩的爸爸带着一队奔驰出现了,以惊人的代价买下美女或自行车,然后要求将之毁了,接着,要求赔偿对小孩的损失。但在最后一个故事中,突然峰回路转,那个自行车主一个电话,叫来了400—500辆坦克,用200亿买下了这个惹事的小男孩。故事大结局是:"半天之后,小屁孩彻底蒸发了!然后那骑自行车的人说:小孩的事,咱们解决了!接下来你砸我自行车的事,咱们该说说了!我对自行车的感情可比小屁孩值钱多了!我骑了十年了,1分钟1万,你看着办吧!"

该故事曾于2009年在多家网站粘贴过,并没有引发大流行。2010年5月,有网友将《小男孩划伤宝马车完整版》第一个故事单元截出来,将宝马改成奥迪,然后与《邯郸北方汽修学校愤怒学生集体暴动砸毁学校》砸奥迪的图片拼合在一起,生产出"一个巴掌500万"的故事。图文合成的新故事迅速爆红,受到网友的追捧,在各大论坛转来转去。2011年4月,有网友将其进一步精简到140字以内,变成一条久转不衰的微博,从2011年一直转到2012年,总有一些过去没有看过原帖的网友觉得"过瘾",然后转发。

3. "北大校长为你撑腰"

2011年,由于媒体曝光多地出现因为帮扶老人而被讹诈的事件,引发民众对于帮扶老人的恐惧,"助人为乐"变成"助人为惧",接着出现了一批老人倒地只有人围观而没人出手相助的局面。针对这种社会恶习的蔓延,10月开始,网络上突然出现一种所谓"大学校长撑腰体"的段子。

  a. 北大副校长:"你是北大人,看到老人摔倒了你就去扶。他要是讹你,北大法律系给你提供法律援助,要是败诉了,北大替你赔偿!"

  b. 清华副校长:"你是清华人,看到老人摔倒了你就去扶。他要是讹你,人大法学院给你提供法律援助,要是败诉了,北大替你赔偿!"

  c. 北理胡海岩校长说:"你是北理人,看到老人摔倒了你就去扶。他要是讹你,爆破专业给你造炸药,车辆工程给你造坦克,飞行器设计系给你造歼-20,导弹专业给你造导弹,计算机专业帮你格式化他的硬盘。"

  d. 首经贸校长王稼琼说:"你是首经贸的学生,看到老人摔倒了你就去扶,他要是讹你,安工学院堵他下水道,信息学院黑他电脑,文传学院传他艳照,会计学院记他黑账,马克思主义学院跟他讲道理。"

  e. 西电校长断保研说:"你看到老人摔倒了你就去扶,他要是讹你,技物院张显教授给你提供法律援助,要是败诉了,学校给你保研。"

  f. 中医药副校长说:"你是中医药人,看到老人摔倒了你就去扶。他要是讹你,中医药给你提供医疗鉴定,他要是住院,附属医院帮你黑他一笔钱。"

g. 西政校长说:"你是西政人,看见老人摔倒了,你就去扶他。如果他讹你,不用怕,警察是我们的人,司法系统是我们的人,媒体是我们的人,连监狱都有我们的人!"

h. 沈阳师大:"你要是沈师大人,见到有单身爷们,就回宿舍帮他联系个妹纸。要是他看上你了,沈师大可以给你打个单身证明。"

i. 陕西:"如果你是陕西人,看到老人摔倒了你就去扶,他要是讹你,我们把他做成兵马俑埋了,不过不能让洛阳人看见了,他们发明了一种铲。"

j. 中国政法大学:"你们全部都弱爆了!我们现在就修改宪法!赔不赔偿我们说了算!"

4. 刘关张、诸葛亮与罗贯中的内在关联

为什么刘关张那么弱,却给予了那么高的地位?为什么诸葛亮一辈子没有多少辉煌胜利却被捧成神人?因为作者是罗贯中,缩写是LGZ,刘关张的缩写也是LGZ。诸葛亮的缩写是ZGL,刚好把LGZ倒过来。原来罗贯中偏心是有原因的啊!!!

尽管这是一则明显的笑话,但由于L、G、Z的巧合,还是有许多网友将信将疑。

五、关于谣言的讨论

谣言多了,关于谣言的讨论也自然日益成为话题。2010年以来,关于谣言的讨论主要集中在谣言的性质是什么,如何辨析谣言,谁是谣言的生产者等问题上。

祝华新(《网络舆情》执行主编):"东方网刊出沈彬的时评《网络推手≠网络黑手》指出:很多网络'谣言',并非推手蓄意制造,更多的是'社会集体意识的投射',例如当年杭州飙车案中的'替身'传言,体现了公众对司法公正的焦虑。'一些政府部门不能积极应对社会监督,漠视公民正当权利,才让谣言被无限放大,走到真相前头。'资深媒体人李方曾经警告说:'网络话语暴力也好,网络暴民也罢,本质上是由于缺乏出口,使得言论压力高度集中在少数几个点上。'治理办法不妨借鉴大禹治水,一个'更全面的意见表达和反馈机制,可以冲淡、中和那些极端言论,也使人们由于得到更广泛的信息而在判断上趋于理性'。"

石述思(《工人日报》编辑):"公众之所以造谣、信谣、传谣,多数时间不是他们无耻,而是他们希望知道的一切总是被掩盖,他们希望参与的事务总是被屏蔽,他们希望得到的权利总是被代表,他们希望表达的途径总是被堵塞。因此,比辟谣更重要的是公开、民主和法治。如果做不到,就宽恕他们针对公共问题的猜测吧——只要没造成重大危害。"

吴稼祥(独立研究者):"我建议新浪微博当局,撤销所谓'辟谣'官方微博。

这个微博的前提设定就是错的,它假定有人有意造谣,即使有,也是五毛,你敢辟?普通微博博主,可能为了吸引眼球,夸大某些事件或言论,不能视为造谣。只要放开言论,被夸大的部分,如同被吹的气泡,必定破碎,到那时,第一个吹的,自然名裂。"

吴祚来(中国艺术研究院研究员):"天上掉下个陨石,也有人在上面写始皇死几个字,这是谣言吧,但为什么大家疯传呢,民意民心所向啊,秦皇那么残酷,那么无人性,没有人杀你,咒一下你,算是中国人民客气你了是不是。所以,谣言,许多反映的不是事实,却是民心所向,您说是不是?我说是。"

李承鹏(作家):"我跟一些媒体朋友谈论过特定时间的社会公众心态。比如郭美美赴京时,传机场十公里范围内手机无信号。我并没有转,可并不认为转的人有罪。因谁都知道郭美美不可能牛到这待遇,这不是造谣,最多是一种'起哄',是公众无力对抗公权时的戏谑。如果去打,公权就矫情了。"

王祖哲(新浪微博用户):"缺乏言论自由,缺乏新闻自由,事件在官方媒体上不能有效地得到报道,那么就产生猜测和传言——这有什么大惊小怪的?这不是一个自然现象吗?"

傅国涌(历史学者):"谣言再怎么次,也比谎言好。谣言是因为不知而传播,所以当一个时代谣言四起之时,那就是一个民心思变的时代。我们往往把谣言看成是负面的,因为我们生活在谎言中,在谎言中生活惯了的人常常会藐视谣言、鄙视谣言,对谣言有不正确的认识。100年前的中国因为谣言四起,最终改变了中国的政治制度。"

吕祥和:"谣言是一种政治运作。你也许能阻止薛蛮子制造的某一条谣言,但无法阻止他们不断地造谣。"

宁财神(编剧):"今天一天,转了三个谣言帖,基本都是刚转完,就有人回帖辟谣,速删。第一鄙视主动造谣者,猪一样的队友会让许多事举步维艰,我甚至开始怀疑你们是不是高级黑。第二,微博对谣言的自清理能力越来越高,这是好事,请勿以此作为攻击手段,因为它终将伤害所有人。最后,无论何种立场,请勿选择性辟谣。"

尼德兰苹果(新浪微博用户):"转发谣言者得意洋洋,'选择性辟谣者'该被鄙视……这逻辑赞到飞起。宁财神,你去'非选择性辟谣',有人拦得了你吗?辟谣的人欠你的吗?这年头做个传谣者,就那么心安理得吗?"

螃蟹Berk(新浪微博用户):"某笨贼作案手法单一,而且只盯着一个小区下手。片警就留了心,多注意他,毕竟这样的笨贼难找。笨贼每次下手必被抓,就急了:你们怎么只盯着我不盯别人,你们这是选择性抓贼!"

染香(新浪微博知名博主):"不要怪辟谣的选择性辟谣,要怪只能怪所有的谣言,都是选择性造谣。"

染香:"不难想见,关于利比亚的谣言也是满天飞。一切取决于掌握话语权的游戏操纵者追求利益的需要,不变的依然是这个手法:真消息里面掺一些假消息,假消息便也成了真消息。"

染香:"谣言通常具有这么几个特征:1. 荒诞,不符合常识。如四个特警在光天化日之下摁住钱云会招手让工程车碾杀。2. 防范辟谣。故意省去一些重要情节,防止人们根据线索确认和辟谣。如正在流传的一则谣言,美国大使馆邀请中国最著名的反美人士吃饭,时间,地点,都没有,邀请了哪些著名的反美人士,也没有。"

染香:"我不太支持'辟谣联盟'存在。原因:1. 辟谣并不会使谣言减少,相反也等于扩散了谣言,促使动机不纯的人学习提高造谣的技术。2. 社会要讲秩序,不能皇帝不急太监急,辟谣本来是官方应该做的事情,民间就不用抢着干了。3. 谣言翻不了天,再说让制谣者咎由自取也很好。4. 还不如让谣言把大家一起玩死算了。"

染香:"斯德哥尔摩综合症——乐清钱云会事件在网络上的谋杀谣言,最早是由村民王立权的儿子受王立权指使而发布在网络上的,这个谣言骗倒了很多网络名人和无数的公众。结果呢,知道了被骗反而帮行骗者辩驳,这就是典型的'斯德哥尔摩综合症'——又称人质情结,其症状就是:拒绝知道事实真相和一切辟谣言论。"

染香:"为什么呢?……无论是李刚案,钱云会案,还是药家鑫案,围绕事件总是会有低级谣言被无数人当真相在追捧。事后,很多人在跟染香讨论这些谣言的时候,总是会抛出这么一个问题:政府应该反思,为什么人们会相信这些低级谣言呢?……却不问自己:为什么我会被别人牵着鼻子走呢?为什么我会这么愚蠢?"

染香:"伪正义人士们:你们挖掘真相的手段,难道就是不断地制造和散播谣言吗?我看你们不是想挖掘真相,而是想利用我们中国人的不幸事件,来煽风点火借题发挥,存心制造社会混乱!"

染香:"在民主流派们高唱'有真相的地方不怕谣言',为谣言保驾护航时,再次传来贺卫方猜想:郎咸平收受郭美美200万,甚至和郭美美郭登峰……染香评论:在中国,并不是'有真相的地方不怕谣言',而是'有谣言的地方不怕真相',就微博舆情而言,现在正处在一个如同'劣币驱逐良币'的网络时代。"

染香:"'替政府说话'是不正确的立场。不管你开宝马车,还是骑自行车,只有监督政府,才能帮助政府进步及民众获益。但必须清晰地表明我的另一个立场:通过炮制谣言煽动民众来攻击政府,只会令政府防守和反击,形成没有赢家的格局。"

染香:"李承鹏说,不是需要符合需要的真相,而是需要符合常识的说法。那么乐清事件中四个特警摁住钱云会碾杀的故事,符合了李承鹏生活中的哪一个常识?染香认为:绝大多数传播爆发力强的谣言,所具有的一个显著特征就是不符合常识。如果一个谣言符合了常识,反倒传播不起来了。请仔细想一想,是不是这个道理?"

自由的梦回唐朝(新浪微博用户):"明星们为什么选择性失明?如果你们不假思索地转发谣言,就应该更积极地去辟谣。没看见一个明星辟谣,你们当时那股义愤填膺的劲头哪去了?"

刘瑜(清华大学教师):"兼听。辟谣,对辟谣辟谣,对辟谣的辟谣进行辟谣……是拼接事实的必由之路。"

李小萌(央视主持人):"认识媒体——法国最近有个轰动事件,情况瞬息万变,媒体每天追着报,今天左明天右。问:'这不等于报道不实消息么?'法国朋友:'媒体就是快速传递信息,你让它都核实之后再报,那它什么也别报了。核实和判断那是政府和司法部门的事。'问:'公众因此被误导怎么办?'答:'我们知道媒体是干嘛的。'"

张泉灵(央视主持人):"北京治堵方案的公布证明:1. 民间小道消息是有准头的。2. 如果民间小道消息已经沸沸扬扬,CCTV又哑口无言,准确性加一分。3. 民间小道消息已经引发抢购,CCTV劝大家理性,准确性又加一分。4. CCTV本来从早到晚都兴致勃勃地在说这事,突然噤声,再加分。5. 民间抢购,媒体不说,政府不辟谣,满分!"

张泉灵(央视主持人):"今天看见一批谣言帖:陈丹青辞国书是假的,不在名单上的100天的遇难宝宝是假的,开天窗的报纸头版还是假的。造谣无论目的是什么都令人鄙视。更奇怪的是,居然还有人骂辟谣的,说他们'为虎作伥'。允我以阴谋论方式揣测一下:造谣的、捧谣的,不是故意搅浑水,故意授人以柄,好让微博被关吧?"

胡锡进(《环球时报》总编):"一朋友今天对我说:一些媒体和公知表示自己'只为人民说话',其实他们是'只为自己说话'。他们为自己设计了一个公众形象,每一个报道,每一个评论及微博,都是为了加强自己的这个形象,所谓人民,只是他们的'托儿'。这话好深刻。"

紫月缥缈(新浪微博用户):"微博上每每出现一些已经被批驳、揭底过多次的谣言、编造帖时,总发一些带V的学者、律师、名人煞有其事的跟帖,甚至借题发挥。莫非这些人智商在此时一下掉下去了?平时的学术严谨上哪去了?明知是假还传播、复议、发挥?难道他们真辨别不出来吗?非也,他们心里明镜似的,只不过在借力打力、搞乱人心。"

Daphnedorset（新浪微博用户）："翻出一条陈年旧闻，抽其事件加以改写，辅以适当的想象虚构，再假借第一人称突出其真实感紧张惊悚感，发布。——等着吧，粉丝转发评论自会滚滚而来。"

辟谣联盟（新浪微博用户）："近日由网友'潘帕斯草原的风雪'发现百度百科竟有词条传授如何造谣传谣！可见造谣传谣正在公开化、专业化、产业化！谣言不单纯！"

石华宁（陕西省秦岭发展研究会理事）："谣言就是力量，谣言可以改变世界。民主是什么，民主就是造谣。造谣是普天下民主斗士屡试不败的武器。造谣可耻吗？造谣不可耻，造谣欺骗的都是傻瓜。受骗者可耻，造谣者聪明。"

何兵（中国政法大学教师）："言论自由包括一定程度传播错误言论不受追究的自由，因为无人保证自己的言论一定正确。这是微博存在的法理基础。如果因为微博出现错误就封杀，则所有的言论都在封杀之列，包括政府工作报告。"

刘仰（作家）："在一个正常社会，即便有一万个理由，为造谣辩护都是令人不齿的。但历史上的确出现过造谣具有合理性的情况，例如，二次世界大战时，英美法一方和德意日一方都使用造谣手段，意图削弱对方的战斗力。那么，当今中国为造谣强力辩护的人，是否可以认为，他们已经把自己与中国社会的关系当成了敌我关系？"

刘仰："为了让这场谣言战争的火力更加强大猛烈，造谣者需要很多造谣的素材。当新谣言的素材不够时，造谣者不断翻出旧谣言，或者将旧谣言改头换面。当辟谣者认认真真地辟谣时，辟谣的传播速度和力度远远跟不上造谣。当造谣者被抓现行时，他们有一大串狡辩的理由。"

刘仰："（有些人分明是自己想批评社会，为什么一定要假借外国人之口呢？）中国老话说：拉大旗作虎皮，挟天子以令诸侯。就现实来说，在逆向种族主义思维下，中国人是低劣的，外国人是高等人种。这么做的人自己就很贱。"

刘仰："鉴于微博上谣言太多太恶劣，有人建议，对于造谣的微博应该断然封号。新浪一般采取封嘴一段时间的做法。我觉得不用封号也不用封嘴，可以采取颁发'勋章'的办法：在新浪微博的'勋章'中，添一个可计数的'造谣'勋章，对于每个微博，造谣一次，记录一次。"

刘仰："为何选择性辟谣？因为谣言实在太多，都要辟，确实辟不过来，请谅解。被辟的人中谁最倒霉？那些最弱智的。因为弱智的辟起来方便，也容易展现辟的成果。结果，弱智的要么哭诉，要么大怒：为何专门选择性地辟我？！对不起了，谁让你一眼就让人看出你的弱智。真的不是故意的，只是因为你实在太弱智了。"

邱毅（台湾，著名政论家）："谣言止于智者，在短期内只是自我安慰的词，在长期则木已成舟米已成炊无可挽回。信息经济学指出,个体因局部性有信息不完全与不对称,谣言便存在发挥效果空间,短期内谣言可完成阶段性目标,例如陈水扁两颗子弹使其转败为胜,在我揭弊初扁珍控告我诬我,使其从容洗钱,真相后虽大白,但已徒呼负负。"

东篱锄菊(新浪微博用户):"警惕谣言新伎俩!以'求辟谣'字样冠冕堂皇地发布谣言!一、传播了谣言。二、理由还十分冠冕堂皇。三、给辟谣人士制造障碍。"

吴法天(中国政法大学教师):"昨天一位记者打电话问我民间辟谣的事,我谈到了识别普通谣言的一些方法:1.以耸人听闻的标题或内容吸人眼球,但又违反生活常识和社会经验的;2.描述事实却未注明具体的来源和出处,疑点重重的;3.对重大事件简单地下事实判断而又无任何证据支持的……10.你看到第一眼就有非常强烈转发冲动的。"

吴法天:"我说过,造谣动动嘴,辟谣跑断腿。从来不反对质疑和批判,也一直支持对公权力的监督,但奢望意见领袖们能把质疑和批判建立在事实的基础上,因为正确的观点不需要谎言来增添力量。民主、法治、公正不是在口号上,都在细节中。一朋友戏说:'有良心就行了,要啥证据呀,要啥细节呀,要啥自行车呀……'"

吴法天:"谣言削弱诉求的道德力量。昨晚,一位叫'事儿妈'的网友评论我一则辟谣帖时说:'信谣传谣也是一种声讨。'我同意声讨不良的体制和现象,也支持揭露不公不义的事实,但如果有意歪曲信息,以谎言包裹诉求,那就是在消费大家的良知。人贵有'信',谣言不但不能增加正义的力量,反而会削弱正当的诉求。"

吴法天:"同样一件事情,比如赈灾,如果是歪曲信息负面传播,转发可以达到几万,而从正面传播则转发寥寥无几。还有一个现象是,谣言帖的转发量动辄五位数,而辟谣帖则最多只能以其百分之一。"

吴法天:"喜闻乐见的谣言可以带来巨大流量,所以新浪不会封造谣者的账号,也不愿给辟谣联盟认证标志。等到辟谣的时候,很多谣言已经完成了既定的目标。而且'谎言'起先是穿着'真实'的衣服出现的,当真实姗姗来迟时,谎言已去赶赴下一场宴席。"

吴法天:"Q 为什么信谣?A 因为信息不公开;Q 公开后为什么信谣?A 因为有太多疑点没解释;Q 解释了为什么还不信?A 因为解释不能令人信服;Q 为什么不相信解释?A 因为解释就是掩饰;Q 为什么不信辟谣?A 因为辟谣没有公信力;Q 那你相信谁?A 我只相信我自己;Q 为什么辟谣了还信?A 因为辟谣反而等于证实。辟谣控崩溃中……"

信息不对称(新浪微博用户):"在美国,常会收到诈骗电子邮件,问答网站

Quora 上有人问:为什么这些邮件的英语总是那么烂,让明眼人一看就知道是假的? 答案:这是个筛选机制。跟明白人打交道要付出很多成本,最后还骗不到钱,所以就直接跟他们挑明别回信;剩下来回信的都是糊涂虫,继续联系骗到钱的可能性就高了。美国诈骗邮件中自称来自尼日利亚要跟你分巨款的最常见,尽管实际上他们一般来自别国比如美国。明白人一见尼国就知是假。微软研究部新论文建模指出,骗子就是要跟你说尼日利亚,以把好骗的人筛选出来(*Why do Nigerian Scammers Say They are from Nigeria?*),中国骗子常自称来自美国或去过美国,美国骗子则自称来自尼日利亚。"

（山东大学儒学高等研究院民俗学研究所李生柱博士为资料整理工作付出了辛勤劳动,特此鸣谢。）

2011年度中国民俗旅游发展报告

张士闪　温莹蕾　高向华　张兴宇*

旅游业,被西方经济学家称之为21世纪经济的"朝阳产业",随着经济全球化、区域经济一体化深入推进,旅游业已经成为当今世界发展最快的产业。旅游业具有资源消耗低、带动作用强、提供就业多、综合效益好等特点。进入新世纪以来,旅游业被提升到了国家战略的高度。加快发展旅游业,对转方式调结构、扩内需增消费、保民生促就业、提升现代服务业发展水平、增强区域综合竞争力具有重要推动和保障作用。

我国的旅游业发展势头迅猛,据世界旅游组织预测,到2020年,中国将成为世界上第一大入境旅游目的地国家,同时还将成为世界第四大出境旅游的客源地国。21世纪的中国旅游业正在从国民经济新的增长点向新的支柱产业,向旅游强国迈进。

民俗旅游,也称"文化旅游"、"特色文化旅游"、"绿色旅游"、"随意旅游"、"适宜性旅游"、"柔软旅游"等,其要素是旅游者亲自参与性质不同的自然、劳动和文化活动,亲自品味、体验无可比拟的真实存在。作为旅游形式的一种,它与风景游、文物游可以重合,但又有明显区别。目前它正逐渐延伸到世界各地,尤其是一些边缘地区,并通过让自然和文化资源介入市场体系的方式,积极地为保存资源做贡献。作为一种可持久发展的旅游形式,它一般不会带来文化生态和环境生态的破坏。但它并不是一剂灵丹妙药,而只在具备一定条件的地区,才可能是区域性经济发展的最佳选择。

2009年,国务院发布的《国务院关于加快发展旅游业的意见》(国发[2009]41号)明确提出要制定"国民旅游休闲纲要",标志着我国民俗旅游发展进入了一个重要转折时刻。特别是国务院批准自2011年起每年5月19日为"中国旅游日",确定2011年主题为"读万卷书 行万里路";国家旅游局将"2011中华文化游"的主

---

* 张士闪,山东大学文化遗产研究院副院长,教授,博士生导师;温莹蕾,山东工艺美院建筑与景观设计学院副教授;高向华,山东大学儒学高等研究院民俗学研究所2011级硕士生;张兴宇,山东大学儒学高等研究院民俗学研究所2011级硕士生。

题口号确定为"游中华,品文化"和"中华文化,魅力之旅",并定于2011年1月1日在多地隆重举办"2011中华文化游"启动仪式。2011年,为新世纪以来持续升温的民俗旅游平添一把火。

民俗旅游,关系到在全球化、现代化、城市化的大背景下,中华民族的文化之根能否保存、延续的大问题,这是正在走向现代化、走向世界的中华民族所必须面对的。民俗旅游的重要意义已经成为社会共识:在产业开发的层面,通过发展民俗旅游为农民创造发家致富的机会,促进城乡一体化发展;在文化传承的意义上,留住中华民族的文化之根,为中华民族的伟大复兴奠定坚实的生活根基。

一、民俗文化与民俗旅游

民俗,即民间风俗,是广大民众所创造和传承的与普通民众现实需要和历史传统紧密相关的生活文化现象。民俗是地域文化,其涵括内容极为丰富,诸如庙会、时令时节、喜庆生肖等不一而足。通过对民俗文化的欣赏,人们可以感受到不同时期、不同地域的民俗文化的不同特点,追忆千百年来人们对美好生活的向往。

中国民俗文化源远流长,内容丰富多彩,是我国重要的物质与精神财富。但是随着现代化建设的加速与经济全球化的日益发展,我国民俗文化岌岌可危,民俗文化的个性丧失殆尽,民俗文化形态迅速消亡……为有效地保存和发展民俗文化传统,维护中国传统文化之精粹,中国的民俗文化必须走产业化发展道路,通过对民俗文化资源的科学开发,在发展中求保护,产生社会效益与经济效益的双赢。而民俗旅游,正是民俗文化产业化的重要路径之一。

1. 民俗旅游基本概述

民俗旅游,实际上是"民俗文化旅游",是指人们暂时离开自己惯常居住的社会文化环境,到异地陌生的社会文化环境里去,以观察、感受、参与、体验异文化为主要内容而进行的旅游活动,包括寻根访祖、异国风情游、民族风情游、乡村风情游、古村古镇游、胡同老街游等以民俗为核心内容的旅游活动。

国内学者对民俗旅游进行了定义,虽然表述不太一样,然实质基本是同一的。1990年,国内学者西敬亭、叶涛提出了"民俗旅游"的概念。1995年,刘其印认为"民俗旅游是借助民俗而开展的旅游项目,如寻根祭祖、朝山进香、民间艺术表演、民俗展览、节庆活动、风味食品、旧式交通工具、住民房等,即到民间去旅游,到民俗氛围里去切身体会"。1996年,迟景才认为"民俗旅游是以比较接近生活中自然状态的民间文化为主要观赏对象的旅游"。巴兆祥将民俗旅游界定为:游客被异域或异族独具个性的民俗文化所吸引,以一定的旅游设施为条件,离开自己的居所,前往旅游地(某个特定的地域或特定的民族区域)进行民俗文化消费的一个动态过程的复合体,是人类文明进步所形成的一种文化生活方式。简单地说,民俗旅游就是以一个国家或地区特有的民俗文化资源为载体开展的旅游活动。陆景川认为,民俗旅游是一种高层次的文化型旅游,它欣赏的对象为人文景观,而非自然景观,任何一个国家、地区和民族的传统节日、婚丧嫁娶、建筑风格、民间歌舞等都是民俗旅游的珍贵资源与欣赏对象。温锦英认为,民俗旅游就是借助民俗来开展的旅游项目,它以一个国家或地区的民俗事象和民俗活动为旅游资源,在内容和形式上具有鲜明、突出的民族性和独特性,给人一种与众不同的新鲜感,它的魅力就在于其深厚的文化内涵。2007 年,魏小安认为,民俗旅游是以民间风俗习惯及其自然生态与社会生态为主体的旅游活动,其中民间风俗习惯是主导,自然生态和社会生态是基础,农村民俗旅游强调自然生态,城市民俗旅游强调社会生态。

民俗旅游最突出的特征就是旅游者与当地居民面对面的接触较其他形式的旅游活动要多。由于它具有民间性,旅游者往往可以直接从寻常百姓家购买旅游产品,旅游消费者的食、住、行、游、购、娱都可以从旅游地居民家中得到满足,即旅游从业人员与当地居民融为一体。另外,参与民俗旅游的旅游者是为了体验而融入到旅游地的大众生活中,他们在体验民俗文化时,与旅游地居民会有比较深入的人际交往,易产生比较深厚的感情,甚至会故地重游。

民俗文化作为一个地区、一个民族悠久历史文化发展的结晶,蕴涵着极其丰富的社会内容。由于地方特色和民俗特色是旅游资源开发的灵魂,具有独特性与不可替代性,所以从某种意义上讲,民俗旅游属于高层次的旅游。旅游者通过参与民俗旅游活动,亲身体验当地民俗生活事象,实现自我完善的旅游目的,从而达到良好的游玩境界。民俗旅游的目的,在于通过旅游的形式让人们对民俗事象与活动进行观赏、体验与参与,使人们在获得民俗文化体验的同时创造旅游产业价值,因此民俗旅游在旅游产业的总体分类中应属文化旅游。

旅游是民俗文化产业化的主要载体之一。随着旅游发展的深入,游客对风土人情有着强烈的了解需求。2001 年和 2005 年《中国国内旅游抽样调查资料》中数据调查表明,入境旅游者对我国的民俗风情、饮食烹调、文化艺术等民俗类旅游资源兴趣甚浓,2000 年分别占到 34.4%、31.9% 及 24.5% 的比重,2004 年这些比重分别上升到 35.7%、33.7% 和 25.1%。在这种市场需求下,民俗旅游业呈现出迅猛发展的势头。各地方政府越来越重视本地民俗文化资源的开发,纷纷投资兴建民俗旅游度假村、民俗旅游主题公园,并举办大型民俗旅游活动。

2. 民俗旅游的发展历程

我国是一个有着五千年文明史的古国,又是一个拥有 56 个民族的多民族国家。悠久的历史和多彩的民族使得我国拥有世界上最丰富多彩的民俗文化,这构成了我国民俗旅游雄厚的资源基础。

另一方面,随着我国经济的发展,人民生活水平的提高,民俗旅游的市场基础也逐步建立起来。据世界旅游业发展的规律,当人均收入达到1000美元时,国内旅游就会兴旺起来,当人均收入达到1000—2000美元后,度假旅游市场会逐步形成;达到3000美元时,就会出现到周边国家旅游的热潮;达到5000美元时,就会从洲内市场扩展到洲际市场。2003年,我国人均收入就已经跨越1000美元关口,国内旅游实现了快速增长,我国的旅游消费基础基本确立。

我国民俗旅游的发展历程可以分为如下三个阶段:

第一阶段:1978—1989年的起步阶段。

1983年,是我国民俗旅游具有重要意义的一年。山东省潍坊市"石家庄千里民俗旅游线"引起各界重视,随着第一拨来自日本的客人与当地农民同吃、同住、同劳动,度过了愉快的三天,潍坊石家庄一时间闻名遐迩,截止到1988年,累计有世界各地几十个国家和地区的四千多人来此参观游览。至此,民俗旅游成为我国一种新的旅游形式,并逐渐得到推广。这个阶段,我国的民俗旅游只是风光旅游和历史文化旅游的附属与补充,所占比重不大,只是零星开发,规模小,范围窄。

第二阶段:1990—1995年的快速发展阶段。

这一时期,我国的民俗旅游逐渐引起全国各界的关注,涌现出很多著名的民俗旅游风景点,如云南民族村、深圳锦绣中华、世界之窗、中华民族园等等。这个阶段,我国的民俗旅游市场需求旺盛,产品逐步多样化,从单一观赏型向多样参与型转变。1995年被定为"中国民俗文化旅游年",也证明了这个时期我国民俗旅游的发展态势。

第三阶段:1996年至今的深化成熟阶段。

这一时期,我国的民俗旅游不断成熟,地位不断上升,已经形成与自然风光旅游、历史文化旅游三足鼎立之势。从近些年的旅游主题就可以看出民俗旅游在我国旅游业中的价值与地位。2002年我国旅游主题为"中国民间艺术游",宣传口号为"民间艺术,华夏瑰宝;体验民间艺术,丰富旅游生活";2003年我国旅游主题为"2003中国烹饪王国游";2004年我国旅游主题为"中国百姓生活游",宣传口号为"游览名山大川、名胜古迹,体验百姓生活、民风民俗";2006年我国旅游主题为"2006中国乡村游";2007年为"中国和谐城乡游";2011年为"2011中国文化游",宣传口号为"游中华,品文化"、"中国文化,魅力之旅"。从这一系列旅游活动主题的设置上,我们可以看出民俗旅游的开发正在走向深入与成熟,正在走进全社会。其标志之一,就是出现了像深圳中国民俗文化村、桂林阳朔"印象·刘三姐"、云南丽江大研古镇等平均年利润达到数千万乃至数亿元业绩的大型民俗旅游项目。

3. 民俗旅游取得的成绩

我国的民俗旅游,从20世纪80年代初期发展至今,已走过了30年的历程,取得了令人瞩目的成就,兹综述如下:

(1) 中国旅游界越来越注重民俗旅游的开发

随着我国经济的发展和物质文化水平的不断提高,民俗文化在旅游中的地位日益重要,民俗旅游系列已与山水风光旅游、文物古迹旅游共同构成我国特色的旅游三大系列产品,而且是开发潜力最大的一支"劲旅"。

在国内,民俗旅游因其独有的民俗底蕴和独有的民俗氛围而受到广大旅游者的青睐。中国旅游界已经注意到了旅游者这种文化需求的多元性,正越来越注重对文化内涵丰厚的旅游资源进行深度开发。

从1992年开始国家旅游局组织策划主题旅游年活动,如"94 中国文物古迹游"、"95 中国民俗风情游"、"98 华夏城乡游"、"2002 中国烹饪王国游"、"2004 中国百姓生活游"等,其中大部分主题旅游线路和主打项目都体现了中国民俗旅游的独特魅力。

2006年旅游主题为"2006 中国乡村游",宣传口号为"新农村、新旅游、新体验、新风尚"。全国各大旅行社在设计旅游线路、组合旅游产品时,不断推陈出新,用各种丰富多彩的民俗文化产品吸引不同游客的民俗旅游需求。如天津名镇杨柳青镇为配合这一主题,在春节期间推出了一系列具有浓郁乡土气息的民俗旅游项目。重点打造的"魅力名镇杨柳青民俗文化旅游节"共有27个项目,包括"民俗风情杨柳青"(游览石家大院、文昌阁、京杭大运河、杨柳青明清街、杨柳青年画作坊及峰山药王庙、霍元甲纪念馆等景点)、"生态休闲杨柳青"(游览天津热带植物观光园,柳仙林休闲度假中心,中北花卉、宠物、观赏鱼市场等景点,过农家年、吃住农家院及系列农业休闲旅游活动)、"革命之旅杨柳青"(游览平津战役天津前线指挥部旧址陈列馆、一二·九纪念馆等景点)。另外,在旅游节期间,民间杂耍、秧歌花会、灯展、焰火晚会、堂会、书画展览、摄影剪纸民间艺术品展览、民间风味小吃展卖、风筝放飞表演、民乐吹奏会、戏曲演唱会、仿古马车巡游、有奖猜谜等活动也穿插其中。

(2) 民俗旅游已成为我国旅游业一个新的增长点

据报道,植根民间的"民俗旅游"近年来已经成为春节"黄金周"的一大亮点,显示出我国旅游业一个新的增长点正在被激活。2006年春节期间,"民俗旅游"在中国各地持续升温。"过春节,逛庙会"是北京春节传统节目。据北京市统计,大年初一雍和宫接待游客达4.5万人,超过最大容量。位于北京丰台区的世界公园"亚洲春节民俗巡游活动"吸引游客数量同比增长5倍。由于北京民俗的独特吸引力,北京各大庙会游客有增无减。据不完全统计,厂甸等各大庙会正月初三接待游客高达 70 万人次。2006 年,南京夫子庙灯会将迎来 20 周年纪念日,首次绵延至秦淮河上的灯会再现了"灯彩秦淮甲天下"胜景,狮子桥步行街民俗庙会的剪纸、面人、彩灯、画葫芦、糖人等民俗绝技让人留连忘返。全国假日办公室的信息表明,全国各地"民俗旅游"在春节第二天开始进入高潮,各地庙会、游园会游人如织,热闹非凡。

(3)民俗旅游的社会效益与经济效益并重

民俗旅游活动的开展,促进了生态效益、经济效益、社会效益的高度统一。许多民俗旅游地,由于发展旅游,人民生活水平大大提高,生态环境也大为改善。同时,通过发展民俗旅游,一大批优秀的传统民俗文化得以抢救、挖掘,对于保存、弘扬民俗文化发挥了积极的作用。像潍坊杨家埠的传统木版年画工艺民俗,由于现代城市化的进程使其直接的市场越来越小,经营年画越来越无利可图,使这种具有六百年之久历史的传统艺术几乎失传、绝迹(实际上这种传统年画在我国历史上四大木版年画基地中的大部分地区已经绝迹),是近年来渐成风尚的民俗旅游活动"抢救"了它,使其重又焕发生机。

二、民俗旅游的整体发展状况综述

在民俗旅游的发展过程中,民俗资源内容和业态表现形式都十分重要,它们是塑造民俗旅游产品吸引力的两个基本支柱:内容(民俗本身)是发展的前提,适当的产业形态则是取得效益的保障。二者只有相互协调,才能相得益彰,取得社会效益与经济效益的"双赢"。

1. 民俗旅游发展中出现的业态现状

从整个旅游产业来看,我国的民俗旅游虽然发展迅猛,但是相对来说还是处于弱势。从规范角度来看,民俗旅游资源的利用率、产品的转化率以及产业化率都还处于起步阶段。现阶段,我国的民俗旅游表现形式主要有:民俗旅游文化景区景点、民俗节庆、民俗商品、民俗艺术表演、民俗服务以及民俗旅游线路等几种业态。

(1)民俗旅游文化景区景点

民俗旅游文化景区景点包括范围较广,大可以包括民俗旅游村镇、民俗旅游街区、民俗主题公园;小至庙宇、民俗博物馆、民俗纪念馆等。

① 民俗旅游村镇

民俗旅游村镇从形式、规模和生活方式上都较好地保持了传统的聚落样式,成为人们追古惜今、怀旧凭吊、调节心境、研究考察的理想去处,是现阶段民俗旅游的重要载体,也是民俗旅游最基本的接待地点,对于解决农村社会稳定、农业产业结构调整、农民致富等方面发挥着举足轻重的作用。近年来,在有关部门的支持帮助下,伴随着农村产业结构调整,各地的民俗旅游村镇建设如火如荼。以北京为例,北京市的乡村民俗旅游产业自 1998 年开展以来,到 2008 年,民俗旅游村达到 344 个,其中市级民俗旅游村 167 个;民俗旅游户发展到 2 万余户,其中市级民俗旅游户 9089 户;直接从事乡村民俗旅游服务的人员达到 6 万余人。2008 年全市乡村旅游接待游客达到 2703.8 万人次,同比增长 3.5%;乡村旅游收入达到 19 亿元,同比增长 4.8%,实现了发展速度、发展规模的双增长。2009 年春节"黄金周"期间,乡村民俗旅游接待游客 55 万人次,实现收入 4736.89 万元,同比分别增长 24.5% 和 36.7%。

② 民俗主题公园

民俗主题园是指在旅游点兴建,把某一时期、某一民族或某一区域的民俗文化按照一定的方式和风俗加以集中反映的人造旅游景观,这种模式具有较大的现实意义,可以将民俗资源进行异地移植,有利于民俗文化的宣传和交流,有利于将民俗资源进行集约化开发,实现民俗旅游的"工厂化"生产与经营。从时间角度看,是一种文化效益与经济效益双赢的开发模式。自 1989 年深圳"锦绣中华"建成开放以来,我国的各类民俗主题乐园如雨后春笋般诞生,经过短短 20 多年的发展后,目前已达 3000 多家。华侨城旗下的"锦绣中华"和"中国民俗文化村",开业以来共接待海内外游客超过 5000 万人次,实现营业总收入 26 亿元,创利 10 亿元,向国家累计上缴税金 2 亿元,赢得了"中国民俗博物馆"的美誉,被文化部评为"国家级文化产业示范园区",是我国民俗文化主题公园发展的旗帜与榜样。但目前来看,我国民俗主题公园的总体经营状况良莠不齐,多以门票收入作为主要收入来源,盈利模式单一,经营状态惨淡。经过市场残酷竞争生存下来的一些民俗主题公园,大都加强了产业化的规范运作,实施品牌化、规模化的发展战略,从而受到市场的欢迎。

③ 民俗展览馆系列

博物馆收藏的文物是历史的见证,反映了一个国家或民族、地区的文化创造,民俗博物馆主要把各种民俗器物陈列、展览给旅游者看,是发展时间最早、易于操作的民俗旅游形式。我国目前有各类博物馆 2200 多座,居于世界前列,民俗类博物馆数量可观,如各地物产博物馆、主题民俗博物馆等等。随着经济体制改革的不断深化,这些民俗博物馆也开始迈向市场,探求企业化经营之路。

(2) 民俗节庆

岁时节庆民俗是一年中随着季节时序的变化而形成的不同民俗事象和传承,包括岁时民俗和节庆民俗两个部分。

① 岁时民俗

岁时民俗具有明显的时间节律性、地域民族性和形式内容多样性等特点,是按照一定的时间顺序,有规律地进行生产生活等各项民俗事象活动的安排和调节。比如新疆伊犁州察布查尔的锡伯族,根据当地的物候特点,安排游牧转场的时间和放牧的特点,不同物候季节,形成了不同的草原游牧生活民俗景象。旅游活动只有遵循岁时节庆民俗活动的规律,才可能走出一条可持续发展道路。

② 节庆民俗

节庆民俗是在岁时民俗基础上,经过长期摸索累积固化并发展形成的各种民间制度、民间信仰、民间文艺、民间娱乐等,并通过节庆活动得到表现和传承。我国56个民族,大大小小的节庆活动有3400多个,蕴藏着无限深厚的民俗文化内涵和底蕴,正陆续成为民俗资源开发的重点。

(3) 民俗旅游商品

民俗旅游商品,一般采用传统的制作工艺,具有鲜明的地方特色,是旅游者在旅游过程中购买的实物商品,主要包括文化艺术品、工艺美术品、风味土特产、名贵饰品、特色服装等。旅游发达国家的旅游商品收入,一般可达到旅游总收入的40%—60%。

① 服装体饰

体现各地各民族的信仰和审美观的服饰装束,如维吾尔族、苗族、侗族、布依族、瑶族等民族纺织印染,都是游客喜爱的旅游商品。其中,新疆维吾尔族妇女加工的各种丝毛地毯、壁挂,还是我国大量出口中东、阿拉伯地区的精品。人体装饰资源如苗族银饰雍容华贵、藏族身饰价值连城、傣族纹身神秘莫测、苗族绑腿轻盈漂亮、回族头巾简洁清丽、侗族发饰挽簪插花以及京剧脸谱、江西傩舞面具等都是极具地方风俗特色的旅游商品。

② 民俗餐饮

由于地方温度、湿度、物产不同,历史传统有别,我国形成了八大不同特色的日常饮食菜系和丰富多彩的少数民族特殊饮食民俗文化。如北京烤鸭、天津狗不理包子、金华火腿、山西老陈醋、西安羊肉泡馍等,几乎每个地方都有自己独特的民俗餐饮商品。

③ 民俗工艺品

民俗工艺品是通过民间艺匠之手,以造型、装饰等手段制造的工艺品,如大量存在于民间的年画、剪纸、皮影、漆画、烙画、面塑、泥塑、刺绣、面具、脸谱、陶瓷、木雕、石雕、银饰等。比如景泰蓝、苏绣、杨柳青年画、泥人张捏塑、承德木雕等等都是人们喜爱的民俗工艺品。

(4) 民间艺术表演

民间艺术表演,源于民间传统生活的情趣,普通民众自发创造,沿袭至今,具有相当深厚的民间信仰成分和民众艺术审美情趣。比如皮影、剪纸、编织、绣花、狮子舞等等,都堪称是中华文化的瑰宝。

以"纳西古乐"为例,这种古乐起源于公元14世纪,是云南省最为古老的音乐,也是中国或世界最古老的音乐之一。在云南丽江古城里,名为"大研纳西古乐会"的演出每天晚上都吸引着来自世界各地的观众。"纳西古乐"已经成为丽江旅游的重要品牌,欣赏这种被誉为"活化石"的音乐,已经成为很多人到丽江旅游不可缺少的内容。

(5)民俗体验产品

民俗体验,是把民族地方特色的礼仪、竞技、游艺、仪式等展示给游客的一种业态形式,以营造出浓郁的民俗环境与氛围为关键。比如云南白族"三道茶",是云南白族招待贵宾时的一种饮茶方式,属茶文化范畴,以其独特的头苦、二甜、三回味的茶道艺术,早在明代就已成为白家待客交友的一种礼仪。现今,经过民族文化工作者的发掘、整理、规范和倡导,"三道茶"已被广泛地运用到大理的旅游业及外事活动中,形成了富有仪式感的"三道茶晚会"。来宾在晚会上除了能喝到地道的"三道茶"外,还可以观赏到民族歌舞、服饰表演,细细体会白族独特的茶文化。再比如老北京的清宫仿膳,穿戴清朝大臣服饰的人员唱出清宫祝寿时的贺词,"文武官员"盛装御前迎驾,构成清宫寿宴图。这些民俗体验活动,深受中外游客的喜爱。

(6)民俗旅游线路

旅游线路是旅游产品的主要表现形式之一,是向旅游客源市场推销的主要内容。随着深度旅游市场的兴起,民俗文化等专题类旅游线路不断涌现。民俗旅游线路一般是数个地区整体开发,将各点串成线来组织游览产品。许多学者结合区域时间对旅游线路进行设计,如"山西寻根祭祖节"旅游线路,"伊斯兰教节日"旅游线路。一些地区也推出了民族民俗旅游线路,如云南推出的滇西北"香格里拉"民族文化旅游线、贵州推出的黔东南苗族侗族民族风情旅游线、无锡推出的古运河旅游线等。

2. 民俗旅游发展中存在的问题

民俗旅游在迅速发展中也暴露出一些问题,主要表现在:

(1)原有特色民俗文化资源未得到有效保护

随着民俗旅游地的发展,外来文化带给当地的文化冲击,使得当地民俗文化的原生性、自发性逐渐消失,成了变质的民俗文化。一个国家或地区的人们在历史长河中所形成的生产方式、生活方式和思维方式,如果没有外界的影响,就趋向于长期传承其固有的符号特征。而外来游客的持续涌入,会对旅游地文化造成强烈的冲击,破坏民俗文化自发传承的文化环境,使其独特性削弱,而为游客所青睐的某些文化因素则会得到强化。如湘西在发展旅游业之前,保留着大量淳朴的民风和古老习俗,但是,当旅游者进入后,这里却发生了巨大的变化,穿民族服装的少了,穿西装、衬衣、牛仔裙的多了,铺着青石板的街道和具有民族特色的吊脚楼也被柏油马路和水泥建筑所替代,当地的传统文化特征正在逐渐消失。又如,在过去,淳朴是少数民族地区普遍的民风,他们会拿出好酒好菜、空出最好的房间招待素不相识的客人,拿出最好的民族服饰供客人照相之用,义务当导游不收分文报酬。而现在,在商品经济和当地旅游业的带动下,他们的思想观念也发生了从重义到重利的转变,想尽办法去赚游客的钱,质朴的民风为之一变。

(2) 特色渐失影响民俗旅游吸引力

出于经济利益的考虑和迎合游客心理,很多地区开发的民俗项目都趋于同质化,未体现当地民俗的特色性。如各地推出的"江南古镇民俗村"、"水乡古镇"等,所设置的民俗旅游项目大同小异。

(3) 舞台化、商业化影响民俗旅游品牌

传统的民间习俗、庆典活动都是在传统特定的时间、地点,按照传统特定的内容和方式举行的。但是,很多民俗活动随着旅游业的发展逐渐被舞台化,在很大程度上已经失去了其传统上的意义和价值。

三、2011年度中国民俗旅游发展特点与问题分析

2011年,中国民俗旅游发展取得了不俗成绩。中华文化游在全国各地广泛开展,京沪高铁的开通激活了沿线民俗旅游热,红色旅游发展红红火火。作为一种高层次的文化旅游,民俗旅游满足了游客"求新、求异、求乐、求知"的心理需求,逐渐成为旅游开发的重要内容之一。民俗作为一种生活文化,具有生态性原则,但不可忽视的是,目前的民俗旅游越来越脱离其原生的文化生存语境,而趋于表演化、程式化,各种民俗旅游节庆活动的大量举办以及非物质文化遗产的开发即是明证。当民俗旅游的产业化发展被过多地注入意识形态与商业资本的因素,其原本具有独特民俗文化意蕴与价值的符号系统,也就日益成为一种形式外壳,这对于民俗旅游的可持续发展是不利的。

1. 2011年度民俗旅游发展特点

2011年是中国民俗旅游大获丰收的一年。根据中国民俗旅游的发展历程以及在各地的不同表现,可总结出如下发展特点:

(1) 民俗旅游类型丰富,节庆旅游持续凸显

民俗旅游的发展必然要依托于丰富的民俗文化资源,我国的民俗资源堪称是一座取之不尽用之不竭的宝库。首先,我国地域辽阔,气候复杂,地势西高东低,境内山体众多,高原、山地、盆地、丘陵等地貌形态均有分布,地形丰富多样。不同的地形地貌形成了富有特色的民居建筑、饮食风俗、生活方式、劳作模式,这些民

俗资源既有相通性，又具有地方差异。其次，我国的民俗文化内容丰富，门类齐全，如物质民俗、生产民俗、贸易经济民俗、游艺民俗等，经过几千年的锤炼，都已经形成了各自特定的民俗类别。再次，中华民族是一个拥有56个民族的大家庭，每个民族在其发展的历史过程中都形成了自己的传统节日，而多民族在长期的融合发展中又形成了中华民族共享的传统节日。比如，蒙古族的那达慕大会是蒙古族特有的节日，而春节则是我国大多数民族都欢度的节日。最后，我国众多的民族具有多种不同的宗教信仰，据此形成了数量繁多的宗教节日或宗教色彩浓郁的民间节日。这些都是我国特别重要的民俗文化资源，更是民俗旅游赖以开展与发展的宝贵资源。

依托如此丰富多样的民俗文化资源，我国的民俗旅游也呈现出形式多样、类型丰富的特点，有原生态民俗旅游，民俗节庆旅游，主题公园文化旅游，与民俗文化收藏有关的观展旅游、宗教旅游等。其中，在各种民俗旅游形式中，民俗节庆旅游发展势头最猛。

民俗节庆旅游是在中国传统节日的基础上，加入现代元素整合而成。传统节日文化历史悠久，内容丰富，在民众生活中影响巨大，具有广泛的群众性和深远的民族性，而在一定的经济基础上形成以后，就具有吸引经济活动的本能，并反作用于当地的经济发展。在中国节庆旅游中最多的莫过于各种节日庙会，庙会上云集了各行各业的人群，带动了各个参与人群的经济收入。又如中国端午节，主要是纪念楚国大夫屈原自投汨罗江而死，现在各个省市在端午节期间都会举办一定的纪念活动，但是在现今的社会文化背景下，"屈原"已经不止是传统文化语境中的楚国大夫屈原，而是已被悠久的节日文化和民族心态共同塑造为一种凝聚着"民族魂"的爱国忧民、高风亮节、刚直不阿的人格力量。

越是民族的，就越是世界的。在当今全球化背景下，搞好民俗节庆旅游可以吸引更多的海外游客，逐渐将其变成具有国际知名度的节日盛事，弘扬中国传统文化。例如，山东潍坊就利用清明节放风筝的习俗，形成了独具特色的"潍坊国际风筝节"，在提高了潍坊在国际上的知名度的同时，也在很大程度上宣传了中国的传统文化。2011年全国各省市推出的节庆旅游项目层出不穷，如天津举办的"2011中国海河龙舟节"，山西的"2011中国清明（寒食）文化节"，福建的"第十三届中国·湄洲妈祖文化旅游节"，湖北的"2011第二届中国（郧西）·天河七夕文化旅游节"，山东的趵突泉灯会、千佛山庙会等，都声势非凡，各具影响。

正是辽阔的地域差异，悠久的历史传统和为数众多的少数民族等，造就了中国色彩纷呈的民俗文化，为中国民俗旅游业发展提供了优质的条件，形成了中国民俗旅游丰富多样的发展特点。可以想见，在以后的发展中，中国民俗文化还会更多地被开发挖掘，形成类型更加丰富的民俗旅游，节庆旅游作为其中的发展亮点,必定会持续凸显出来。

(2) 民俗旅游开发模式多样,空间规划成为主导思路

中国在五千年的文明发展史上,积累了纷繁复杂而又绚丽多彩的民俗事象,并随着社会历史发展的进程,历经磋磨筛选,构成了中国传统社会传承数千年的文化血脉。同时,中国地域辽阔,东南西北因地势的隔绝,风俗差异很大,素有"十里不同风,百里不同俗"之说。要想将其作为民俗旅游资源来开发,必须纵观当今中国民俗旅游市场以及未来发展趋势,根据具体情况选择合适的方法和模式,并赋予不同的文化展示方式。空间规划,是民俗旅游开发设计中的基本依据与主导思路。

在民俗旅游开发的多种发展模式中,无论以何种模式开展,都比较重视对空间资源的开发。在空间规划上多下工夫,在同类型旅游开发模式中标新立异,吸引游客的眼球,可以收到事半功倍的效果。例如在《印象·刘三姐》中,就比较注重对舞台空间的塑造,以山水圣地桂林山水美丽的阳朔风光实景作为舞台和观众席,将漓江的水、桂林的山化为中心舞台,从而带给游客震撼的视觉盛宴和文化冲击。作为全国第一个"山水实景演出",《印象·刘三姐》获得了巨大的成功,其对空间规划的创意和理念,也成为以后同类型民俗旅游开发借鉴和模仿的对象。此后《大宋东京梦华》实景演出、《云南映象》等,都是以当地民风民俗为依托、以空间规划为主导思路进行开发创作的民俗旅游模式。

(3) 民俗旅游发展的促动与调控,强调在政府引导下多方参与的整体思路

现在,民俗旅游的蓬勃发展让许多国家看到了新的契机和希望,已经成为各个地市经济增长的重要动力。政府作为国家力量的代表,在民俗旅游发展中所起的作用与民俗旅游业的发展水平息息相关。在经济学中,我们把市场经济称为"看不见的手",民俗旅游同样受到市场经济的制约,但是市场并不是万能的,还需要国家的宏观调控,需要政府参与进来,发挥指导作用。世界旅游组织认为,政府旅游主管部门在旅游业中主要扮演三种角色,即旅游业发展初期的开拓者,旅游业蓬勃发展时期的规范者,旅游业走向成熟时期的协调者。

在当今民俗旅游迅速发展时期,政府对于民俗旅游事业发展的扶持就起着关键的作用,政府部门的多方参与和引导是民俗旅游健康快速发展的强力保证。民俗旅游不同于一般类型的旅游,需要当地民众的积极参与,并且对当地社区、环境和文化具有很强的依赖性,如果相关部门在发展民俗旅游的过程中管理不当,就有可能对当地民俗文化造成很大的破坏,产生很多消极负面影响。如果政府参与其中,可以依法管理民俗旅游业,设置必要的法制监管机构,出台相关法律法规,对民俗旅游从业人员起到制约监管作用,完善民俗旅游业内环境。同时,如果政府能够牵头组织民俗旅游活动的开展,其宣传和促销就会受到更多的关注,而且

公信度也将会大大增加。在某种程度上来说,有政府参与的民俗事象活动容易在短期内产生品牌效应,使民俗旅游升格为国家级文化交流平台,与国际上的同类型活动处于同一水平线上,有利于各国间的文化和经济的交流。

政府对民俗旅游事业的发展可以提供很多帮助。在前台,有关人员作为国家力量的代表,在开幕式中致辞,表达了对活动的美好期许与祝福;在后台,则付出了更多的努力,从准备到结束,组织协调各项活动顺利进行。2011年民俗旅游活动遍地开花,在一些比较有影响的民俗旅游活动中,几乎都能看到政府的身影。其中,国家旅游局和各省旅游部门参与组织的活动占了相当大的比重,如山东曲阜的祭孔大典、2011中华文化游活动、2011青海湖国际雕塑与大地艺术节、2011第29届中国洛阳牡丹文化节、2011辛卯年黄帝故里拜祖大典等。在民俗旅游活动中,政府部门的多方参与,地方人员的强力配合,再加上独具特色的传统民俗文化,民俗旅游的健康快速发展就顺理成章了。

(4) 区域民俗旅游在国民经济发展中的地位不断得到强化

区域民俗文化是一个旅游地的旅游资源的重要组成部分,对于外来旅游者来说是比较容易引起注意、引发兴趣的文化现象。一个地区的旅游开发,如果巧妙地借助当地特色民俗文化资源,则效果更加明显。近年来,中国民俗旅游为了加强区域优势,充分发挥地方民俗文化的整体优势,实行强强联合,在同一民俗文化圈中开发了一些特色民俗旅游事象,取得了不俗的社会效应。

民俗文化圈是指特定的文化空间,一般是特定群体、特定地区、特定历史、特定民族习俗的总和。民俗文化圈的划分不以地理、行政区划为准则,而以一方水土一方民众长期以来形成的生活方式和文化认同为边界。"十里不同风,百里不同俗",是民俗文化圈边界的形象说法。民俗文化圈是中国区域民俗旅游开发的基础,同一民俗文化圈内的民俗具有一定的同质性,而相对于其他文化圈而言就具有民俗文化资源的区域优势。在旅游目的地与旅游客源地之间,民俗文化的异质性越大,则区域民俗旅游的优势就越大。在旅游业界,有学者将中国的民俗文化圈分为东北、黄河流域、长江流域、游牧区、青海、云贵、闽台等七大民俗文化圈。同时,在这七大民俗文化圈内又可细分出一些小的民俗文化圈,例如吴文化、三晋文化、荆楚文化、巴蜀文化、岭南文化、客家文化等,都可以用来作为民俗旅游资源开发的参照。例如,江苏无锡出现了专门以吴文化民俗为主题的吴文化公园,充分挖掘开发和利用当地现有的和历史传统的民俗文化资源,已初具规模,显示了较好的效果和潜力,给当地民众带来了切实的经济利益。

无论哪种民俗事象,都受到一定地域的生产、生活条件和地缘关系的制约,具有不同的地域文化色彩。如在劳作模式上,根据地域差异,东北、中原、南方、西南、西北等地都各有特殊性,这些都是发展民俗旅游的宝贵资源。就中国饮食文化来说,民间向来有"南甜、北咸、东辣、西酸"的说法,同时也有八大菜系、十二大菜系之分,可据此开发出特色民俗饮食旅游产品等。区域民俗旅游,是对民俗资源的高效整合,可以增强区域民俗旅游竞争力,调整地区产业结构,增加地方财政收入,促进地方经济发展和增加劳动就业机会等,特别是对于一些经济发展缓慢、交通落后的偏远地方来说更是脱贫致富的捷径。从全国范围来说,多区域民俗旅游资源竞相发展,各展所长,已成为中国国民经济发展中一支不可忽视的力量。

(5)旅游与文化产业融合发展成为民俗旅游热点

党的十七届六中全会明确提出,要积极发展文化旅游,发挥旅游对文化消费的促进作用。文化是旅游的灵魂,旅游是文化的重要载体。旅游与文化有着天然的不可分割的联系,自有旅游活动以来,旅游与文化就不曾分离,而且旅游本身就是一种文化现象。旅游的过程就是旅游者经历文化、体验文化、欣赏文化的过程,文化因素渗透在旅游活动的各个方面,没有文化的旅游就如同无源之水、无本之木,不能发展长久。

旅游和文化产业相互融合,相得益彰,密不可分。抓住了文化,就抓住了旅游发展的命脉。民俗文化是文化的重要表现形式,是民俗旅游依存的重要依据。民俗文化资源既有文化意识形态属性,同时也具有商品属性,可开发成各种多样的民俗旅游形式,有些甚至已成为当地旅游产业的支柱性产业。21世纪,文化产业的巨大发展前景,使得国际上许多国家都将发展文化产业作为本地区经济社会发展战略的核心。民俗文化具有民族性、地域性、历史性、传承性、实用性等多种特征,只有挖掘深藏其中的审美和实用价值,才有望将民俗文化资源转化成产业优势,获得经济、文化和社会的巨大效益。

我国民俗文化资源丰富,发展文化产业得天独厚。经过近年来的努力尝试,各省市都结合当地旅游业大力发展文化产业,而民俗文化产业则在其中大放异彩。如高碑店民俗文化产业园区以传统民俗文化产业为主体,重点发展国际民俗旅游、旅游产品开发、民俗节庆文化、古家具展销活动等,现在已经和北京的古玩城旗鼓相当,知名度很高。高碑店传统文化园区就是在自下而上的产业基础之上,融入中国传统民俗文化,经过政府的统一规划、扶持,快速发展而成为中国知名的民俗文化产业园区。北京市旅游委经过考察和评选,将东城区京城百工坊、海淀区万寿寺等颇具文化特色的景区定位为重点开发对象,初步呈现出民俗旅游的联动态势。山东潍坊的杨家埠民间艺术大观园,也已经成了一个旅游与文化产业相结合的经典案例,它不仅以杨家埠风筝驰名中外,是中国四大木版年画产地中的佼佼者,更是民俗风情浓厚的旅游胜地。杨家埠民间艺术大观园每年都吸引数十万计的国内外游客来此观光旅游,同时每年全国各地的经销商都来此订购年画和风筝,杨家埠附近村庄年画和风筝作坊随处可见,已然成为当地民众经济收入的主要来源。作为中国经济、文化和社会现象之一的节庆活动,也是中国重要的民俗文化,在旅游与文化产业联系愈加密切的今天,业已成为民俗旅游文化产业发展的重点项目。自贡灯会是中国川南传统的节庆活动,自1964年举办首届迎春灯会至今,已经发展成了独具特色的彩灯文化产业,给当地经济带来了可观的收益。

现在民俗旅游在旅游业中发展势头迅猛,而旅游与文化产业融合发展又是民俗旅游发展中的热点,各省市都把它作为发展本地区旅游业的重点培育项目。各种旅游文化演艺产品、旅游文化工艺品、纪念品都得到了大量开发,有些甚至已经形成了自己的文化活动品牌,如2009年12月31日,由山东省旅游局发起并组织实施的首届"好客山东贺年会"成功启动,从元旦至2月28日(农历正月十五)两个月期间,全省城乡一派红红火火的节日气氛,"好客山东贺年会"让冬日的齐鲁大地如火如荼。2010年元旦开始,山东抓住每年元旦至春节休闲时间集中、民俗文化活动集中、社会消费资源集中的机遇,整合该时段内的交通、商贸、文化、体育、餐饮、景区以及水利、农业、教育等资源,将传统的年节文化注入年节消费与旅游,让年节消费与旅游丰富传统的年节文化。时至2011年,连续三届的"好客山东贺年会"使得年味更浓、消费更旺,产生了传承创新民俗文化、拉动消费、促进服务业、增加就业等综合效益,成为著名的民俗旅游品牌。旅游产业和文化产业结合发展,既是中国经济发展的客观要求,也是把旅游业培育成战略性支柱产业和现代服务业的不可或缺的重要方面,同时也有利于把文化产业建设成为国民经济支柱性产业。

2. 2011年度民俗旅游发展中的问题分析

民俗反映社会的本质,民众最本质的诉求都凝聚在生活的点滴之中。民俗是中国人智慧的沉淀,来自于民众日常生活的经验,能够丰富民众的生活,凝聚人心,给人以精神的慰藉。一个人从一出生就被深深地打上了民俗的烙印,人生的欲望、梦想和诉求也都在中国传统的民俗文化中得以体现和实现,这是传统民俗文化得以传承不息的关键所在。但是随着圣诞节、情人节等一些洋节日逐渐进入中国人的视线,中国传统的民俗文化受到了强烈的冲击,甚至有学者开始担忧中国民俗文化的凋敝乃至整体消亡。这种担忧虽不免夸大其词,但新一轮"西风东渐"的文化现象,很值得我们关注。其实,以传统农耕文明为基础而产生的中国传统节日正处在现代转型时期,很多节俗内容不能满足人们的需求,而外来节日在一定程度上也满足了中国人的某种文化心理诉求,于是人们便把目光投向外来节日,并在对外来节日的体验中体验生命,同时也在有意无意中为中国传统节日寻找积极的建构因素。就此而言,人们对外来节日的参与有助于传统节日的现代性转化。

旅游业是中国新兴的朝阳产业,在全国旅游业大发展的背景之下,民俗旅游作为旅游业中的一个分支,也发展得如火如荼,并由此为中国传统民俗文化的传承与发展带来新的契机。中国民众的社会公共性诉求主要有政治、文化、经济、心理等方面,民俗旅游的发展在一定程度上满足了民众的社会公共性诉求,具有发展的内在生命力。中国是一个多民族的国家,民族文化、异域风情都令外来游客为之着迷,为了满足游客对异民族民俗文化"求知、求异、求奇、求乐"的社会文化心理需求,深圳建造了"锦绣中华"、"中华民俗文化村"等。中华民族向来就有寻求和谐、吉祥的心理诉求,道教宫观、佛教寺庙几乎随处可见,每年上山烧香拜佛的游客数不胜数。在民俗旅游的热潮中,除了烧香拜佛、上山祈福之外,各地更是根据自身特色恢复和开办了形式丰富多样的民俗庙会。比较著名的有泰山东岳庙会、北京妙峰山庙会、南京夫子庙庙会、上海城隍庙庙会、河南淮阳庙会等。庙会上商贩云集,游客众多,刺激了当地经济的发展。在现代社会快节奏、高压力的生活状态下,休闲放松已是很多游客的心声,乡村旅游的开展正好契合了民众的心意,2011年中国乡村旅游成为民俗旅游业重点发展的项目,各种旅游度假村、休闲游线路受到众多游客青睐也就在情理之中。

民俗文化作为一项来源于民间的文化形式,其传承和发展离不开民众的参与支持。民俗文化应该在体现民众公共性诉求的基础上,让民众充分参与进来,发现和创造更多新的表现形式,让民俗文化发挥其应有光彩。民俗旅游作为中国民俗文化得以展现的一种形式,必然要体现出中国民众的社会公共性诉求,才能获得可持续发展的生命力,长久发展下去。

然而不容忽视的是,2011年中国民俗旅游在得到长足的发展和进步的同时,也出现了不可回避的问题,值得细加分析。

(1)民俗旅游节庆活动的同质化现象

民俗旅游地的文化传统遭到异地强势文化的冲击和同化,地方文化的独特性逐渐消失。2011年中国各地的民俗旅游节庆活动纵然精彩纷呈,但不可忽视的是,节庆活动的同质化现象十分明显。以冰雪民俗旅游为例,2011年宁夏举办第八届宁夏沙湖冰雪旅游节,吉林举行2011中国长白山国际雪文化旅游节,新疆举办2011冰雪文化旅游节,节庆活动内容大同小异,同质化现象极为明显。同时,文化的独特性与地理环境的封闭性紧密相连,而旅游的发展却与当地的可进入性息息相关。随着交通的改善,地理的封闭性被打破,旅游地文化的独特性也必然受到冲击。一个国家、一个地区的人们在历史长河中所形成的生产方式、生活方式和思维方式,如果没有受到外界的影响,该地区的文化就能长期保持其固有的特征,而无实质性的变化。而当民俗文化的独特性削弱,从民俗旅游资源的角度来看,无疑是一种不可逆转的损失。

（2）旅游地的民俗文化舞台化、商品化

为了促进地方民俗旅游的发展，旅游地在开发民俗旅游项目时把具有地域民俗特色明显的文化弃之不顾，不重视自己的文化传统，并且一味媚俗，迎合游客的猎奇心理。一些地方民俗文化特色的东西被大肆模仿，其存在的基础再不是当地民众朴素的社会生活，而是前来旅游猎奇者的心理需求。如在各地向旅游者开放的民俗旅游村里，少数民族风俗舞台化的倾向十分明显，民俗旅游风情村徒有其名，其中夹杂着大量刻意设计的"民族特色"的舞台化表演。同样，民俗旅游产品更是大同小异，例如在民俗旅游景区随处可见的纪念卡片、明信片、挂件等几乎千篇一律。

（3）发展中的破坏与虚假民俗

在民俗旅游开发的过程中，比较普遍地滋生以猎奇为手段、以短期赢利为目的的"伪民俗"的设置，这不可避免地会对原有民俗生态形成破坏。在地方经济效益增长的同时，民俗文化遗产受到了程度不同的破坏，其中景观特征明显的古民居遭受破坏最为严重。例如徽州传统民居，是以砖木结构、青瓦顶、马头墙等为特征的典型的明清风格民居。此类传统民居村落曾遍布徽州的平地与山间，后来随着经济的发展，民宅建设的加速，很多地方都将旧房子拆掉，建起了钢筋水泥的楼房，徽派建筑风格的民居荡然无存。开发民俗旅游资源最基本的伦理原则是尊重民俗文化的原貌，弘扬民俗文化。民俗旅游开发中大量虚假民俗现象的存在，严重干扰了民俗旅游资源的有序开发，干扰了民俗文化的良性发展进程。再如西南某些景点在开发民族图腾资源的时候，仅是在门前或广场一角立两根或若干根所谓的图腾柱，把西南民族的傩具搬来，从柱顶到柱根随意拼凑而成，这就失去了民俗文化原有的含义，影响了整个民俗旅游品牌。

（4）民俗旅游的服务水平有待提高

民俗旅游地的基础设施及旅游户的服务素质不高。有些民俗旅游地由于资金投入不足，基础和服务设施水平较低，不能较好地满足旅游需求。如住宿和卫生条件较差，床铺很硬，有的住宿地仍为旱厕，通讯设施和网络不完善等。有些民俗旅游户服务意识不高，素质较低，出于经济利益的驱动，为从旅游发展中谋取利益而对游客采取不良行动，如拉客强卖等现象时有发生。

四、2011年度中国民俗旅游发展对策研究

民俗旅游是一种历史悠久的旅游形态，虽然现代民俗旅游在中国旅游业界发展起步较晚，但发展至今已经成为现代旅游业发展的重要组成部分。在改革开放以后的30余年中，民俗旅游发展势头强劲，成为越来越重要的旅游产业之一。特别是在2011年，中国的民俗旅游遍地开花，各种样式的民俗旅游活动层出不穷。

形式较为乐观,但是问题依旧存在。

1. 发展对策研究

本研究报告认为,中国民俗旅游要想实现良性发展,必须在整体发展上坚持"一个战略",在规划设计上强化"四大原则",在具体运作层面抓好"六个措施"。

(1) 中国民俗旅游发展应坚持"产业反哺战略"

民俗旅游不能代替民俗保护,民俗保护的目的也不仅仅是为了民俗旅游。民俗旅游发展最终的设计是以乡土社区为单元,是乡土社区对外来客人的接待。招待客人的方式是让其体验当地民众的生活习俗与情感。民俗文化的保护依赖于社区居民,传统的真正激活要依靠大众的参与,而民俗旅游也要依赖于当地居民的参与。如果失去了当地居民的参与,民俗旅游也就失去了核心,只能成为喧闹一时的粗浅娱乐行为,最终导致对民俗文化的损伤。在终极的意义上,民俗旅游应该与乡村社区建设结合在一起。民俗旅游业的目的,不是制造一个停滞不前的、展示传统文化的有人居住的"博物馆",而是在为当地人带来直接利益、刺激当地经济发展的同时,为一个处于变化状态的社会保留其传统文化、知识、智慧。理想的结果是,民俗旅游通过区域民俗文化产业的可持续发展,形成对于自身民俗文化的一种积极性保护。

还要注意到,当代社会中的民俗文化应该是覆盖所有空间的,跨越乡村和城市,因此应将民俗文化作为一种存量资源,对现有的旅游产品予以升级或刷新,并将民俗旅游与已有的自然旅游、文物旅游相对接。在民俗旅游已经形成一定规模的地区,就要在系统梳理、合理归纳、整体把握当地民俗资源的基础上,对散处各地的民俗文化产业予以规划整合,在格局规划、体制建设、市场营销和产品开发方面采取有效措施,以富有前瞻性的眼光阐明民俗文化产业中长期发展趋势与潜在增长点,真正使包括民俗旅游在内的民俗文化产业发展壮大,真正成为区域经济的新的增长点。

目前,全国各地民俗旅游业的发展动力主要还是来自政府支持。政府支持下的民俗文化生态涵养,主要来自政策支持与专项基金投入,但政府支持的力度与广度总是有限的,而且政府支持对民俗文化生态的自主性造成了外在干预的隐患。树立生态发展意识,建立反哺敦促与监控机制,促使民俗文化资源开发的产业受益群体对民俗文化生态给予涵养,应是建立本区域民俗旅游发展生态格局的真正出路。因此,有必要实施"民俗旅游产业反哺战略"。"产业反哺"是伴随中国工业化进程中而出现的生态发展趋势。民俗旅游的发展,民俗文化资源是其前提;从资源再生的角度而言,民俗文化资源属于可再生资源,新民俗总在民俗传统对当下的适应中产生,但民俗文化生态又是脆弱的,如果缺乏民俗文化的生态涵养,新生民俗将失去对民俗传统的真正传承性。"民俗旅游产业反哺战略"的实施宗旨,是在我国产业转型的大背景下,引导本区域民俗旅游产业从资源枯竭型发展模式向生态涵养型发展模式转型,其目的在于通过产业向文化的反哺,实现本区域民俗文化发展的社会公平。

(2) 中国民俗旅游规划设计应强化五大原则

① 坚持以人为本,活态民俗优先。

民俗旅游规划应强调对民俗文化自身创新性的关注,尤其关注民俗文化主体在新的现实语境中的积极性与创造性。在规划创意上强调关注民俗文化传统中的民俗展演,创意要点在于通过空间延伸、时间拉长、民俗展演情境化等方式拓展民俗文化展示的舞台效果,激发人们在旅游行为中的民俗参与创造热情,强化人们在民俗旅游中的现场体验与文化认同,拉动民俗旅游从观光旅游向体验旅游的真正深化。

以人为本,就是强调对游客和旅游地民众的双重人文关怀。在民俗旅游规划初始,就要把人的因素设计进去。民俗旅游首先要有对民俗文化拥有者、也就是民俗文化主人的尊重,要评估至少在未来十年内,某项民俗旅游规划是否真正对本地的老百姓有好处,是否对区域社会经济发展特别是乡村有好处。民俗旅游,既可以是一种对整个社会有利的普适性经济,又可以是一项针对某一特殊地区进行的扶贫性经济,广泛涉及三农问题。民俗旅游规划最终的设计是一个社区,是设计这一社区对外来客人的招待水平、能力、文化解释能力。

② 坚持可控性、全局性原则。

民俗旅游规划要给已有的旅游产品增色,对其不合理之处予以限制。还应特别重视以民俗展演的舞台载体来实现对本区域民俗旅游规划的总体调控。在旅游规划实施方面,应强调逐步转变前此自由放任的规划思维,确立区域性民俗旅游一盘棋的战略格局,通过集中分配和调控,实现区域民俗旅游的可持续发展。

③ 坚持公共本位,社会效益优先。

在民俗旅游定位方面,应强调转变民俗旅游发展的"产业本位"观念,重新定位民俗旅游发展的"社会本位",通过发展民俗旅游,把民俗文化最深刻、最有价值的东西展示出来,激发民俗公约认同,以此构建新型社会公共价值,打造社会公共空间,营造区域社会发展的幸福氛围,使民俗旅游成为国民休闲福利的重要资源。

④ 坚持创意发展,格局思维优先。

在民俗旅游产业方面,应反思民俗旅游"产业中心"观念的局限性,强调树立民俗旅游产业发展的"创巧意识"和"格局思维"。"创巧意识"即利用民俗文化所包含的生活与实用智慧,通过民俗旅游的行为载体,实现对民俗文化和现代城市生活的创意设计与干预,以此产生产业价值;"格局思维"是将民俗旅游放到区域、国家与世界产业发展的大格局中去发展,作为产业发展的服务提供方而不是产出方,提供发展平台,优化产业发展氛围,以此促进产业结构的整体发展。

⑤ 坚持整体开发,构建立体化网络。

在民俗旅游资源的开发方式上,应形成由点到线、由线到面的循序渐进的立体开发网络。要做到:集中开发,建立民俗旅游点;联合开发,开辟民俗旅游线;系列开发,建立民俗旅游区。

(3) 中国民俗旅游运作应抓好"六个措施"

① 以机制、体制改革创新为动力,推动民俗旅游全面发展。

1980年代,在中国农村体制改革成功之后,各行各业的体制改革接踵而来。在改革浪潮的推动之下,旅游业发展迅速,呈现一派欣欣向荣的新气象,出现了中国第一次旅游发展高潮。1984年,中国旅游业又迎来了第二次发展的高潮,与此同时,民俗旅游业发展中也出现了一些问题,旅游业发展开始出现宏观失控现象,产业结构失调现象严重,如政令不一、多头领导、无序竞争等,已成为制约旅游业发展的瓶颈。现存的旅游管理体制有利有弊,这种利弊共存格局对当下民俗旅游管理体制提出了更大的挑战,为了推动民俗旅游全面发展,民俗旅游管理体制、机制改革已势在必行。

目前,我国的旅游管理体制混乱,管理调控能力有很大的局限性,体制、机制创新改革已刻不容缓。首先,旅游管理体制应重新定位。一些旅游管理部门主要以部门利益为重,重点扶持大型旅游集团,使得小型旅游集团的生存环境遭到很大的破坏,旅游业市场化混乱。政府应放权于市场,对外推介旅游产品,对内服务旅游企业,维护旅游者的合法权益。同时政府部门应该对自身有准确定位,适度集权和分权,属于旅游业宏观方面的决策应该由国家旅游局等作出,而属于地方上管理与调控的应该给予地方很大的自由度,让他们因地制宜制定相关对策。其次,借鉴国外先进的管理模式,可积极探索一些适应我国旅游业发展的新的管理模式。

民俗旅游发展较晚,各项旅游体制中尚存在着很多问题,急需改进,但其变革和创新的空间还很大。政府以及旅游相关管理部门应该抓住时机进行体制改革和创新,推动我国民俗旅游事业快速向前发展。

② 加强政府主导作用,发挥政府在引导和协调发展民俗旅游产业方面不可替代的作用。

改革开放以来,我国的民俗旅游业得到了空前的发展,已经走上了产业化的发展道路,而政府对民俗旅游业发展所取得的成绩功不可没。综合性较强的领域对政府的依赖程度一般比较大,旅游业便是如此,需要发挥政府在规划、调控等方面的作用。我国民俗旅游业虽然发展较快,但是发展步调不一致,存在脱轨现象,如旅游基础设施建设的步伐远远落后于民俗旅游发展的步伐等。从世界各国发展旅游业的成功经验来看,都离不开政府的宏观调控。而与发达国家相比,我国的民俗旅游业发展还比较落后,对政府部门的依赖性还很大,更需要政府的重视和大力扶持。

在民俗旅游业的发展过程中,政府的主导作用对于推动其快速、健康、持续发展起到了很大作用。近年来,中国旅游业的产业运作模式已经发生转型,但政府在民俗旅游业中的主导作用依然不可改变,并继续发挥积极的作用。

旅游业是综合性的经济产业,关联性大,带动性强,在国民经济发展中有重要的地位和作用。首先,政府应明确目标、准确定位,为旅游业的发展指明方向,切实把发展旅游业作为一项战略任务来抓,使旅游业逐渐向经济产业的目标转变。其次,政府部门应该根据本年度民俗旅游业发展趋势和特点,制定旅游产业发展总体规划,统领旅游产业发展全局。旅游产业发展总体规划是旅游业发展的方向和目标,是旅游业持续、稳定、协调发展的根本保证。民俗旅游资源多是不可再生资源,要在科学保护与合理开发的前提下,使民俗旅游业可持续发展下去,这一责任非政府部门承担不可。政府可以在科学规划的基础之上,按部就班地制订各项旅游业发展策略,实施宏观调控,并根据地区发展状况、市场等因素适时做出调整,加以完善,这些都非一般的旅游企业所能做到。再次,旅游基础设施是旅游业发展的基础,其在民俗旅游业中所起的作用也不容小觑。随着民俗旅游的深入发展和游客对旅游质量的要求越来越高,基础设施薄弱、硬件软件方面的不足已成为制约民俗旅游业发展的一大障碍。政府应该充分发挥自身整合资源、优化环境等方面的优势,加大环境卫生和交通秩序整治,鼓励社会各个层次的人群和企业充分参与进来,完善基础设施建设,为游客提供一个良好的环境。最后,政府可以制定发展策略,强化政府投资引导,加大招商引资力度,代表国家对中国民俗旅游业进行宣传和推广活动,促进民俗旅游业稳步有序向前发展。

民俗旅游的发展同样要满足游客吃、住、行、游、购、娱等方面的要求,在旅游过程中就要涉及各行各业,只有积极发挥政府部门的主导作用,呼吁社会各个部门积极参与,在符合市场规律的条件下,开展民俗旅游事业,才能使中国的民俗旅游业更上一层楼。

③ 注重旅游业人才的培养,是实现民俗旅游产业长期发展的最根本的保证。

民俗旅游不同于一般的旅游形式,对文化的依赖性更强,是一种高层次文化产业,拥有更高水准的旅游从业人员才能让民俗的内在魅力充分散发出来。对于游客来说,民俗旅游从业人员是与他们直接接触的群体,是民俗旅游的窗口,其言行代表了旅游地甚至一个国家一个民族的形象,高素质的旅游人才是中国旅游业发展的内在需求。目前,我国的旅游从业人员处于一种低素质人员过剩和高素质人才紧缺的局面,树立"人才资源是第一资源"的观念,深刻认识到旅游人才资源开发的重要性,造就和聚集一支高素质的旅游人才队伍,是推动民俗旅游业快速发展的强有力保障。

近年来,在旅游业快速发展的大背景之下,民俗旅游业也获得了长足的发展空间,但是就民俗旅游人才的培养来讲,还存在诸多问题。如旅游从业人员素质普遍较低,绝大多数从业人员只是中专、大专毕业,有些甚至是初中毕业,具有高学历的高素质人才短缺;旅游人才总体规模较小,与旅游产业发展规模不相适应,不能满足旅游经济的发展。旅游业是服务性行业,劳动强度大,工作压力大,地位不高,一方面人才紧缺,另一方面高级人才很容易转向其他行业,流失率很高。据有关部门统计,一般行业正常人员的流失在5%—10%左右,旅游业人员的流失率高达20%左右。旅游从业人员多需要与游客直接接触,提供服务,实践性比较强。而现在一些旅游高等院校是培养旅游人才的主力军,但是目前从高校大门中走出来的旅游人员,虽拥有一定的理论知识,但多半对旅游业态不甚了解,动手和操作能力较差,不能满足民俗旅游业的实际需求。

在当今旅游市场竞争越来越激烈的情况下,谁拥有了旅游人才优势,谁就拥有了竞争优势。人才是民俗旅游业发展的根本动力,培养高层次的旅游人才,需要不断提高旅游从业人员素质。在此过程中,需要不断强化政府的职能作用,加强人才教育基地建设和旅游教育培训机构的管理。同时,以民俗旅游产业的实际需求为导向,采取多种形式,加大旅游人才的培养力度,如行政领导人才、职业经理人才、一线服务人员等,把旅游人才的培养提上民俗旅游发展的日程上来,是提升民俗旅游业竞争力的必要条件。

④ 优化地域空间组合,建设精品、打造极品,实行集群化开发。

民俗旅游是一种高层次的文化旅游,是在当代人更加注重休闲娱乐的基础上发展起来的,随着旅游业的发展水平以及旅游消费者消费层次的不断提高,民俗旅游将逐渐成为广大游客最喜欢的旅游方式之一。民俗旅游资源属于不可再生资源,一旦开发不当,或不注意保护,就会枯竭乃至消失,所以对民俗旅游资源的开发必须要慎重,应甄选出那些具有代表性的旅游民俗文化,优化整合民俗旅游资源,在合理开发的前提下让其文化内涵充分显露出来。

民俗旅游资源包罗万象,涵盖内容十分丰富,但是在近几年的开发过程中,多半是独立开发,没有形成一定的规模,资源整合和创新力度不够,竞争力不强。民俗旅游尚属于一个新兴产业,目前国内各地尚未真正从产业集群化的角度去实施产业的发展。因此,在以后的发展过程中,为了充分发挥民俗旅游资源的独特优势,可在一定地域范围内,根据地理位置的邻近性和民俗资源特色的相似度,整合民俗旅游资源,优化组合,建设一些精品旅游项目、打造极品。例如,京沪高铁通车以来,把北京、天津、河北、山东、江苏、上海等地的民俗资源有机整合起来,经过了初步的强强联合,组成了一条特色民俗旅游线路,增强了行业竞争力。

民俗旅游必须有文化的支撑,才能获得持久的生命力,为了能在竞争日益激烈的旅游业中占据一席之地,民俗旅游应该走集群化开发的路子。所谓文化旅游产业集群化,就是在现代文化旅游产业发展的背景下,众多相互独立而又相互关联的文化旅游企业及其相关支撑机构,按照专业分工和协作的要求,在一定区域范围内聚集形成产业组织群落,构建起完整的文化旅游产业链,向消费者提供系统的文化旅游消费服务的一种比较先进的产业组织方式。山东阳信民俗文化产业园区是文化产业集群化开发的一个典范,该产业园区以水落坡民俗文化产业园为依托,努力打造以古家具、古玩收集、整理、观赏、展销、仿古家具制作等为主体的与其他民俗文化产品共融的集群式民俗文化产业。目前,阳信民俗文化产业园已初具规模,园区内的企业已达33家,2011年,实现销售收入3.2亿元,解决就业人口3000余人。

民俗旅游的开展得益于中国丰富的传统民俗文化。中国地大物博,民族众多,民俗文化形式多样,为了使旅游者不仅能够最大限度地感受中国精深的民俗文化内涵,同时避免对同类型民俗旅游资源的过度开发,可联合众多民俗资源,组合开发,形成合力,打造中国民俗旅游业的精品。

⑤ 提供优质服务,营造和谐、温馨、洁净、文明、健康的旅游环境。

随着我国民俗旅游业进入大众化、产业化发展的新阶段,民俗旅游在人民生活中的地位和作用越来越重要,越来越成为游客青睐的旅游项目和重要的生活内容,与此同时,更多游客对旅游也提出了更高层次的要求,要求旅游产品进一步多样化、特色化,旅游服务进一步标准化、人性化,旅游设施配套进一步便利化、专业化。而且,广大游客的旅游参与度也逐渐提高,旅游满意度逐渐成为全社会的关注点之一。从全国民俗旅游业发展的实际出发,要做到让游客更加满意,当务之急必须扎扎实实地规范民俗旅游市场秩序、提升旅游服务质量。

民俗旅游业属于第三产业,其快速发展对现有从业人员的文化素养、职业道德、服务能力和应对各种风险挑战的能力都提出了更高的要求。旅游从业人员的平均学历层次、专业化水平和整体能力素质也都有待提升。旅游从业人员队伍综合素质方面存在的问题,已经成为影响旅游服务质量提升的重要因素。规范旅游市场秩序、提升旅游服务质量是一项长期复杂的系统工程,涉及法律法规、体制机制等深层次问题,必须从实际出发,发挥政府的主导作用,切实解决旅游过程中出现的问题,在实践中探索出有效的管理模式,做出正确的决策。

⑥ 规范旅游市场秩序,提升旅游服务质量,加强旅游市场监督管理。

目前比较流行的民俗旅游产业运作模式有"途家模式"、"尚作模式"、泰和模式等。"途家"模式是为不动产持有者提供的入户管理服务和增值服务模式,其基本模式为O2O模型,即不仅为游客提供线上搜索预定平台,而且提供线下标准服务。其中,线上搜索预定平台,是在不改变业主房屋产权的情况下,通过房产"托管"服务,将地产商或居民闲置房源按照美国斯维登五星级(sweetone)酒店客房标准予以整理优化,凭借成熟稳定的电子商务平台向市场推广,实现业主闲置房屋灵活增值。线下标准服务是建立专门的管理团队,在各地设置接待处,游客在网上完成预定以后即可在接待处办理入住手续,由专门工作人员直接送游客到度假公寓,并提供保姆家政、物品代购、设备维修等生活服务。它既可以盘活房地产商及房主的房产资源,又可拉动当地中高档的休闲度假消费。"尚作模式"即有机食材宅配。在国外有机生活理念和宅配模式的基础上,结合国人的饮食习惯,选择有机地块,建立从生产、采摘、加工到配送的有机全产业链运作模式,针对会员提供完善的家庭营养保健以及养生服务,并组织城市居民到乡村生活体验,从而带动乡村旅游。"泰和模式",即以文化+生态景区吸引人、以度假酒店留住人的全产业链旅游综合体模式,它为游客提供身心愉悦、休闲度假的超额价值,企业也由此得到丰厚的综合效益。通过此种运作模式的推行,可以着力打造中国以体验乡村生活为特色的中高档乡村旅游产品,提升中国民俗旅游产业发展的质量与水平。

我们应该看到,重视服务质量提升、重视硬件软件建设,不仅不会影响民俗旅游业的发展速度,反而会长久地提升民俗旅游业的竞争力。民俗旅游业发展的最终目的就是要让游客获得文化知识和心灵享受,只有将游客更加满意的价值追求融入到民俗旅游发展之中,把优质服务的行业精神践行到每一个细节之中,营造和谐、温馨、洁净、文明、健康的旅游环境,广大游客对旅游业的满意度才会不断提高,中国的民俗旅游事业才能获得长久的发展动力。

2. 发展趋势预测

(1) 社会公共性诉求在民俗旅游中日渐凸显。

在世界范围内,民俗旅游的"产业本位"仍然占据主流,但已出现重要转机。从单纯重视产业开发的"产业本位"向对社会提供综合服务的"社会本位"的转型,已经成为当今民俗旅游发展的重要趋势。其中 NGO (non-government organization,即"非政府组织") 在民俗旅游中的作用越来越大,即是其重要表征。NGO 在民俗旅游中的作用,目前主要体现在以下几个方面:

一是发展和倡导公共政策,创造新观点与新视野,影响政府的决策,关注"公共领域"参与公共政策的制订,促使政府制订相关的法律法规和政策,呼吁抢救、保护包括传统节日在内的民俗文化遗产,推动我国政府在联合国教科文组织《保护非物质文化遗产国际公约》上签字。此后,积极地对与民俗文化有关的保护和开展工作提出建设性和可行性意见。

二是实现旅游资源的合理配置,提高公共物品的供给效率,满足社会多元化的需求。具有良好经济效益的民俗旅游业可以成为富民兴县的突破口或先导产业,并且带动相关产业的发展。民办非企业单位,成为新的民俗文化保护和传承的纽带和当地经济新的增长点,它们往往通过民间和私人投资多方面筹集资金,解决了资金短缺的问题,对当地经济的发展带来良好的经济效益,改善老少边穷地区的生活状况,成为扶贫新的社会力量。如在许多地区,NGO组织借助村委会,已经形成了最大的农村民间组织,起着上传下达的作用,为村民提供政策倡导,提供项目支持,指明致富方向,从而促进了农村产业结构的调整,促进了农业与旅游业的融合。增加了农民收入,为农村剩余劳动力找到了就业渠道,促进了农村环境、卫生条件的改善和农民生活质量的提高。

三是民俗文化坚定的保护者和传承的中介。在保护和抢救文化遗产方面,NGO充分发挥自身的优势,各种民间艺术的民间组织致力于组织、规划、指导全国性民间文学、民间艺术及民俗的考察、采集、保护、传承,并培育人才,开展有关国际交流活动,组织有关学术、展览、演出活动,全方位推动中国民间文艺事业发展、进步。

四是培育积极的公民精神与利他主义情操,引导民俗旅游的可持续发展。生态旅游是保持民俗文化可持续发展的必经之路,环保NGO以保护生态环境为特定目标而组织起来的社会团体,能激发一大批志愿者以非对抗方式在不会引发争议的领域为公共利益而活动,对提高公众的环境意识,引导他们直接参与保护环境行动和实行社会监督发挥了非常积极的作用。

(2)整合营销策略打造民俗旅游的独特品牌。

以民俗风情为特色的旅游活动,虽然如今还达不到自然风光游和名胜古迹游的规模与效益,但是其发展的态势方兴未艾,正在成为整个旅游经济的热点和亮点,其开发利用的效益和经济增长的潜力巨大。

先进的整合营销理念和商业运作方式运用于民俗旅游业的方方面面,从而形成规模效益和品牌效应,将改变民俗旅游产业低水平发展现状,消除落后方式和观念所具有的消极影响。

民俗旅游产业既提供服务亦销售商品,当然也需要根据目标设计其营销战略,并支配各种旅游资源以达到企业目标——保持游客对所提供的服务和所销售的商品的忠诚度。整合营销的内容包括:景点市场定位的整合,旅游信息传播工具资源要素的整合,旅游品牌形象整合等。

基于游客消费习惯的基础将零散分布的相同主题的专项旅游产品有机整合,使之成为更富有竞争力的旅游线路,一方面可以丰富旅游产品的内涵,提升产品的吸引力,另一方面采取共同营销的模式也节约了专项旅游产品的开发成本,提高了规模效益。因此,专项旅游产品开发实行统筹安排、分工合作、整合营销的营销模式,是十分必要的。

五、2011年度中国民俗旅游十大热点话题

2011年度与民俗旅游有关的十大热点话题,是本课题组在广泛搜集35个省市区等旅游活动资料的基础上,从社会关注度、社会影响力等方面评选出来的。

1. 国务院批准自2011年起,每年5月19日为"中国旅游日",确定2011年主题为"读万卷书 行万里路",督促各级旅游部门根据自身特色开展相关活动

国家旅游局协同中央文明办、国家民委、教育部、文化部、国家广电总局、国家体育总局、国家文物局、全国总工会、共青团中央、全国妇联,联合发文《关于组织开展"中国旅游日"活动的通知》,敦促各省区市可结合宣传推广及相关工作并应充分利用现有活动资源开展活动,鼓励旅游企业针对不同人群特点,组织开展文化旅游、红色旅游、体育旅游、乡村旅游、生态旅游、民族风情旅游等群众喜闻乐见、主题突出、特色鲜明、参与性强的旅游活动,从多角度体现旅游在传承和发展我国优秀文化,提升公民文明素质、健康素质,提高生活质量、幸福指数等方面的积极作用。同时,为"中国旅游日"制订五项原则:一是广泛参与。注重发挥相关部门、行业协会、有关企业、新闻媒体和广大游客参与"中国旅游日"活动的积极性,突出活动的大众化、群众性特点。二是公益惠民。结合当地实际采取措施,推出各类旅游公益惠民措施,使"中国旅游日"活动更多地惠及民生、惠及百姓。三是突出主题。紧紧围绕"中国旅游日"年度主题策划开展活动。四是因地制宜。从实际出发,根据自身资源和条件等开展富有特色的活动。五是节俭高效。

2. 2011年"中华文化游"成亮点

国家旅游局将"2011中华文化游"的主题口号确定为"游中华,品文化"和"中华文化,魅力之旅",并定于2011年1月1日零点在苏州举办"2011中华文化游首批海外旅游者欢迎仪式",于2011年1月1日10点整在贵州贵阳、福建武夷山、山东曲阜、河南登封四地举办"2011中华文化游"启动仪式。

国家旅游局将2011年旅游主题确定为"中华文化游",这对于弘扬中华文化,丰富旅游内涵,促进旅游与文化协同发展,具有十分重要而深远的意义。中国是一个文化大国,丰富的文化资源,既是外国游客游览认识体验中国的重要内容,也是本国游客学习传承珍贵文化传统的重要途径,是增强中华儿女民族自豪感的重要教材。民俗旅游是中华文化游的重要组成部分,大力发展民俗旅游,也是增进中外了解的重要手段。各地启动仪式大致包括如下活动:

(1)江苏苏州寒山寺108下钟声敲响"2011中华文化游"

"姑苏城外寒山寺,夜半钟声到客船。"寒山寺以诗情、钟韵闻名于世。目前,

苏州寒山寺除夕听钟声活动已成为中国最著名的旅游节庆品牌之一,这一融合了佛教文化与民俗文化的活动,体现了在年终岁末感恩过去、祈福未来的美好情感。江苏省苏州市除举行"全球华人同听寒山钟声,祈福世界和平"活动外,还组织了有枫桥古街夜游、梵呗音乐会、游客敲新年幸运钟声等各种精彩活动。

(2) 贵州"2011 中华文化游"启动仪式在青岩古镇举行

主要活动是向西南六省自驾游首发团授旗、举行"多彩贵州"原生态民族文化精品展演等。

(3) 福建"2011 中华文化游"启动仪式在武夷山举行

主要活动是举行一场大型的广场文艺演出,丰富多彩的节目汇集了福建多元的文化,如体现武夷山茶文化的采茶舞,曾获全国民间艺术表演赛金奖的挑幡表演,曾获国际杂技比赛金奖的《舞者—绳技》,惠女风情表演,以及体现"海峡旅游"主题的《白鹭翩翩海蓝蓝》等精彩节目。

(4) 山东"2011 中华文化游"在曲阜孔庙拉开

主要活动包括开城迎宾仪式、六艺展示、启户仪式、祭孔乐舞和启动仪式等六项内容,将儒学风韵展现得淋漓尽致。开城迎宾仪式在曲阜万仞宫前小广场举行,万仞宫墙历来被视为孔子思想的象征,走进明故城墙南门,就等于打开了通往孔子思想宝库的大门;"六艺"展示,包括礼仪、音乐、射箭、驾驭、书法、算数等,同时增加篆刻、木雕等传统非物质文化遗产项目的表演展示;大成门启户仪式结束后,祭孔乐舞随即在大成殿露台开场。

(5) 河南"2011 中华文化游"在河南少林寺启动

主要活动有中华文化展演、2011 中华文化游河南精品文化旅游产品推介考察等,同时推出"2011 中华文化游"的河南产品册、形象册、招贴画系列宣传品。

3. 中国共产党建党 90 周年,各地红色旅游再掀新热潮

对于蓬勃发展的红色旅游来说,2011 年具有特殊意义——既是《2011—2015 年全国红色旅游发展规划纲要》实施的开局之年,又恰逢中国共产党成立 90 周年、辛亥革命 100 周年。各地活动大致以"游红色景区、唱红色歌曲、读红色经典、看红色影视、办红色赛事"为主要形式,井冈山、延安、南昌、瑞金等革命圣地成为了旅游的主角。从五一开始,红色景区就开始进入旅游高峰。七一前后达到顶峰,大批量游客到红色旅游景区参观学习,延安、井冈山、韶山、遵义等景区出现"一票难求"、"一房难求"、"一车难求"、"一导难求"的情形。

据不完全统计,2011 年,全国红色旅游全年接待游客预计达到 5.1 亿人次,同比增长超过 20%,在免费开放景区的情况下,全国红色旅游综合收入预计超过 1400 亿元,实现"十二五"红色旅游良好开局。

其中产生巨大社会影响的事件有:

（1）一批红色剧目应运而生

2011年5月17日,作为湖南献给建党90周年的红色经典文化工程,历时2年筹备运作的大型红色经典史诗情景歌舞剧《日出韶山》在湖南韶山东方红大剧院正式首演。该剧以伟人毛泽东为主线,以韶山为背景,通过对他一生中闪亮节点的艺术表现,展示出一幅幅中国革命波澜壮阔的历史画卷。此外,电视剧《人间正道是沧桑》、"红色动漫"《红军长征的故事》、舞台剧《延安保育院》等实景演出剧目的推出,增强了各地红色旅游的吸引力、影响力,成为当地红色旅游的名片,营造出全社会关注、支持、参与红色旅游发展的浓郁氛围,提升了红色旅游社会影响力和知名度。

（2）国家规划助推红色景区升级

2011年,《2011—2015年全国红色旅游发展规划纲要》开始实施,《全国红色旅游经典景区第二批名录》和《全国红色旅游经典景区第一批名录(修订版)》陆续颁布,全国各地加快了红色旅游景点景区建设,巩固提升第一批全国红色旅游经典景区,积极拓展建设第二批全国红色旅游经典景区,延伸培育新兴红色旅游景区,使得红色旅游产品体系更加完善。韶山、西柏坡、南湖等红色旅游景区晋升为国家5A级旅游景区,瑞金红色故都产业集群、辛亥革命百年标志性纪念景区、小平故里纪念园等红色旅游景区建设稳步推进,南昌新四军军部旧址陈列馆、南湖革命纪念馆等一批老馆改造升级,红军北上抗日先遣队纪念馆、红十四军纪念馆等一批新馆向社会开放。值得一提的是,"建川抗战博物馆"、"燕赵红色收藏馆"等由民间人士集资创建的红色旅游景区(点)也相继投入运营。

（3）红色旅游新业态不断涌现

作为一种特殊的旅游形式,各地红色旅游开始由旧址参观的单一模式,向融瞻仰教育、陶冶情操、休闲体验于一体的复合模式转变,新业态不断涌现,产业规模不断扩大。山东揭牌全国第一个红色运动基地,将红色运动与红色旅游、休闲旅游三者有机地结合在一起。湖南打造了全国首家红色情境体验式培训基地。重庆探索建立集展览、展演、报告、刊物、剧团、网站等综合业务为一体的红色旅游文化产业集团。井冈山、韶山、大别山等红色旅游景区利用战争遗迹进行战争场景再现,策划推出穿越、探险、竞赛、CS模拟战斗等参与性、体验性强的旅游项目。临沂、遵义、延安等重点红色旅游城市开发一批"拥军鞋"、"遗址模型"、文化衫、邮票、纪念徽章等特色红色旅游商品和纪念品。

据统计,2011年红色旅游资源丰富的江西、湖南、陕西、四川等红色旅游资源大省,全年红色旅游综合收入同比增长均超过30%。

4. 乡村游、休闲游成为旅行社新宠

2011年国家继续加大引导扶持乡村旅游发展的力度,国家旅游局组织编写

《乡村旅游服务指南》和《乡村旅游发展经典案例》,供各级旅游部门学习。此外,国家旅游局正式出台《休闲农业与乡村旅游示范村建设与运营规范》。休闲农业和乡村旅游已进入发展的黄金时期,各地围绕"新农村、新旅游、新体验、新风尚"大力发展乡村旅游,利用优美的生态环境和丰富的乡村旅游资源,开发乡村观光休闲游、乡村生活体验游、乡村民俗风情游、乡村文化互动游等系列乡村旅游产品。

5. 汉族地区传统庙会、少数民族风情受游客青睐

在传统社会中,庙会遍行于汉族地区,集贸易、信仰、娱乐等活动于一体,具有超高人气。2011年,各地举办的传统庙会虽规模大小不等,影响程度不一,但迎合了人们心中的怀旧情结,因而处于日渐升温的复苏状态。少数民族地区依托独特的民俗风情资源,致力于节会的特色打造与规模扩大,亦呈现出相当活力。

盘点2011年度,影响较大的庙会类民俗旅游活动有:北京的第二十八届龙潭庙会、北京大观园第十六届红楼庙会、厂甸庙会,天津的古文化街民俗旅游庙会、天后宫春祭大典暨天后活动,河北的第四届正定大庙会、廊坊春节民俗庙会、蔚县民俗社火活动,山西的蒲县东岳庙会、平遥"中国年"活动,辽宁沈阳第八届千山春节民俗文化庙会、大连广鹿岛妈祖庙会、丹东凤凰山特色民风民俗庙会,吉林北山庙会,黑龙江的哈尔滨市第十届文化园区庙会、首届知青庙会,上海龙华庙会民俗活动周、豫园新春民俗艺术灯会,江苏上方山新春祈福会、第十届古胥门元宵灯会,浙江永康方岩文化庙会,福建的龙海海澄首届"两岸城隍文化祭"、三明市大田县安良堡民俗文化庙会、莆田县湄洲妈祖祖庙庙会,江西赣南客家仙娘庙会、江西南康横寨乡送龙神庙会,山东的泰山东岳庙会、石岛赤山风景区春节庙会、济南千佛山庙会、济南趵突泉灯会、曲阜祭孔大典、青岛海云庵糖球会、潍坊国际风筝会,河南的新郑市黄帝故里拜祖大典、淮阳市太昊伏羲祭祖大典、郑州商都民俗庙会、第二届"大宋年文化节"暨第十二届翰园春节大庙会,广东东莞市横沥镇百年牛墟风情节,四川成都武侯祠南郊公园大庙会,青海首届中华母亲节暨第三届王母故里敬母大典等。

影响较大的民族风情类民俗旅游活动有:内蒙古那达慕大会,辽宁抚顺市满族风情国际旅游节,吉林查干湖蒙古族民俗旅游节,广西龙州壮族侬侗节、三江县"二月二"侗族大歌节和侗族多耶节,贵州务川县"仡佬文化旅游节"、六盘水市第四届"苗族芦笙艺术节"、雷山县苗年暨鼓藏节,西藏拉萨雪顿节,宁夏"中国清真美食文化节",青海藏乡民俗六月会,首届新疆阿勒泰国际冰雪节等。

6. 京沪高铁2011年6月30日正式通车,带火沿线民俗旅游

一条连接中国两个最大城市北京和上海的高速铁路,在短短5小时内把环渤海和长三角连成一体,一路经过江苏、安徽、山东、河北、天津等数十个旅游名胜

区。乘坐高铁去沿线地带体验民俗,成为暑假期间时尚的出行方式。最受游客欢迎的项目有:北京新景观与什刹海名点美食、天津海河五大道与庙会小吃、济南趵突泉与鲁菜精粹、曲阜孔孟文化与曲阜香稻、蚌埠名山大川与故事人生、镇江京口三山与三鱼三怪、泰安东岳泰山和豆腐野菜宴、枣庄台儿庄古城与菜煎饼、南京城南往事与深巷的美味。

不过,高铁游自2011年7月温州动车事故发生后有所降温。7月23日20时27分,北京至福州的D301次列车行驶至温州市双屿路段时,与杭州开往福州的D3115次列车追尾,造成D301次列车4节车厢从高架桥上掉落。据报导,"7·23"温州动车事故造成40人死亡,受伤人数为210人。国家铁道部决定从8月16日零时起,京津城际、海南东环、广珠城际高铁正式实施新图,新图实施后列车时速普遍出现调整,原时速350公里下降至300公里,原时速250公里则下降至200公里,整体车速下降幅度在14.3%至20%之间。票价全部下浮5%,京沪高铁则减开22对。

高铁毕竟打破了原有的时空界限,让"快旅慢游"成为现实,拉近了城市地理和人们心理的距离,也大大拉近了人们和旅行的距离。快捷舒适的"公交化"车组,压缩了时间空间,把原来用在旅途上的时间节省给了观光休闲。自2011年底至今,乘坐高铁出行依然是多数游客首先考虑的选择,高铁游持续升温。

7. "好客山东贺年会"成为节庆品牌,"好客山东"品牌系列集群式推介模式引全国效仿

2011年春节假日期间,山东省旅游局精心运作"好客山东贺年会",面向各地城乡推出各项旅游产品和节庆活动,着力打造"年文化",各项活动精彩纷呈,地方气息浓郁,文化氛围厚重,吸引了大量游客纷至沓来,共享"贺年福",品尝"贺年宴",购买"贺年礼",享受"贺年乐",参加"贺年游",各地旅游一片红火。比较突出的是济南市趵突泉迎春花灯会、大明湖春节文化庙会、千佛山迎春庙会,泰安市关帝庙新春民俗庆典,曲阜市"孔府过大年",潍坊市杨家埠的民俗过大年,威海市赤山面向日韩游客设计的胶东年俗风情等活动。

在整个活动中,以省旅游局牵头,统合旅游、文化、商贸、体育、民俗、交通等多个产业实现深度互融互动,这一统筹融合机制更为成熟,有效地推动了文旅融合、商旅融合。同时,2011年"好客山东"品牌宣传投入资金达2.4亿元,其中省旅游局补贴7600万元,分别比2010年增加122%和159%。利用央视一套《朝闻天下》、四套《走遍天下》等黄金时段栏目,对"好客山东"品牌系列以集群式的方式进行推介宣传。还选择香港翡翠电视台和台湾东森电视台以及中央电视台俄语、法语、西班牙语、阿拉伯语等频道进行宣传,使"好客山东"品牌宣传由国内逐步向海外拓展。

8. 广东十佳绿道旅游线路评选激活绿道游

2011年4月,《南方日报》联合广东省旅游局、省住建厅等单位共同发起的"广东十佳绿道旅游线路"评选活动,借助社会各界智慧,梳理和推介广东绿道旅游线路资源,激发全社会共同关注绿道建设、参与绿道旅游、建设幸福广东的热情。活动以"畅游绿道,幸福生活"为主题,最后评出"广东十佳绿道":肇庆环星湖绿道、深圳湾绿道、增城绿道、佛山千灯湖绿道、东莞松山湖绿道、珠海香洲绿道、广州黄埔绿道、江门银湖湾绿道、惠州大亚湾绿道、珠海斗门绿道。

珠三角绿道网形成以后,脚踏单车游南粤,围绕绿道安排双休日,已经成为珠三角民众的生活常态。绿道网建设作为一项实实在在的生态工程、环境工程,通过构建区域、城市、社区的三级绿道网络,形成珠三角区域生态安全格局的骨架,既可有效地防止城市的无序蔓延,又能保护好自然生态和人居环境,从而为广大城乡居民提供了可供游憩娱乐的绿色宽敞空间,为全面建设生态文明和宜居城乡奠定了坚实基础。

9. 驴友违规穿越四姑娘山失踪惹争议

2011年国庆节后,一支由9名驴友组成的徒步穿越队伍,在著名的四川省四姑娘山腹地"失踪",随后,在进山14天后从卧龙方向出山。对于这一事件的系列报道,引发了对户外违规行为前所未有的争议、质疑或反思。

10月10日,当地政府派出4支队伍进山搜寻,通过媒体传播,全国各地都在关注着9名驴友以及1名向导、4名背夫的安危。然而出人意料的是,9名驴友在12日一大早从卧龙方向的正河沟突然现身,并在接受媒体采访时未表现任何愧疚之意。据悉,为了营救这14名登山者,当地出动上千人耗费近13万余元,私自登山者是否应该承担相应的营救费用引发社会热议。最终,四川省体育局和四川省登山协会宣布罚款1500元的决定,9名驴友人均缴纳罚款167元,同时两年内禁止这些驴友到四姑娘山景区进行户外运动。这是我国首次对私自进山探险被营救人员开出罚单。

10. 2011黄帝故里祭祖大典

2011年黄帝故里祭祖大典于4月5日上午在新郑市黄帝故里举办,来自中央和各省市、港澳台地区以及海外侨胞代表出席典礼。沿袭传统,典礼分为九项,分别为盛世礼炮、敬献花篮、净手上香、行施拜礼、恭读拜文、高唱颂歌、乐舞敬拜、祈福中华、天地人和。九项仪程的名称虽与往年相同,但在具体程序上添加了一些新的艺术创意和文化内涵。对于这种以为中华民族寻根溯源为名义举办的祭坛仪式,应该恪守传统礼仪,还是允许"与时俱进"添加创意,在社会上引起争议。